GÜTERSLOHER
VERLAGSHAUS

Lehrbuch Praktische Theologie

Herausgegeben von
Albrecht Grözinger, Christoph Morgenthaler
und Friedrich Schweitzer

Band 2
Homiletik

Albrecht Grözinger

Homiletik

Lehrbuch Praktische Theologie
Band 2

Gütersloher Verlagshaus

Bibliografische Information der Deutschen Nationalbibliothek

Die Deutsche Nationalbibliothek verzeichnet diese Publikation in der
Deutschen Nationalbibliografie; detaillierte bibliografische Daten sind im
Internet über https://portal.dnb.de abrufbar.

Entdecken Sie mehr auf
www.gtvh.de

Unveränderter Nachdruck der 1. Auflage 2008
Copyright © 2008 by Gütersloher Verlagshaus, Gütersloh,
in der Verlagsgruppe Random House GmbH, München

Umschlaggestaltung: Init GmbH, Bielefeld
Satz: SatzWeise, Föhren
Druck und Einband: Books on Demand GmbH, Norderstedt
Printed in Germany
ISBN 978-3-579-05403-2

www.gtvh.de

Inhalt

Vorwort

Das vorliegende Lehrbuch möchte einen umfassenden Einblick in die deutschsprachige Homiletik der Gegenwart geben. Lehrbücher tun gut daran, mit der eigenen Position des Verfassers oder der Verfasserin zurückhaltend umzugehen. Andere Positionen und Perspektiven als die eigenen haben ebenso das Recht, Gehör und Raum zu finden. Dies geschieht nicht zuletzt in Form von längeren Zitaten als einer authentischen Stimme derer, die die Vielfalt des homiletischen Diskurses begründen.

Gleichwohl kann und will ich meine eigene Position im vielstimmigen Konzert der homiletischen Wissenschaft nicht verschweigen. Sie mag an drei Punkten ersichtlich werden: Zum einen in der Betonung der kulturwissenschaftlichen Aspekte der Homiletik; Zum Anderen in der Fokussierung der homiletischen Fragestellungen auf die Situation des religiösen und weltanschaulichen Pluralismus unserer Gegenwart; Und schließlich in dem starken Akzent, der auf die Bedeutung der Sprache für eine zeitgenössische Predigt gelegt wird.

Das Buch ist so geschrieben, daß die einzelnen Kapitel auch jeweils für sich gelesen werden können. Die wichtigsten Bezugnahmen auf Gesichtspunkte, die in einem anderen Kapitel abgehandelt werden, sind durch einen Pfeil (→) gekennzeichnet. Literaturhinweise erfolgen im laufenden Text in Klammern. Wird eine Veröffentlichung im selben Abschnitt mehrfach zitiert, erscheinen Namen des Autors / der Autorin und Jahreszahl bei der ersten Nennung, danach werden die Seitenzahlen in Klammern gesetzt. Ein ausführliches Literaturverzeichnis findet sich am Ende des Buches.

Die Kollegen Christoph Morgenthaler (Bern) und Friedrich Schweitzer (Tübingen) haben das Projekt durch hilfreiche konzeptionelle Gespräche mit vorbereitet. Lic. theol. Tabitha Walther hat das Manuskript kritisch gelesen. Ihr verdanke ich viele Hinweise und Verbesserungsvorschläge. Xenia Hediger hat die Korrekturen der Druckfahnen übernommen. Diedrich Steen vom Gütersloher Verlagshaus war ein engagierter Begleiter von Anfang an bis zum Erscheinen des Buches. Ihnen allen sei an dieser Stelle herzlich gedankt.

Basel, im Herbst 2007   Albrecht Grözinger

1. Homiletische Perspektiven

1.1 Was ist das – eine Predigt?

Stellt man im Alltag, etwa bei einer Geburtstagsfeier oder bei einem gemeinsamen Abendessen im Restaurant, die Frage »Was ist das – eine Predigt?«, dann wird man in der Regel auf erstaunte Blicke treffen. So als würde man die Frage stellen »Was ist ein Bahnhof?« oder »Was ist ein Gewitter?«. Zu klar scheint die Antwort auf diese Frage zu sein, als dass dies überhaupt einer Frage bedürfte. Ganz anders verhält es sich im universitären Kontext. Wenn ich das Homiletische Seminar mit der Frage an die Studierenden eröffne »Was ist das – eine Predigt?«, dann bewirke ich damit in der Regel nicht ein irritiertes Kopfschütteln, sondern eine angestrengte Nachdenklichkeit. Es macht also durchaus Sinn, diese Frage zu stellen. Allerdings ist die Sinnhaftigkeit dieser Frage kontextabhängig.

(1) Warum stellen wir im Alltag die Frage »Was ist das – eine Predigt?« nicht? Weil die Antwort darauf zu einfach ist. Eine Predigt ist das, was wir in der Regel an einem Sonntag in einem christlichen Gottesdienst, einem protestantischen Gottesdienst allzumal, auf der Kanzel zu hören bekommen. Wenn wir im Alltag an die Predigt denken, denken wir an eine sonntägliche Vertrautheit. Wir sollten diese Vertrautheit der sonntäglichen Predigt nicht unterschätzen. In der Mediengesellschaft (→ 4.5) mit ihren vielfältigen Pfarrer- und Pfarrerinnen-Serien im Fernsehen sind auch diejenigen mit der Predigt »vertraut«, die selten oder nie einen christlichen Gottesdienst besuchen. Empirische Umfragen zeigen, dass gerade auch die der Kirche eher Fernstehenden dies zum »Kerngeschäft« der Kirche zählen, nämlich dass in den Kirchengebäuden am Sonntag ein Gottesdienst stattfindet, in dem eine Predigt zu hören ist. Bei aller Rede vom Traditionsabbruch oder von einer nachchristlichen Gesellschaft – wo man hin muss, um eine Predigt zu hören, das wissen noch die meisten Menschen auf eine ganz selbstverständliche Art und Weise zu sagen. Und deshalb stoßen wir auf Erstaunen, wenn wir in alltäglichen Zusammenhängen die Frage stellen »Was ist das – eine Predigt?«.

Ganz anders wird dies, wenn wir uns an den Ort begeben, wo die Predigt zu hören ist, und vor allem dann, wenn wir genau hinsehen und genau zuhören. Auch hier kommt uns zunächst einmal der alltägliche Sprachgebrauch zu Hilfe. Nicht allzu häufig, aber auch nicht selten kommt es vor, dass nach dem

Gottesdienst eine Pfarrerin oder ein Pfarrer[1] den Satz zu hören bekommt »Das war eine schöne Predigt«. In der Regel wird das Gegenteil nicht thematisiert. Selten hören Predigerinnen und Prediger den Satz »Dies war eine schlechte Predigt«. Wer aber den Satz sagt »Das war eine gute Predigt«, der oder die hat eine Vorstellung davon im Kopf, was er oder sie unter einer guten Predigt versteht. Vielleicht können die Menschen, die diesen Satz sagen, selbst gar nicht darüber mit Worten Auskunft geben, warum sie eine Predigt gut oder schlecht finden, aber sie haben ein sicheres Gespür dafür, ob sie eine Predigt gut oder schlecht finden. Unser alltäglicher Umgang mit der Predigt ist offensichtlich normativ bestimmt, auch wenn wir dies nicht immer ausdrücklich machen (können).

Damit treffen wir auf einen paradoxen Sachverhalt. Im Alltag erscheint die Frage nach der Predigt als eine banale Frage. Gerade dem Alltagsverständnis der Predigt ist aber eine Normativität eingeschrieben, die zu thematisieren, alles andere als banal ist. Der so selbstverständlich dahin gesagte Satz »Dies war eine gute Predigt« führt – bei einer nur geringfügigen Distanznahme zu der Selbstverständlichkeit dieses Satzes – zu der Frage »Was ist eine *gute* Predigt?«. Diese Frage führt uns ihrerseits an ein ganzes Bündel von Fragen heran, die zu beantworten dann alles andere als banal oder einfach ist. Damit ist diese Frage zugleich der Ursprung aller homiletischen Reflexion. Denn die Homiletik stellt die Frage nach der »guten« oder »gelungenen« Predigt. Und sie tut dies auf eine differenzierte und elaborierte Weise. Wir sollten aber darüber nicht vergessen, dass das differenzierte homiletische Nachdenken seine Ursprungssituation in einer Situation des Alltags hat, nämlich der Selbstverständlichkeit des Satzes »Dies war eine gute Predigt«, der uns vor das Problem der Normativität stellt, die jeder Predigt eingeschrieben ist.

(2) Wenn wir uns der Beantwortung der Frage nach der guten Predigt zuwenden, wenn wir uns also auf den Weg des homiletischen Nachdenkens begeben, tun wir gut daran, dass wir unseren Weg bei der konkreten Situation der gottesdienstlichen Predigt beginnen. Woran kann sich das homiletische Nachdenken angesichts einer sonntäglichen gottesdienstlichen Situation entzünden? Es kennzeichnet die Praxisbezogenheit wie den Reichtum der Homiletik, dass eine solche homiletische Nachdenklichkeit beinahe von jeder Stelle einer solchen sonntäglichen gottesdienstlichen Situation ihren Ausgang nehmen kann. Wir müssen nur das so selbstverständlich Erlebte seiner Selbstverständlichkeit entkleiden, indem wir wie ein Ethnologe den Gottesdienst und die Predigt als fremdes, als exotisches Terrain erkunden. Ein solches Vorgehen

---

[1]   Wie ich mir den Umgang mit einer gendersensiblen Sprache vorstelle, darüber versuche ich in Kapitel 4.4 Rechenschaft abzulegen.

ist ein gar nicht so gekünsteltes Unterfangen, wie dies auf den ersten Blick erscheinen mag. Viele vertraute Situationen des Alltags erscheinen uns plötzlich alles andere als selbstverständlich, wenn wir anfangen zu fragen »Warum ist dies so?«. Angesichts der Warum-Frage wird der Alltag zum exotischen Terrain, das zu Entdeckungen einlädt.

Was könnte eine Ethnologin beobachten, was könnte ihr fraglich werden in der fremd gewordenen Vertrautheit eines protestantischen Gottesdienstes im deutschsprachigen[2] Raum? Unsere Ethnologin betritt den Kirchenraum, zehn Minuten bevor der Gottesdienst beginnt. Unter dem Klang der Glocken (warum Glocken?) beobachtet sie die Menschen. Sie sieht, wie manche unter ihnen bewusst die Nähe zu anderen suchen, und wie andere sich etwas scheu, aber entschlossen in eine abgelegene Ecke setzen. Die Bedürfnisse und die Kriterien, sich einen Sitzplatz auszusuchen, scheinen also sehr verschieden zu sein. Sie sieht, dass Männer und Frauen nicht getrennt sitzen, und sie erinnert sich, dass dies in einer Moschee und in einer Synagoge nicht der Fall ist. Als historisch geschulte Ethnologin fragt sie sich, ob das schon immer so war. Der Gottesdienst beginnt mit einem Orgelspiel. Und dabei hat sie übersehen, dass der Pfarrer in der ersten Reihe bereits Platz genommen hat. Neben und hinter dem Pfarrer sitzt niemand. Ob er sich einsam fühlt? Auf jeden Fall scheint er ein wenig ungeduldig zu sein, denn bei den Schlussakkorden der Orgel steht er bereits vor dem Altar. Und unsere Ethnologin erinnert sich an ihren letzten Urlaub in der Schweiz. Damals stand die Pfarrerin nicht vor, sondern hinter dem Altar, der mehr einem gewöhnlichen Tisch glich als einem Kultobjekt. Der Pfarrer beginnt mit den Worten »Wir feiern unseren Gottesdienst im Namen Gottes des Vaters und des Sohnes und des Heiligen Geistes«. Warum sagt er nicht einfach freundlich guten Tag, fragt sich unsere Ethnologin an dieser Stelle, aber da hat der Pfarrer an seine Eröffnungsworte bereits eine kleine persönliche Begrüßung angehängt. Als das erste Lied gesungen wird, bleiben die Menschen sitzen. Und wiederum erinnert sich unsere Ethnologin an einen Urlaub in den USA. Damals standen die Menschen

---

[2]   Wenn Homiletik wie beschrieben praxis- und situationsbezogen ist, dann muss sie alle universellen Ansprüche und Behauptungen hinter sich lassen. Es kann nicht *die* christliche, nicht einmal *die* protestantische Homiletik geben. Meine in diesem Buch vorgetragenen Überlegungen entstammen dem Erfahrungshorizont der protestantischen Kirchen im deutschsprachigen Raum. Schon eine Homiletik im französischen Kontext müsste anders konturiert sein. Und erst recht wäre eine Homiletik im afrikanischen oder lateinamerikanischen Kontext ganz anders gestimmt als meine Überlegungen. Solange die Kontextbezogenheit der Homiletik bewusst gemacht wird, ist dies kein Mangel, sondern sie gewinnt gerade daraus ihre Konkretheit. Damit ist natürlich nicht ausgeschlossen, dass HomiletikerInnen aus verschiedenen gesellschaftlich-kulturellen Kontexten voneinander lernen können und sollen. Im Gegenteil! Die internationalen Kongresse der Societas Homiletica (→ 4.5.3) etwa sind von solch einer Situation des interkulturellen homiletischen Lernens geprägt – und erhalten damit ihren besonderen Reiz und Charme.

beim Singen auf. Als sie noch ihren Erinnerungen nachhängt, wird die Gemeinde bereits vom Pfarrer aufgefordert, sich zum Gebet zu erheben. Damals in den USA setzten sich die Menschen zum Gebet wieder hin, geht es ihr durch den Kopf. Nach dem Gebet folgt eine lange Lesung aus der Bibel. Der Ethnologin fällt auf, dass sich die Stimme des Pfarrers verändert, als er aus der Bibel vorliest. Sie wird etwas hart, auf jeden Fall sehr ernst. Während des nächsten Liedes geht der Pfarrer auf die Kanzel. »Aha, ein Ortswechsel«, spricht unsere Ethnologin leise vor sich hin, weil sie weiß, dass in religiösen Ritualen Ortswechsel der Kultpersonen von hoher Bedeutsamkeit sind. Der Pfarrer liest nun aus der Bibel vor. Etwas viel Bibel, geht es unserer Beobachterin dabei durch den Kopf. Die Predigt beginnt. Der Pfarrer spricht laut. Er spricht darüber, dass die Menschen sich heute nicht mehr einfach an Vorschriften halten, nur weil dies Vorschriften sind. Vorschriften müssen einleuchten, damit Menschen sie akzeptieren. Wie aber ist es mit den Geboten Gottes, gelten sie, weil sie von Gott sind, oder weil sie uns einleuchten? Der Pfarrer erörtert diese Frage mehrere Male hin und her. Etwas distanziert klingt das in den Ohren der Ethnologin und sie fragt sich »Warum redet er nicht von sich?«. Dabei fällt ihr aber sofort ein, dass die Pfarrerin damals in der Schweiz genau dies getan hat, und damit die Frage in ihr provozierte »Warum redet sie nur von sich?«. Auf jeden Fall ist auch dieser Predigt anzumerken, dass der Pfarrer versucht, eine zeitgemäße Sprache zu sprechen. Irgendwann ist die Predigt zu Ende. Unsere Ethnologin hat es kaum bemerkt, weil sie ihren Gedanken nachhing. Erst das Lied, das nun gesungen wird, macht sie wieder auf das Geschehen um sie herum aufmerksam. Der Teil nach der Predigt kommt ihr vertraut vor. Wiederum Lieder und Gebete. Diesmal dürfen beim Vaterunser alle mitbeten. Die meisten Besucher scheinen den Text des Vaterunsers gut zu kennen. Gegen Ende des Gottesdienstes kommt noch einmal Bewegung in das Ganze. Die Menschen stehen auf, der Pfarrer erhebt seine Arme und spricht laut die Worte »Es segne und behüte Euch der allmächtige und barmherzige Gott. Amen«. Damals in der Schweiz waren die Segensworte etwas länger, aber die Erinnerung daran ist blass. Nach dem Orgelnachspiel erheben sich die Menschen sehr schnell. Die einen nutzen noch die angebotene Möglichkeit, eine Tasse Kaffee zu trinken, die meisten aber gehen, ohne auf diese Einladung einzugehen, nach Hause. Auch unsere Ethnologin entschließt sich, zu gehen. Ihr ist nicht danach zumute, mit anderen zu sprechen. Aber das ist nicht einmal ein schlechtes Gefühl. Irgendwie hat es sich gelohnt, zu kommen, denkt sie sich.

(3) Das Erleben der Ethnologin bei ihrem Gottesdienstbesuch lässt sich nun in eine ganze Reihe von Fragen transformieren, die als genuin homiletische Fragen anzusprechen sind.

Der Beobachterin ist vor allem der liturgische Ablauf des Gottesdienstes aufgefallen: Wie die verschiedenen Akteure sich im Raum verteilen, wie sie sich bewegen, wie sie sich äußern. Damit ist ein Sacherverhalt angesprochen, den vor allem die protestantische Homiletik in der Vergangenheit eher vernachlässigt hat, dass nämlich die Predigt von ihrem liturgischen Kontext nicht zu trennen ist. Die Hochschätzung der Predigt in den reformatorischen Kirchen hat oft dazu geführt, dass die Predigt isoliert betrachtet wurde. Ihr Verwobensein in den liturgischen Kontext wurde dabei aus dem Auge verloren. Dies wird heute zu korrigieren versucht. An vielen Universitäten werden nicht mehr länger isolierte »Homiletische Seminare« angeboten, sondern »Homiletisch-Liturgische Seminare«. In der Homiletischen Theorie versucht eine »Dramaturgische Homiletik« (Martin Nicol) die Predigt konsequent als »darstellendes Handeln« (Friedrich Schleiermacher) oder mit einem neueren ästhetischen Terminus als »Performance« zu verstehen und damit das gesamte liturgische Geschehen in seiner Bedeutung für die Predigt zu reflektieren (→ Kapitel 5).

Der Ethnologin ist aufgefallen, dass sich die Menschen im Gottesdienst verschieden verhalten. Manche suchen Nähe, andere Distanz. Dieser zunächst einmal äußere Sachverhalt führt uns an die Frage nach den Hörerinnen und Hörern der Predigt heran. Die Predigtgemeinde ist offensichtlich keine homogene Gruppe, sondern sehr individuell geprägte Menschen besuchen die Gottesdienste. Die Soziologie spricht heute vom Prozess der Individualisierung. Welche Erfahrungen und Erwartungen bringen die so individualisierten Menschen mit in den Gottesdienst und welche Konsequenzen hat dies für das Verständnis der Predigt (→ Kapitel 1.2 und 1.3)?

Wer einen protestantischen Gottesdienst besucht, wird sofort bemerken, dass dem Pfarrer, der Pfarrerin eine besondere Rolle zukommt. Er/sie leitet den Gottesdienst, er/sie führt Regie. Und vor allem halten sie die Predigt. Welche Bedeutung haben deren Erfahrungen und deren theologische Position für den Ablauf des Gottesdienstes, für den Inhalt und die Form der Predigt? Und in welchem Verhältnis stehen Predigerin und Prediger zu den Erfahrungen und Erwartungen der Gottesdienstbesucherinnen und Gottesdienstbesucher? Was geschieht, wenn die verschiedenen Erfahrungen, Erwartungen und Positionen im Gottesdienstgeschehen aufeinander treffen? Wie kann dieser Prozess fruchtbar gestaltet werden (→ Kapitel 3)?

Die Ethnologin hat beobachtet, dass der Pfarrer in Deutschland vor dem Altar steht, während die Pfarrerin in der Schweiz hinter dem Altar gestanden hat. Offensichtlich gibt es Traditionen, die Unterschiede markieren. Es gibt nicht *den* Gottesdienst und *die* Predigt. Gottesdienst und Predigt haben eine vielfältige Geschichte, die eine Vielfalt der Formen und Positionen hervorgebracht hat. Diese lenken auch heute noch – sei es bewusst oder unbewusst

– die homiletischen und liturgischen Prozesse. Deshalb muss sich eine reflektierte Homiletik Rechenschaft ablegen über ihre eigene Herkunftsgeschichte und darüber, wie sie sich selbst darin verortet (→ Kapitel 2).

Schließlich ist unserer Beobachterin aufgefallen, dass sich der Prediger in seiner Predigt um eine zeitgemäße Sprache bemüht hat. Gleichwohl hat sie einen persönlichen Anteil in der Predigt vermisst. Den Prediger selbst konnte sie offensichtlich in der Predigt nicht entdecken, obwohl er ja leibhaftig auf der Kanzel stand. Irgendwie scheint da etwas mit der Sprache der Predigt nicht zu stimmen. Intentionen und Motive, die hinter einer Predigt stehen, erreichen oft nicht die Ohren der Hörerinnen und Hörer, weil die Sprache der Predigt nicht stimmt. Eine Predigt gelingt oder misslingt in ihrer Sprache. Und deshalb gehört die Frage nach der Sprachgestalt der Predigt zu den wichtigsten Themen der Homiletik (→ Kapitel 4).

Weiterführende Literatur

K. Müller, Homiletik. Ein Handbuch für kritische Zeiten, Regensburg 1994

1.2 Homiletisch Wahrnehmen

Aristoteles war bekanntlich der Ansicht, das *thaumazein*, das Staunen, sei der Ursprung aller Philosophie. Nicht von ungefähr taucht dieser Gedanke in seiner Schrift über Metaphysik auf, also jener Schrift, in der Aristoteles darüber nachdenkt, was allen Dingen und allen menschlichen Aktivitäten immer schon voraus oder zugrunde liegt. Dort findet sich im ersten Buch der bemerkenswerte Satz: »Denn wegen des Sich-Verwunderns haben die Menschen jetzt und auch anfänglich angefangen zu philosophieren.«

Je länger ich mich als Prediger und als Universitätslehrer mit den Fragen der Homiletik beschäftigt habe, umso deutlicher wird mir, dass dieses Fragen an kein Ende gelangen kann. Kürzlich sagte mir eine Kollegin aus der medizinischen Fakultät: »Jede Antwort, die wir finden, bringt ein mehrfaches an neuen Fragen mit sich.« So ist es auch bei der Homiletik. Dort gibt es keine definitiv »erledigten« Probleme, keine »ein für allemal« beantworteten Fragen, keine »gültigen« Lösungen. Homiletik ist ein Suchprozess, der seinen Ausgang nimmt von einem Sich-Verwundern und immer wieder zu diesem Sich-Verwundern zurückkehrt. Warum hat die so oft – und wahrlich nicht erst heute – totgesagte Predigt ein so vitales Leben? Warum gehen Sonntag für Sonntag so viele Menschen in die Gottesdienste? Ich weiß, dass ich mit diesem Fragen gegen einen gewissen Trend im kirchlichen und außerkirchlichen Umfeld zu stehen komme. Werden gegenwärtig Gottesdienst und Predigt thematisiert, so geschieht dies meist in Form der Klage oder eines schadenfrohen Triumphalismus: Der Schwund an Gottesdienstbesucher(inne)n wird thematisiert. Ich gestehe offen, dass mich diese Perspektive zunehmend weniger interessiert, ja schlicht langweilt. Die, die diese Perspektive einnehmen, wissen mir vordergründig zu sehr Bescheid. Mich dagegen interessiert die genau entgegengesetzte Fragerichtung. Warum gehen in unseren Breiten, also im Kontext eines unhintergehbar weltanschaulichen und religiösen Pluralismus, Sonntag für Sonntag Millionen von Menschen in die Kirche, um Gottesdienste zu feiern und eine Predigt zu hören? Warum besuchen sie nicht – wie andere dies ja auch tun – ein Museum? Warum machen sie nicht einen Spaziergang? Warum schalten sie nicht den Fernsehapparat ein? Warum gehen sie so penetrant an jenen Ort, wo sie unter anderem eine mehr oder weniger gut vorbereitete, eine mehr oder weniger gelungene Predigt erwartet? Ich habe darauf keine fertige Antwort, wohl aber Vermutungen. Um Vermutungen zu erhärten, muss man genau hinsehen, wahrnehmen also, und dann diese Wahrnehmungen reflektieren. Dies soll hier in der gebotenen Kürze eines homiletischen Lehrbuches geschehen.

Wer sind die Menschen, die die Gottesdienste besuchen? Wo kommen sie her? Wie gestaltet sich ihr Leben? Die Human- und Sozialwissenschaften haben sich in all der Vielfalt ihrer Ansätze und Perspektiven vor allem auf drei Begriffe verständigt, mittels derer die Veränderungen innerhalb der Lebenswelten unserer Gegenwart beschrieben werden können: *Pluralisierung*, *Individualisierung* und *Globalisierung*. Diese drei Begriffe klingen zunächst einmal recht abstrakt, aber sie können sehr anschaulich auf konkrete lebensweltliche Phänomene herunterbuchstabiert werden.

Weiterführende Literatur

K. Fechtner / M. Haspel (Hg.), Religion in der Lebenswelt der Moderne, Stuttgart 1998
W. Gräb, u.a. (Hg.), Christentum in der Spätmoderne. Ein internationaler Diskurs über Praktische Theologie und Ethik, Stuttgart 2000
H.-G. Ziebertz, Religion, Christentum und Moderne. Veränderte Religionspräsenz als Herausforderung, Stuttgart 1999

1.2.1 Pluralisierung

Weil wir heute auf eine ganz selbstverständliche Art und Weise in einer kulturell, religiös und weltanschaulich plural verfassten Gesellschaft leben, sehen wir oft kaum mehr, dass dieser Pluralismus alles andere als selbstverständlich ist. Um dieses Nicht-Selbstverständliche des uns Selbst-Verständlichen zu profilieren, möchte ich eine kleine persönliche Erinnerung anführen. Im Jahre 1966 trat ich in eine Internatsschule ein. Ein Mitschüler hatte das für uns damals exotische Privileg, dass seine Eltern in Frankreich lebten und er seine Ferien regelmäßig in Paris verbrachte. Dort waren offensichtlich Dinge zu sehen und zu erleben, von denen wir nichts ahnten. Ich erinnere mich genau, wie uns dieser Mitschüler in einem der nächtlichen Gespräche im Schlafsaal erklärte und beschrieb, was eine »Pizza« sei. Wir hörten seinem Bericht fasziniert zu. Meine erste Pizza aß ich dann erst zu Beginn meines Studiums in Tübingen. Die Pizza war allmählich in meine schwäbische Heimat gelangt. Wenn ich diese Geschichte von dem nächtlichen Pizza-Gespräch heute den Studierenden im Hörsaal erzähle, erklingt jedes Mal ein erheitertes Lachen. Dieses Lachen verweist darauf, wie das uns heute Selbstverständliche einmal alles andere als selbstverständlich war. Kulturell, religiös und weltanschaulich plurale Gesellschaften sind in Mitteleuropa ein relativ junges Phänomen. In gewisser Hinsicht waren die Gesellschaften Mitteleuropas natürlich schon immer plural verfasst. Wirklich totalitäre Epochen waren in der europäischen Geschichte immer nur Ausnahmesituationen. So sind etwa die Phase des Terrors während der Französischen Revolution oder der Nationalsozialismus und Stalinismus als solche Versuche anzusprechen, der Gesellschaft einen totalitären Zuschnitt zu geben. Zum Glück sind diese Versuche gescheitert. Damit Gesellschaften einigermaßen stabil sind und von den Menschen als »legitim« anerkannt werden, bedarf es eines gewissen Maßes an interner Pluralität. Gleichwohl macht es Sinn, die Signatur unserer kulturell-gesellschaftlichen Gegenwart mit dem Stichwort der Pluralisierung zu beschreiben. Wir befinden uns nämlich in der Phase des Übergangs von einer *traditionell alteuropäisch pluralen* Gesellschaft hin zu einer *multikulturellen* und *multireligiösen* Gesellschaft. Die alteuropäisch pluralen Gesellschaften waren geprägt durch die Dominanz gewisser kultureller und religiöser Schemata, unter deren Dach sich dann mehr oder weniger geduldet Subkulturen mit einem gewissen Abweichungsgrad entwickeln konnten. Heute dagegen wird es immer schwieriger, mit dem Erklärungsmuster von Dominanz und Abweichung kulturelle, religiöse und weltanschauliche Orientierungen zu beschreiben. Die Vielfalt von Lebensstilen, der alltagsweltlich so selbstverständlich gewordene Synkretismus von Sinnorientierungen haben das vertraute Schema von Mehrheit und Minderheit obsolet werden lassen. Der Politikwissenschaftler Claus Leggewie hat diese Entwicklung anhand der forcierten Situation Kaliforniens so beschrieben:

> »In der wirklichen Weltgesellschaft gibt es keine dominanten kulturellen Muster mehr, und die universale Tradition des Westens darf sich nicht in einem trotzigen

Ethnozentrismus der Diskussion verweigern oder voraussetzen, sondern muss die Debatte (warum nicht selbstbewusst?) führen. Wem die Vorstellung einer Weltgesellschaft zu abstrakt ist, der stelle sich zur Illustration eine multikulturelle Metropole seiner Wahl vor oder einen Landstrich wie Kalifornien, wo es schon jetzt keine ethnische Mehrheit, sondern nur noch die reziproken Ansprüche von Minderheiten aneinander gibt« (Leggewie 1993, XIII).

Man muss heute nicht mehr wie Leggewie noch im Jahre 1993 auf Kalifornien verweisen, um solche Entwicklungen anschaulich beschreiben zu können. Die Religionsstatistik des Kantons Basel-Stadt spricht in dieser Hinsicht eine deutliche Sprache. Im Jahre 1970 gehörten noch über 80 % der baselstädtischen Bevölkerung einer der beiden großen Landeskirchen an, also der Evangelisch-Reformierten oder der Römisch-Katholischen Kirche. Im Jahre 2000 hat sich die Lage völlig verändert. Jetzt weist die Religionsstatistik folgende Zahlen auf:

Evang.-Reformierte Kirche	25 %
Röm-Kath. Kirche	24 %
Evang. Freikirchen	2 %
Christl.-Orthodox. Kirchen	2 %
Jüdische Glaubensgemeinschaft	1 %
Islamische Gemeinschaften	7 %
Buddhistische Vereinigungen	0,5 %
Hinduistische Vereinigungen	0,5 %
Konfessionslose	31 %
Weitere kleinere Gemeinschaften	2 %
Ohne Angabe	5 %

Man kann an diesen Zahlen sehr schön zeigen, dass die Rede von Mehrheit und Minderheit in der Basler Religionswelt keinen Sinn mehr macht. Zunächst einmal ist die hohe landeskirchliche Mehrheit des Jahres 1970 verschwunden. Deshalb hat man es sich innerhalb der Evangelisch-Reformierten Kirche Basel-Stadt angewöhnt, von sich selbst als einer Minderheitenkirche zu reden. Doch scheint mir diese Rede nicht angemessen zu sein. Minderheit ist man immer nur gegenüber einer Mehrheit. Doch wo ist in Basel diese Mehrheit? Die Konfessionslosen sind mit knapp über 30 % die größte Gruppe. Doch auch sie sind damit zahlenmäßig eine Minderheit. In Basel gibt es also in der Religionsstatistik keine »Mehrheit« mehr, sondern nur noch »Minderheiten«. Welchen Sinn aber macht die Rede von Minderheit, wenn keine Gruppe mehr als Mehrheit identifizierbar ist? So zeigt die Basler Religionsstatistik anschaulich, was religiöse und weltanschauliche Pluralisierung meint. Wenn wir in Betracht ziehen, dass die beiden großen Gruppen der Reformierten und Katholiken in sich höchst plural, wenn nicht heterogen sind, dann treffen wir in Basel auf ein buntes *Patchwork* religiöser und welt-anschaulicher Orientierungen, die sich nicht mehr einfach als Mehrheit und Minderheiten verrechnen lassen.

Diese zunächst eher statistisch-formale Wahrnehmung verweist auf ein tiefer liegendes inhaltliches Problem der zunehmenden Pluralisierung religiöser und weltanschaulicher Orientierungen. Was geschieht, wenn verschiedene kulturelle und religiöse Traditionen hautnah aufeinander treffen? In Europa waren die Menschen über Jahrhunderte hinweg darin geübt, kulturelle Begegnungen als Fern-Begegnungen zu erleben und zu gestalten. Derselbe Goethe, der im West-Östlichen Diwan seine Orientfaszination sprachlich gestaltet, konnte im »Faust« äußern, es gehe uns Europäer eigentlich nicht viel an, wenn »weit hinten in der Türkei die Völker aufeinanderschlagen«. Ganz ähnlich setzt Theodor Fontane in seinem Roman »Effi Briest« eine solche kulturelle Fern-Begegnung in Szene. Die Effi steht vor dem Grab eines Chinesen, der zufällig auf einem Friedhof der märkischen Provinz seine letzte Ruhestätte gefunden hat. »Ein Chinese«, so sagt Effi als sie vor dem Grab steht, »ein Chinese, find ich, hat immer etwas Gruseliges«. Heute sitzen die Chinesen neben uns in der Straßenbahn, die Muslime wohnen in unserer Nachbarschaft, und die Indios der Anden machen in unseren Einkaufspassagen Straßenmusik. Kulturelle Begegnung ist heute zu einer Nahbegegnung, in nicht wenigen Fällen, wie etwa im gemeinsamen Zimmer im Krankenhaus, sogar zu einer höchst intimen Angelegenheit geworden.

Dies bedeutet auch, dass konkurrierende kulturelle und religiöse Ausrichtungen lebensweltlich heute direkt aufeinander treffen. Darin verbirgt sich – und davon erzählen die Nachrichten in der Zeitung und im Fernsehen beinahe jeden Tag – ein nicht unbeträchtliches Konfliktpotential. Manche Begeisterung erlischt sehr schnell, wenn das Exotische nicht mehr fern ist, sondern zum Mitbewohner im eigenen Haus wird. Vor allem aber relativiert dieser interkulturelle Nahkontakt die Geltungsansprüche der eigenen Überlieferung und kulturellen Orientierung. Der Religionssoziologe Peter L. Berger spricht in diesem Zusammenhang vom »Zwang zur Häresie« oder gar von einer »kognitiven Kontamination«, deren Zustandekommen er als notwendiges Resultat des unmittelbaren Zusammentreffens verschiedener kultureller und religiöser Geltungsansprüche beschreibt:

> »Irgendwie drängt sich einem der Gedanke auf, dass das eigene traditionelle Weltverständnis vielleicht doch nicht das einzig richtige ist und dass die anderen möglicherweise auch diesen oder jenen guten Gedanken haben. Die bislang für selbstverständlich genommene Weltsicht wird aufgebrochen, wenn es auch zunächst nur ein winziger Spalt ist, der sich auftut und durch den der Schimmer eines Zweifels eindringt. Doch hat diese Öffnung die Neigung, sehr schnell größer zu werden« (Berger 1994, 45).

Vielleicht klingt der Begriff der »kognitiven Kontamination« zu aggressiv, um dem beschriebenen Vorgang wirklich gerecht zu werden. Sicher können viele Konflikte ein Resultat einer »kognitiven Kontamination« sein oder sie lassen sich als der Versuch verstehen, sich einer solchen »kognitiven Kontamination« zu entziehen oder gar nicht stellen zu müssen. Auf der anderen Seite leben viele Menschen heute jedoch auf eine sehr selbstverständliche Weise mit dieser Erfahrung der Selbstrelativierung der eigenen kulturellen Traditionen und Weltsichten durch die Begegnung mit dem oder der Anderen. Der »Zwang zur Häresie« ist heute zu einem ganz selbstverständlichen Sachverhalt in der pluralistischen Gesellschaft geworden. Und viele mögen dies auch weniger als Zwang, sondern weitaus mehr als Befreiung und Gewinn an Orientierungsmöglichkeiten empfinden. Predigerinnen und Prediger tun gut daran, sich bewusst zu machen, dass sie zu Menschen sprechen, denen der »Zwang zur Häresie« bereits zur zweiten Natur geworden ist.

1.2.2 Individualisierung

Mit dem Begriff der Pluralisierung versuchen die Human- und Gesellschaftswissenschaften die strukturellen Momente der Vervielfältigung und Ausdifferenzierung von kulturellen und weltanschaulichen Optionen zu beschreiben. Lebensgeschichtlich werden diese Optionen jedoch immer nur individuell realisiert. Wie diese individuelle Realisierung lebensgeschichtlicher Optionen unter sich verändernden Bedingungen vor sich geht, wie sie »funktioniert«, wird gegenwärtig mit dem Begriff der Individualisierung zu entschlüsseln versucht.

Der Begriff der Individualisierung ist nicht ganz unproblematisch, weil er zunächst einmal zu falschen Assoziationen verführt. Individualisierung meint nämlich nicht in erster Linie die Aufspaltung der Gesellschaft in kulturelle Milieus. Dem spürt die Kultursoziologie nach, wie sie vor allem Gerhard Schulze mit seiner These von der »Erlebnisgesellschaft« entwickelt hat (Schulze 1993). Die Herausbildung kultureller Milieus mag eine Folge der Individualisierung sein, ist jedoch nicht deren Ursache. Individualisierung meint ferner auch nicht die Herausbildung einer gesellschaftlichen Vereinzelung. Es gibt gegenwärtig viel gesellschaftliche Einsamkeit, das ist unbestritten. Diese Vereinzelung kann eine mögliche Folge von Individualisierung sein, ist aber nicht deren zwangsläufige Folge. Individualisierung ist, wie wir noch sehen werden, weitaus mehr gemeinschaftsbildend und gemeinschaftsfördernd, als dass sie die Menschen vereinzelt oder gar in die gesellschaftliche Isolation führt. Schließlich meint der Begriff der Individualisierung auch nicht einen egoistischen Individualismus. Die sehr verbreitete These, dass gesellschaftliche Individualisierung notwendigerweise zu einem selbstbezogenen Individualismus führe, lässt sich empirisch nicht belegen. Im Gegenteil hat der nordamerikanische Soziologe Wuthnow gezeigt, dass gerade eine individualisierte Lebensform neue Gestalten eines gesellschaftlichen Altruismus entstehen lässt. Er belegt dies zunächst einmal mit eindrucksvollen Zahlen:

>>Achtzig Millionen Amerikaner sind nach Schätzungen einer im Auftrag des Independent Sector durchgeführten Umfrage in der einen oder anderen Weise als freiwillige Helfer aktiv. Sie backen für die Feste der nahegelegenen Schulen Kuchen, bringen älteren Personen das Essen oder kümmern sich um Patienten in Pflegeheimen und Krankenhäusern. Sie wirken bei Notruf-Organisationen und Hilfsaktionen mit, halten sonntags Kurse ab, sammeln Spenden und sind in gemeinnützigen Organisationen tätig. Annähernd 45 % aller Amerikaner über 18 Jahre übernehmen eine derartige Aufgabe. Fünf Stunden pro Woche widmet durchschnittlich jeder Freiwillige in den Vereinigten Staaten solchen Tätigkeiten. Jedes Jahr kommen auf diese Weise fast 20 Milliarden Stunden an freiwilliger Hilfe zusammen. Davon entfallen etwa 5 Milliarden Stunden auf kleine Gefälligkeiten, wenn z. B. ein Freund im Krankenhaus besucht oder dem Nachbarn ausgeholfen wird. Und 15 Milliarden Stunden entfallen auf spezifische zeitliche Verpflichtungen gegenüber Organisationen wie Kirchen, Krankenhäusern, Obdachlosenasylen, genossenschaftlichen Einrichtungen, Bürgergruppen, gemeinnützigen Stiftungen, Rettungskommandos und der freiwilligen Feuerwehr. Schätzungsweise 150 Milliarden Dollar müssten jährlich aufgewendet werden, wenn diese Tätigkeiten von staatlichen Einrichtungen übernommen würden<< (Wuthnow 1997, 37).

Die Zahlen sind insofern von besonderer Bedeutung, als wir es bei den USA mit einer forciert individualisierten Gesellschaft zu tun haben. Aber auch für die Schweiz lässt sich Ähnliches belegen. Und auch die Verhältnisse in der Bundesrepublik Deutschland sind besser, als es ein uninformiertes, aber verbreitetes Vorurteil suggeriert. Deshalb sollten Prediger und Predigerinnen sich hüten, in die allgemeine Klage über einen egoistischen Individualismus einzustimmen, nicht zuletzt auch deshalb, weil sie RepräsentantInnen einer Institution sind, die wesentlich vom *freiwilligen* Engagement der Menschen gelebt hat und in Zukunft noch mehr davon leben wird. Systematisch hat Wuthnow seine empirischen Untersuchungen so summiert:

>>Man kann also offensichtlich keinesfalls behaupten, dass innerhalb der amerikanischen Gesellschaft Individualismus und altruistische Einstellungen sowie das Engagement in vielfältigen Hilfs- und Fürsorgeorganisationen einander ausschließen. [...] Allem Anschein nach entwickelt sich ein äußerst starkes Mitleid bei den einzelnen nicht, indem sie ihren Individualismus aufgeben. Auch sie schätzen, wie der durchschnittliche Amerikaner, ihre persönliche Freiheit, gehen von der Notwendigkeit der Selbstbestimmung aus, streben mit aller Kraft nach Erfolg, achten auf ihr Ego und möchten in Wohlstand leben. Und umgekehrt kümmern sich die Menschen, die auf solche Weise am nachdrücklichsten ihr Ei-

geninteresse glauben verfolgen zu sollen, nicht weniger um andere als die Personengruppe, die dem Eigeninteresse geringere Bedeutung beimisst« (Wuthnow 1997, 59).

Was also meint der Begriff der Individualisierung, wenn er weder gesellschaftliche Zerklüftung, noch Vereinzelung, noch Egoismus meint? Der Soziologe Ulrich Beck, der sich intensiv mit den neuzeitlichen Prozessen von Individualisierung beschäftigt hat, beschreibt diesen Sachverhalt so:

»Die Industriegesellschaft setzt Ressourcen von Natur und Kultur voraus, auf deren Existenz sie aufbaut, deren Bestände aber im Zuge einer sich durchsetzenden Modernisierung aufgebraucht werden. Dies trifft auch auf kulturelle Lebensformen (z. B. Kleinfamilie und Geschlechtsordnung) und soziale Arbeitsvermögen zu (z. B. Hausfrauenarbeit, die zwar nicht als Arbeit anerkannt war, gleichwohl aber die Erwerbsarbeit des Mannes erst ermöglicht hat). Dieser Verbrauch der kollektiven oder gruppenspezifischen Sinnreservoire (z. B. Glauben, Klassenbewusstsein) der traditionalen Kultur (die mit ihren Lebensstilen und Sicherheitsvorstellungen noch bis weit in das 20. Jahrhundert hinein auch die westlichen Demokratien und Wirtschaftsgesellschaften gestützt hat) führt dazu, dass alle Definitionsleistungen den Individuen zugemutet werden. Chancen, Gefahren, Ambivalenzen der Biographie, die früher im Familienverband, in der dörflichen Gemeinschaft, im Rückgriff auf ständische Regeln oder soziale Klassen bewältigt werden mochten, müssen nun von den einzelnen selbst wahrgenommen, interpretiert und bearbeitet werden. Chancen und Lasten der Situationsdefinition und -bewältigung verlagern sich damit auf die Individuen, ohne dass diese aufgrund der hohen Komplexität der gesellschaftlichen Zusammenhänge noch in der Lage sind, die damit unvermeidlichen Entscheidungen fundiert, in Abwägung von Interesse, Moral und Folgen verantwortlich treffen zu können« (Beck 1995a, 32).

In diesen knappen Sätzen sind die wichtigsten Elemente des Prozesses genannt, den die Soziologie mit dem Begriff der Individualisierung zu fassen versucht. Individualisierung meint das Ineinandergreifen von verschiedenen Dimensionen wie:

▷ Verflüssigung traditioneller Rollenvorgaben
▷ Schwund normativer Traditionen
▷ Verdacht gegen Institutionen
▷ Folgelasten für die Individuen

Wenn von einer *Verflüssigung der Rollenvorgaben* die Rede ist, dann bedeutet dies nicht den vollständigen Verlust von sozialen Rollen. Eine plurale Gesellschaft lebt mit einer Fülle von Rollenzumutungen und Rollenzuschreibungen. In der Werbung, im Berufsleben, aber auch in privaten Beziehungen werden wir ständig mit bestimmten Erwartungen konfrontiert. Verflüssigung der Rollenvorgaben meint demgegenüber, dass die Rollenvorgaben nicht mehr eindeutig sind, dass sie den einzelnen Menschen einen größeren Gestaltungsraum bieten, ihnen aber auch eine größere Kompetenz zur Rollengestaltung abverlangen. Man kann diese Veränderung prägnant an der Entwicklung der Familienstruktur ablesen. Bis in die zweite Hälfte des 20. Jahrhunderts hatte das, was eine Familie genannt wurde, in der Regel eine klare Gestalt. Zwei Menschen männlichen und weiblichen Geschlechts lebten in der Rechtsform einer standesamtlichen Ehe zusammen. Aus der Ehe gingen in der Regel Kinder hervor. Der Mann sorgte durch den Beruf für die finanziellen Ressourcen. Die Frau war für die interne Gestaltung des Haushalts und die Betreuung der Kinder zuständig. Dies ist heute elementar anders geworden. Menschen leben in verschiedenen Rechtsformen zusammen. Lebenspartnerschaften können heute auch offen als gleichgeschlechtliche Beziehungen gelebt werden. Es wird bewusst entschieden, ob in einer Beziehung Kinder gewünscht werden oder nicht. Ebenso wird entschieden, ob und in welchem Umfang die beiden LebenspartnerInnen einen Beruf ausüben.

Wenn von einem *Schwund normativer Traditionen* die Rede ist, dann heißt dies wiederum nicht, dass wir in einer traditionslosen Gesellschaft leben. Im Gegenteil: Wahrscheinlich stehen den Menschen in einer Mediengesellschaft mehr Ressourcen an kulturellen Überlieferungen und Traditionen zur Verfügung als allen anderen Generationen zuvor. Aber diese Traditionen haben nicht mehr die Bindekraft und die prägende Wirkung wie früher. Wer im 18. Jahrhundert in einem katholischen Dorf geboren wurde, blieb in der Regel katholisch bis an sein Lebensende. Wer in einem proletarischen Milieu groß wurde, blieb diesem treu. So konnte etwa die Arbeiterbewegung eine eigene Arbeiterkultur ausbilden, die bis nach dem Zweiten Weltkrieg klar erkennbare Konturen aufwies. Auch dies ist heute elementar anders geworden. Aus der Fülle der Traditionen wird ausgewählt. Traditionen werden mehr als Ressourcen der Wahl genutzt denn als fraglose Vorgaben.

Das Nachlassen der normativen Kraft überkommener Traditionen äußert sich in vielen Fällen in einem *Verdacht gegen Institutionen*. Institutionen gelten gemeinhin als Ausdruck von Unbeweglichkeit und normativem Zwang. Empirische Umfragen zeigen regelmäßig, dass so verschiedene Institutionen wie politische Parteien, Gewerkschaften, Kirchen, aber auch Post und Bahn von dem meisten Menschen eher negativ bewertet werden. Wobei der Tatbestand, sobald er konkretisiert wird, ein äußerst paradoxes Ergebnis ausweist. Man erinnert sich gern an die Pfarrerin, die einen konfirmiert hat, und hält zugleich die Kirche für die Institution eines dogmatischen Zwangskorsetts. Man geht in seiner Lebensplanung ganz selbstverständlich davon aus, dass die Züge einigermaßen pünktlich fahren, und hält dennoch die Bahn für eine unzuverlässige Institution. Man wirft den Gewerkschaften vor, egoistische Gruppeninteressen zu verfolgen, und wünscht sich zugleich, dass durch sie einem ungehemmten Marktkapitalismus Grenzen gesetzt werden.

Kurz gesagt: Man hegt gegenüber den Institutionen einen Generalvorbehalt und nimmt zugleich ungeniert deren Leistungen in Anspruch.

Gerade das Beispiel des Verdachts gegen die Institutionen zeigt, dass der gesamte Vorgang der Individualisierung ein hochkomplexes, oft heterogenes und gleichwohl alltagsweltlich gut eingespieltes Geschehen ist. Dies wird besonders dann deutlich, wenn wir nach den *Folgelasten für die Individuen* fragen. Auch hier ist zunächst einmal zu betonen, dass der Vorgang der Individualisierung immense Freiheitsräume eröffnet hat. Dies lässt sich an der Frauenemanzipationsbewegung zeigen. Die Auflösung traditioneller Rollenvorgaben für Frauen war die Voraussetzung dafür, dass sich eine Frauenbewegung herausbilden konnte, und diese wiederum hat den gesamten Individualisierungsprozess intensiviert und beschleunigt. Das Gleiche lässt sich im Zusammenhang des religiösen Selbstverständnisses vieler Menschen beobachten. Religion löst sich von den dogmatischen und institutionellen Vorgaben des abendländischen Christentums und verschwindet gleichwohl nicht. Individuell ausgeprägte Religion kann dann sogar wieder in lockeren Kontakt zu bestimmten Formen und Inhalten des überlieferten Christentums in den Kirchen treten. Allerdings stehen diesem Freiheitsgewinn, den der Vorgang der Individualisierung bedeutet, auch neue Zwänge gegenüber. Dass in einer Lebensgemeinschaft beide PartnerInnen arbeiten, ist oft weniger ein Resultat freier Entscheidung als Ergebnis ökonomischer Zwänge. Beziehungen, die sich nicht auf gleichsam selbstverständliche Rollenvorgaben stützen können, sind viel zerbrechlicher geworden. Der Vorbehalt gegenüber den Institutionen suspendiert auch von der Entlastung, alles stets aufs Neue selbst entscheiden zu müssen. Und so empfinden heute viele Menschen die negativen Folgelasten der Individualisierung oft sehr viel stärker als den damit verbundenen Freiheitsgewinn, den man gleichwohl auf keinen Fall missen möchte.

Weiterführende Literatur

U. Beck u. a., eigenes Leben. Ausflüge in die unbekannte Gesellschaft, in der wir leben, München 1995.

1.2.3 Globalisierung

Das Ausmaß an *Freiheitsgewinn* und den damit verbundenen *neuen Zwängen* wächst unter den Bedingungen einer globalisierten Welt dramatisch an. Offensichtlich durchzog die europäische Wahrnehmung bereits im 19. Jahrhundert eine Ahnung von dem, was wir heute Globalisierung nennen:

»Die Bourgeoisie hat durch ihre Exploitation des Weltmarkts die Produktion und Konsumtion aller Länder kosmopolitisch gestaltet. Sie hat zum großen Bedauern der Reaktionäre den nationalen Boden der Industrie unter dem Boden weggezogen. Die uralten Industrien sind vernichtet worden und werden noch täglich vernichtet. Sie werden verdrängt durch neue Industrien, deren Einführung eine Lebensfrage für alle zivilisierten Nationen wird [...] An die Stelle der alten lokalen und nationalen Selbstgenügsamkeit und Abgeschlossenheit tritt ein allseitiger Verkehr, eine allseitige Abhängigkeit der Nationen voneinander. Und wie in der materiellen, so auch in der geistigen Produktion. Die geistigen Erzeugnisse der einzelnen Nationen werden Gemeingut. Die nationale Einseitigkeit und Beschränktheit wird mehr und mehr unmöglich, und aus den vielen nationalen und lokalen Literaturen bildet sich eine Weltliteratur« (Marx 1971, 529).

Diese Sätze entstammen dem von Karl Marx und Friedrich Engels verfassten »Kommunistischen Manifest« aus dem Jahre 1848. Viele der dort vertretenen Thesen erscheinen uns heute abwegig und überspannt. Die zitierten Sätze allerdings zeigen, dass die Ökonomen Marx und Engels ein sicheres Gespür dafür hatten, welche Auswirkungen wirtschaftliche Faktoren auf die Gesamtkultur haben. Das, was wir heute Globalisierung nennen, ist ein Ineinandergreifen ökonomischer, politischer und kultureller Entwicklungen. Dabei kommt neben der Ökonomie nicht zuletzt dem Radio, dem Fernsehen und dem Internet eine herausragende Bedeutung zu. Globalisierung bedeutet die temporäre und lokale Gleichzeitigkeit von einst geographisch und kulturell getrennten Gegebenheiten.

Globalisierung steht damit in der gleichen Ambivalenz wie die Individualisierung. Sie kann neue Freiräume wie neue Zwänge bedeuten. Globalisierung ruft nach dem »flexiblen Menschen« (Sennett 1998), wobei diese geforderte Flexibilität zwei völlig verschiedene Gesichter zeigt. Der Sozialphilosoph Zygmunt Bauman hat diese Janusgesichtigkeit in einem eindrücklichen Bild auszudrücken versucht. Er spricht davon, dass unter den Bedingungen der Globalisierung die Menschheit gleichsam in zwei Hälften auseinanderdriftet – in lebensgeschichtliche Touristen und in lebensgeschichtliche Vagabunden.

Lebensgeschichtliche Touristen im Sinne Baumans »sind absolute Meister in der Kunst, alles Feste zu schmelzen und alles Gebundene zu lösen. Was sie in erster Linie charakterisiert: sie gehören nicht an den Ort, den sie gerade aufsuchen [...] Touristen reisen mit leichtem Gepäck – sie brauchen nur ein paar Habseligkeiten, um sich gegen die Unbill fremder Orte zu schützen – und können augenblicklich wieder aufbrechen, sowie etwas ihrer Kontrolle zu entgleiten droht, ihr Vergnügungspotential erschöpft zu sein scheint oder aufregendere Abenteuer von ferne winken. *Mobilität* heißt dieses Spiel. Man muss in der Lage sein aufzubrechen, so wie die Bedürfnisse einen treiben oder Träume rufen. Diese Fähigkeit nennen die Touristen Freiheit, Autonomie oder Unabhängigkeit« (Bauman 1999, 160 f.). Mit den Touristen teilen die Vagabunden das Los der Nichtgebundenheit an Orte und die ständige lebensgeschichtliche Bewegung. Zugleich stellen die Vagabunden das *alter ego* der Touristen dar: »Während die Touristen weiterziehen, weil sie die Welt unwiderstehlich *attraktiv* finden, ziehen die Vagabunden weiter, weil sie die Welt als unerträglich *ungastlich* erleben. Sie machen sich nicht auf den Weg, wenn sie den letzten Tropfen an Vergnügen im Angebot der Einheimischen herausgepresst haben, sondern wenn diese die Geduld verlieren und sich weigern, ihre fremde Gegenwart noch länger zu ertragen. Die Touristen reisen, weil sie *es wollen*; die Vagabunden, weil sie *keine andere Wahl* haben« (165).

Zygmunt Bauman hat mit dem Bild von den Touristen und Vagabunden eine eindrückliche Metapher der Conditio humana unter den Bedingungen einer globalisierten Welt geprägt. Die Touristen sind die Globalisierungsgewinner, während die Vagabunden die Schattenseiten der Globalisierung ertragen müssen. Globalisierung ist zugleich dadurch gekennzeichnet, dass die vertrauten Zuschreibungen in Bewegung geraten. Es ist eben nicht eindeutig, wer zu den Gewinnern und wer zu den Verlierern gehört. Globalisierung bringt alle Denkschemata und Denkgewohnheiten gründlich durcheinander. Wenn auf einer Podiumsdiskussion ein Bergarbeiter aus dem Ruhrgebiet, der seine Arbeitsstelle verloren hat, und eine Inderin, die gerade einen Softwarebetrieb in Bangalore gegründet hat, aufeinandertreffen, dann werden die durch die Globalisierung ausgelösten Turbulenzen exemplarisch deutlich. Gewinner und Verlierer sind weder dem Schema von Erster, Zweiter und Dritter Welt eindeutig zuzuordnen, noch bestätigen sie die alte Geschlechterhierarchie. In der Metapher von Bauman wäre der Bergarbeiter eindeutig der Vagabund, während die Jungunternehmerin aus Indien eher als Touristin anzusprechen wäre.

Noch komplizierter werden die Verhältnisse dadurch, dass einzelne Menschen in der Regel wohl beide Erfahrungen in sich vereinen. Viele Menschen sind Touristen und Vagabunden zugleich. So ist der Manager einer Schweizer Großbank in ökonomischer Hinsicht sicher als Tourist anzusprechen. Wenn er sich jedoch im Scheitern seiner Ehe als total hilflos erlebt, weil er auf die selbstverständlichen Rollenzuschreibungen in Beziehungsverhältnissen nicht mehr zurückgreifen kann, dann ist er in dieser Hinsicht ein Vagabund. Er verlässt seine Ehe als Gestrandeter. Umgekehrt teilt ein Indio in einem Bergdorf der Anden, der nur in der entfernten Stadt als Taglöhner seinen Unterhalt verdienen kann, die Erfahrungswelt eines Vagabunden. Wenn er aber am Wochenende in sein Dorf heimkehrt und sich auf das dort bestehende soziale Netz verlassen kann, dann genießt er in seinen Beziehungsverhältnissen im Gegensatz zu dem Schweizer Bankier sicher einen touristischen Komfort.

Weiterführende Literatur

U. Beck, Was ist Globalisierung? Irrtümer des Globalismus – Antworten auf die Globalisierung, Frankfurt 1997

1.2.4   Das Leben erfinden

Lebensgeschichtliche Touristen und Vagabunden haben bei all ihren Unterschieden ein gemeinsames Problem: Sie müssen darum besorgt sein, wo sie des Abends ein Dach über dem Kopf finden. Oder nicht metaphorisch gesprochen: Die Menschen stehen unter den Bedingungen von Pluralisierung, Individualisierung und Globalisierung unter dem Zwang, sich unter erschwerten Bedingungen in ihrem Leben einrichten zu müssen. In Traditionen wird man nicht mehr nur einfach hineingeboren. Die alten Rollenvorgaben sind flexibel geworden. Die ökonomischen und politischen Verhältnisse verlangen den Menschen ein großes Maß an persönlicher Flexibilität ab. Gleichwohl ist das menschliche Bedürfnis geblieben, sich in der Welt heimisch zu fühlen. Auch die Touristin und der Vagabund wissen um das »Glück der Heimat«. Der Schlusssatz aus dem großen philosophischen Werk von Ernst Bloch »Das Prinzip Hoffnung« beginnt in diesem Zusammenhang aufs Neue zu sprechen:

> »*Die wirkliche Genesis ist nicht am Anfang sondern am Ende,* und sie beginnt erst anzufangen, wenn Gesellschaft und Dasein radikal werden, das heißt sich an der Wurzel fassen. Die Wurzel der Geschichte aber ist der arbeitende, der schaffende Mensch. Hat er sich erfasst und das Seine ohne Entäußerung und Entfremdung in realer Demokratie begründet, so entsteht in der Welt etwas, das allen in die Kindheit scheint und worin noch niemand war: Heimat« (Bloch 1973, 1628).

Auch wenn wir das Pathos dieser Sätze so wohl nicht mehr zu teilen vermögen, helfen sie durchaus, auch unsere kulturelle Gegenwart zu entschlüsseln. Auf lebensgeschichtliche Identitäten können wir heute nicht einfach *bauen*, sondern wir müssen sie stets erst *aufbauen*. Dabei können wir uns immer weniger auf eingespielte Vertrautheiten verlassen, sondern müssen solche Vertrautheiten immer neu einspielen. Insofern ist unsere kulturelle Gegenwart mit den Worten von Ernst Bloch in der Tat »radikal« geworden, weil sie uns immer aufs Neue an die Wurzeln zurückführt, mittels derer lebensgeschichtliche Identität entsteht. Dies schafft Freiräume, wie es zugleich auch Ausdruck von Zwängen ist. Dass wir unser Leben erfinden müssen, kann so schön wie mühsam sein. Wir können heute vieles, nur eines können wir nicht mehr, uns dem Zwang zur Erfindung des eigenen Lebens zu entziehen.

1.3 Homiletisch reflektieren

Wie predigt man Menschen, die unter dem Zwang zur Erfindung des eigenen Lebens stehen? Wie muss eine Predigt aussehen, die lebensgeschichtlichen Touristen und Vagabunden mit ihren je spezifischen Bedürfnissen und Erwartungen gerecht wird? Eine erste Antwort ist mit dem vorhergehenden Kapitel bereits gegeben worden. Voraussetzung einer solchen Predigt ist das genaue Wahrnehmen unserer jeweiligen kulturellen Gegenwart. Wir haben diese Wahrnehmung dreifach – Pluralisierung, Individualisierung und Globalisierung – zu perspektivieren versucht. Perspektivierung ist bereits nicht mehr unreflektierte Wahrnehmung, sondern die Wahrnehmungen sind schon in ein Ordnungsschema eingerückt. Wahrscheinlich machen wir sehr viel mehr solche »geordnete« als »ungeordnete« Wahrnehmungen. Unser Alltag würde ohne solche geordnete Wahrnehmungen gar nicht funktionieren. Wenn ich sehe, dass die Ampel rot erstrahlt, halte ich an, weil ich meine Wahrnehmung sofort einem Ordnungsschema zugeordnet habe. Solche Ordnungsschemata der Wahrnehmung erleichtern und routinieren unseren Alltag. Gleichwohl bleiben auch die »ungeordneten« Wahrnehmungen für uns Menschen hochbedeutsam. Ohne solche »ungeordneten« Wahrnehmungen würde das menschliche Leben hoffnungslos in sich selbst verkrümmt bleiben und damit an sich selbst verkümmern. Dabei können solche Wahrnehmungen sehr verschieden geartet sein. Es kann ein Stutzen im Alltag sein, das meinem Leben eine neue Richtung gibt. Es kann ein Blick von einem Berggipfel sein, den ich mein ganzes restliches Leben nicht vergessen werde. Es kann aber auch eine religiöse Wahrnehmung sein, die ich dann als eine »Offenbarung« bezeichne. In solchen Situationen mache ich nicht nur eine neue Wahrnehmung, sondern ich mache eine Wahrnehmung mit der Struktur von Wahrnehmung selbst. Kunst und Religion hegen und pflegen solche Wahrnehmungen mit unseren Wahrnehmungen. Und deshalb sind Prediger und Predigerinnen, wenn sie sich in ihren Predigten nicht ständig wiederholen wollen, auf solche »ungeordneten« und »außerordentlichen« Wahrnehmungen angewiesen. Sie sollten deshalb ihrerseits eine besondere Wahrnehmungssensibilität hegen und pflegen.

Aus diesem Grunde steht am Anfang dieses Lehrbuches der Homiletik das Stichwort »homiletisch wahrnehmen«. Allerdings hat es die Homiletik als Kunstlehre des Predigens weniger mit den außerordentlichen Wahrnehmungen zu tun. Diese sind höchst selten und in ihrer Struktur äußerst subjektiv und individuell. In die Lehre von der Predigt gehören aber die bereits perspektivierten Wahrnehmungen umso mehr. Es ist durchaus programmatisch gemeint, wenn sich an das Kapitel »Homiletisch Wahrnehmen« das Kapitel

»Homiletisch Reflektieren« anschließt. Es geht darum, unsere bereits perspektivierten homiletischen Wahrnehmungen nun noch einmal auf ihre Bedeutung für den Vorgang des Predigens explizit zu durchdenken. Es soll also gefragt werden: Wie werden Pluralisierung, Individualisierung und Globalisierung in ihrer homiletischen Bedeutsamkeit kenntlich?

1.3.1 Das Ende der großen Erzählungen

Pluralisierung und Individualisierung haben die großen Theorieansätze und weltanschaulichen Ideologien unter Verdacht gestellt. Der »Zwang zur Häresie«, von dem Peter Berger gesprochen hat (→ 1.2.1), konfrontiert jeden Erklärungsansatz, jede Deutungsmöglichkeit, jede weltanschauliche Orientierung sofort mit möglichen Gegenmodellen. Diese Entwicklung ist alles andere als selbstverständlich. Das Zwanzigste Jahrhundert war das Zeitalter der großen Ideologien. In der ersten Hälfte des 20. Jahrhunderts verpflichteten sich unzählige Menschen nicht zuletzt den totalitären Ideologien von Faschismus und Kommunismus. Die zweite Hälfte des 20. Jahrhunderts war gekennzeichnet durch den Kalten Krieg, der neben einer militärischen und ökonomischen auch eine ideologische Auseinandersetzung zwischen Osten und Westen war. Es waren gerade die Erfahrungen der totalitären Regime des 20. Jahrhunderts, die die Menschen gegen derart geschlossene Weltanschauungen und Ideologien zumindest sensibilisierte.

(1) Der französische philosophische Vordenker der Postmoderne Jean-François Lyotard hat deshalb vom »Ende der großen Erzählungen« gesprochen, wobei Lyotard synonym auch den Begriff der »Metaerzählung« verwenden kann. Lyotard versteht darunter alle Deutungs- und Denksysteme, die die Welt von einem zentralen Punkt aus verstehen, beziehungsweise daraufhin auslegen wollen und damit die Menschen auch in ihrem ethischen Verhalten einem exklusiven Anspruch unterziehen. Er kann deshalb sehr heterogene denkerische Konstrukte als Metaerzählungen bezeichnen. Lyotard selbst nennt die technisch-wissenschaftliche Weltsicht, die aufklärerische Erzählung vom Fortschritt sowie die Hermeneutik mit ihrer These eines kontextuell zu identifizierenden Sinnes. In dieser Hinsicht kann natürlich auch das Christentum als eine solch große Erzählung oder Metaerzählung im Sinne Lyotards angesprochen werden.

Lyotard erkennt eine Signatur unserer Gegenwart darin, dass all diese großen Erzählungen für die Menschen ihre Glaubwürdigkeit verloren haben. Das 20. Jahrhundert hat den Menschen die Lust auf große Erzählungen gründlich ausgetrieben:

»In der gegenwärtigen Gesellschaft und Kultur, also der postindustriellen Gesellschaft, der postmodernen Kultur, stellt sich die Frage der Legitimierung des Wissens in anderer Weise. Die große Erzählung hat ihre Glaubwürdigkeit verloren, welche Weise der Vereinheitlichung ihr auch immer zugeordnet wird: Spekulative Erzählung oder Erzählung der Emanzipation« (Lyotard 1986, 112). Damit ist nicht gemeint, dass die *Inhalte* der großen Erzählungen obsolet geworden wären. Lyotard kritisiert nur die *Form ihrer Tradierung*. Die alten Inhalte brauchen neue, offenere Formen als die der überkommenen Metaerzählungen: »Die Sehnsucht nach der verlorenen Erzählung ist für den Großteil der Menschen selbst verloren. Daraus folgt keineswegs, dass sie der Barbarei ausgeliefert wären. Was sie daran hindert, ist ihr Wissen, dass die Legitimierung von nirgendwo anders herkommen kann als von ihrer sprachlichen Praxis und ihrer kommunikationellen Interaktion« (122).

Man hat gegen die These vom Ende der großen Erzählungen auch immer wieder Einwände erhoben. Ist die Rede vom Ende der großen Erzählungen nicht selbst wiederum eine Metaerzählung, die vor der Realität weiter existierender großer Erzählungen ihre Augen verschließt? Ist etwa das Erstarken des Islam oder der Lobpreis eines ungehemmten Marktliberalismus nicht das Indiz für den Fortbestand von Metaerzählungen? Man kann sicher mit guten Gründen fragen, ob die von Lyotard verwendete Begrifflichkeit der großen Erzählung oder der Metaerzählung wirklich so glücklich gewählt ist. Die Wahl dieser Begrifflichkeit hatte bei Lyotard sicher auch strategische Gründe. Die Rede vom Ende der großen Erzählungen ist polemisch und einprägsam, aber sie verführt auch zu Überzeichnungen.

Gleichwohl wohnt den Überlegungen Lyotards jenseits seiner konkreten Begrifflichkeit eine hohe Plausibilität inne. Viele Menschen haben heute alltagspragmatisch in der Tat Abschied genommen von einer exklusiven Orientierung an einer einzigen Weltsicht oder Weltdeutung. Menschen schmelzen heute auf eine kühne Art und Weise oft äußerst heterogene Traditionsbestände lebensgeschichtlich ein. Von einem theologischen oder philosophischen Standpunkt aus mag dies widersprüchlich oder auch illegitim erscheinen. Gleichwohl bestimmt dies den Lebensalltag der Menschen nachhaltig.

(2) Beschreibt Lyotard den Wandel von lebensorientierenden Deutungssystemen mehr in ihrer äußeren, objektiven Struktur, so fragt der italienische Philosoph Gianni Vattimo danach, wie philosophisches oder theologisches Nachdenken nach dem Ende der großen Erzählungen aussehen müsste. Er fragt also mehr nach der Genese von Gedanken, die der Verfasstheit der Conditio humana heute gerecht werden können. Vattimo spricht in diesem Zusammenhang vom *schwachen Denken* (pensiore debole). *Schwach* meint hier nicht defizitär, sondern beschreibt eine eigentümliche Leistung des Denkens. Das schwache Denken bleibt skeptisch gegenüber allen ontologischen und

systemischen Annahmen und Ansprüchen. Das schwache Denken lässt sich weniger als Position, sondern besser als Bewegung begreifen. Eine Bewegung, die sich den Phänomenen, die sie in den Blick nimmt, eher anschmiegt, als sie gleich in ein theoretisches Konstrukt einzuordnen. Das schwache Denken ist skeptisch gegenüber abschließenden Interpretationen. Das schwache Denken versucht die Konsequenzen aus der Einsicht zu ziehen, »dass sich das Denken nicht mehr als Widerspiegelung objektiver Strukturen betrachten kann, sondern nur als riskante Interpretation von Ererbtem, von Appellen, von Ursprüngen« (Vattimo 1997a, 42). Das schwache Denken ist somit mehr ein Eröffnen als ein Abschließen. Dies schließt den Gedanken einer Wahrheit nicht aus, ohne den wohl auch das homiletische Nachdenken nicht auskommen kann. Wahrheit ist für Vattimo jedoch weniger ein Besitz, als vielmehr etwas, das sich mir stets aufs Neue erschließt. Denken ist nicht als *Wissensbestand* zu beschreiben, sondern versucht *Ausgangspunkte eines Fragens* zu markieren:

> »Vielleicht *beginnt* die Erfahrung der Wahrheit dort, wo man von der Gewissheit ausgeht, um sich hinsichtlich der sie ermöglichenden (und vielleicht auch widerlegenden) Bedingungen auf Entdeckungsreise zu begeben, wobei diese Bedingungen sich niemals ein für allemal in einer punktuellen, gleichzeitigen und erschöpfenden Evidenz ergeben werden, die mit dem ersten Moment vergleichbar wäre, in dem sich uns ein Inhalt als unbestreitbar ›aufgedrängt‹ hat« (Vattimo 1997b, 130).

(3) Was bedeuten die Überlegungen von Lyotard und Vattimo für das homiletische Nachdenken? Das Christentum hat sich in der europäischen Geschichte zweifelsohne in Gestalt einer großen Erzählung entfaltet. Das, was wir gelegentlich das »christliche Abendland« nennen, war nicht nur eine ideologische Fiktion, sondern geschichtsmächtige Realität. Diese große Erzählung war und ist ambivalent wie jede große Erzählung. Der großen Erzählung Christentum entspringen emanzipatorische Impulse ebenso, wie in deren Namen die inhumansten Handlungen gerechtfertigt wurden. Insofern ist das Christentum wie alle anderen großen Erzählungen in Verdacht geraten. Predigerinnen und Prediger müssen mit diesem Verdacht leben und ihn in ihre homiletischen Überlegungen einbeziehen.

»Christentum« lässt sich heute nur noch tradieren, wenn wir es von der Form der großen Erzählung lösen. Dabei kommt uns zugute, dass das Christentum nicht ursprünglich mit der Form der großen Erzählung verbunden war. Das Christentum wurde erst zu einer großen Erzählung in Form einer ausgeklügelten Dogmatik und einer einheitlichen Sicht der Welt. Es sei ausdrücklich betont, dass diese Entwicklung nicht einfach nur zu kritisieren ist. Das Christentum hat in der Vielfalt seiner Konfessionen als eine solche große Erzählung innovativ gelebt. Die Form der großen Erzählung ist nicht eine Verfallsform der Christentumsgeschichte, sondern deren vitaler Ausdruck.

Gleichwohl müssen wir heute von *dieser* Gestalt des Christentums Abschied nehmen, zumindest in unserem mitteleuropäischen Kontext. Dabei kommt uns zugute, dass in die Christentumsgeschichte selbst immer auch Alternativen eingeschrieben waren. Die biblische Endgestalt des Kanons markiert immer wieder deutlich, dass am Anfang der Überlieferung nicht die eine große Erzählung steht, sondern die kleinen Erzählungen von Ereignissen und Geschehnissen, die nicht bruchlos in eine homogene Metaerzählung überführt werden können. Deshalb tilgt die Bibel Brüche im Text nicht einfach, sondern macht gerade die Spannungen und Brüche lesbar. Sinnenhafter Ausdruck dafür ist die vierfache Gestalt der Evangelien. Es gibt nicht *die eine* große Erzählung des Geschicks Jesu, sondern deren *verschiedene*. Diesen hermeneutischen Impuls, der von der biblischen Überlieferung selbst ausgeht, gilt es heute homiletisch aufzunehmen und zu konkretisieren (→ 3.3.3.3).

Weiterführende Literatur

W. Welsch, Unsere postmoderne Moderne, Berlin ⁴1993

1.3.2 Spiel der Traditionen

Der hermeneutische Sachverhalt, dass die überlieferte Gestalt des Christentums als große Erzählung immer schon in sich selbst gebrochen ist, wird bei Menschen, die unter dem Zwang zur Erfindung des eigenen Lebens stehen (→ 1.2.4.), auf Empfänglichkeit treffen. Denn diese Erfindung des eigenen Lebens ist auf entsprechende Ressourcen angewiesen. Kein Mensch kann sein eigenes Leben ausschließlich aus sich selbst heraus erfinden. Dazu bedarf es eines reichen Ensembles von Symbolen, Ritualen, Bildern und Narrationen. Kulturelle Überlieferungen sind in ihrem Traditionsbestand gerade davon geprägt. Deshalb sind gegenwärtig die Museen so voll und historische Bücher und Filme sowie Reisen und Veranstaltungen mit kulturellem Hintergrund so populär. Neben der Unterhaltung versprechen sich die Menschen davon etwas für die schwierige Aufgabe der Erfindung des eigenen Lebens. Es ist ein Spiel der Traditionen, das gegenwärtig gespielt wird.

In dieses Spiel der Traditionen ist eine gewisse Paradoxie eingeschrieben. Das Bedürfnis nach Traditionen lässt einen bunten Markt an kulturellen und weltanschaulichen Angeboten entstehen. Die Vielfalt dieser Angebote verschärft die Konkurrenz auf diesem Markt. Durch die verschärfte Konkurrenz beschleunigt sich der Umsatz. Und es ist gerade diese Beschleunigung, die die

Traditionen tendenziell entwertet. Man geht heute Sushi essen, und morgen ist das indische Restaurant hip. War gestern der Buddhismus schick, so ist heute Hirnforschung angesagt. Wenn alle Traditionen *gleich gültig* sind, und das ist in einer Marktsituation der Fall, dann können (nicht: müssen) sie alle sehr schnell *gleichgültig* werden.

Offensichtlich haben die meisten Menschen gelernt, mit dieser Paradoxie umzugehen. Man gesteht Traditionen weitgehend die gleichen Rechte zu, räumt aber für sich selbst und die Gestaltung der eigenen Lebensführung durchaus nur bestimmten Traditionen Gültigkeit ein. Das Kriterium hierfür ist die Lebensdienlichkeit von Traditionen. Es werden diejenigen Traditionen übernommen, die für das eigene Leben als Bereicherung und als Stütze erfahren werden. Dies stellt zugleich einen hohen Anspruch an die Anbieter auf dem Markt der Traditionen. Sie müssen ihre jeweilige Tradition als lebensdienlich erkennbar werden lassen.

Wie werden Traditionen als lebensdienlich erkennbar? Sie müssen zum einen das Gewand einer Metaerzählung abstreifen, und sie dürfen nicht als bloße Konventionen erscheinen. Viele Vorbehalte gegenüber dem Christentum und den Kirchen resultieren daraus, dass man unterstellt, dort auf bloße Konventionen im Gewand einer großen Erzählung zu treffen. Es ist die große Herausforderung an die Predigt der Gegenwart, dass sie diesem Vorurteil entgegenzuwirken vermag. Von ihrem biblischen Hintergrund her ist die christliche Predigt dafür auf besondere Weise geeignet, nur muss sie diese ihre Eignung stets aufs Neue konkretisieren. Die meisten Überlegungen des hier vorgelegten Lehrbuchs der Homiletik sind von dem Interesse bestimmt, Hinweise und Hilfestellungen dafür zu geben.

Ingo Reuter skizziert in seinem Buch »Predigt verstehen« die Grundzüge einer solchen homiletischen Hermeneutik nach dem Ende der großen Erzählungen. Auch er vertritt die These, dass die Herausforderungen durch das postmoderne Denken den authentischen Intentionen der christlichen Überlieferung nicht im Wege stehen, sondern im Gegenteil einen fruchtbaren Boden zu ihrer Artikulation darstellen: »Wenn also theologische Sätze nur unter den Bedingungen zum Ausdruck gebracht werden können, die menschlichem Erkenntnis- und Sprachvermögen in seiner Perspektivität und Unabgeschlossenheit qua Selbstdefinition Gottes in seiner Kenosis des Sohnes und des Geistes entsprechen, kann weder homiletisch noch dogmatisch auf einer Letztdeutung bestanden werden, die die Zusammengehörigkeit von Form und Inhalt zugunsten eines vorgängigen Sinn-Kerns auflöst. Das Wort Gottes erscheint *in* den Wörtern und das heißt, nicht als Kern, gleichsam ›eingekapselt‹, sondern *in Gestalt* der Wörter, untrennbar verbunden und in aller Radikalität hingegeben in die Stimmenvielfalt der biblischen Zeugen und derer, die wiederum dieses Zeugnis weitertragen und fortschreiben. Auf dieses Zeugnis ist die Botschaft Gottes angewiesen, untrennbar mit diesem Zeugnis verbunden [...] Eine Hermeneutik, die dies ernstnimmt, kann als postmodern bezeichnet werden, da sie den Versprechungen von einer Einheit der Vernunft und Wahrheit aufgrund ihres Wissen über die Bedingungen menschlichen Verstehens und Erkennens nicht mehr zu trauen vermag und ernstmacht mit der Erkenntnis, dass jegliches Versprechen einer Totalperspektive den Offenbarungsmodus Gottes selbst unterläuft. In der Nachfolge Jesu Christi verweigert die postmoderne theologische Hermeneutik allen Totalitätsansprüchen von Weltdeutung die Gefolgschaft, in dem Wissen um die radikale Begrenztheit, Perspektivität und Fragmentarität menschlichen Erkennens« (Reuter 2000, 228 f.).

1.3.3 Die Wiederkehr der Religion

Im Spiel der Traditionen spielen Religionen eine besondere Rolle. In diesem Zusammenhang kommt dem Christentum auf eine doppelte Weise Bedeutung zu. Man kann eine Kirche aus kunsthistorischem Interesse betreten, und man kann dort beten wollen. Man kann den Jakobsweg erwandern aus Lust an der sportlichen Betätigung, aus kulturellem Interesse oder als spirituelle Praxis. Nicht immer ist erkennbar, *wie* christliche Traditionen von den Menschen aufgenommen werden. Und oft mag es bei einem Menschen mehrere Motive hierfür geben. Kirchlich Praxis sollte diese Vielfalt der Interessen und Aneignungsmöglichkeiten würdigen. Es ist auch genuin kirchliche Aufgabe, Kultur- und Traditionsbestände zu pflegen. Dies ist für viele Menschen das Motiv, warum sie die Kirche als Institution schätzen und unterstützen. Kirche und Theologie haben heute zwar keinen exklusiven oder privilegierten Verfügungsanspruch mehr auf die Traditionen des Christentums, aber sie verfügen über einen authentischen Zugang dazu, weil in Kirche und Theologie ein jahrhundertlanger Erfahrungsreichtum von Menschen im Umgang mit dieser Tradition gepflegt wird. Und deshalb wird den Kirchen, das zeigen empirische Umfragen, neben einer kulturellen Kompetenz im besonderen Maße eine religiöse Kompetenz im Umgang mit Traditionen zugeschrieben.

Entgegen der Annahme der Säkularisierungsthese, dass Religion im Verlauf der neuzeitlichen Modernisierungs- und Pluralisierungsprozesse immer mehr an Bedeutung verliere, ist gegenwärtig erkennbar, dass es Religionen und religiöse Praxis heute weiterhin gibt und zwar in einem höchst vitalen Sinne. Deshalb beschreiben Kulturtheoretiker und Religionswissenschaftler die Veränderungen im Bereich von Religion weniger als Wachstums- oder Schrumpfungsprozesse, sondern als Veränderungs- und Differenzierungsprozesse.

Diese Veränderungsprozesse in Sachen Religion werden im Kontext West- und Mitteleuropas besonders deutlich. Hier war die Säkularisierungsthese besonders populär, hier schien sie eine hohe Plausibilität zu besitzen. Als Konsequenz der Aufklärung und der revolutionären Umbrüche schwanden kirchliche Macht und Einflussmöglichkeiten in der Tat. Und man hat daraus auf einen Schwund der Religion überhaupt geschlossen. Bis in die Kirchen und die Theologie hinein war diese Sicht populär. Es sei nur an Dietrich Bonhoeffers Rede von einem »religionslosen Christentum« oder an Friedrich Gogartens theologische Würdigung des Begriffs der Säkularisierung erinnert.

Doch gegenwärtig werden in Europa die Karten im Geflecht von Religion, Politik, Kirche und Gesellschaft neu gemischt. Dafür sind drei Gründe erkennbar. Zum einen zeigt das Erstarken des Fundamentalismus in allen großen Weltreligionen und den damit verbundenen politischen Ansprüchen, dass die Rede von der Religion als Privatangelegenheit in die Irre führt. Religion lässt sich offensichtlich nicht privatisieren. Nicht von ungefähr sind viele europäische Staaten dabei, das Verhältnis von Kirche, Staat und Gesellschaft auch rechtlich neu auszutarieren. Welch mühevolle Lernprozesse damit verbunden sind, zeigt der noch längst nicht zum Abschluss gekommene Streit um das öffentliche Tragen von Kopftüchern von staatlichen Funktionsträgerinnen. Zum anderen stellt sich angesichts der Präsenz anderer Religionen in der unmittelbaren Nachbarschaft für viele Menschen neu die Frage nach den eigenen religiösen Wurzeln. Die Erfahrung des Fremden wirft die Frage nach dem Eigenen auf. Schließlich zeigt sich in empirischen Umfragen und Studien, dass eine lebensgeschichtliche Entfremdung von den klassischen Inhalten des Christentums und den institutionellen Bindungen an die Kirche keineswegs mit einer Gleichgültigkeit hinsichtlich religiöser Fragen gleichzusetzen ist. Friedrich Wilhelm Graf hat deshalb mit guten Gründen von der »Wiederkehr der Götter« (Graf 2004) gesprochen.

Religion ist also wieder ein öffentliches Thema geworden. Und die Predigt war schon immer der *klassische* Ort, an dem Religion thematisch wurde. Allerdings müssen Predigerinnen und Prediger heute mit einer Vielfalt von Voraussetzungen und Erwartungen rechnen, wenn es um die öffentliche Thematisierung von Religion geht. Zu den Hörerinnen und Hörern unter der Kanzel werden Menschen gehören, die ganz verschiedenen kirchlichen Milieus oder keinem kirchlichen Milieu mehr angehören. Wir werden Menschen unter der Kanzel finden, die religiös suchende Menschen sind, denen die kirchlichen Milieus aber fremd sind. Und wir werden es mit RandsiedlerInnen zu tun haben, die sich selber nicht als religiös einschätzen und die gleichwohl von einer Predigt etwas erwarten. Es wird die Kunst der Predigt sein, so zu reden, dass die Zuhörenden eine Predigt als ihrem individuellen Leben dienlich empfinden können. Dabei sind gerade die RandsiedlerInnen der besonderen Aufmerksamkeit der PredigerInnen würdig. Denn an ihnen zeigt es sich, ob eine Predigt als lebensdienlich erkannt werden kann. Was ihnen »übersetzt« werden kann, das wird auch der übrigen Gottesdienstgemeinde dienlich sein.

Dieses komplizierte Geflecht von kirchlich Engagierten, religiös Interessierten und jener dritten Gruppe, die ich mit dem etwas hilflosen Begriff der RandsiedlerInnen zu bezeichnen versuche, ist von Jürgen Habermas jüngst eindrücklich beschrieben worden. Dabei ist die Position von Habermas insofern von Bedeutung, als Religion in seinem bisherigen philosophischen Denken kaum eine Bedeutung hatte. Als Zeitdiagnostiker hat er aber offensichtlich die tektonischen Verschiebungen im Geflecht von Gesellschaft, Politik und Religion sensibel wahrgenommen und kann daher die Bedeutung von Religion gerade in einer pluralistischen Gesellschaft neu würdigen. Habermas wendet sich gegen eine rationalistisch halbierte Aufklärung ebenso wie gegen eine dogmatisch-positionell in sich verkrümmte Religion und Theologie.

Habermas beschreibt die ihm vorschwebende »postsäkulare Gesellschaft« (Habermas 2005, 116) als eine Kommunikationsgemeinschaft gegenseitiger Öffnungen wie Zumutungen: »Für den religiös unmusikalischen Bürger bedeutet das die keineswegs triviale Aufforderung, das Verhältnis von Glauben und Wissen aus der Perspektive des Weltwissens *selbstkritisch* zu bestimmen. Die Erwartung einer fortdauernden Nicht-Übereinstimmung von Glauben und Wissen verdient nämlich nur dann das Prädikat ›vernünftig‹, wenn religiösen Überzeugungen auch aus der Sicht des säkularen Wissens ein epistemischer Status zugesprochen wird, der nicht schlechthin irrational ist. In der politischen Öffentlichkeit genießen deshalb naturalistische Weltbilder, die sich einer spekulativen Verarbeitung wissenschaftlicher Informationen verdanken und für das ethische Selbstverständnis der Bürger relevant sind, keineswegs prima facie Vorrang vor konkurrierenden weltanschaulichen oder religiösen Auffassungen« (118). Habermas begründet dies nicht mit einer *formalen Toleranz*, sondern einem *elementar inhaltlichen Interesse an religiösen Inhalten*: »Es wäre unvernünftig a priori den Gedanken von der Hand zu weisen, dass die Weltreligionen – als das einzig übrig gebliebene Element aus den fremd gewordenen Kulturen der Alten Reiche – innerhalb des differenzierten Gehäuses der Moderne einen Platz behalten, weil ihr kognitiver Inhalt noch nicht *abgegolten* ist. Jedenfalls ist nicht auszuschließen, dass sie semantische Potentiale mit sich führen, die eine inspirierende Kraft für die *ganze* Gesellschaft entfalten, sobald sie ihre profanen Wahrheitsgehalte preisgeben« (149). Andererseits müssen religiös gesonnene Menschen »eine epistemische Einstellung zu fremden Religionen und Weltanschauungen finden, die ihnen innerhalb des bisher von der eigenen Religion eingenommenen Diskursuniversums begegnen. Das gelingt in dem Maße, wie sie ihre religiösen Auffassungen selbstreflexiv zu den Aussagen konkurrierender Heilslehren in ein Verhältnis setzen, das den eigenen exklusiven Wahrheitsanspruch nicht gefährdet.« (145).

Nach Habermas müssen also religiös und nicht-religiös gesonnene Bürger und Bürgerinnen eine gemeinsame Sprache lernen, in der sie sich unterhalten können. Religiöse Sprache und säkulare Welt-Sprache dürfen einander nicht länger wie Fremdsprachen begegnen. Predigerinnen und Prediger müssen mit beiden Sprach-Welten vertraut sein. In einem ganz elementaren Sinne kommt der Predigt die Funktion des Brückenbauens zwischen diesen beiden Sprachwelten zu.

Weiterführende Literatur

F. W. Graf, Die Wiederkehr der Götter. Religion in der modernen Kultur, München 2004

1.3.4 Reflektierter Synkretismus

Predigen unter den bisher beschriebenen Bedingungen eines unhintergehbaren weltanschaulichen und religiösen Pluralismus lässt sich nur als ein theologisch-homiletisch reflektierter Synkretismus realisieren. Der Begriff des Synkretismus ist allerdings im religionswissenschaftlichen und theologischen Kontext nicht unumstritten. Religionswissenschaftlich wird der Begriff des Synkretismus in der Weise problematisiert, als er ein bestimmtes Verständnis von Religion nahe legt, so als gäbe es einen klar definierten *Kern* einer jeweiligen positiven Religion, der dann von den *Rändern* her in Frage gestellt oder auch bereichert wird. Religionsentwicklungen lassen sich so aber nur unzureichend beschreiben. Religionen entwickeln sich immer im Austausch mit ihrem jeweiligen kulturellen Umfeld, in dem sich ein fester Kernbestand von religiösen Gehalten oder religiöser Praxis nicht fixieren lässt. Deshalb werden gegenwärtig in der Religionswissenschaft alternative Begriffe wie etwa »Inkulturation«, »Kreolisierung« oder »Hybridisierung« ins Spiel gebracht. Alle diese Begriffe erhellen bestimmte Aspekte religiöser Entwicklungsprozesse, wie sie zugleich andere Aspekte verdunkeln. Die begriffliche Vielfalt, zu der auch der Begriff des »Synkretismus« gehört, spiegelt etwas wider von der offenen religionswissenschaftlichen Forschungslandschaft der Gegenwart.

(1) In zugespitzter Weise begegnet uns der Streit um Begriff und Sache von Synkretismus in der Theologie. Dies nicht zuletzt, weil der Begriff des Synkretismus in der Theologiegeschichte des ausgehenden 19. und des 20. Jahrhunderts zu einem Kampfbegriff geworden ist. Die religionsgeschichtliche Schule rückte das Christentum entschlossen in den pluralen kulturellen Horizont der Spätantike ein. Das Ur- und Frühchristentum galten als exemplarisches Beispiel einer Religion, die ihr Profil gerade im Aufnehmen höchst heterogener Traditionselemente und Praktiken gewonnen hat. Profiliert findet sich diese Sicht in der These Hermann Gunkels, das Christentum sei eine »synkretistische Religion«. Allerdings stellte gerade diese These die Theologie vor ein spezifisches Problem. Wenn das frühe Christentum das Resultat um-

fänglicher religiös-kultureller Austauschprozesse ist, worin besteht dann seine Besonderheit? Ausgehend von dieser Frage hat man versucht, dieses Besondere wiederum in Abgrenzungen zu gewinnen. So hat etwa Ernst Käsemann die Besonderheit der Verkündigung des historischen Jesus aus einer Abgrenzung von Judentum und Gnosis zu rekonstruieren versucht.

Neben der exegetisch-historischen Diskussion in der Theologie hat der Begriff des Synkretismus dann vor allem im deutschen Kirchenkampf während der Zeit des Nationalsozialismus und in der mentalen Nachgeschichte der dort gemachten Erfahrung an Bedeutung gewonnen. Die mit dem Nationalsozialismus sympathisierenden »Deutschen Christen« galten als *das* Beispiel des Einbruchs synkretistischer Tendenzen in Kirche und Theologie. Synkretismus stand für eine falsche Anpassung an politisch-kulturelle Verhältnisse und für den Verrat an der Sache des Christentums. In diesem Verständnis fand der Begriff in der deutschsprachigen Theologie gerade auch in den ersten beiden Jahrzehnten nach dem zweiten Weltkrieg seine breite Verwendung. Synkretismus war ein negativ besetzter und hoch emotionalisierter Streitbegriff.

Erst mit dem allmählichen Verblassen der Erfahrungen aus dem Kirchenkampf und unter dem Eindruck der forcierten Pluralisierungsprozesse in kultureller und religiöser Hinsicht fand der Begriff eine mehr deskriptive und zunehmend auch in der theologischen Bewertung positivere Verwendung.

In diesem Zusammenhang hat Walter Sparn die These entwickelt, dass der Begriff des Synkretismus im theologischen Kontext unterbestimmt bleibe, wenn er nur als deskriptiver Begriff verwendet wird. Sparn plädiert dafür, Synkretismus systematisch-theologisch als *notwendige Dimension des Christentums* zu begreifen: »Synkretistische Veränderungen der kulturellen Gestalten und religiösen Vollzüge des Christentums bleiben insoweit legitim, als sie dem *hermeneutischen* Imperativ folgen, den die spezifisch christliche Form religiöser Identität enthält. Diese resultiert aus der Kanonisierung einer Heiligen Schrift mit den Maßgaben ihrer Aneignung durch Verstehen jetzt und hier, der Akzeptanz mehrerer Instanzen dieser Auslegung und ihrer (reformatorisch pointierten) Verpflichtung, das religiöse Verstehen als Selbstauslegung der Heiligen Schrift als von Christus zeugend aufzufassen [...] Synkretistische Entwicklungen und Aktivitäten bleiben insoweit legitim, als sie dem sozialen und kulturellen Imperativ folgen, den die Identität des Christentums als zeitlich-hermeneutischer Prozess hinsichtlich seiner Existenz in Gegenwartsräumen einschließt« (Sparn 2001, 554). Es ist nun homiletisch bedeutsam, dass Sparn Gottesdienst und Predigt explizit als einen solchen Gegenwartsraum synkretistischer Vergegenwärtigung begreift: »Im normativen Sinn ›christlich‹ wird ein solcher Gottesdienst durch die Realpräsenz Gottes im gottesdienstlich gebrauchten Raum hier und jetzt; eine Realpräsenz, die den prädikativen Gebrauch von Gottesnamen durch menschliche Subjekte von Religion in die namentliche Selbstbenennung Gottes verwandelt, die also die kultische Inszenierung zum wahren Gottesdienst macht. In diesem, das Erste Gebot erfüllenden

Gottesbekenntnis werden die synkretistisch generierten Elemente der ästhetischen, moralischen und kognitiven Gottesprädikationen zu Momenten *christlicher* Identität. Synkretismus ist folglich dann keine Gefährdung, sondern vielmehr ein Moment der Erneuerung christlicher Identität, wenn er nicht durch Theokrasie die Eigennamen Gottes absorbiert, sondern sich in die *Erwartung* der Selbstbenennung Gottes in Jesus Christus schickt, wenn er mithin die gottesdienstliche *Bitte* um die Realpräsenz des wahren Gottes mitspricht« (554).

(2) Die von Sparn benannte hermeneutisch-dogmatische Nötigung zur synkretistischen Auslegung christlicher Identität ist im homiletischen Kontext zu ergänzen durch eine weitere synkretistische Herausforderung. Diese Herausforderung besteht in dem *alltagsweltlichen Synkretismus*, durch den auch die GottesdienstbesucherInnen bestimmt sind. Empirische Untersuchungen belegen, dass selbst Menschen, die einigermaßen regelmäßig einen christlichen Gottesdienst besuchen, in der religiösen Deutung ihrer Lebensgeschichte auf oft heterogene Elemente zurückgreifen, so dass zum Beispiel fernöstliche Reinkarnationsvorstellungen mit neutestamentlichen Auferstehungsaussagen verschmelzen können. Solcher alltagsweltlicher Synkretismus wird von Theologen gerne als illegitim bezeichnet. Diese Kritik wird aber ihrerseits dadurch in Frage gestellt, dass ein solcher Synkretismus auch bei Mitarbeitenden in der Kirche in gleich ausgeprägter Weise anzutreffen ist (Jörns 1997). Das religiöse Selbstverständnis der Menschen legt sich heute mehr oder minder ausgeprägt synkretistisch aus. Dies ist ein gegebenes Faktum, das eine zeitgenössische Homiletik zu bedenken hat.

Wenn Predigt heute christliche Identität zu bilden beansprucht, dann kann sie das nur in Gestalt eines theologisch reflektierten Synkretismus tun. Menschen lassen sich eine religiöse Identität nicht mehr einfach durch Theologen und Theologinnen zusprechen, sondern nehmen für sich eine eigene religiöse Identitätskompetenz in Anspruch: »Nachdem der christliche Gott in einer zweitausendjährigen Theologiegeschichte unendlich oft dogmatisch festgelegt worden ist, und nachdem die Kirchentümer Gott von den Lebensgeschichten der Menschen zum Teil weit entfernt haben, ist es Zeit anzuerkennen, daß es Glauben gibt, der sich nicht in ein wissenschaftstheoretisches Konzept fassen läßt und dennoch die Menschen trägt. Und ›Gott‹ kann sich wohl auch in Gesichtern wahrnehmen lassen, die Menschen einfallen, wenn sie von Ängsten und Hoffnungen hin- und hergerissen werden und froh sind, wenn ihnen einer oder eine begegnet, die ihnen zuhört« (Jörns 1997, 232).

Predigt bewegt sich zwischen dem Hören auf die christliche Überlieferungstradition und der Wahrnehmung der jeweils aktuellen Ausgestaltungen religiöser Identitäten in der Gegenwart. Gehalte der christlichen Überlieferung müssen in die konkreten Lebensgeschichten von Menschen hinein verflüssigt werden. Predigt beteiligt sich auf diese Weise an dem Spiel der Tradi-

Homiletische Perspektiven

tionen (→ 1.3.2), das seinerseits den Menschen bei der »Erfindung ihres eigenen Lebens« (→ 1.2.4) Hilfestellungen zu geben versucht. Dies aber kann nur
mittels eines theologisch reflektierten Synkretismus in Gestalt einer ausgebil-
deten Religionshermeneutik (Gräb 1998) geschehen.

Weiterführende Literatur

V. Drehsen / *W. Sparn* (Hg.), Im Schmelztiegel der Religionen. Konturen des modernen
    Synkretismus, Gütersloh 1996

1.4 Homiletisch Gestalten

Eine Predigt ist eine Rede. Dieser zunächst einmal banale Satz macht auf einen alles andere als banalen Zusammenhang aufmerksam. Alles, was in einer
Predigt geschieht, ist an Sprache gebunden. Dies meint nicht, dass alles, was
in einer Predigt geschieht, ausschließlich Sprache sei. Gesten, Orte, Zeiten
und Stimmungen beeinflussen das Predigtgeschehen nachhaltig. Aber sie
können das Predigtgeschehen nicht an der jeweils konkreten Sprachform der
Predigt vorbei bestimmen. Predigt ist Sprache und sie wirkt als diese Sprache.
Es gibt keine Inhalte der Predigt, die von ihrer jeweils konkreten Sprachform
abstrahiert werden könnten. Dieser Zusammenhang stellt uns vor den Form-
Inhalts-Zusammenhang.

Wir haben uns angewöhnt von Form und Inhalt der Predigt zu sprechen.
Diese Rede ist jedoch nicht unproblematisch. Sie könnte nahe legen, dass
Form und Inhalt doch voneinander zu trennen wären. Auf der anderen Seite
aber fallen Form und Inhalt einer Predigt auch nicht einfach zusammen.
Eine Predigt hat immer einen Überschuss, der nicht einfach auf das Gesagte
reduziert werden kann. Im Grunde teilt die Predigt in struktureller Hinsicht
dies mit allen Formen von Kunstwerken. Den Inhalt eines Bildes nehmen
wir nur durch seine konkrete Gestaltung wahr und gleichwohl ruft ein Bild
immer mehr in uns wach, als der Maler, die Malerin »gemalt« haben. Eine
Sinfonie hören wir nur als das konkrete Klangensemble einer Aufführung,
und doch ist in unserem Inneren eine Beethoven-Sinfonie immer mehr als
das, was ein Bruno Walter zu einem bestimmten Zeitpunkt dem Orchester,
das er dirigierte, entlocken konnte. Die abendländische Ästhetik hat sich an
diesem Zusammenhang immer wieder abgemüht und ist dabei zu keinen
begrifflichen Eindeutigkeiten gekommen. So könnten wir statt von dem
Form-Inhalts-Zusammenhang einer Predigt auch von einer Innenseite und

Außenseite der Predigt sprechen, wir könnten die Sprache als das Kleid der Predigt bezeichnen oder wir könnten von der inneren Logik und der sprachlichen Gestalt der Predigt sprechen. All diese begrifflichen Versuche erhellen so viel, wie sie zugleich verdunkeln. Deshalb soll in diesem Lehrbuch an der eingespielten Begrifflichkeit von Form und Inhalt der Predigt festgehalten werden.

Der Inhalt der Predigt wirkt als Form. Dies rückt die Predigt in eine enge Nachbarschaft zu den Werken der Kunst. Kunst aber ist immer Gestalt und Gestaltung. Eine Leinwand wird bemalt, tanzende Körper bewegen sich in einer bestimmten Formation im Raum, ein Orchester lässt einen Klangraum entstehen. Als diese Gestalt und Gestaltung wirken Kunstwerke. Sie gelingen daran und sie misslingen daran. Dadurch werden Kunstwerke zu zerbrechlichen Gebilden. Ein unscheinbares Stolpern macht eine ganze ausgeklügelte Ballettchoreographie zunichte. Ein winziger Patzer im Orchester lässt den ganzen sinfonischen Raum implodieren. Ähnliches können wir bei der Predigt beobachten. Ein einziges Sprachklischee kann einen ganzen gedanklichen Zusammenhang banalisieren. Ein kleines verletzendes Wort kann den in der Predigt intendierten Zuspruch von Trost torpedieren. Deshalb bedürfen die Kunstwerke wie auch die Predigt einer sorgfältigen Gestaltung. Künstler und Künstlerinnen wissen das, und Predigende sollten ihnen darin nicht nachstehen. Im Grunde hat das ganze hier vorgelegte homiletische Lehrbuch seinen Schwerpunkt darin, diesen Form-Inhalts-Zusammenhang der Predigt zu durchdenken. Die Homiletik hat das Ziel zu der *Gestalt* der Predigt (→ 4) zu führen, die ihrem *Auftrag* und ihrer *Intention* gerecht wird.

1.5 Homiletik als Wissenschaft

Kann man Predigen *lernen*? Was muss man *wissen*, um eine gute Predigt zu konzipieren? Was muss man *können*, um eine gute Predigt zu halten? Dies sind Fragen, auf die die Homiletik eine Antwort zu geben versucht. Ohne ein solches Fragen wäre es zu der Herausbildung einer theologischen Disziplin mit dem Namen Homiletik gar nicht gekommen.

Die drei Eingangsfragen zeigen zugleich, dass die Homiletik sich auf ein ganzes Feld von Problemstellungen bezieht. Dieses homiletische Feld lässt sich folgendermaßen beschreiben:

Homiletik ist bezogen auf

▷ die Situation der Hörerinnen und Hörer der Predigt
▷ die Individualität des Predigers und der Predigerin
▷ den christlichen Traditionsbestand, der in der Predigt aktualisiert werden soll
▷ den gottesdienstlichen Kontext, in dem die Predigt gehalten und gehört wird
▷ das wissenschaftliche Sprachwissen
▷ die konkreten Gestaltungsfragen der Predigt
▷ die Entwicklung und Pflege praktischer Fertigkeiten

(1) Wie müssen die Konturen einer wissenschaftlichen Disziplin aussehen, die auf ein so komplexes Feld bezogen ist? Aristoteles hat in seiner Wissenschaftslehre drei Arten menschlichen Könnens unterschieden: Das hervorbringende Können *(poiesis)*; das handelnde Können *(praxis)* und das reflektierend-betrachtende Können *(theoria)*. Alle diese drei Dimensionen menschlichen Könnens tangieren das homiletische Feld. Es wird ein Stück Rede hervorgebracht *(poiesis)*; diese Rede ist mit einem Handeln der Predigerin / des Predigers verbunden *(praxis)*; und schließlich bedarf es auch spezifischer homiletischer Kenntnisse *(theoria)*. Homiletik schließt also die poietischen, die praktischen sowie die theoretischen Fähigkeiten in sich ein. Sie ist eine Kunstlehre im umfassenden Sinne. Ganz analog dazu hat bereits Aristoteles in seiner Poetik den Bogen der zu dieser Kunstlehre gehörenden Bereiche weit gespannt. Zur Poetik als Kunstlehre gehören nach Aristoteles: Ein Verständnis dessen, was die Dichtkunst ist *(theoria)*; Ein Wissen um die Gestaltungsgesetze von Werken der Dichtkunst *(poiesis)*; Sowie Fertigkeiten im Vollzug der Präsentation von Werken der Dichtkunst *(praxis)*.

In der Antike wurden solche Kunstlehren (die Rhetorik ist für die Antike eine solche Kunstlehre von herausragender Bedeutung → 4.1.1) mit dem Begriff der *ars* bezeichnet. Der Gang der abendländischen Geistesgeschichte war von einem zu erlernenden Kanon solcher *artes* bestimmt. Bis in die frühe Neuzeit hinein bedeutete Bildung die Einübung in und das Wissen von den sieben *artes liberales*, den Künsten also, die eines »freien« Menschen würdig sind. Dazu gehören die eher sprachlich orientierten drei *artes* von Grammatik, Rhetorik und Dialektik (deshalb: *Trivium*) und die eher an abstrakten (Natur-)Gesetzen orientierten vier *artes* von Geometrie, Arithmetik, Astronomie und Musiktheorie (daher: *Quadrivium*). Dem traten dann später eher handwerklich orientierte Kunstlehren *(artes mechanicae)* wie Medizin oder Baukunst an die Seite.

(2) Im Kontext dieses sorgfältig austarierten Wissens- und Bildungssystems der Antike und des Mittelalters konnte die Homiletik einen klar definierten Ort finden. Sie war als *ars praedicandi* den sprachlich orientierten Künsten

zugeordnet. Dabei fällt auf, dass der Begriff der *ars praedicandi* in der Antike und im frühen Mittelalter eher zögerliche Verwendung findet. Offensichtlich war der Begriff der *ars* derart auf die sieben Grundtypen im *Trivium* und *Quadrivium* bezogen, dass konkurrierende Verwendungsweisen es schwer hatten. So verwendet Augustinus (354-430 n.Chr.), der im vierten Buch von *De doctrina christiana* die erste umfassende und systematisch reflektierte Homiletik entfaltet hat (→ 2.1), den Begriff der *ars praedicandi* nicht. Homiletische Überlegungen siedelten sich eher im Kontext allgemein pastoraltheologischer Abhandlungen an, wie etwa den *Cura pastoralis* des Papstes Gregor der Große (590-604 n.Chr.).

Erst im Hochmittelalter ist der Begriff der *ars praedicandi* fest etabliert. Mit der Begriffsetablierung ist die Entstehung einer eigenen Textgattung verbunden, nämlich umfangreicher Lehrbücher der Homiletik, die nun unter dem expliziten Titel einer »Ars praedicandi« erscheinen. Die »Summa de arte predicatoria« des Alain de Lilles (um 1120-1202) ist eines der ersten Lehrbücher, das den Begriff programmatisch im Titel trägt. Heute sind mehr als dreihundert solcher hochmittelalterlichen *artes praedicandi* in Form von Lehrbüchern bekannt.

(3) Für die Geschichte der Homiletik als modern-neuzeitlich konzipierter Wissenschaft ist Friedrich Schleiermacher (1768-1834) von herausragender Bedeutung. Dabei knüpft Schleiermacher (eher implizit als explizit, in seinem systematischen Gehalt aber unverkennbar) an die antike und mittelalterliche Definition und Verortung der Homiletik als *ars* an. In seiner »Kurzen Darstellung des Theologischen Studiums« skizziert Schleiermacher in profilierter Weise sein Verständnis der Theologie im allgemeinen und der Homiletik im besonderen. Die Theologie ist eine positive Wissenschaft in dem Sinne, dass sie auf einen praktischen Zweck, nämlich dem einer stimmigen Organisation und Leitung der Kirche, ausgerichtet ist. Um dieser praktischen Zielbestimmung gerecht zu werden bedarf es sowohl der Kenntnisse wie der praktischen Fähigkeiten. Für die Vermittlung der notwendigen Kenntnisse sind Systematische Theologie, Exegese und Kirchengeschichte verantwortlich, während der Erwerb praktischer Fähigkeit im Hause der Praktischen Theologie geschieht. Aufschlussreich ist nun, wie Schleiermacher diese Praktische Theologie näher beschreibt: »[…] das Wissen um die Tätigkeit bildet sich zu einer Technik, welche wir, alle verschiedenen Zweige derselben zusammenfassend, mit dem Namen der praktischen Theologie bezeichnen« (Schleiermacher 1977, § 25). Der Begriff der Technik wird sofort missverständlich, wenn übersehen wird, dass er im Sprachgebrauch Schleiermachers die genaue Übersetzung von *ars* im Sinne einer Kunstlehre ist. Ein mechanistisches Verständnis von Technik schließt Schleiermacher explizit aus. Praktische Theologie als

Homiletische Perspektiven

Technik ist für ihn jene wissenschaftliche Teildisziplin der Theologie, die eine »besonnene Tätigkeit« (§ 257) ermöglicht. Dies tut die Praktische Theologie in der Weise, dass sie »Kunstregeln« (sic!; § 265) für alle Praxisbereiche kirchlichen Handelns formuliert und in diese einführt. Praktische Theologie im Sinne Schleiermachers ist also eine *ars ecclesiastica*, eine Kunstlehre kirchlichen Handelns mithin. Und eine Unterabteilung kirchlichen Handelns ist das Predigen. Die Homiletik ist nichts anderes als eine *ars praedicandi*, obwohl dieser Begriff bei Schleiermacher explizit nicht auftaucht. Dass Schleiermacher an der antik-mittelalterlichen *ars praedicandi* weiterschreibt wird darin deutlich, wie er den Ort und die Aufgabe der Predigt sowie die Kontur der Theorie des Predigens bestimmt: »Die erbauende Wirksamkeit im christlichen Kultus beruht überwiegend auf der Mitteilung des zum Gedanken gewordenen frommen Selbstbewusstseins, und es kann eine Theorie nur darüber geben, sofern diese Mitteilung als Kunst kann angesehen werden. [...] *Gedanke* ist hier im weiteren Sinn zu nehmen, in welchem auch die Elemente der Poesie Gedanken sind. Kunst in gewissem Sinne muss in jeder zusammenhängenden Form von Gedanken sein. Die Theorie muss beides zugleich umfassen, in welchem Grade Kunst hier gefordert wird oder zugelassen, und durch welche Verfahrensweise die Absicht zu erreichen ist« (§ 280).

Mit diesem Verständnis der Homiletik als Kunstlehre des Predigens hat Schleiermacher die alte Konzeption der ars praedicandi in eine modern-neuzeitliche Façon überführt. Mit guten Gründen ist die neuere Homiletik des 19. und 20. Jahrhunderts bis in unsere Gegenwart hinein den Spuren Schleiermachers gefolgt. In einer Zeit der rasanten Verflüchtigung klassisch-humanistischer Bildungskonzeptionen sollte es die Homiletik als ihre Würde wie als ihre Chance begreifen, dass sie wie kaum eine andere Wissenschaft im Hause der gegenwärtigen Universität für eine geschichtlich weit ausgreifende Tradition einer Wissenschaftskonzeption steht. In diesem Sinne wird die *Homiletik* in diesem Lehrbuch konsequent als *Kunstlehre*, als *ars praedicandi* verstanden und konzipiert.

(4) Welche Formen des Lernens sind nun einer Homiletik als *ars praedicandi* angemessen? Der Vielfalt der Gegenstandsbereiche der Homiletik entspricht die Vielfalt des methodischen homiletischen Lernens. Wie jede Kunst setzt auch die Kunst des Predigens ein individuelles Vermögen voraus, das aber geschult und entwickelt werden kann und muss. Unmusikalische Menschen bringen es wohl kaum zu einem Virtuosentum im Bereich der Musik. Aber auch hochmusikalische Menschen sind auf ganz elementares Wissen über die Gestaltungsgesetze und auf das alltägliche Üben verwiesen, wenn sie Musik professionell ausüben wollen. Künftige Predigerinnen und Prediger lernen in der Regel im Homiletischen Seminar die ersten Schritte hin zu einer Profes-

sionalität des Predigens. Die Universität werden die wenigsten als geschulte PredigerInnen verlassen, wohl aber kann man dort *lernen, wie man das Predigen lernt.* Das Homiletische Seminar, wie wir es in Basel konzipiert haben, hat deshalb weniger das Ziel, dass dort am Ende des Semesters »fertige« Predigerinnen und Prediger »produziert« worden sind, sondern möchte eine Sensibilisierung für den homiletischen Prozess bewirken.

Die Mitte des Homiletischen Seminars stellt die Erkundung einer bestimmten Homiletischen Landschaft dar. Die Studierenden werden in ein geographisch genau bestimmtes Terrain geschickt (wie etwa den Bahnhof, das Gebiet der Basler Chemischen Industrie, ein bürgerliches Wohngebiet, ein Kaufhaus, etc.). Dort sollen sie zunächst mit allen Sinnen wahrnehmen. Nach einer bestimmten Zeit öffnen sie einen verschlossenen Umschlag, der einen ihnen bis dahin unbekannten biblischen Text enthält. Bei der Textauswahl achten wir darauf, dass es sich um pointierte Texte handelt, die sich nicht sofort erschließen. In der Regel setzt nun eine »heiße« Phase der homiletischen Geländeerkundung ein. Wie wirkt der Text und wie verändert er die bisherigen Wahrnehmungen? Aufgabe ist es, in einer Präsentation vor den übrigen Mitgliedern des Seminars diesen ganzen Prozess so zur Darstellung zu bringen, dass ihn auch diejenigen so konkret wie möglich nachvollziehen können, die nicht an dem Prozess beteiligt waren. Die Wahl der Medien für die Präsentation ist freigestellt. In dieses Modell sind all die Momente eingeschrieben, die eine *ars praedicandi* auszeichnen. Es geht um die Wahrnehmung von Situationen (Welt und Text), es geht um Wissen und Reflexion (bei der inhaltlichen Konzeption der Präsentation), es geht um konkrete Gestaltungsfragen (bei der Realisierung der Präsentation), es geht um das Geschick der Darstellung (beim aktuellen Vollzug der Präsentation), und es geht schließlich um kritische Selbstreflexion (bei der Nachbesprechung der Präsentation im Seminar). Insofern stellt das Basler Modell *einen* möglichen Weg homiletischen Lernens dar. Alternative Modelle sind selbstverständlich denkbar und werden auch erfolgreich praktiziert.

Weiterführende Literatur

P. Bukowski, Predigt wahrnehmen. Homiletische Perspektiven, Neukirchen-Vluyn ³1995
A. Härtner / H. Eschmann, Predigen lernen. Ein Lehrbuch für die Praxis, Stuttgart 2001
F. Wintzer, Die Homiletik seit Schleiermacher bis in die Anfänge der ›dialektischen Theologie‹ in Grundzügen, Göttingen 1969
S. Wolf-Withöft, Predigen lernen. Homiletische Konturen einer praktisch-theologischen Spieltheorie, Stuttgart 2002

2. Homiletische Situationen und Positionen

Es macht wenig Sinn, im Rahmen eines homiletischen Lehrbuches eine gesamte Geschichte der Predigt und der Homiletik zu schreiben. Dies müsste notwendigerweise zu eklezistisch und andeutungsweise geschehen. Gleichwohl ist es notwendig, in einem Lehrbuch, das vor allem in die *zeitgenössische* homiletische Landschaft einführen möchte, die *geschichtliche* Dimension nicht unberücksichtigt zu lassen. Denn der Blick in die Geschichte macht uns für die Gegenwart sensibel. Die Geschichtswissenschaft insgesamt ist eine große Relativiererin. Sie zeigt, dass alles, was ist, geworden ist. Sie zeigt, wie und unter welchen Umständen, es hätte anders kommen können. Und sie zeigt damit, dass alles was ist, auch anders sein könnte. Ein solches historisches Relativieren wehrt allem fundamentalistischen Denken und setzt zugleich Kräfte der Phantasie frei. Die Geschichtswissenschaft kann gerade dort, wo sie nichts anderes als Geschichtswissenschaft sein will, alternatives Denken anregen. Sie schafft den Raum für konkrete Utopien.

In diesem Sinne soll in diesem Kapitel in die Geschichte des Predigens und der Homiletik geblickt werden. An exemplarischen Situationen und Positionen werden homiletische Weichenstellungen und Grundprobleme beschrieben. Dabei ist das konkrete Predigen und das Nachdenken über das Predigen gleichermaßen im Blick. Allerdings ist zu beachten, dass die konkrete Predigtpraxis und die Homiletik einer bestimmten Epoche nicht bruchlos ineinander übergehen. Predigen vollzieht sich nicht immer nach den Vorgaben der herrschenden homiletischen Konzepte, und die Homiletik ihrerseits kann die real existierende Predigtpraxis durchaus verzerrt wahrnehmen. Gleichwohl macht es keinen Sinn eine Geschichte des Predigens und eine Geschichte der Predigttheorie unabhängig voneinander zu entfalten, denn dadurch würde gerade der Blick auf das spannungsreiche Wechselverhältnis von Theorie und Praxis des Predigens aus dem Blick geraten.

Weiterführende Literatur

Chr. Albrecht, M. Weeber (Hg.), Klassiker der protestantischen Predigtlehre, Tübingen 2002
H.-M. Dober, Evangelische Homiletik. Dargestellt an ihren drei Monumenten Luther, Schleiermacher und Barth mit einer Orientierung in praktischer Absicht, Berlin 2007
B. Lang, Heiliges Spiel. Eine Geschichte des christlichen Gottesdienstes, München 1998
W. Schütz, Geschichte der christlichen Predigt, Berlin/New York 1972.

2.1 Die Predigt der frühen christlichen Gemeinden

Am Anfang war der Pluralismus. Die ersten christlichen Gemeinden bewegten sich in einem kulturellen Umfeld, das von Zentralisation und Regionalisierung gleichermaßen bestimmt war. Das Imperium Romanum wurde durch die ausgeklügelte Struktur eines *check and balance of power* zusammengehalten. Die politische Macht und die zivilreligiöse Kaiserverehrung waren strikt auf Rom konzentriert, von dort aus gesteuert und – wenn notwendig – durch militärische Interventionen gesichert. Unterhalb dieser politischen Machtkonzentration wurde aber durchaus eine gewisse kulturelle und religiöse Eigenständigkeit der Regionen zugelassen, wenn nicht sogar gefördert. Städte wie Athen oder Korinth ähnelten deshalb in gewisser Weise den multikulturellen Metropolen unserer Gegenwart. Erst dieses Ineinander von politischer Zentralgewalt und kultureller Vielfalt ermöglichte es, einen geographisch so weit ausgreifenden Herrschaftsbereich, wie dies das Imperium Romanum es war, über Jahrhunderte hinweg zu sichern.

(1) Die kulturelle Vielfalt des Imperium Romanum war der Nährboden für das Entstehen der ersten christlichen Gemeinden. Das frühe Christentum gewann sein unverwechselbares Profil dadurch, dass es die verschiedensten kulturellen Einflüsse in sich aufnahm und theologisch reflektiert gestaltete. Auch der frühchristliche Gottesdienst gewann so seine Gestalt. Peter Wick hat in einer detaillierten Untersuchung gezeigt, dass sich dieser Gottesdienst vor allem aus drei Quellen speiste: Dem Jerusalemer Tempelkult und der damit verbundenen Metaphorik, dem Synagogengottesdienst mit seiner mehr lehrhaft-kognitiven Dimension sowie den kommunikativen Strukturen des antiken *oikos*, der Hausgemeinschaft, als umfassendem sozialen Organismus. Von Bedeutung ist nun, dass diese Einflüsse nicht singularisierend in eine einzige, bestimmte und identifizierbare Gestalt des Gottesdienstes überführt wurden, sondern dass die Vielfalt der Einflüsse die Vielfalt der gottesdienstlichen Formen begründete. Wick spricht deshalb pointiert nicht von *dem* urchristlichen Gottesdienst, sondern von einem pluralen *gottesdienstlichen Feld*, in dem sich verschiedene Formen wie Theologien des Gottesdienstes ausgebildet haben, die bis auf den heutigen Tag gottesdienstliche Konzeptionen bestimmen, anregen und legitimieren können: »Das Neue Testament zeigt durch die Rezeption dieses ›Feldes‹, dass sich sowohl hochliturgische als auch rein wortorientierte wie auch häuslich-spontane Gottesdienstformen auf die Bibel berufen können. Sowohl derjenige, der mit charismatischen Hausgottesdienstkonzepten die geordneten, synagogalen Formen der Wortfrömmigkeit bekämpft, als auch derjenige, der sich für den reinen Wortgottesdienst gegen jegliche Litur-

gie einsetzt, und sogar derjenige, der nur priesterliche Liturgien als Gottesdienst bezeichnet, wird jeweils viele Bibelstellen für sich in Anschlag bringen können, aber diese zugleich immer auch einseitig deuten müssen. Der Ruf, ›ad fontes‹ zurückzukehren, konnte und kann aufgrund des Neuen Testaments gerade nicht zu einer einheitlichen, ›wahren‹ Gottesdienstgestalt führen« (Wick 2002, 392).

(2) In dieser gottesdienstlichen Vielfalt der frühchristlichen Gemeinden gewinnt auch die Predigt allmählich ihre Gestalt(en). Auch sie atmet den Geist der kulturellen Vielfalt der antiken Koine. Die Forschung hat vor allem vier Einflüsse namhaft gemacht, die zur Entstehung dessen führten, was heute in den meisten christlichen Gottesdiensten selbstverständlich ist – zur Entstehung der Predigt. Es sind dies der Lehrvortrag in der Synagoge, die stoisch-kynische Diatribe, die Mysterienreligionen und schließlich die Preislieder auf die hellenistischen Göttinnen und Götter. Jede dieser vier »Quellen« eröffnet einen für sie eigentümlichen atmosphärischen Raum. Der Begriff der Atmosphäre wird gegenwärtig in den Kulturwissenschaften dafür verwendet, um eine bestimmte Wirkung zu beschreiben. Atmosphären stehen an der Schnittstelle von Objekt und Subjekt, sie können nicht unter Absehung von ihrer dinghaften Seite wie von ihrer subjektiven Rezeption beschrieben werden. Atmosphären schaffen eine gemeinsame Wirklichkeit zwischen dem Wahrgenommenen und den Wahrnehmenden (Böhme 1995). Das Entstehen der christlichen Predigt lässt sich am besten dadurch verstehen, dass wir den vierfachen atmosphärischen Raum betrachten, in dem die Predigt ihre Gestalt gewonnen hat.

Der *Lehrvortrag in der Synagoge* ist an der Thora interessiert. Er ist aktualisierende Schriftauslegung in praktischer Absicht. Die *stoisch-kynische Diatribe* siedelt sich im Rahmen der antiken Popularphilosophie an. Sie ist anspruchsvolle Lebensberatung durch intellektuelle Experten, die den Anspruch erheben können und müssen, sich auf der Höhe ihrer Zeit zu bewegen. Die *Mysterienreligionen* leben vom Charisma eines geheimen »höheren« Wissens, das wenigen Auserwählten vorbehalten ist. Die *Preislieder* auf die Gottheiten stimmen einen hohen Ton an, der sich zu kunstvoller Gestalt verdichten möchte. Sie streben nach Öffentlichkeit und der Feierlichkeit des Außerordentlichen.

Es ist einsichtig, dass wir damit in vier sehr verschiedene Atmosphären geraten, die nicht unbedingt miteinander vereinbar sind. Gleichwohl ist es den frühen christlichen Gemeinden gelungen, das jeweils Spezifische dieser Atmosphären aufzunehmen und in der Predigt eine neue Gestalt finden zu lassen. Dies kann auf keinen Fall als ein additiver Prozess verstanden werden, sondern vollzog sich als eine reflektierte Um- und Neuorganisation von

Atmosphären, an deren Ende dann eine ganz neue Atmosphäre entstanden ist – die Atmosphäre der christlichen Predigt.

(3) Dieser komplizierte Prozess bedurfte einer ständigen theologischen Reflexion, wenn die frühen christlichen Gemeinden ihre Erkennbarkeit und Identität gewinnen und wahren wollten. Das Entstehen der neutestamentlichen Schriften wie die relativ rasche Kanonbildung sind vor diesem Hintergrund zu verstehen. Die theologische Reflexion hat auch den Gottesdienst und die Predigt von Anfang an begleitet. Als ein solcher Versuch kann exemplarisch das lukanische Geschichtswerk gelten. Deshalb kann es nicht verwundern, dass in diesem Werk Gottesdienst und Predigt immer wieder explizit thematisch werden. Lukas ist der erste profilierte Homiletiker der Christenheit.

Lukas betont in besonderer Weise die Nähe des christlichen Gottesdienstes und der Predigt zur Synagoge. Es ist kein Zufall, dass das Lukas-Evangelium wie später die Apostelgeschichte ihre beiden Protagonisten Jesus und Paulus als prominente Synagogenbesucher zeichnet. In gewisser Weise wird Jesus dadurch als der erste christliche Prediger stilisiert. Geradezu archetypisch wiederholt Lukas in seinem Evangelium die homiletische Urszene: Jesus entrollt die Thora, liest daraus und legt sie in freier Rede aus, wobei er in der Regel einen engen Bezug zu seinem eigenen Handeln herstellt. Bedeutsam ist, dass Lukas immer wieder auf die Wirkung der Predigt abzielt. Sie erzeugt Zustimmung *und* Widerspruch, wobei sich der Widerspruch meist an der Bewertung der Person Jesu entzündet. Wirksame Predigt ist also für Lukas nicht allein die Predigt, die die Massen anzieht, sondern wirksame Predigt kann sich gerade auch in ihrer Ablehnung manifestieren. Die Wirkung der Predigt kann nicht abstrahierend von ihrem Inhalt bewertet werden.

Bei aller theologischen Stilisierung erweist sich Lukas immer wieder als exzellenter Beobachter von Details. Die Leidenschaft des Historikers kann sich mit der Leidenschaft des Theologen verbinden. So berichtet er etwa in Apg 20,9 dass Paulus so lange predigte (zu lange, sagt uns Lukas zwischen den Zeilen), dass ein junger Mann in einen tiefen »Kirchenschlaf« verfiel und über drei Stockwerke hinweg vom Dach fiel und zu Tode stürzte. Zum Glück konnte der langpredigende Verursacher dieses Sturzes den Mann wieder zum Leben erwecken. Man kann die Geschichte der christlichen Predigt offensichtlich nicht ohne eine gute Portion an Humor erzählen.

(4) Lukas ist wie Paulus ein Theologe der Globalisierung. Für ihn war es klar, dass das Christentum nicht regional bleiben durfte, sondern der ganzen Welt gehören musste. Dies war nur als ein Prozess der *Inkulturation* möglich. Man kann die ganze Apostelgeschichte, ohne ihr Gewalt anzutun, unter diesem Aspekt lesen. Das homiletisch paradigmatische Beispiel für diesen Inkultura-

tionsprozess ist die berühmte Predigt des Paulus auf dem Areopag (Apg 17,16-34). Dass es sich hierbei um keinen historischen Tatsachenbericht im Sinne unsres heutigen Verständnisses von Historiographie handelt, sondern um eine theologische Stilisierung des Lukas, mindert nicht die Bedeutung dieses Textes. Im Gegenteil, wir haben es in diesem Text mit einer Musterpredigt zu tun, die uns zeigt, wie Lukas sich den Inkulturationsprozess des Christentums vorstellt, und wie sich dies in der Predigt sowohl konzentriert wie auch realisiert. Am Anfang einer sich inkulturierenden Predigt steht die Wahrnehmung. Paulus will die kulturelle Atmosphäre des Ortes in sich aufnehmen. Sprachlich nimmt Paulus die damals bekannte Wendung von einem »unbekannten Gott« auf (in antiken Quellen ist allerdings nur die plurale Form überliefert). Diesen »unbekannten« Gott macht Paulus in seiner Predigt »eindeutig«. Es geht um die Erkennbarkeit. Die Kontroverse entzündet sich nicht von ungefähr an einem christologischen Topos. Denn die Rede von der Auferstehung Jesu Christi will nicht wenigen Athenern überhaupt nicht einleuchten. Und so bleibt auch die Reaktion auf diese Predigt kontrovers.

Blickt man auf das Gesamte des lukanischen Doppelwerks, so treffen wir dort in all seiner pluralen Gestalt auf ein sehr genaues Grundverständnis der christlichen Predigt:

▷ Predigt nimmt ihren Ausgang von einem Text der Heiligen Schrift und verknüpft die in der Schrift aufbewahrte Überlieferung mit dem Wirken und Geschick Jesu.
▷ Prediger müssen in ihrer kulturellen Gegenwart verankert sein und produktiv damit umgehen können.
▷ Die Wirkung der Predigt allein kann kein Maßstab ihrer Wirksamkeit sein. Die Wirksamkeit der Predigt ist immer nur unter Berücksichtigung ihres Inhalts zu bestimmen.

Lukas stellt das der Homiletik zur Aufgabe, was im vorigen Kapitel als theologisch-reflektierter Synkretismus (→ 1.3.4) bezeichnet wurde.

Weiterführende Literatur

P. Cornehl, Der evangelische Gottesdienst – Biblische Kontur und neuzeitliche Wirklichkeit. Band 1: Theologischer Rahmen und biblische Grundlagen, Stuttgart 2006

2.2 Die rhetorische Entdeckung des Ich (Augustinus)

Augustinus (354-430) kann als Theologe der Schwelle gelten. Seine Theologie markiert in zweifacher Hinsicht eine Situation des Übergangs. Er steht an der Schwelle der ausgehenden, noch stark pagan geprägten Antike hin zum »christlichen« Mittelalter. Und er repräsentiert in seiner biographischen Entwicklung die synthetische Umformung des antiken Bildungsgedankens hin zu einem christlich-intellektuellen Lebensstil, wie er das Christentum bis in die Reformationszeit hinein bestimmen sollte.

Augustin wirkte vor seiner Bekehrung als Lehrer der Rhetorik. Die Rhetorik hatte im antiken Bildungssystem eine zentrale Rolle inne (→ 4.1.1). Sie war die Mittlerin des Denkens schlechthin. Es kennzeichnet Augustins Denken, dass er mit seiner Wende hin zum Christentum seine antiken Wurzeln nicht einfach abzuschneiden versuchte, sondern das antike Erbe in die Entwicklung und Entfaltung seiner Theologie mit hinein nahm. Dieser Vorgang wird in seinen homiletischen Überlegungen exemplarisch greifbar.

> Augustin verfasst um das Jahr 397 eine kleine Schrift mit zunächst drei Buchkapitel unter dem Titel *De Doctrina Christiana*. Später greift er auf diese Schrift noch einmal zurück, überarbeitet und vollendet sie um das Jahr 426. Dabei erhält die Schrift ein viertes Buchkapitel. Dieses vierte Buchkapitel von *De Doctrina Christiana* kann als die erste systematisch konzipierte Homiletik der Christenheit gelten. Im Mittelalter wird es gesondert publiziert und stellt die Urform der zahlreichen Entwürfe einer *Ars praedicandi* dar (→ 1.5). Als eine solche *Ars praedicandi* hat es noch die homiletischen Überlegungen der Reformatoren beeinflusst.

(1) Augustin steht vor einem spezifischen Problem, für das er eine überzeugende Lösung findet. Als Kenner der antiken Bildungstradition ist ihm bewusst, dass die Rhetorik aufs engste mit der antiken Weltsicht und dem damit verbundenen Denken verknüpft ist. Kann eine pagane Wissenschaft in eine theologische Homiletik integriert werden? Diese Frage, die Augustin zum erstenmal systematisch angeht, hat die Homiletik bis ins 20. Jahrhundert hinein kontrovers begleitet.

Augustin geht davon aus, dass die Theologie gewisse Erkenntnisse mit den paganen Wissenschaften teilen kann: »Jedenfalls brauchen wir wegen des heidnischen Aberglaubens weder die Musik zu fliehen, falls wir daraus zum Verständnis der Heiligen Schrift etwas Zweckdienliches gewinnen können […] Wir haben ja auch nicht deshalb auf die Erlernung der Buchstaben verzichten müssen, weil ihre Erfindung dem Merkur zugeschrieben wird« (Augustin 1925, 75). Augustin konkretisiert nun diese grundsätzlichen Überlegungen hinsichtlich der Bedeutung der Rhetorik für die Homiletik: »Es gibt auch noch Regeln einer wortreichen Dialektik, die man Beredsamkeit heißt. Diese Regeln selbst sind wahr, obgleich durch sie auch Falsches geraten werden kann. Weil aber das Angeratene auch wahr sein kann, so ist nicht die Gabe der Beredsamkeit an sich schuldbar, sondern der verkehrte Wille jener, die davon einen schlechten Gebrauch machen« (Augustin 1925, 98). Die Rhetorik stellt für Augustin mithin ein neutrales Regelwerk dar, das gut oder schlecht genutzt werden kann. Deshalb entscheidet sich die *Legitimität* der Rhetorik allein an ihrem *homiletischen Gebrauch*.

Homiletisch bedeutsam sind für Augustin die Zentralstücke der antiken Rhetorik. Weil die Rhetorik jedoch ein neutrales Regelwerk ist, bedarf es zusätzlich der Verantwortlichkeit der Predigenden. Eine *Technik der Predigt* muss verankert sein in einer *homiletischen Weisheit*: »Wer aber eine bloß unweise Beredsamkeit im Überflusse hat, vor dem muss man sich um so mehr hüten, je mehr der Zuhörer von ihm in nutzlosen Sachen ergötzt wird und meint, der Redner spreche deshalb auch schon wahr, weil er ihn beredt sprechen hört. Diese Wahrheit kennen selbst jene recht gut, die einen eigentlichen Unterricht in der Rhetorik für notwendig halten: sie geben zu, dass Weisheit ohne Beredsamkeit einer Gemeinde allzu wenig nütze, dass aber Beredsamkeit ohne Weisheit meistens geradezu sehr viel schade ohne jemals zu nützen« (Augustinus 1925, 166).

Die Rhetorik ist für Augustin also ein *sprachliches Instrument*, das in gewisser Weise seinen Inhalten gegenüber neutral ist. Deshalb kann dieses Instrument in die Homiletik integriert werden. Auf der anderen Seite ist die Rhetorik jedoch homiletisch unterbestimmt, wenn sie nur als Instrument gesehen wird. Die Frage, an welche Inhalte sich dieses Instrument bindet, wird zur entscheidenden Frage. Damit tritt die Person des Predigers, der Predigerin ins Zentrum des homiletischen Denkens. Denn in seiner/ihrer Person allein geschieht ja jene Verbindung von Inhalt und sprachlicher Gestalt. Es ist seine/ihre homiletische Verantwortung, dass das Evangelium die ihm angemessene Sprachgestalt findet.

(2) Noch in weiterer Hinsicht und auf sehr viel intensivere Weise bindet Augustin den Menschen in den Prozess der Sprachfindung ein. Die moderne Literaturwissenschaft sieht heute in Augustin einen gewichtigen, vielleicht *den* gewichtigsten Vorläufer der modernen Autobiographie. Biographische Darstellungen der Antike waren weniger Ausdruck subjektiv-individuellen Empfindens, sondern sie orientierten sich mehr an idealtypischen Abläufen. Mit Augustin kommt ein neuer Ton in die abendländische Literatur. Und dieser neue Ton ist untrennbar mit einer bestimmten Konstellation von Sprache und Theologie verbunden. In seinen *Confessiones* entdeckt Augustin sich selbst als ein *individuelles Ich*. Dieses Ich entdeckt sich aber nicht durch einen

direkten Blick auf sich. Erst auf einem »Umweg« wird das Ich seiner selbst ansichtig. Und dieser »Umweg« verläuft über Gott.

Die Entdeckung des Ich beginnt mit der Suche nach Gott: »Wie aber soll ich meinen Gott anrufen, meinen Gott und meinen Herrn, da ich doch, wann ich ihn rufe, in mich herein ihn rufe? Und welches ist der Ort in mir, wohin er kommen soll, mein Gott? Wohin soll Gott in mir denn kommen?« (Augustin 1968, 15). Das ist keine reine Introspektion. Erst über die Frage nach dem Anderen, dem Draußen, kommt Augustin zu sich selbst. Es ist die Extrospektion, die ihn zur Introspektion bringt. Diesen Weg schreitet Augustin in seinen *Confessiones* sprachlich ab. Und erst in der Differenz zwischen Gott und dem Ich wird das wahre Ich erkennbar. Augustin entdeckt eine Nähe zu seinem Ich, die gerade von seinem Ich unterschieden ist: »Du [sc. Gott] warst noch innerer als mein Innerstes und höher als mein höchstes *(interior intimo meo et superior summo meo)*« (Augustin 1968, 60). Die Intimität des Ich stellt sich gerade nicht durch einen ausschließlichen Bezug auf sich selbst ein, sondern im Gottesbezug erst stellt sich für Augustin die Vertrautheit mit sich selbst ein. Die *Confessiones* sind nichts anderes als der Versuch, diesen Weg zur Vertrautheit mit sich selbst sprachlich zu erschließen.

(3) Diese Entdeckung des Ich auf dem Weg einer qualifizierten theologischen Rhetorik bestimmt die weitere abendländische Theorie und Praxis der Predigt gleichermaßen. Bereits in den Predigten des Augustinus wird ein Ton erkennbar, der vor ihm so nicht zu vernehmen war. Der Mensch wird nun nicht mehr als ein exemplarisch Glaubender oder als exemplarischer Sünder angesprochen, sondern als unverwechselbares Individuum. Viele der Predigten des Augustinus sind durch direkte, beinahe intim zu nennende Dialoge gekennzeichnet. Diese Dialoge sind in der Regel als Dialog zwischen Prediger und HörerIn gestaltet. Aber man spürt in diesen Dialogen zugleich, dass sie aus einem *inneren* Dialog des Augustin erwachsen sind. Gerade dort, wo Augustin mit dem Hörer, der Hörerin spricht, spricht er stets auch mit sich selbst. Die Subjektivität der Predigenden wie der Hörenden ist seit Augustinus aus der abendländischen Predigtgeschichte nicht mehr wegzudenken.

Weiterführende Literatur

G. *Mainberger*, Rhetorica Band 1. Reden mit Vernunft: Aristoteles, Cicero, Augustinus, Stuttgart 1987

2.3 Predigtabgründe –
Die Kreuzzugspredigt des Bernhard von Clairvaux

Die Geschichte der abendländischen Predigt ist – wie jede andere Geschichte auch – eine Geschichte mit ihren Höhepunkten wie mit ihren Abgründen. Und oft sind beide untrennbar ineinander verschlungen. Man kann dies an der Kreuzzugpredigt des Bernhard von Clairvaux (1090-1153) erkennen. In der Geschichte des Zweiten Kreuzzugs (1145-1149) spielt Bernhard eine herausragende Rolle. Dieser Kreuzzug hat einen klaren Ausgangspunkt und eine verworrene Anfangsgeschichte. Im Jahre 1144 erobert der Emir von Aleppo die strategisch wichtige Hafenstadt Edessa aus der Hand der Kreuzfahrer. Der französische König Ludwig VII. unternimmt daraufhin Anstrengungen, einen weiteren Kreuzzug zur Rückeroberung des verloren gegangenen Terrains vorzubereiten. Aber ganz offensichtlich stößt er damit auf keine große Resonanz. Die Begeisterung für einen weiteren Kreuzzug hält sich in Grenzen. Zudem erscheint das ganze Unternehmen zu sehr als eine Angelegenheit des französischen Königs und weniger des Papstes und der Kirche. Für die Begründung eines Kreuzzuges klafft offensichtlich eine kommunikative Lücke. In diese Lücke tritt Bernhard von Clairvaux. Er sorgt für die Begeisterung der Massen und ist zugleich ein hochgeeigneter Vermittler zwischen dem französischen König (da er Abt eines Klosters auf französischem Territorium war) und Papst Eugen III (der sein persönlicher Schüler war). Bernhard gelingt es auf eine meisterhafte Weise, diese doppelte kommunikative Lücke zu schließen.

(1) Der Auftritt am französischen Hoftag vom 31. März 1146 in Vezelay kann exemplarisch für die Wirkung der homiletisch-kommunikativen Kompetenzen des Bernhard stehen. Der Ablauf des Tages, wie wir ihn aus zeitgenössischen Berichten kennen, wirkt wie die Inszenierung eines Medienereignisses unserer Tage. Neben dem französischen Hochadel findet sich eine große Menschenmenge ein. Da die Kathedrale von Vezelay nicht alle Menschen aufnehmen kann, predigt Bernhard von einem großen Gerüst aus, das man auf einem Feld aufgebaut hat. Neben seiner persönlichen Predigt verliest er ein Sendschreiben des Papstes und stellt damit das Gleichgewicht zwischen Papsttum und weltlicher Macht her. Die Wirkung seiner Predigt muss überwältigend gewesen sein. Die anwesenden Männer begannen unter dem Eindruck der Predigt, Kreuze auf ihre Kleidung zu nähen als Zeichen ihrer Bereitschaft zur Teilnahme an einem neuen Kreuzzug. Als der dafür vorgesehene Stoff verbraucht ist, wirft Bernhard seine eigenen Übergewänder ab, damit daraus neue Stoffkreuze geschnitten werden können. Bernhard ist sich offen-

sichtlich des *Gestischen* dieser Handlung bewusst. Seine Kreuzzugspredigt war eine kommunikativ-symbolische Handlung, die nicht auf Worte allein beschränkt war.

(2) Wie sahen nun die vielfältigen Kreuzzugspredigten des Bernhard näherhin aus? Aus einer textlich überlieferten Predigt können wir die thematischen Grundzüge seiner Predigten sowie deren rhetorische Gestaltung deutlich erkennen:

> »Seht, denn ihr Brüder, die willkommene Zeit, die heilerfüllten Tage. Erschüttert werden die Lande erbeben, weil der Gott vom Himmel sein Land zu verlieren begann. Sein Land sage ich: dort sah man ihn das Wort seines Vaters lehren, dort wandelte er über dreißig Jahre unter den Menschen [...] Jetzt schaffen es unsere Sünden, dass dort die Feinde des Kreuzes ihr weiheloses Haupt erhoben haben: mit dem Zahn des Schwertes verheeren sie das Land der Verheißung [...] Was tut ihr, tapfere Männer? Was tut ihr, Diener des Kreuzes? [...] Er [sc. Gott] sucht eine Gelegenheit nicht wider Euch, sondern für Euch. Denn einzig dies ist's, eine erlesene und allein für Gott auffindbare Gelegenheit der Rettung, wenn nun die Allmacht Totschläger, Räuber, Ehebrecher, Meineidige und Verbrecher aller Art, als hätten sie immer das Rechte getan, ihres Dienstes zu erinnern geruht. Misstraut nicht, ihr Sünder, gütig ist der Herr« (zit. n. Mayer 1995, 90 f.).

Bereits an diesen wenigen Sätzen kann man die theologische wie die rhetorische Finesse der Kreuzzugspredigt des Bernhard erkennen. Er proklamiert den Kairos, die entscheidende Stunde. Ein Motiv, das in vielen agitatorischen Reden zu finden ist. Das ferne Land wird dadurch zum nahen Land, weil es das Land des Gottes ist, der den Menschen nahe ist. Dieser Gott braucht die Hilfe der Menschen. Aus dieser Feststellung folgt sofort der ethische Appell zur Teilnahme am Kreuzzug. Dann aber wendet Bernhard dieses Motiv. Es ist nun Gott selbst, der im Kreuzzug handelt. Die Teilnahme am Kreuzzug ist *die* Chance zur Sündenvergebung. Noch das aus dem Ersten Kreuzzug überlieferte und wohlbekannte Wissen um die Tatsache, dass die Motive der Kreuzfahrer nicht immer hehr waren, und das Wissen um die Gräueltaten kann Bernhard in seiner Predigt zum Positiven wenden. Ja, es sind Totschläger und Räuber dabei, aber gerade dies ist begründet im Rettungswillen Gottes für die Sünder.

(3) Man wird der Kreuzzugspredigt des Bernhard von Clairvaux sicher nicht gerecht, wenn wir darin nur eine vordergründige Agitation für einen Kriegszug sehen. Viele Motive der Kreuzzugspredigten, vor allem das Motiv der Nachfolge und der Ritterschaft, tauchen auch in den anderen Predigten Bernhards auf. Es ist offensichtlich nicht so, dass der agitatorische Zweck das theologische Motiv gebiert, sondern dass bereits vorhandene theologische Motive

Homiletische Situationen und Positionen

von ihm in die Kreuzzugspredigt integriert werden können. An einer weiteren Stelle weist die Kreuzzugspredigt des Bernhard eine bemerkenswerte Besonderheit auf: Er warnt immer wieder vor Ausschreitungen gegen die Juden. Und einen in den deutschen Rheinlanden antijüdisch agitierenden Mönch, der sich mit dem Namen Rudolf von Clairvaux Autorität zu verleihen versuchte, ließ er mit Gewalt zurück ins Kloster nach Frankreich bringen.

Die Kreuzzugspredigt stellt insofern ein homiletisches Lehrstück dar, als in ihr deutlich wird, dass Wirkung eine durch und durch ambivalente Angelegenheit ist. Bernhard hatte mit seiner Predigt Erfolg. Er verfügte zweifellos über die Kompetenz, massenkommunikative Situationen zu erzeugen und zu steuern. Ohne seine Predigten hätte der zweite Kreuzzug in dieser Form mit Sicherheit nicht stattfinden können. Ebenso wenig lässt sich seine Kreuzzugspredigt als eine nur dem agitatorischen Zweck dienende Predigt bestimmen. Zu sehr ist sie in ihren Motiven wie in ihrer Rhetorik mit seinen anderen Predigten verbunden, nicht zuletzt auch mit seinen auch heute noch anmutenden Predigten über das Hohe Lied. Die Kreuzzugspredigt zeigt uns, dass das Predigen gerade dort an seine Abgründe geraten kann, wo die Predigt mit allen Mitteln der homiletischen Kunst gestaltet wird.

2.4 Die Entdeckung der Freiheit – Martin Luthers Verständnis der Predigt

Martin Luther (1483-1546) hat den reformatorischen Aufbruch als eine elementare *Erfahrung der Freiheit* verstanden. Zugleich hat er – zumindest aus der Retrospektive – die Genese der Reformation als eine *sprachliche Entdeckung* qualifiziert. In der Vorrede zum ersten Band seiner gesammelten lateinischen Schriften findet sich dazu eine instruktive Notiz:

»Ein ganz ungewöhnlich brennendes Verlangen hatte mich gepackt, Paulus im Römerbrief zu verstehen; aber nicht Kaltherzigkeit hatte mir bis dahin im Weg gestanden, sondern ein einziges Wort, das im ersten Kapitel steht: ›Gottes Gerechtigkeit wird darin offenbart.‹ (Röm 1,17). Denn ich hasste diese Vokabel ›Gerechtigkeit Gottes‹, die ich durch die übliche Verwendung bei allen Lehrern gelehrt war, philosophisch zu verstehen von der sogenannten formalen oder aktiven Gerechtigkeit, mittels derer Gott gerecht ist und die Sünder und Ungerechten straft. Ich aber [...] liebte nicht, nein, hasste den gerechten und die Sünder strafenden Gott [...] So raste ich wilden und wirren Gewissens, dennoch klopfte ich beharrlich an eben dieser Stelle bei Paulus an mit glühend heißem Durst, zu erfahren, was St. Paulus wollte. Bis ich, dank Gottes Erbarmen, unablässig Tag und Nacht darüber nachdenkend, auf den Zusammenhang der Worte aufmerksam wurde, nämlich: ›Gottes Gerechtigkeit wird darin offenbart, wie geschrieben steht: Der Gerechte lebt aus Glauben.‹ Da begann ich, die Gerechtigkeit Gottes zu verstehen als die, durch die als Gottes Geschenk der Gerechte lebt [...] Da hatte ich das Empfinden, ich sei geradezu von neuem geboren und durch geöffnete Tore in das Paradies selbst eingetreten. Da zeigte mir sofort die ganze Schrift ein anderes Gesicht« (Luther 1982, Band 1, 22 f.).

In diesen Worten ist die reformatorische Grunderfahrung als eine Erfahrung der Freiheit beschrieben, die an einem *Text* gemacht worden ist. Luther entdeckt an der Schrift einen neuen Aspekt, der alle seine bisherigen Erkenntnisse umstürzt. Im geduldigen Nachgehen der Sprache des Paulus erfährt Luther eine Lebenswende, die er metaphorisch als neue Geburt und Eintritt in das Paradies qualifiziert. Luther hat nie vergessen, dass die reformatorische Grunderfahrung der Freiheit eine Erfahrung ist, die aufs Engste mit der Sprache verknüpft ist. Dies wiederum hat sein Verständnis von Sprache in systematisch-theologischer wie homiletischer Hinsicht fundamental bestimmt.

In seinen berühmten Invokavitpredigten aus dem Jahre 1522 findet sich dazu eine kleine aufschlussreiche Sequenz: »Summa Summarum: Predigen will ich's, sagen will ich's, schreiben will ich's. Aber zwingen, mit Gewalt dringen will ich niemanden, denn der Glaube will willig, ungenötigt angenommen werden. Nehmt ein Beispiel an mir. Ich bin dem Ablass und allen Papisten entgegengetreten, aber mit keiner Gewalt, ich habe allein Gottes Wort getrieben, gepredigt und geschrieben, sonst hab ich nichts getan [...] Ich habe nichts gemacht, ich habe das Wort handeln lassen« (Luther 1982, Band 1, 280). Aus diesen Sätzen Luthers spricht ein kaum zu überbietendes Vertrauen in die Wirksamkeit des Wortes, in die Wirksamkeit der Sprache. Weil Luther derart auf die Wirkmächtigkeit der Sprache vertraut, kann er denen, die diese Sprache hören, eine uneingeschränkte Freiheit einräumen. Nur im Hören auf das Wort, soll dessen Verbindlichkeit entstehen. Sprachliche Kommunikation ist für Luther nur als ein Akt uneingeschränkter Freiheit denkbar.

(1) Luthers Homiletik der Freiheit konkretisiert sich in dreifacher Hinsicht – im *Selbstverständnis des Predigers*, in der *Bedeutung der Hörerinnen und Hörer* der Predigt und im *Verständnis der Sprache*.

Luther kann das Predigtamt als das höchste »Amt« in der Kirche klassifizieren. Allerdings soll aus dem Predigtamt keine wie auch immer geartete Hierarchie erwachsen. In seiner Schrift »Dass eine christliche Versammlung oder Gemeinde Recht und Macht habe, alle Lehre zu urteilen und Lehrer zu berufen, ein- und abzusetzen, Grund und Ursach aus der Schrift« aus dem Jahre 1523 wird von Luther das Predigtamt zugleich *begründet* und *begrenzt*. Das Predigtamt weist in eine besondere Funktion ein, begründet aber keinen eigenen, besonderen oder gar privilegierten Stand. Als Gegenüber zum Wort Gottes sind alle Menschen gleich: »Denn das kann niemand leugnen, dass ein jeglicher Christ Gottes Wort hat und von Gott gelehrt und zum Priester gesalbt ist« (Luther 1982, Band 5, 13). Predigerinnen und Prediger unterscheiden sich von der übrigen Gemeinde allein dadurch, dass sie eine spezifische theologische Ausbildung haben und über ein gewisses Maß an handwerklichem Können verfügen.

Aus dieser Selbstbeschränkung im Verständnis der Predigenden folgt auf der anderen Seite eine höchst aktive Rolle der Gemeinde, der Hörerinnen und Hörer der Predigt mithin. Ihnen obliegt es, über der Richtigkeit der Lehre zu wachen: »Bischof, Papst, Gelehrte und jedermann hat die Vollmacht zu lehren, aber die Schafe sollen urteilen, ob sie die Stimme Christi oder die Stimme der Fremden lehren« (10). Luther setzt also Predigende und Hörende in ein höchst aktives Verhältnis zueinander, das als ein wechselseitiges Verhältnis der Freiheit verstanden ist. Predigende haben die Aufgabe, in aller Freiheit zu predigen. Die Gemeinde aber hat die Aufgabe, in aller Freiheit über das Gehörte zu urteilen. Die Freiheit der Hörenden begründet die Freiheit der Predigenden und umgekehrt. In dieser Hinsicht hat Luther zentrale Erkenntnisse der sogenannten Rezeptionsästhetik (→ 3.2) präfiguriert (Gehring 1999).

(2) Damit es zu diesem wechselseitigen Spiel der Freiheit kommen kann, bedarf es der sprachlichen Kommunikation. Luther versteht die Predigt als ein theologisch qualifiziertes Sprachgeschehen. Gott spricht uns Menschen auf ganz elementare Weise an, nimmt dafür jedoch das Medium der menschlichen Sprache in Anspruch.

> Systematisch hat Luther über sein Verständnis der Sprache in seiner Schrift »Ein Sendbrief D. Martin Luthers vom Dolmetschen und Fürbitte der Heiligen« aus dem Jahre 1530 Rechenschaft abgelegt. Luther entwickelt in dieser Schrift eine luzide theologische Sprachtheorie, die durch fünf Elemente charakterisiert werden kann:
>
> 1. Sprachtheoretische Fragen sind von der philosophischen und theologischen Frage nach der Wahrheit nicht zu trennen. Jedem »Liebhaber der Wahrheit« (Luther 1982, Band 5, 141) wird geraten, Fragen der Sprache nicht als äußeren Zierrat abzutun, sondern in und an der Sprache entscheidet sich auch die Frage nach der Wahrheit einer Aussage oder Position.
> 2. In die Sprache ist ein irreduzibler subjektiver Anteil eingeschrieben. Jeder und jede spricht ihre eigene unverwechselbare Sprache nach dem eigenen »besten Vermögen« (143).
> 3. Der Umgang mit Sprache erfordert ein Wissen um die Gestaltungsgesetze der Sprache und ein methodisches Können im Verstehen und Auslegen von Texten wie in der eigenen Sprachproduktion.
> 4. Sprache hat nicht nur eine kognitive Dimension, sondern Sprache hat einen emotional-affektiven Gehalt.
> 5. Ziel aller sprachlichen Bemühungen ist die Übereinstimmung von Sprache und ihrer inhaltlichen Intention.

(3) Die sprachtheoretischen und theologischen Überlegungen Luthers konvergieren in einem reflektierten Gesamtverständnis der Predigt, das Eilert Herms in einem instruktiven Aufsatz so zusammengefasst hat: »Die Predigt hat die Aufgabe, Gott zu loben und dem Nächsten zu nützen. Und dies nicht in einem individualistischen, sondern gemeinschaftlichen, ja, gesamtgesellschaftlichen Sinne. Freilich ist dabei zweierlei in Rechnung zu stellen: erstens die Unverfügbarkeit der Wirkung der Predigt und der zu erwartende Widerspruch und zweitens die Einheitlichkeit des geistlichen Standes aller Christen. Beides kommt in präziser Differenziertheit zur Sprache: Der Ruf der Predigt gilt dem ganzen Volk. […] Freilich kann die Predigt das Wort Gottes selber, das Evangelium für das Volk, nur sein aufgrund der völligen – nota bene: willentlichen, aktiven, all sein pastorales ›Können‹ einschließenden – Selbstaufgabe des Predigers an die res der Predigt. Er ist die Glocke, die zwar einen eigenen Klang hat, aber weder etwas Eigenes noch von sich aus und durch sich selber spricht, sondern vom Glöckner zum Sprechen gebracht wird. Wo dieses Selbstverständnis der Prediger herrscht – und wahr ist –, kann die Predigt nicht zur ›institutionalisierten Belanglosigkeit‹ verkommen. Sie wird das sein, was Luther in ihr gesehen hat: ein Instrument der Aufklärung durch das Licht der Gnade. Wir wissen inzwischen aus geschichtlicher Erfahrung, dass diese Aufklärung von der Aufklärung durch das Licht der Vernunft nicht ersetzt werden kann« (Herms 1992, 54 f.).

(4) Man kann Luthers theologisch fundiertes Verständnis der Sprache ohne weiteres in seinen Predigten re-identifizieren. Luthers Predigttheorie und seine eigene Predigtpraxis konvergieren beinahe nahtlos. Dies zeigt exemplarisch eine Predigt über 2. Korinther 3,4-6, die Luther am 12. Sonntag nach Trinitatis, dem 27. August 1531, gehalten hat. Der Anfang dieser Predigt lautet:

> »Ich predige diese Epistel nicht gern; denn sie ist nicht für das Volk, das sich nicht kann drein richten. Aber, dass ich die Ordnung nicht störe, will ich kurz davon handeln. Es stand zu der Zeit, da Paulus zu Korinth predigte, also: als er den Rücken hat gewendet, sind andere Prediger an seine Stelle gekommen, und alles, was er gepflanzt hatte, rotteten sie aus und machten's besser. Aber es waren auch fromme Herzen daselbst, die in der Lehre blieben, die Paulus ihnen gegeben hatte. Und doch waren's nur wenige, also dass die Rotten mit Gewalt einrissen, wie im ersten Briefe zu lesen. Also erging es Paulus, und das in der Kirche, da er selbst gepredigt und Prediger eingesetzt hat. Es verdreußt ihn und tät ihm wohl faul, weiß nicht, wie er ihm tun soll: schweigt er, so ist's nicht gut; redet er nichts nach seinem Amte, so ist's Schade; soll er sich loben, so lautet's nicht wohl. Indessen rühmen sich die Gottlosen. Das ist fast die Meinung, die er in diesem Kapitel reißt: er lobt sich und lobt sich doch nicht; alsdann fährt er heraus und gibt den falschen Aposteln eine Schlappe. Summa: Es ist ein schwer Amt das Predigtamt, zumal, wenn's so ist, wie es hier Paulus widerfährt. Ich habe oft gesagt: Wenn ich

Homiletische Situationen und Positionen

mit gutem Gewissen könnte herabkommen, ich wollte mich eher lassen auf ein Rad legen oder Steine tragen, als eine einzige Predigt oder Lektion tun. Denn wer in diesem Amt ist, wird allezeit geplagt; also, wie ich oft gesagt habe, dass der leidige Teufel und nicht ein frommer Mann soll ein Prediger sein. Nun aber stecken wir drin« (zit. n. Konrad 1963, 13 f.).

Luther bringt sich in dieser Predigt auf eine ungemein direkte Weise in seiner Rolle als Prediger ins Gespräch. Er scheut sich nicht, »Ich« zu sagen (→ 3.3.2.1). Damit ist jedoch keine falsche Versubjektivierung verbunden, sondern an der *subjektiven* Erfahrung macht Luther *objektive* theologische Tatbestände deutlich. Ferner fällt eine große Freiheit dem biblischen Text gegenüber auf. Luther sagt ausdrücklich, dass er über diesen Text eigentlich nicht predigen wolle. Respekt vor der Schrift und ein durchaus persönlich freier Umgang mit einzelnen Schriftstellen schließen sich nicht aus. Weiter ist die Predigt für Luther ein agonales Geschehen. Die Predigt thematisiert keine unbestrittenen oder dem Common sense unterliegenden Sachverhalte. Predigt ist immer *umstrittene* Predigt. PredigerInnen und Gemeinde stehen in einem dynamischen Verhältnis zueinander. Im Hören der Predigt entscheidet sich die Zukunft der Kirche ebenso wie der persönliche Glaube des einzelnen Gemeindegliedes. Deshalb bedarf die Predigt der distinktiven theologischen Reflexion und der sorgfältigen sprachlichen Gestaltung.

Weiterführende Literatur

A. Beutel, In dem Anfang war das Wort. Studien zu Luthers Sprachverständnis, Tübingen 1991

2.5 Auf der Suche nach dem Leben – Die Predigt der Liberalen Theologie

Für Martin Luther wie auch noch für Friedrich Schleiermacher war die Kirche – metaphorisch gesprochen und auch alltagspraktisch – noch im Dorf. Zwar herrschte sowohl zu Zeiten Luthers wie auch Schleiermachers kein praktisch-theologisches Idyll. Kriege, politische Veränderungen, aber auch ganz individuell-persönliche Lebenslagen beeinflussten die Menschen auch in ihrem religiösen Leben. Es kam durchaus zu politisch motivierten Konflikten um die Institution Kirche ebenso wie zu religiösen Lebenskrisen in einzelnen Biographien. Dadurch wurde jedoch die unbestrittene Geltung des Christentums als Leitkultur und das enge Verhältnis von Kirche und Staat nicht grundsätzlich tangiert. Diese – in kirchlich-theologischer Perspektive – »komfortable« Situation änderte sich im Verlauf des 19. Jahrhunderts dramatisch. Deutschland wandelte sich in dieser Zeit von einer feudal-agrarisch verfassten Gesellschaft hin zu einer modernen Industriegesellschaft. Dies brachte fundamentale Umbrüche in sozialer, politischer und kultureller Hinsicht mit sich.

(1) Die *sozialen* Umbrüche resultierten aus der wirtschaftlichen Dynamik der sich wandelnden ökonomischen Produktionsverhältnisse. Durch die neuen industriellen Fertigungsweisen in den zuerst durch Dampfkraft dann durch Elektrizität mit Energie versorgten Fabriken bildete sich schnell eine ArbeiterInnenschaft heraus. Damit verbunden war eine Verschiebung der Bevölkerung aus dem ländlichen Raum hin in die städtischen Agglomerationen. Diese Landflucht bewirkte eine Entfremdung der Menschen von ihren angestammten Lebenswelten, ein gleichsam durch Migration bedingter Traditionsabbruch.

Die *politischen* Umbrüche waren vor allem durch zwei Elemente bestimmt: Der Selbstbewusstwerdung der IndustriearbeiterInnenschaft, die immer stärker mittels politischer Parteien und Gewerkschaften eine Partizipation an der ökonomischen und politischen Macht einklagte, und das Versagen der alten Eliten, die dieser Herausforderung ganz offensichtlich nicht gewachsen waren. Die Russische Oktoberrevolution und der Zerfall der monarchischen Herrschaftsstrukturen gegen Ende des Ersten Weltkriegs veränderten die politische Landschaft Europas radikal.

Die *kulturellen* Umbrüche waren in den Künsten, aber auch in der Entwicklung der Wissenschaften mit Händen zu greifen. Der Siegeszug der empirisch orientierten Naturwissenschaften forderte die Geisteswissenschaften derart heraus, dass diese mit der Herausbildung einer historistisch ausgerichteten Hermeneutik ein gewichtiges Gegenüber zum Empirismus schufen, das die Traditionen des alteuropäischen Humanismus in der sich neu formierenden Industriegesellschaft wahren konnte. Im Zwischenbereich siedelten sich die neu entstehenden Sozial- und Humanwissenschaften an wie Soziologie und Psychologie. Sie orientierten sich teils empirisch, teils hermeneutisch. Dramatischer gestaltete sich der Umbruch in den Künsten. Die Literatur nahm zunehmend eine radikal subjektivistische Perspektive ein. Sie thematisierte die Gefährdung wie die notwendige Rettung des Subjekts in der sich formierenden Massengesellschaft mit ihren Ansprüchen an die individuelle Lebensgestaltung. Kubismus und Zwölftonmusik revolutionierten die Seh- und Hörgewohnheiten der Menschen und ließen die über Jahrhunderte hinweg herrschende Zentralperspektive in der Malerei und der durch Bach begründeten und von Mozart, Beethoven und Wagner weiterentwickelten alteuropäischen Harmonik hinter sich liegen.

Die genannten sozialen, politischen und kulturellen Umbrüche haben auch das *religiöse Selbstverständnis und die religiöse Praxis der Menschen* verändert. Vielen Menschen, die aus dem dörflichen Leben in die Städte kamen, haben damit ihre religiös-kirchliche Anbindung verloren. Dies hat sich bei den Nachkommen der ersten Migrationsgeneration verstärkt fortgesetzt. Verschärfend kam hinzu, dass die Kirche in ihrem engen Verhältnis zum Staat als Exponent eben jener politischen Ordnung verstanden wurde, die man zu überwinden trachtete. Der kulturelle Pluralismus bot genügend alternative Lebensorientierungen, als dass die Menschen weiterhin wie selbstverständlich auf das Christentum und kirchliche Angebote zurückgegriffen hätten. Äußerlich lässt sich die Krise an den Kirchenaustrittszahlen ablesen. Hatte man sich früher allenfalls innerlich von Kirche und Christentum abgewandt, so trat man nun zunehmend auch öffentlich aus der Kirche aus. Traten im Jahre 1906 in Preußen 17400 Menschen aus der Kirche aus, so waren dies im Jahre 1919 bereits 240 000 Menschen (Wintzer 1969, 125). Seitdem begleitet das Thema der Kirchenaustritte unter wechselnden kulturellen und politischen Verhältnissen die Theologie und die Kirchen bis auf den heutigen Tag.

(2) Es kennzeichnet die praktisch-theologischen Bemühungen der sogenannten Liberalen Theologie, dass sie sich diesen Umbrüchen mit ihren Folgen für das religiös-kirchliche Leben entschieden zuwandte. Die »Monatsschrift für kirchliche Praxis«, die im Jahre 1901 zum ersten Mal erschien, war das repräsentative öffentliche Organ dieser neuen Orientierung. Paul Drews (1858-1912) hat in der ersten Nummer der Zeitschrift einen kurzen und prägnanten programmatischen Artikel geschrieben, aus dem sich die Konturen dieser lebensweltlich orientierten Praktischen Theologie erheben lassen. Der Artikel beginnt mit folgenden Sätzen:

> »Nach unserer Auffassung muss die Praktische Theologie mehr deskriptiv-induktiv als systematisch-deduktiv betrieben werden. Die Voraussetzung einer besonnenen und wirksamen Beeinflussung des kirchlichen wie nichtkirchlichen Lebens ist eine *wirkliche Kenntnis des gegenwärtigen religiösen Lebens innerhalb und außerhalb der Landeskirchen*. Das erfordert eine beschreibende Darstellung des religiösen Lebens der Gegenwart im Zusammenhang mit seinem geschichtlichen Werden auf Grund einer eindringenden psychologischen Analyse des Volkscharakters wie der Gruppen- und individuellen Typen, mit denen der Geistliche zu rechnen hat. Die Wichtigkeit dieses neuen Zweiges der praktischen Theologie, den man kurz ›religiöse Volkskunde‹ nennen kann, wenn man die religionspsychologische Charakteristik mit einschließt, wird immer mehr erkannt werden […] Wenn der theologische Praktiker, der Pfarrer, in fruchtbarer, zielbewusster und ihn selbst befriedigender Weise das Evangelium verkündigen will, so muss er genau unterrichtet sein über den Stand des religiösen Lebens der Kreise, auf die er wirken soll. Er muss wissen, was hier religiöses Bedürfnis ist; welcher Art die

Frömmigkeit ist, von der in der Tat das Leben getragen und bestimmt wird« (Drews 1901, 54).

Man kann in diesen Worten den praktisch-theologischen Willen erkennen, sich dem zuzuwenden, was die Systematische und Praktische Theologie heute als »gelebte Religion« bezeichnen (Grözinger / Pfleiderer 2002). Es kennzeichnet die Radikalität des Ansatzes von Drews, dass er das Entschwinden der gelebten Religion aus dem Reflexionshorizont der Theologie nicht als eine beliebige Zufälligkeit ansieht, sondern dass er darin den konsequenten Ausdrucks eines bestimmten Verständnisses von Theologie sieht. Deshalb ist eine grundsätzliche wissenschaftstheoretische aber auch wissenschaftspraktische Umorientierung der Theologie vonnöten, die mit den Worten »mehr deskriptiv-induktiv als systematisch-deduktiv« charakterisiert wird.

Verfährt die Praktische Theologie deskriptiv-induktiv, dann werden ihr nach Drews drei Phänomene näher in den Blick geraten. Zum ersten werden die *Pluralisierungs- und Individualisierungsprozesse* sichtbar, in die in einer modernen differenzierten Industriegesellschaft auch das religiöse Selbstverständnis der Menschen einbezogen ist: »Denn wir Menschen sind, sowohl was die einzelnen Individuen als auch was die gesonderten Gesellschaftsgruppen anlangt, durchaus nicht in ein- und derselben Weise fromm« (54). Zweitens resultiert die individuelle Verfasstheit von Religion, und hier denkt Drews durchaus dialektisch, nicht allein aus Besonderheiten der Individuen, sondern speist sich aus der *sozialen Zerklüftung* einer arbeitsteiligen Gesellschaft: »Der Bauer ist anders fromm als der Fabrikarbeiter, der Theologe anders als der Mediziner« (55). Schließlich machen sich drittens inmitten aller Wandlungsprozesse länger anhaltende *Mentalitäten* bemerkbar, insofern sich dem deskriptiv-induktiven Blick »ein klares Bild von Verfassung und äußeren Verhältnissen, Gemeindeleben und Vereinstätigkeit, Liebestätigkeit und gottesdienstlichem Leben, Ordnung und Sitte, Frömmigkeit und Sittlichkeit« (60) erschließt.

Drews ist sich dabei bewusst, dass eine so verfasste Praktische Theologie nur interdisziplinär verfasst sein kann, wobei vor allem die Religionssoziologie und Religionspsychologie von Bedeutung sind.

(3) Friedrich Niebergall (1866-1932) hat dieses von Drews skizzierte Verständnis von Praktischer Theologie für den Bereich der Homiletik konkretisiert. An der Schwelle zum 20. Jahrhundert hat Niebergall in einer Fülle von größeren und kleineren Schriften ein Verständnis von Predigt entwickelt, das die homiletische Diskussion – im Pro und Contra – in der vollen Länge des 20. Jahrhunderts geprägt hat. Ähnlich wie Drews hat Niebergall sich gerne in kurzen programmatischen Aufsätzen artikuliert. Im Jahre 1905 erscheint von

ihm ein Aufsatz mit dem lapidaren Titel »Die moderne Predigt«. Damit ist auch das homiletische Programm Niebergalls benannt. Zu Beginn seiner Überlegungen macht Niebergall eine dramatische *Krise der Predigt* namhaft:

> »Die Voraussetzung für die folgenden Darlegungen bildet der nicht seltene Eindruck, dass manche heute gehaltene Predigt gerade so anmutet, als wäre sie vor dreißig Jahren gehalten worden oder als hätte sie damals gehalten werden können. Ihren tiefsten Beweggrund bildet der Wunsch, einen Beitrag zur Beantwortung der Frage zu geben, die jetzt alle rührigen Pfarrer beschäftigt: *Wie sollen wir predigen, um unsrer Zeit gerecht zu werden?* Jene so altmodisch anmutenden Predigten stoßen aufmerksame Hörer und Kritiker durch zwei sich oft sehr bemerkbar machende Eigenschaften: einmal entspringen sie einer Auffassung vom *Evangelium*, dem Inhalt der Predigt, die durch die Arbeit der Theologie der letzten Jahrzehnte hier ganz überwunden, dort sehr geschwächt worden ist; und dann reden häufig kluge und treue Menschen auf *Kirchenbesucher* ein, die in Wahrheit einmal in der Vergangenheit zu finden waren, gegenwärtig aber nur in der konstruierenden Phantasie des Herrn Pfarrer vorhanden sind. Sie antworten auf Fragen, die niemand stellt, und auf die Fragen, die jeder stellt, antworten sie nicht« (Niebergall 1905, 9).

Die homiletische Diagnose, die Niebergall hier stellt, macht einen doppelten Verlust namhaft. Die Prediger haben den Anschluss an eine zeitgemäße Theologie verloren, und sie sind der Kompetenz verlustig gegangen, aktuelle Fragestellungen wahrzunehmen und sie in der Predigt aufzunehmen. Daraus resultiert eine gegenwartsvergessene Predigt, die an ihren konkreten Hörerinnen und Hörern vorbeiredet – ein umfassender homiletischer Kommunikationsverlust gewissermaßen. Deshalb entwirft Niebergall sein Programm einer modernen Predigt konsequent als Kommunikationsprogramm: »[N]eben dem *Nominativ*, dem Prediger, muss berücksichtigt werden der *Akkusativ*, nämlich das Evangelium, das er zu verkündigen hat, und der *Dativ*, die Gemeinde in ihrer örtlichen und zeitlichen Bestimmtheit, der er es verkündigen soll« (11). In diesem Zusammenhang konkretisiert Niebergall den für ihn zentralen Begriff des *Modernen*. Modern ist eine Predigt dann, wenn sie diese kommunikativen Ansprüche einholt: »Die moderne Predigt müsste sich demnach aus zwei Faktoren ergeben: aus unserm Verständnis des Evangeliums und aus unserm Verständnis unsrer Zeit. Das sollen die zwei Pfeiler sein, auf denen unsere ganze Unternehmung ruht. Wir sagen: Wer der modernen Zeit aus dem modern verstandenen Evangelium Ziel und Umblick, Trost und Kraft bietet, der predigt modern« (11). Die Forderung nach der modernen Predigt ist also nicht die Forderung nach einer *Anpassung* an die Gegenwart, wie später die Dialektische Theologie unterstellen wird, sondern *Modernität* (der Predigt) bedeutet für Niebergall (homiletische) *Kommunikationsfähigkeit*.

In einer zweibändigen Homiletik, die in den Jahren 1902 und 1906 erschien, konkretisiert Niebergall unter dem Titel »Wie predigen wir dem modernen Menschen?« sein homiletisches Programm. In den beiden Bänden der Homiletik ist Predigt konsequent als kommunikatives Geschehen beschrieben. Niebergall sieht die menschliche Kommunikationsstruktur durch zwei gegensätzliche Pole bestimmt, einen eher anregenden, aktiven Pol und einen eher beruhigenden, passiven Pol. Niebergall prägt dafür die beiden Begriffe der *Motive* und der *Quietive*, die unser Menschsein bestimmen. Es ist aufschlussreich, wie Niebergall unter dieser begrifflichen Perspektivierung seine zweibändige Homiletik aufbaut. Im ersten Band wird zunächst die neutestamentliche Überlieferung unter der Fragestellung analysiert, wo dort Motive und Quietive erscheinen und wie mit ihnen umgegangen wird. Niebergall setzt also gerade nicht beim Hörer, der Hörerin der Predigt an, sondern bei der biblischen Überlieferung. Erst im zweiten Teil der Homiletik werden unter psychologischen und mentalitätstheoretischen Aspekten die Motive und Quietive beschrieben, die in der Gegenwart anzutreffen sind. Die Kunst der Homiletik besteht für Niebergall darin, die Motive und Quietive der biblischen Überlieferung so in die Gegenwart hineinzusprechen, dass sie in den aktuellen Motiven und Quietiven der Menschen auf eine kommunikative Resonanz treffen, die sie gleichsam aktivieren und stärken.

Die Homiletik der Liberalen Theologie sah sich herausgefordert durch den verloren gegangen Lebensbezug der Predigt. Mit Hilfe der neu entstehenden, auch empirisch verfahrenden Humanwissenschaften macht sich die Homiletik deshalb auf die Suche nach der Lebenswelt der Hörerinnen und Hörer. Sie gilt es ebenso zu entdecken, wie die neutestamentliche Textwelt zu entdecken ist. Gelingt dieser doppelte Entdeckungsprozess, dann ist der kommunikative Weg einer modernen Predigt vorgezeichnet: Es ist die Aufgabe der Predigt, die Welt es Textes (→ 3.3.3) und die Lebenswelt der HörerInnen (→ 3.3.1) so miteinander zu ver-sprechen, dass die Hörerinnen und Hörer durch die Predigt motiviert und gestärkt werden, ihre je eigene individuelle Biographie und Lebenswelt zu verstehen und verändernd zu gestalten.

2.6 Predigt als Gottes-Rede –
Der Einspruch der Dialektischen Theologie

Die Krisenerfahrung, die die Menschen im Kontext einer sich rasant entwickelnden Industriegesellschaft zu machen hatten, und von der auch schon die Homiletik der Liberalen Theologie bestimmt war, spitzte sich mit dem Ersten Weltkrieg und dem Ausbruch der Russischen Oktoberrevolution dramatisch zu. Diese forcierte Krisenerfahrung war der Ausgangspunkt einer theologischen Richtung, die sich als *theologische Bewegung* verstand. Die sogenannte Dialektische Theologie hat sich bewusst als eine solche theologische Bewegung formiert und damit ihre Resonanz gesucht und auch gefunden. Karl Barth hat später aus der Rückschau den Ausbruch des Ersten Weltkriegs als die Geburtsstunde der Dialektischen Theologie re-identifiziert. Dadurch, dass die meisten seiner theologischen Lehrer der aggressiv-imperialistischen Kriegspolitik des deutschen Kaisers Wilhelm II. zugestimmt hätten, sei für ihn auch eine ganze theologische Welt zusammengebrochen, die Welt des theologischen Liberalismus nämlich. Wenn auch diese Sichtweise zweifellos eine spätere stilistische Zuspitzung ist, so zeigen doch Briefe Barths aus den ersten Wochen des Ersten Weltkriegs, dass er sehr wohl einen Zusammenhang der theologischen Konzeptionen und dem Verhalten ihrer Protagonisten angesichts des Kriegsbeginns herstellte.

Die Dialektische Theologie zeichnet sich dadurch aus, dass sie nicht allein aus einer Krisenerfahrung entstanden ist, sondern dass sie diese Krise explizit thematisch machte und in den Mittelpunkt ihrer theologischen Reflexion rückte. Nicht von ungefähr wird die Dialektische Theologie auch als Theologie der Krise bezeichnet. Die programmatische Wahl des Titels der Hauszeitschrift der Dialektischen Theologie, nämlich »Zwischen den Zeiten«, soll der extremen Positionierung dieser Theologie Ausdruck verleihen.

(1) Neben den beiden Auflagen der Kommentare zum Römerbrief (1919 und 1921) waren es vor allem Vorträge und kleinere Aufsätze, in denen Karl Barth (1886-1968) der Theologie eine neue Richtung zu geben versuchte. In diesen Vorträgen vor allem der 20er-Jahre des 20. Jahrhunderts spielt die homiletische Reflexion eine herausragende Rolle. In der Predigt wird für Barth die aktuelle theologische Erfahrung der Krise konkret. Zwei Vorträge aus dem Jahre 1922, die auch gedruckt publiziert wurden, befassen sich auf grundsätzliche Weise mit der Aufgabe des Predigens: »Not und Verheißung der christlichen Verkündigung« (gehalten in Schulpforta im Juli 1922) und »Das Wort Gottes als Aufgabe der Theologie« (gehalten im Oktober 1922 vor einer theologisch liberal gesonnenen Zuhörerschaft, nämlich der Versammlung der »Freunde der Christlichen Welt«). Barth hat sich also auch nicht davor gescheut, sein homiletisches Kampfprogramm in der Höhle des Löwen zu präsentieren.

Hervorzuheben ist, dass Barth beide Vorträge mit einer Zeitanalyse beginnt. Er erkundet gleichsam die homiletische Landschaft. Und er sieht diese Landschaft durch eine dramatische Verwerfung gekennzeichnet: »Unsere Existenznot als Theologen ist doch nur zu verstehen auf Grund der Existenznot der andern Menschen« (Barth 1929, 158). Wie kommt Barth zu dieser Aussage? Auf der einen Seite stellt er – durchaus in einem Akt theologischer Selbstbescheidung – explizit fest: »Zum Aufbau ihrer Existenz mit allem, was dazu gehört, brauchen sie [sc. die Menschen der Gegenwart] uns nicht. Das besorgen sie ohne unsre Ratschläge, und zwar besser als wir gewöhnlich denken« (158). Als »Dorfweise oder Stadtweise« (160) sind Prediger überflüssig und geben nur noch eine lächerliche Figur ab. Warum aber kommen die Menschen zur Predigt, obwohl sie wissen, dass man dorthin nicht »kommen kann, wie man zum Rechtsanwalt oder zum Zahnarzt geht« (159)? Barth beantwortet diese Frage mit einer *theologischen* Diagnose seiner *kulturellen* Gegenwart. Offensichtlich gibt es ein Krisenwissen, das alles andere menschliche Wissen noch einmal in Frage stellt. Ein Wissen um die Krise der Krise gewissermaßen: »Jenseits ihrer Existenz aber und jenseits aller Fragen, die damit verknüpft sind, kennen sie ein großes Was? Wozu? Woher? Wohin?, das ist ein Minus vor der ganzen Klammer, eine Frage, die alle schon beantworteten Fragen in der Klammer aufs Neue zu Fragen macht. Auf diese Frage aller Fragen wissen sie sich keine Antwort zu geben und sind naiv genug, anzunehmen, Andere könnten es, und darum schieben sie uns in unsre merkwürdige Sonderexistenz, darum stellen sie uns auf ihre Kanzeln und Katheder, damit wir daselbst von Gott reden sollen, von der Antwort auf die letzte Frage« (158 f.). Weil die Menschen *dieses* Wissen haben, darum kommen sie zur Predigt. Und damit ist die Predigt in Form und Inhalt qualifiziert: *Predigt ist Gottesrede.* Es ist bedeutsam, dass Barth zu diesem Verständnis der Predigt nicht allein durch eine theologische Bestimmung gelangt, sondern auf einem doppelten Weg. Barths These von der Predigt als exklusiver Gottesrede ist *theologische* Reflexion und Zuspitzung einer *kulturellen* Zeitdiagnose. Diese kulturelle Zeitdiagnose erhält aber gerade durch die theologische Zuspitzung ihr besonders Profil. Barth verlässt denn auch in seinen Vorträgen in der Regel sehr schnell seinen kulturell-diagnostischen Ausgangspunkt und begibt sich in den theologischen Diskurs.

Predigt als Gottesrede wäre für ihn unterbestimmt, wenn sie nur als Antwort auf ein kulturelles Bedürfnis der Gegenwart verstanden würde. Nur als genuin theologische Gestalt – nach Form und Inhalt! – hat die Predigt für Barth eine Berechtigung:

> »Aber was bedeutet diese Situation? Was ist das für ein Geschehen, auf das die Erwartung, die sich in ihm widerspiegelt, hinweist? Was heißt ›Gott ist gegenwärtig‹ in diesem Zusammenhang? Offenbar nicht dasselbe, wie wenn wir auf einen blühenden Kirschbaum, auf Beethovens neunte Sinfonie, auf den Staat oder auch auf unser und anderer ehrliches Tagewerk solche Rede anzuwenden uns erlauben. Warum sonst die überflüssige Zurüstung? Warum das Besondere gerade *dieser* Situation, wenn hier nicht hingezielt wäre auf ein besonderes, spezifisches, kühner gemeintes: ›Gott ist gegenwärtig!‹ Ist's nicht so: Wenn die Menschen sich in

diese Situation begeben, also in die Kirche kommen, dann haben sie, ob sie es wissen oder nicht, Kirschbaum, Sinfonie, Staat, Tagewerk und noch einiges andres *hinter* sich als irgendwie erschöpfte Möglichkeiten. Die Antwort: Gott ist gegenwärtig, die in allen diesen Möglichkeiten zweifellos irgendwie gegeben ist, der Wahrheitsgehalt dieser Dinge, ihr Zeugnis von einem Sinn des Lebens, ist offenbar selbst wieder fraglich geworden, die großen Rätsel des Daseins: die unergründliche Stummheit der uns umgebenden sog. Natur, die Zufälligkeit und Dunkelheit dessen, was einzeln und in der Zeit ist, das Leid, das Schicksal der Völker und Individuen, das radikal Böse, der Tod, sie sind wieder da und reden, reden lauter als alles das, was uns versichern möchte, Gott sei gegenwärtig. Nein, die Frage lässt sich nicht mehr unterdrücken, sie wird brennend heiß: *Ob's denn auch wahr ist?* […] *Ob's wahr ist?* wollen die Menschen vernehmen, erkennen, wissen und *darum* greifen sie, nicht wissend, was sie tun, nach der unerhörten Möglichkeit zu beten, die Bibel aufzuschlagen, von Gott zu reden, zu hören und zu singen. *Darum* kommen sie zu uns, begeben sich in diese ganz groteske Situation des Sonntagmorgens, die ja nur der potenzierte Ausdruck dieser Möglichkeit ist. Wohlverstanden: vernehmen, erkennen, wissen wollen sie, also nicht nur Behauptungen und Beteuerungen hören und wenn sie noch so innig und begeistert wären. Und vernehmen, erkennen wissen wollen sie, ob's wahr ist, also nicht irgend etwas anderes, das wie die Katze um diesen heißen Brei herumgeht« (105 f.).

»Predigt als Gottesrede« wäre nach diesen Ausführungen Barths immer noch eine homiletische Unterbestimmung. Es geht in der Predigt – und zwar in jeder (!) Predigt – um das Vernehmen, Erkennen und Wissen der Wahrheit des Satzes »Gott ist gegenwärtig«. Predigt ist mithin zu verstehen als *bewahrheitende Gottesrede*. Diese Bestimmung der Predigt macht die Kanzel zum prekären Ort. Barth fasst in seinem Vortrag über »Das Wort Gottes als Aufgabe der Theologie« die Besonderheit dieses prekären Unternehmens, das auf der Kanzel zu vernehmen ist, mittels einer berühmt-berüchtigt gewordenen Trias zusammen: »*Wir sollen als Theologen von Gott reden. Wir sind aber Menschen und können als solche nicht von Gott reden. Wir sollen beides*, unser Sollen und unser Nicht-Können, *wissen und eben damit Gott die Ehre geben*« (158). Es war nicht zuletzt die Steilheit solcher Sätze, die dem homiletischen Programm der Dialektischen Theologie – in Zustimmung und Widerspruch – eine hohe Popularität sicherte.

(3) Eduard Thurneysen (1888-1974), der Freund und theologische Weggefährte Karl Barths, hat dessen steile theologische Sätze gewissermaßen homiletisch geerdet. Thurneysen spricht häufiger als Barth von der konkreten Predigtpraxis. Gleichwohl sind auch seine homiletischen Reflexionen durch eine Mischung aus Dialektik und Aporetik gekennzeichnet. Im Jahre 1921 hält er einen Vortrag zum Thema »Die Aufgabe der Predigt«, der noch im gleichen Jahr im Druck erscheint. Rudolf Bohren hat diesen kurzen Text als das spannendste homiletische Traktat bezeichnet, das das 20. Jahrhundert geschrie-

ben habe. Thurneysen beginnt seinen Vortrag mit wuchtigen Sätzen, die wie ein vorweggenommenes Echo auf die Barth'sche Trias vom »Sollen und Nicht-Können und in Beidem Gott die Ehre geben« aus dem Jahre 1922 klingen:

> »Wer nur ein wenig tiefer nachdenkt über die Aufgabe der Predigt, der wird alsbald auf das vollständig und grundsätzlich inkommensurable Verhältnis stoßen, in dem der Inhalt, über den zu reden wäre, zu der jeweiligen Verkündigung selber steht. Es ist eine tiefe Kluft befestigt zwischen dem, was gesagt wird, und dem, was gemeint wäre, um es kurz auszudrücken: zwischen dem Wort des Predigers und dem Wort Gottes, das in seinem Worte zu Worte kommen sollte. Das Wort im Worte: das ist das zentrale Geheimnis und die daraus entspringende zentrale Problematik jeder Predigt. Diese Kluft aber ist so tief, dass keine Brücke hinüberführt, denn sie ist genauso tief, so unergründlich wie die Kluft zwischen Himmel und Erde, zwischen Diesseits und Jenseits, zwischen Gott und Mensch nun einmal ist […] Wer will hier einen Brückenschlag wagen, wer will hier Rat erteilen, wie es gemacht werden könnte, wer will hier von einer ›Aufgabe‹ reden, als ob die Aufgabe, um die es sich hier einzig handeln kann, im Bereich menschlicher Möglichkeiten läge« (zit. n. Hummel 1971, 105 f.).

Und doch redet Thurneysen vom »Machen« der Predigt, ansonsten wäre er kein Praktischer Theologe. Seine Ratschläge zum Machen der Predigt orientieren sich an einem Gegen-Bild, an dem Bild einer Predigt, wie sie nicht gehalten werden darf. Insofern ist Thurneysens homiletische Theorie immer auch konkrete Predigt-Kritik. Und er lässt es in diesem Zusammenhang nicht an konkreter Polemik fehlen. Er zeichnet das Bild einer bürgerlichen Gemeinde in »Basel, Zürich oder Bern«, die nach dem Gottesdienst in »erhöhter Stimmung« den Gottesdienst verlasse. Die Menschen haben eine »gute, beredte Predigt« gehört, in der »wahre, schöne Gedanken ausgesprochen und bewegt und tiefe, edle Gefühle angetönt und zum Schwingen gebracht« wurden. Einen solchen Gottesdienst und eine solche Predigt unterzieht Thurneysen einem vernichtenden Urteil: »Das alles ist ein ganz untrügliches Zeichen dafür, dass hier der Brückenschlag, auf den es in der Predigt ankäme, versucht worden, aber auch ebenso sehr, dass er misslungen ist« (108 f.).

Als Praktischer Theologe muss sich Thurneysen die Frage stellen, wie denn eine solche Predigt zu »machen« sei, in der ein solcher Brückenschlag zumindest annäherungsweise bewerkstelligt werden kann. Er formuliert dazu drei Regeln: 1. Keine Beredsamkeit; 2. Kein Eingehen auf das Bedürfnis des Hörers; 3. Keine Abwechslung in der Predigt. In der homiletischen Literatur waren diese Regeln immer wieder Anlass dazu, an ihnen die homiletische Aporetik der Dialektischen Theologie zu demonstrieren. Und vordergründig gelesen geben sie auch Anlass dazu. Eine Predigt bedarf nun einmal der sprachlich-rhetorischen Gestaltung, und sie darf nicht an den Hörerinnen und Hörern und ihrer Vorfindlichkeit vorbeireden. All das aber hat Thurneysen mit seinen Negativ-Regeln durchaus im Blick. Sieht man sich nämlich die Begründung dafür an, dann scheint gerade in den negativen Formulierungen das positive homiletische Anliegen durch. In der Polemik gegen die Rhetorik meldet sich die Frage nach einer angemessenen Sprachgestalt der Predigt an. Im Vorbehalt gegen das Eingehen auf die Bedürfnisse ist erkennbar, dass es Thurneysen auf eine Predigt ankommt, die Vorfindlichkeiten verändert, Blickwechsel ermöglicht und neue Perspektiven aufscheinen lässt. Und in der Abweisung einer »interessanten«, abwechslungsreichen Predigt wird die Frage nach der Erkennbarkeit der Predigt und ihrem unverwechselbaren Inhalt gestellt.

All dies geschieht bei Thurneysen – und darin ist er unverkennbar ein Kind der frühen Dialektischen Theologie – in kräftigen, und deshalb auch oft missverstandenen Negationen. Gleichwohl ist Thurneysens Vortrag ein eindrückliches Dokument einer *ars homiletica*, allerdings einer sehr spezifischen *ars homiletica*: *Predigt-Kunst wird zur Anti-Kunst*. Aber auch eine Anti-Kunst muss als Kunst geübt werden und bedarf einer Kunstlehre. Dieses Dilemma hat die Dialektische Theologie der weiteren homiletischen Diskussion zur Aufgabe gestellt.

(3) Die Homiletik der Dialektischen Theologie wird bis auf den heutigen Tag höchst kontrovers diskutiert. Nicht selten wird der Dialektischen Theologie ein Rückfall in ein vormodernes Verständnis der Predigt vorgehalten. Rückt man die homiletischen Überlegungen der Dialektischen Theologie in ihren zeit- und kulturgeschichtlichen Kontext ein, dann dürfte sich jedoch ein anderes Bild ergeben. Die Homiletik der Dialektischen Theologie stellt sich den Herausforderungen ihrer Gegenwart, wie das die Liberale Theologie ihrerseits tut, aber sie tut dies auf andere Weise als die Liberale Theologie. Sie zeichnet die kulturelle Krise der Gegenwart schärfer als diese und muss deshalb auch zu anderen konzeptionellen Antworten kommen. Wenn man einen Vergleich zur ästhetischen Entwicklung dieser Zeit heranziehen möchte, könnte man sagen: Die Liberale Theologie denkt und argumentiert auf der Linie eines Theodor Fontane und Max Liebermann, während die Dialektische Theologie dem Expressionismus nahe steht und wohl auch Sympathien für den Dadaismus hegen könnte.

Beide homiletischen Programme, das der Liberalen wie der Dialektischen Theologie, sind mithin als spezifische Modernisierungsprogramme zu begreifen. Die Sprache der Dialektischen Theologie, in ihrer Polemik gegen die ihr vorangehende Modernisierung durch die Liberale Theologie wie im Rückgriff auf traditionelle dogmatische Topoi, hat diesen Zusammenhang oft verdunkelt. Erhellend mag in diesem Zusammenhang die metaphernreiche Verortung der frühen Dialektischen Theologie sein, wie sie Georg Pfleiderer vorgenommen hat. Barth habe in den 20er-Jahren des vergangenen Jahrhunderts mit seinen theologischen Vorträgen und Publikationen »eine ganze Flotte wendiger Barkassen, Segelschiffe und Ruderboote zu Wasser gelassen, die freilich unter der Wasserlinie auch schon von modernen Dieselaggregaten angetrieben waren« (Pfleiderer 200, 463).

Weiterführende Literatur

F. Wittekind, Karl Barth und die moderne Predigt. Homiletik und Glaubensverständnis bei Niebergall, Tillich und Karl Barth. In: Zeitschrift für Theologie und Kirche 98 (2001), 344-371.

W. Schildmann, Wandlungen im Predigtverständnis bei Karl Barth. In: Pastoraltheologie 72 (1983), 208-223

2.7 »Ich rede mit dem Hörer über sein Leben« – Die Homiletik Ernst Langes

Kein anderer Theologe hat die homiletische Diskussion der zweiten Hälfte des 20. Jahrhunderts im deutschsprachigen Raum so bestimmt wie Ernst Lange (1927-1974). Und dies, obwohl es von ihm keine zusammenhängende, systematisch entfaltete Homiletik gibt. Lange hat sich zu homiletischen Fragen eher gelegentlich geäußert, meist in der Form von später publizierten Vorträgen.

(1) Die Faszination, die von Lange ausgeht, ist in mehreren Faktoren begründet. Der eine Faktor ist zweifelsohne seine Biographie. Als Sohn einer jüdischen Mutter erfuhr Lange die menschenverachtenden antisemitischen Gräuel des nationalsozialistischen Staates hautnah. Die Selbsttötung seiner Mutter und die Erfahrungen einer illegalen Existenz in den letzten Kriegsmonaten begleiteten Ernst Lange Zeit seines Lebens. Wenn auch davor zu warnen ist, zwischen Biographie und wissenschaftlichen Theorien einen allzu engen Konnex herzustellen, so kann gleichwohl gesagt werden, dass sich die in Langes Texten spürbare Sensibilität für die Situation des individuellen Subjekts auch der eigenen biographischen Erfahrung des bedrohten Außenseiters verdankt. Zum anderen ist es der weite Horizont seines Denkens, der in der damaligen vorglobalisierten Situation der Bundesrepublik Deutschland beeindruckte. Sein Aufenthalt in den USA und die dort gemachten Erfahrungen

sowie seine späteren ökumenischen Kontakte öffneten seine Wahrnehmungs- und Reflexionsperspektiven in einer Weise, wie es in der Homiletik seiner Zeit eher selten anzutreffen war. Schließlich ist es die Sprachgewandtheit Langes, die die Leserinnen und Leser bis auf den heutigen Tag fasziniert. Ernst Lange war ein großartiger Stilist. Dass Lange auch Theaterstücke verfasste, kam dem »dramatischen« Gehalt seiner theoretischen Schriften zugute. Allerdings haben Kritiker in diesem Zusammenhang auch immer wieder begriffliche Unschärfen bemängelt, die den argumentativen Gehalt seiner Überlegungen schmälerten.

Langes homiletisches Denken markiert die Abkehr von der Vorherrschaft einer Homiletik im Horizont der Wort-Gottes-Theologie, wie sie in der Barth- und Bultmannschule anzutreffen war. Unbestritten war dort der Ausgang der Predigtarbeit vom biblischen Text, das heißt von einer sorgfältigen Exegese, die dann möglichst direkt zu einer aktuellen Auslegung des biblischen Textes zu führen hatte. Die von Hans-Joachim Iwand begründeten »Göttinger Predigtmeditationen« waren der exemplarische Ausdruck dieses Predigtverständnisses und dieser Predigtpraxis. Diesem homiletischen Konzept »Vom Text zur Predigt« stellt Lange seinen Ansatz bei der »homiletischen Situation« entgegen: »Unter homiletischer Situation soll diejenige spezifische Situation des Hörers, bzw. der Hörergruppe verstanden werden, durch die sich die Kirche, eingedenk ihres Auftrags, zur Predigt, das heißt zu einem konkreten, dieser Situation entsprechenden Predigtakt herausgefordert sieht. Und die Aufgabe des homiletischen Aktes ist, von daher gesehen und formal ausgedrückt, die Klärung dieser homiletischen Situation« (Lange 1982, 22).

(2) Mit der Einführung des Begriffs der *homiletischen Situation* leitet Lange einen nachhaltigen Paradigmenwechsel ein. Die Vorherrschaft des Textes wird aufgebrochen, und der Blick wird auf die Hörer und Hörerinnen der Predigt fokussiert. Allerdings schließt die Fokussierung andere Elemente, die die homiletische Situation konstituieren, mit ein. Lange spricht ausdrücklich von der Kirche und ihrem Auftrag und denen, die als Prediger und Predigerinnen die homiletische Situation zu klären haben.

Wie bestimmt nun Lange die »homiletische Situation« inhaltlich? Ausgangspunkt seiner Überlegungen ist die Frage, woraus die Relevanz der Predigt heute entstehen kann. In diesem Zusammenhang beschreibt er einen vierfachen Verlust. Relevant wird eine Aussage zum ersten nicht mehr mit dem Hinweis, das stehe so in der Bibel. Die Bibel mag ein historisches Dokument sein, das Ansehen genieße, eine unhinterfragbare Autorität sei sie jedoch nicht mehr. Dies gilt zweitens in gleicher Weise für den Verweis auf die christliche Überlieferung. Dass etwas im Hause der Kirche in Geltung stehe, verbürge noch nicht, dass es von den Menschen auch akzeptiert werde.

Schließlich kann sich der Prediger, die Predigerin nicht mehr auf eine wie auch immer geartete Amtsautorität berufen. Lange dreht den Sachverhalt sogar um: »Für den Hörer legitimiert nicht das Pfarramt die Predigt, sondern in der Predigt steht die Autorität des Amts auf dem Spiel« (Lange 1982, 56). Und schließlich entstehe die Relevanz der Predigt auch nicht daraus, dass der Prediger, die Predigerin von etwas persönlich überzeugt sei. Man könne den Pfarrer, die Pfarrerin persönlich durchaus respektieren und würdigen, doch sei damit nicht verbunden, dass man auch alle ihre Ansichten übernehme. Im Grunde beschreibt Lange mit dieser vierfachen Verlustanzeige das Entstehen einer weltanschaulich und religiös pluralistischen Gesellschaft. Bevor die Begriffe geprägt waren, hatte Lange die Entwicklung hin zu Pluralisierung (→ 1.2.1) und Individualisierung (→ 1.2.2) im Blick.

Woraus entsteht dann die Relevanz der Predigt? »[Ü]ber die Relevanz meiner Predigt für den Hörer wird durch die Predigt selbst entschieden, durch nichts anderes. Erst wenn den Hörer angeht, was ich sage, geht ihn auch an, dass und inwieweit ich es aufgrund der Heiligen Schrift, im Einklang mit der Überlieferung des Glaubens, im Auftrag meiner Kirche und persönlich überzeugend sage« (57). Damit verschiebt sich der inhaltliche Focus der Predigt. Nicht mehr die Schrift oder die Schriftauslegung ist die Mitte der Predigt, sondern die lebensweltliche Existenz der PredigthörerInnen. Lange hat dazu prägnante Formulierungen gefunden, die in der weiteren homiletischen Diskussion höchst kontrovers diskutiert wurden. Seine zentralen Sätze in diesem Zusammenhang lauten: »*Predigen heißt: Ich rede mit dem Hörer über sein Leben. Ich rede mit ihm über seine Erfahrungen und Anschauungen, seine Hoffnungen und Enttäuschungen, seine Erfolge und sein Versagen, seine Aufgaben und sein Schicksal. Ich rede mit ihm über seine Welt und seine Verantwortung in dieser Welt, über die Bedrohungen und die Chancen seines Daseins. Er, der Hörer, ist mein Thema, nichts anderes; freilich: er, der Hörer vor Gott*« (58).

Man hätte Lange gründlich missverstanden, und er wurde in der Tat auch so missverstanden, wenn man diese Sätze so verstünde, als würde er den lebensweltlichen Binnenhorizont zur thematischen Mitte der Predigt erheben. Lange führt nämlich die kurze Formel »Er, der Hörer vor Gott« inhaltlich aus: Es geht um das menschliche Leben »im Licht der Christusverheißung« (62). Damit wird das menschliche Leben in der Predigt als ein spannungsvolles Geschehen thematisch. Lange spricht in diesem Zusammenhang von der »Sprache der Tatsachen« und der »Sprache der Verheißung«. Die Sprache der Tatsachen meldet sich als Widerstand an. Vieles, was zum menschlichen Leben gehört, widerspricht der Sprache der Verheißung. Predigt kann diese Spannung nicht einfach auflösen, sondern sie expliziert diese Spannung. Gerade im Lichte der Christusverheißung wird das Leben mit seiner oft harten Sprache der Tatsachen ansichtig.

Ebenso wäre Lange missverstanden, wenn man aus dem Satz »Er, der Hörer, ist mein Thema« die Folgerung ziehen würde, dass die biblischen Texte ihre Relevanz für unsere Gegenwart verloren hätten. Denn in den biblischen Texten können wir genau den Vorgang ablesen, den jede Predigt als Aufgabe vor sich hat, nämlich die Sprache der Tatsachen mit der Sprache der Verheißung zu ver-sprechen: »Denn der Text ist authentisches Zeugnis von einem Vorgang, um dessen Wiederholung sich die Predigt zu bemühen hat: vom Relevantwerden der Christusverheißung für eine spezifische Situation. Und indem der Prediger diesem Vorgang mit historisch-kritischen Mitteln ›nachgeht‹, sieht und versteht er das Evangelium in actu, die Verheißung im glaubenweckenden Angriff auf das Dasein konkreter Menschen« (64). Lange findet dafür den schönen Ausdruck, dass der Exegese im Zusammenhang der Predigtarbeit die Aufgabe zukomme, den »Vogel im Flug« zu beobachten. Damit ist Entscheidendes über die Bedeutung des biblischen Textes für die Predigt gesagt. Die Predigt ist nicht akademisch-universitäre Exegese, auch nicht einfach populäre Exegese im Kirchenraum, sondern die Predigt hat mit der Exegese im Rücken die Bewegung des ihr zugrundeliegenden Textes in eigener Verantwortung zu wieder-holen. Predigt legt den Text nicht aus, sondern sie nimmt die dem Text innewohnende Bewegung auf, um so einen eigenen Text zu schreiben, der dem Text der Bibel gleichberechtigt an die Seite treten kann (→ 3.3.3.4).

(3) Die konzeptionellen Überlegungen Langes haben die homiletische Diskussion nachhaltig angeregt. Bei viel Zustimmung, vor allem in der praktischen Tätigkeit der Predigtvorbereitung, sind dagegen auch gewichtige Einwände erhoben worden.

Einer der prominentesten Kritiker Langes ist Rudolf Bohren. Er hat vor allem der Formulierung »Er, der Hörer, ist mein Thema« widersprochen. Es kennzeichnet den Rang der Kritik Bohrens, dass es ihm gelingt, an dieser Formulierung ein homiletisches Grundsatzproblem zu thematisieren: Wovon nimmt die Predigt ihren Ausgang? Bohren schreibt dazu:

»Der Streit mit Lange ist auch ein Streit um den Anfang, ein dogmatischer Streit, insofern der Beginn so oder so gesteuert wird von der jeweiligen Dogmatik. Der Streit um das, was zuerst kommt, ist ein Streit um die Praxis Praktischer Theologie, ein Streit um die Praxis der Homiletik im doppelten Sinn: im Sinn ihres Entwurfs und ihrer Anwendung […] In der Art, wie ich eine Aufgabe anpacke, artikuliert sich meine Einstellung zur Aufgabe, da zeigt sich schon, worauf ich hinauswill, auch wenn mir selbst das verborgen bleibt. In der Art und Weise meines Anfangens manifestiert sich die Systematik meiner Praxis und damit meiner Systematik überhaupt, auch kommt schon das Ziel zum Vorschein. Wo ich anfange, macht schon deutlich, wo ich hinkommen werde« (Bohren 1981, 422 f.).

Lange beginne – so die Essenz der Kritik Bohrens – beim Menschen und ende beim Menschen. Ein solches Vorgehen verdunkle aber genau jenes Licht der Verheißung, das Lange so emphatisch einklage. In bester Tradition der Dialektischen Theologie beharrt Bohren darauf, dass die Predigt Gottes-Rede sei.

Ein zweiter, gewichtiger Einwand, der gegen Lange erhoben wurde, besteht in der Frage, ob er mit seiner Konzeption die Person des Predigers, der Predigerin nicht letztlich überfordere. Lange selbst hat sich zur Verantwortlichkeit der Predigenden geäußert. Nicht verantwortlich ist der Prediger, die Predigerin – und hier steht Lange in guter reformatorischer Tradition – dafür, dass beim Hörer, der Hörerin der Predigt Glauben entsteht. Die Erweckung des Glaubens ist exklusives Handeln Gottes selbst (→ 3.3.4.4). Aber die Predigenden sind dafür verantwortlich, dass die Sprache der Verheißung vernommen, verstanden werden kann: »dass er [sc. der Hörer] versteht, wie die Verheißung mit seinem Leben zusammengehört, wie sie die Wirklichkeit seines alltäglichen Lebens verändert, wenn er ihr traut, dafür bist du als Prediger haftbar« (Lange 1982, 55). Damit gerät der Prediger, die Predigerin in der Tat in eine prekäre Situation. Denn dieses Verstehen der Sprache der Verheißung ist ja keine rein kognitive Angelegenheit. Es geht bei diesem Verstehen nicht um ein intellektuelles, sondern um ein existentielles Problem. Der Prediger, die Predigerin müssen gleichsam exemplarisch die Erfahrung einer Lebensrelevanz der Christusverheißung gestalten. Sie sind nicht nur die Beobachter des »Vogels im Flug«, sondern sie müssen zu diesem Flug selbst antreten. Und dies ist in der Tat ein hoher, vielleicht zu hoher Anspruch an die Prediger und Predigerinnen (vgl. dazu auch Hermelink 1992, 204-218).

Trotz dieser kritischen Einwände gegen Lange sind seine konzeptionellen Grundentscheidungen beinahe schon zum common sense der gegenwärtigen Predigtpraxis geworden. Nicht zuletzt die von Lange begründeten »Predigtstudien« (→ 4.5.3) mit dem ihnen zugrundeliegenden homiletischen Kommunikationsmodell prägen die Art und Weise des Predigens auch bei solchen Predigenden, denen selbst gar nicht bewusst ist, dass sie ihre sonntägliche Predigtarbeit auf den Schultern von Ernst Lange ausüben.

Weiterführende Literatur

M. Bröking-Bortfeldt, Kreuz der Wirklichkeit und Horizonte der Hoffnung. Ernst Langes Predigten und seine homiletische Entwicklung, Stuttgart 2004

2.8 Lernen aus der Geschichte der Homiletik und des Predigens?

Die Frage, ob wir Menschen aus der Geschichte lernen, wird ebenso oft gestellt wie sie als im Grunde sinnlos verworfen wird. Sinnvoll ist diese Frage sicher nicht, wenn sie in der Erwartung gestellt wird, darauf mit einem klaren Ja oder Nein zu antworten. Es gibt Beispiele, an denen man erkennen kann, dass Menschen aus einer bestimmten geschichtlichen Konstellation durchaus ihre Lehren gezogen haben, und es gibt genug Beispiele dafür, wo das nicht der Fall war. Ist deshalb diese Frage müßig? Ich meine nicht, denn dieser Frage wohnt unabhängig davon, wie wir sie beantworten mögen, eine hermeneutische Erschließungskraft inne. Bereits die Frage, was man denn aus einer bestimmten geschichtlichen Situation lernen *könne,* schärft den Blick für die Besonderheit dieser Situation. Sie schält das über den Augenblick Hinausschießende aus der Situation heraus und bewahrt es dem reflektierenden Gedächtnis auf. In diesem Sinne soll im Folgenden die Frage gestellt werden, was denn aus den hier vorgestellten homiletischen Situationen und Positionen gelernt werden kann. Und die Antwort soll in Form einer kurzen Skizze von Problemhorizonten gegeben werden, die auch die gegenwärtige homiletische Reflexion herausfordern.

(1) Zunächst einmal fällt ins Auge, wie sehr die Predigt, aber auch die theoretische Reflexion auf die Praxis der Predigt, die Homiletik mithin, durch ihren jeweiligen *geschichtlich-kulturellen Kontext* geprägt sind. Dies hat besonders die Kontroverse zwischen der Liberalen und Dialektischen Theologie gezeigt. Dieser Streit bestand ja – wie eine immer wieder anzutreffende, recht vordergründige Sichtweise behauptet – nicht darin, *ob* Predigt und Homiletik auf das jeweilige geschichtlich-kulturelle Umfeld eingehen sollen oder nicht, sondern der Streit bestand darin, *wie* dies auf theologisch verantwortliche Weise geschehen könne. Insofern sind Predigt und Homiletik nicht allein ein Sektor in einer bestimmten geschichtlich-kulturellen Situation, sondern sie sind ein sensibler Seismograph für das ganze Spannungsfeld dieser Situation.

(2) Die Geburtsstunde der reformatorischen Predigt ist aufs engste verknüpft mit Luthers Freiheitserfahrung. Diese bei Luther ganz persönlich grundierte Freiheitserfahrung hat sich im Verlauf der protestantischen Frömmigkeitsgeschichte in das konzeptionelle Verständnis der Predigt immer wieder eingezeichnet: Predigt als der *Raum der Freiheit.* Dieses Verständnis hat für Inhalt und Gestalt der Predigt normative Implikationen. Freiheit kann nicht diktiert werden, Freiheit kann nur erfahren werden. Deshalb muss eine Predigt, die das Prädikat reformatorisch für sich in Anspruch nehmen möchte, die Men-

schen dazu befähigen, das dort Vernommene als befreiendes Moment in ihre ganz persönliche Lebensgeschichte einzuzeichnen, es mit ihrer Lebensgeschichte zu verbinden und zu verschmelzen. Reformatorische Predigt ist pointiert lebensgeschichtlich orientierte Predigt (→ 3.3.1.3). Diese inhaltliche Bestimmung lässt sich von der Sprach-Gestalt der Predigt nicht abtrennen. Soll reformatorische Predigt die lebensgeschichtliche Freiheitserfahrung stärken, dann darf die Sprache der Predigt nicht mit Mitteln der Propaganda oder der Suggestion arbeiten. Hier hat Thurneysens Mahnung, dass der Prediger sich nicht als Krämer oder Agitator verstehen soll, ihr bleibendes Recht (Thurneysen 1921, 112). Predigt verkauft keine Ware, auch keine religiöse Ware, sondern Predigt eröffnet einen Sprach-Raum der Freiheit, in den sich die Hörerinnen und Hörer ungezwungen einfinden können.

(3) Die Kontroverse zwischen der Liberalen und Dialektischen Theologie spitzt sich in der Frage nach dem *Inhalt der Predigt* zu. Rückt die Predigt der Liberalen Theologie eher den Menschen und seine religiöse Erfahrung in den Mittelpunkt, besteht die Dialektische Theologie darauf, dass die Predigt exklusive Gottes-Rede sei. Man sollte sich an diesem Punkt nicht vorschnell in die gewiss richtige Aussage flüchten, dass dies keine Alternative sei. Es gibt der Predigt schon eine klar erkennbare Kontur, ob in ihr auf eine direkte Weise von Gott die Rede ist, oder ob dort ausschließlich über Religion und religiöse Erfahrung gesprochen wird. Noch einmal: Dies ist sicher keine sachlich begründete Alternative, und prägt doch das Gesicht einer Predigt entscheidend. Predigerinnen und Prediger werden sich hier in ihrem Verständnis der Predigt und in ihrer Predigtpraxis zu entscheiden haben. In einer Zeit der lebensgeschichtlichen Individualisierung gibt es starke Argumente dafür, die religiöse Erfahrung der Menschen in den Mittelpunkt der Predigt zu stellen (Gräb 1998). Ebenso aber lassen sich auch Argumente dafür anführen, die Predigt als explizite Gottes-Rede zu verstehen und zu gestalten. Auf dem Markt der weltanschaulichen und religiösen Orientierungen könnte die Predigt gerade dadurch ihre Erkennbarkeit gewinnen, dass in ihr auf eine direkte und reflektierte Weise von Gott geredet wird. Predigt wäre dann auch der Ort eines Sprachgewinns in einem gesellschaftlich-kulturellen Kontext, in dem die Gottes-Rede alles andere als selbstverständlich ist.

(4) Die rhetorische Entdeckung des »Ich« durch Augustin, die ja eine durch und durch theologisch grundierte Entdeckung war, verweist darauf, dass in den Akt des Predigens *menschliche Subjektivität* fundamental eingeschrieben ist. Dies gilt in doppelter Hinsicht. Eine Predigt, die sich den lebensgeschichtlichen Erfahrungen der Menschen öffnen will, kann nicht von der Subjektivität der Hörerinnen und Hörer abstrahieren. Zum anderen ist in eine Predigt

notwendigerweise die Subjektivität der Predigerin / des Predigers eingeschrieben. Von Gott kann offensichtlich nicht gesprochen werden unter Absehung von der Subjektivität derer, an die sich die Gottes-Rede richtet, noch von der Subjektivität derer, die mit ihrem sprachlichen Möglichkeiten diese Gottes-Rede wagen. Deshalb wird in der Homiletik stets auch die menschliche Subjektivität thematisch werden (→ 3.3.1 und 3.3.2), nicht zuletzt auch mit dem Ziel, die stets prekäre Unterscheidung von Subjektivität und Subjektivismus im Auge zu behalten.

(5) Sowohl Luther wie die Dialektische Theologie haben daran erinnert, dass die Predigt in ein konfliktuöses Feld hineinführt. *Gottes-Rede ist stets umstrittene Rede.* Homiletisch ist dies heute zweifach zu konkretisieren. In einer Gesellschaft des religiösen und weltanschaulichen Pluralismus ist die Rede von Gott alles andere als selbstverständlich. Bei vielen Menschen steht die Gottes-Rede unter Ideologieverdacht. Die neuzeitliche Religionskritik ist heute die selbstverständliche Begleiterin jedes Predigers und jeder Predigerin. Sie sollten diese stets etwas unheimliche Begleiterin im Auge behalten. In gewisser Weise kann sie sogar zur Partnerin der Predigenden werden, weil sie uns vor naiver Gottes-Rede bewahren kann und uns lehrt, die Verheerungen im Blick zu behalten, die eine fremden Zwecken dienende Gottes-Rede in der Geschichte angerichtet hat. Zum anderen ist aber auch innertheologisch die Gottes-Rede strittig. Davon weiß bereits die Bibel zu erzählen. Der prophetische Widerspruch galt ja gerade nicht atheistischen Positionen, sondern dem religiös-frommen Missbrauch der Gottes-Rede. Kein Prediger und keine Predigerin sollte auf der Kanzel stehen in dem Gefühl, dass das, was sie oder er dort sagt, nicht angreifbar wäre. Noch die beste Predigt sollte von dem begleitet sein, was theologisch mit dem heute etwas aus der Mode geratenen Begriff der »Anfechtung« gemeint ist. Diese doppelte Strittigkeit der Predigt, ihre äußere wie innere Strittigkeit, wird und sollte die Predigt nicht hinter sich lassen.

(6) Auf Pfarrkonventen wird heute gerne die Frage diskutiert, ob sich denn das noch lohne – zu predigen? Sollten Pfarrer und Pfarrerinnen ihre Kräfte nicht auf anderes konzentrieren, als jede Woche eine Predigt vorzubereiten, die oft nur wenige Menschen hören? Das Argument, das diesen Fragen zugrunde liegt, ist das der *Wirksamkeit.* Spricht die Predigt heute nicht ins Leere? Nun zeigt der Blick etwa auf die Kreuzzugspredigt des Bernhard von Clairvaux, dass das Argument der Wirkung durch und durch ambivalent ist. Bernhard hat in der Tat die Menschen erreicht, er war ein Meister in der Gestaltung und Beherrschung massenkommunikativer Mechanismen. Und auch die Prediger der Deutschen Christen hatten anfangs durchaus volle Kirchen, voller jedenfalls als die mancher Prediger der Bekennenden Kirche. Die Wir-

kung der Predigt lässt sich aber offensichtlich nicht allein an der Zahl ihrer Hörerinnen und Hörer bemessen. Wirksamkeit ist von den Inhalten nicht zu abstrahieren. Darauf hat vor allem die homiletische Diskussion um die Rhetorik (→ 4.1.2) aufmerksam gemacht. Gleichwohl lässt sich sinnvollerweise die Frage nach der Wirksamkeit der Predigt nicht aus dem homiletischen Diskurs ausklammern. Leitend wird dabei die Frage sein, nach welchen Kriterien sich die Wirksamkeit der Predigt bemessen und überprüfen lässt. Empirische Forschungen sind hier ein dringendes Desiderat, etwa hinsichtlich der Frage, wie es gelingt, dass eine Predigt in individuelle lebensgeschichtliche Kontexte hineinwirken und dort von den Hörerinnen und Hörern als lebensdienlich erfahren werden kann.

(7) Bereits Augustin hat die Frage thematisiert, inwiefern und auf welche Weise die Homiletik auf außertheologische Wissenschaften angewiesen ist. Damit ist die grundsätzliche Frage nach der Interdisziplinarität der Homiletik gestellt. Durch die neuzeitliche Ausdifferenzierung der wissenschaftlichen Disziplinen hat sich diese Frage noch verschärft. Die Liberale Theologie jedenfalls war entschieden der Ansicht, dass eine zeitgenössische Homiletik ohne einen engen Anschluss an die damals sich gerade neu formierenden Humanwissenschaften nicht auskommen kann. Und die homiletischen Überlegungen der Dialektischen Theologie zeigen, dass auch eine homiletische Position, die einer theologischen Konzentration das Wort redet, ohne einen aufmerksamen kulturellen Wahrnehmungshorizont nicht auskommen kann. So unbestritten also die interdisziplinäre Ausrichtung der Homiletik gegenwärtig ist, so diffizil ist die wissenschaftspraktische Realisierung dieses Postulats. Zu vielfältig sind heute die möglichen Bezugswissenschaften geworden – von den Kultur- und Humanwissenschaften bis hin zu den neuen Erkenntnissen der Hirnforschung. Hier droht stets die Gefahr des Dilettantismus. Gleichwohl führt hinter die interdisziplinäre Ausrichtung der Homiletik kein Weg mehr zurück. Insofern können homiletische Konzeptionen heute auch nicht mehr den Anspruch auf Allgemeingültigkeit erheben. Sie werden immer nur bestimmte Aspekte der Interdisziplinarität realisieren können. Sie können aber gerade dadurch ihr Profil gewinnen. Jede homiletische Position wird nicht zuletzt daran kenntlich, auf welche außertheologischen Wissenschaften sie sich bezieht.

3. Das homiletische Kommunikationsgeschehen

Ernst Lange hat den Begriff der »Kommunikation des Evangeliums« in die Theologie, insbesondere die praktisch-theologische Theoriebildung, einge-bracht. Er beschreibt damit weniger eine einzelne spezifische Handlung als vielmehr die *Grundstruktur kirchlicher Praxis* insgesamt: »Unter dem Stich-wort ›Kommunikation des Evangeliums‹ wird das Ganze des Lebens und Ar-beitens einer Gemeinde, soweit es darin um die Interpretation der biblischen Botschaft geht, in seiner Einheit und seiner Differenziertheit greifbar. Es gibt eine ganze Reihe von verschiedenen Lebensvollzügen in der Gemeinde, die der Kommunikation des Evangeliums dienen: den sonntäglichen Gottes-dienst, den Kasualgottesdienst mit seiner Vor- und Nacharbeit, den Kinder- und Jugendunterricht, den Gemeindekatechumenat, die Seelsorge etc. Diese Vollzüge sind alle aufeinander bezogen und unterscheiden sich nicht dem Rang oder der Bedeutung nach. Sie unterscheiden sich vielmehr der Situation nach, die jeweils die Interpretation des biblischen Zeugnisses herausfordert. Sie unterscheiden sich nach den Bedürfnislagen, auf die sie antworten« (Lan-ge 1981, 102).

Der Begriff der Kommunikation des Evangeliums hat in der Folge besonders in der homiletischen Diskussion eine breite Verwendung gefunden. Dies hat einen klar erkennbaren Grund. Auf der einen Seite benennt der Begriff in der Weise, wie Lange ihn verwendet, eine klare Aufgabenbestimmung, die mit der Aufgabe der Predigt beinahe identisch ist, nämlich die *aktualisierende* »Inter-pretation der biblischen Botschaft«. Auf der anderen Seite stellt dieser Begriff die Predigt in einen engen intentionalen Zusammenhang mit den anderen Be-reichen kirchlicher Praxis. Der Begriff kann also ein kommunikatives Gesche-hen in einem besonderem Bereich, der Predigt nämlich, beschreiben und rückt dieses besondere Geschehen zugleich in einen weiten kommunikativen Ge-samtzusammenhang. Zudem sichert der Begriff die interdisziplinäre An-schlussfähigkeit an die in den 60er- Und 70er-Jahren des vergangenen Jahrhun-derts hoch in Kurs stehende Kommunikationswissenschaft, die ihrerseits eine Fülle humanwissenschaftlicher Perspektiven unter ihrem Dach versammelt.

Wilfried Engemann hat jüngst auf eindrückliche Weise das Predigtgeschehen als ein solch kommunikatives Gesamtgeschehen zu beschreiben versucht (Engemann 2002, 163-174). Er versteht den Predigtprozess als ein Wechselspiel von Verstehen und Verständigung, von (Text-)Interpretation und (Text-)Produktion. Der kom-munikative Zusammenhang des Predigtgeschehens reicht für Engemann bis weit in die Vergangenheit hinein. Jede an einem biblischen Text orientierte Predigt beginnt damit, dass ein biblischer Autor ein bestimmtes Widerfahrnis interpretiert. Im Vollzug dieser Interpretation entsteht in einem aktiven Produktionsakt ein biblischer Text, der wiederum vom Prediger / der Predigerin interpretiert und produzierend in ein Predigtmanuskript überführt wird. Dieses Manuskript wird im Akt des Predigtvortrags von den Predigenden quasi in einer Selbstinterpretation in ein mündliches Geschehen überführt. Der Predigtvortrag seinerseits wird von den PredigthörerInnen interpretiert, und jeder, jede HörerIn schreibt im Kopf die individuelle Predigt, die er/sie gehört hat. Engemann nennt dieses Endprodukt des kommunikativen Predigtgeschehens das *Auredit*. Dieses *Auredit* ist die eigentliche Predigt als Resultat eines diffizilen Kommunikationsgeschehens, das seinen Ausgang in der Antike des Vorderen Orients genommen hat und in den Köpfen und Herzen der postmodernen GottesdienstbesucherInnen an sein (vorläufiges) Ziel gelangt ist.

3.1 Die Rezeption kommunikationswissenschaftlicher Erkenntnisse in der Homiletik

Angesichts der Bedeutung, die die Kommunikationswissenschaft in der neueren Homiletik gewonnen hat, ist ein kurzer Blick auf deren Rezeptionsgeschichte in der Homiletik unerlässlich.

Die Herausbildung der Kommunikationswissenschaft als einer eigenen wissenschaftlichen Disziplin ist aufs engste mit dem Entstehen einer auf Massenkommunikation hin ausgerichteten Mediengesellschaft verbunden (Burkart 2002). Deshalb hat das *kybernetische Modell* das kommunikationswissenschaftliche Denken entscheidend geprägt. Die dabei zum Zuge kommende wissenschaftliche Grundmetaphorik erinnert nicht von ungefähr an das erste wichtige Medium der neueren Massenkommunikation – das Radio. Kommunikation wird verstanden als die Übermittlung einer Nachricht von einem Sender zu einem Empfänger. Von einem der Mitbegründer der Kommunikationswissenschaft Harold D. Lasswell stammt eine prägnante Formel zur Beschreibung dessen, was unter Kommunikation zu verstehen ist:

Who
says
what
in which channel
to whom
with what effect?

Zugleich ist damit das Feld abgesteckt, um dessen Erforschung die Kommunikationswissenschaft bemüht ist. Es geht um die empirische Erkundung des –

oft verschlungenen – Weges einer »Botschaft« vom »Sender« hin zum »Empfänger«.

(1) *Hans-Dieter Bastian* hat in verschiedenen Veröffentlichungen ein leidenschaftliches Plädoyer für die Übernahme des kybernetischen Kommunikationsmodells in die Praktische Theologie gehalten. Bastian ist deshalb ein instruktives Beispiel für einen Prozess, der in den 60er- und 70er-Jahren des vergangenen Jahrhunderts das wissenschaftliche Profil der Praktischen Theologie insgesamt bestimmt hat, nämlich den Prozess der »empirischen Wendung«, wie dies Klaus Wegenast genannt hat. Die Praktische Theologie öffnete sich den Humanwissenschaften und formierte sich in ihrem Selbstverständnis als empirisch orientierte »Handlungswissenschaft« (Daiber 1977). Es ist kein Zufall, dass die drei wichtigsten kommunikationstheoretischen Schriften Bastians in diesen Zeitraum fallen, nämlich der polemisch-engagierte Essay »Verfremdung und Verkündigung« (1965), der umfangreiche Entwurf einer kommunikationstheoretisch grundierten Didaktik unter dem Titel »Theologie der Frage« (1969), sowie die kurze Einführung in die kybernetische Perspektive mit dem Titel »Kommunikation. Wie christlicher Glaube funktioniert« (1972).

Jeder neue wissenschaftliche Ansatz muss sich von vorgängigen Entwürfen absetzen. Dies geschieht bei Bastian in besonders zugespitzter und offensiver, nicht selten hoch polemischer Form. Die Gegnerin ist die Wort-Gottes-Theologie, besonders in ihrer Prägung durch Karl Barth. Bastian zeichnet ein Bild der Theologie seiner Gegenwart, die durch Dogmatik und Exegese gleichsam usurpiert ist: »Exegeten und Systematiker treiben ihr Werk mit Schwung in die Aktualität der Verkündigung vor. Der praktische Theologe muss gelegentlich dankbar sein, wenn er sein Wägelchen anhängen oder draußen, auf windigem Trittbrett, mitfahren darf. Die wichtigsten Entscheidungen in der Theologie sind in den letzten Jahrzehnten ziemlich ohne ihn gefallen. An Grundsatzfragen wurde er erst dann beteiligt, als sie keine Fragen mehr waren« (Bastian 1965, 5). Mit dieser Vormachtstellung von Exegese und Dogmatik sieht Bastian einen Erfahrungsverlust verbunden, der den Wirklichkeitssinn der Theologie verloren gehen und die kirchliche Praxis im Dunkeln verbleiben lässt: »In diesem dunklen Winkel des theologischen Bewusstseins aber ist der praktische Theologe beschäftigt, der Empiriker im Hause seiner Wissenschaft; und er teilt diese seine Heimat mit der ganzen nicht-theologischen Sprachwelt« (6). Der Praktischen Theologie kommt mithin eine doppelte kommunikative Funktion zu. Sie vermittelt zwischen der Theologie und der Wirklichkeit, und sie stellt zugleich die Verbindung zu den nicht-theologischen Humanwissenschaften dar.

Es kennzeichnet den Ansatz Bastians, dass er dieses grundsätzliche Verständnis von Praktischer Theologie immer wieder an der Predigt konkretisiert. Die Predigt ist für ihn das Bewährungsfeld einer Theologie, die mit kommunikationswissenschaftlichen Erkenntnissen ernst macht. Polemisch grenzt er sich an dieser Stelle von Karl Barths Verständnis der Predigtaufgabe ab. Es sei nicht die »Missachtung des menschlichen Wortes« (Bastian 1969, 252), die Barth gegenüber der Empirie der Predigt resistent mache, sondern die »Hochachtung vor Gottes Antwort« (252). Und in äußerst zugespitzter Weise heißt es in diesem Zusammenhang: »Mit der Behauptung von der axiomatischen Antwort-Souveränität des Wortes Gottes wird die Fragenatur und Fragekultur des Menschen letztlich vergewaltigt« (253). Ein solches homiletisches Programm ist für Bastian nichts anderes als ein Verhinderungsprogramm – und zwar ein Programm zur Verhinderung von Kommunikation: »Im irrigen Vertrauen auf die dogmatische Eigenbewegung des Wortes und Textes verhindert die Kanzelpredigt mehr Kommunikation als sie zu verwirklichen imstande ist« (Bastian 1965, 13).

Vor diesem Hintergrund formuliert Bastian sein eigenes homiletisches Programm bewusst als Gegen-Programm zur Homiletik der Wort-Gottes-Theologie. Es gehe nicht um die Abgrenzung der Predigt von den anderen Formen menschlicher Kommunikation, sondern um die Einrückung der Predigt in eben diesen menschlichen Kommunikationszusammenhang: »Im Blick auf die kirchliche Rede ist die Scheidung von Gottes Wort und Information, dergestalt, dass die Predigt wortmächtig wirkt, wo profane Informationsmittel kläglich versagen, eine durchaus unstatthafte Operation. Der Kirche stehen keine anderen Informations- und Kommunikationsmittel zur Verfügung als der Welt, wie auch die Weisen der Vermittlung nicht grundsätzlich verschieden sind« (21). Die wissenschaftliche Reflexionsform, die diesem Sachverhalt angemessen ist, ist die kommunikationswissenschaftliche Perspektive: »Deshalb stehen wir wieder mitten in der Informationstheorie. Sie untersucht Gestalt, Struktur und Wirkung einer Mitteilung« (22).

Die informationstheoretische Analyse des Predigtgeschehens zeitigt bei Bastian jedoch ein eher nüchternes Ergebnis, das in eine homiletische Aporie hineinführt. Die Predigt erscheint im hellen Licht der Erkenntnisse und Möglichkeiten der Mediengesellschaft eher als ein Fossil der Vergangenheit: »Die praktische Theologie der Gegenwart hätte allen Anlass, die stereotype Predigt auf ihre Leistung und ihren Wirkungsbeitrag zu überprüfen. Das dogmatische Theorem ›Verkündigung‹ müsste in konkreten, anwendbaren Redegestalten dechiffriert werden, deren kommunikative Kraft zu analysieren wäre. Es könnte sich dann herausstellen, dass die Predigt in der Technik der Information den gleichen Platz innehat wie vergleichsweise die Petroleumlampe in der Beleuchtungstechnik« (58). Das Ergebnis ist eindeutig: Eine kommunikationswissenschaftliche Analyse des Predigtgeschehens führt zu einer Entmythologisierung des exklusiven Status der Predigt innerhalb der kirchlichen Praxis. Sie beschreibt die Predigt eher als ein restriktives kommunikatives Geschehen, das die Frage nach den Alternativen zur überlieferten Gestalt der Predigt aufwirft. Bastian sieht allenfalls in der literarisch-ästhetischen Form der Verfremdung traditioneller Inhalte und Formen der christlichen Verkündigung noch Chancen für die Predigt. Deshalb lautet der programmatische Titel seines streitbaren Essays »Verfremdung und Verkündigung«.

Warum hat das homiletische Programm Bastians in der nachfolgenden Diskussion eine solche Aufmerksamkeit gefunden, wenn es letztlich nur in eine homiletische Aporie hineinführt? Ich sehe dafür vor allem zwei Gründe. Zum einen verabschiedet Bastian auf unüberhörbare Weise – und die Polemik seiner Veröffentlichungen war ein wesentliches Moment ihrer Wirkung – das homiletische Verkündigungsparadigma der Wort Gottes-Theologie. Deren Pathos und Praxisabstinenz wurde in der Tat auch von besonneneren Homiletikern zunehmend als Fessel empfunden (Rössler 1966). Zum anderen legt die Einbeziehung der Kommunikationswissenschaft in die Homiletik den Weg frei hin zu den Human- und Sozialwissenschaften. Dieser unter anderem von Bastian freigelegte Weg wurde dann auch von denen begangen, die den Ansatz Bastians als zu eng gefasst kritisiert haben und ihn zu überwinden suchten.

(2) *Karl-Wilhelm Dahm* hat im expliziten Anschluss an Hans-Dieter Bastian und den in den USA entwickelten Ansätzen der Massenkommunikationsforschung ein homiletisches Kommunikationsmodell mit erheblichem heuristischem Wert entwickelt. Predigt ist für ihn in dreifacher Hinsicht als ein Phänomen anzusprechen, das den Bestimmungen massenkommunikativer Prozesse entspricht. Zum einen verläuft die Kommunikation nur in eine Richtung. Zum anderen ist der Empfänger keine Einzelperson, sondern eine Gruppe. Schließlich ist der Ort des Predigtgeschehens (zumindest im Grundsatz) öffentlich zugänglich, Predigt ist also ein öffentliches Ereignis.

Wie sehr Dahm sich am kybernetischen Kommunikationsmodell orientiert, zeigt das kommunikative Grundschema, das er für das Predigtgeschehen entwickelt: Ein Kommunikator, Sender, Prediger (A), sendet eine Mitteilung, Predigt (B), an eine Gruppe von Rezipienten, Predigthörerinnen (C):

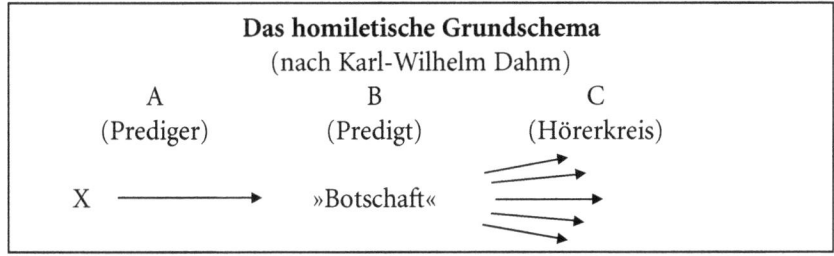

Das homiletische Grundschema
(nach Karl-Wilhelm Dahm)

A	B	C
(Prediger)	(Predigt)	(Hörerkreis)

X ⟶ »Botschaft«

Dahm gelingt es mittels dieses auf den ersten Blick recht banal aussehenden Schemas, das Predigtgeschehen als einen differenzierten Prozess zu beschreiben, dessen konkreter Verlauf durch zahlreiche Faktoren bestimmt ist.

Zunächst einmal ist das Predigtgeschehen auf drei Faktoren reduziert, aus denen sich dann weitere Variablen *(background variables)* ableiten lassen. Da ist zum ersten die *Person* des Predigers / der Predigerin. Mit ihr kommen u. a. folgende *background variables* ins Spiel: Das Amtsverständnis der Predigenden, ihre individuelle religiöse Biographie, das Verhältnis zur Gemeinde, politische und gesellschaftliche Orientierungen. All dies hat erhebliche Auswirkungen auf Inhalt und Form der *Predigt*, die dann ihrerseits durch die Vielfalt sprachlich-rhetorischer Gestaltungsmöglichkeiten und die jeweilige gottesdienstliche Atmosphäre gekennzeichnet ist. Weitere Variablen kommen durch die *Hörenden* ins Spiel: ihre religiösen Erfahrungen und ihre Frömmigkeitsprägung, ihr Verhältnis zum Prediger / der Predigerin, aktuelle Tagesereignisse.

Allerdings wäre das kommunikative Gesamtgeschehen allein durch die Ausgangsfaktoren noch unterbestimmt. Kommunikationstheoretische Erkenntnisse zeigen, dass sich auf dem Weg vom Sender (A) zum Empfänger (C) die Botschaft (B) verändert. Dabei sind drei Stationen des Änderungsprozesses wirksam. Die Botschaft der Predigt muss gleichsam durch mehrere Filter hindurchgehen, wobei jeder einzelne Filter diese Botschaft verändert.

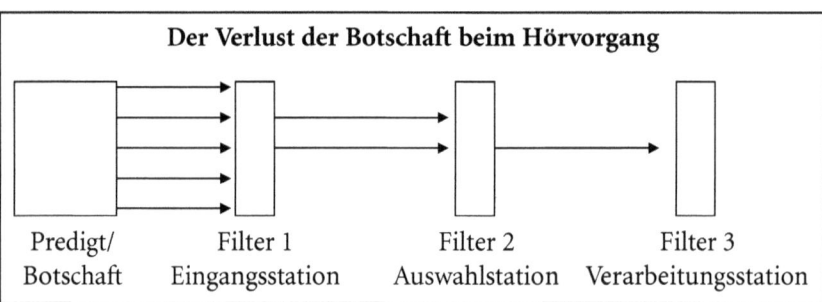

Der Verlust der Botschaft beim Hörvorgang

Predigt/ | Filter 1 | Filter 2 | Filter 3
Botschaft | Eingangsstation | Auswahlstation | Verarbeitungsstation

Filter 1 ist die *Eingangsstation*. Bereits hier findet ein »Verlust« statt. Nicht alles kommt bei den Hörenden an. Sie können es akustisch nicht verstehen, die Sprache der Predigt ist zu abgehoben, sie sind unaufmerksam. Filter 2 ist eine *Auswahlstation*. Hier wird das »Vernommene« einem weiteren Selektionsverfahren unterzogen. Vertraute Redewendungen und Vorstellungen bleiben eher im Gedächtnis haften, als ungewohnte Gedankengänge. Ansichten und Aussagen, denen man zustimmt, werden leichter aufgenommen, als solche, die man ablehnt. Einem als sympathisch empfundenen Menschen nimmt man mehr ab, als einem als unsympathisch empfundenen. Was durch den Filter 2 hindurchgelangt ist, muss nun noch den Filter 3 passieren, die *Verarbeitungsstation*. Hier wird das Gehörte einer individuellen Deutung unterzogen.

Das homiletische Kommunikationsgeschehen

Kontroverse Aussagen werden in das eigene Weltbild durch Umformung integriert. Bilder und Symbole werden den eigenen Erfahrungen angepasst.

Für Dahm besteht nun der Erkenntniswert kommunikationswissenschaftlicher Theorien darin, diesen Prozess der Veränderung einer Botschaft auf dem Weg vom Sender zum Empfänger genau in den Blick zu bekommen. Das Ziel dieser reflektierenden Wahrnehmung besteht darin, den Kommunikationsprozess genauer steuern zu können. Wenn man weiß, dass bestimmte Gehalte bei den Menschen schwerer ankommen als andere, dann muss man auf diese Gehalte bei der Konzeption der Predigt ein größeres Gewicht legen als auf andere. Sie müssen gleichsam schon vom Sender her »verstärkt« werden.

Die Überlegungen Dahms sind sicher geeignet, das kommunikative Gesamtgeschehen der Predigt unter dem Gesichtspunkt der Wirkung einer Predigt genau zu beschreiben. Insofern haben diese kommunikationswissenschaftlichen Überlegungen einen homiletischen Mehrwert erbracht. Und es ist auch heute noch aufschlussreich, mit dem von Dahm entwickelten Instrumentarium die Vorgänge beim Hören und Rezipieren der Predigt zu untersuchen.

(3) Allerdings sind dann auch gewichtige *Einwände gegen das kybernetische Kommunikationsmodell*, wie es Bastian und Dahm in die homiletische Diskussion eingebracht haben, erhoben worden.

Manfred Josuttis hat mit theologischen Argumenten die These vertreten, dass ein rein am kybernetischen Kommunikationsmodell orientiertes Verstehen des Predigtprozesses homiletisch unterbestimmt ist. Josuttis bestreitet nicht, dass es in der Predigt um menschliche Kommunikation geht. »Verkündigung ist phänomenologisch unbestreitbar ein kommunikatives Geschehen. Durch verbale Kommunikation soll Information vermittelt werden« (Josuttis 1985, 39). Aber in der Predigt geht es immer um ein Mehr. Wenn nach lutherischem Verständnis durch die Predigt individuelle Glaubensgewissheit entsteht, dann kann die Predigt nicht mehr als ein rein innermenschliches Kommunikationsgeschehen verstanden werden, es sei denn, man überfordere die PredigerInnen. Bereits Ernst Lange (→ 2.7) hatte ja betont, man könne die Predigenden nicht mit der Forderung belasten, durch ihre Predigt müsse Glauben entstehen. Die Reformation hat die Erweckung von Glauben deshalb mit guten Gründen als ein exklusives Handeln Gottes verstanden (→ 3.3.4.4). Insofern ist die Predigt durch eine doppelte Kommunikationsstruktur gekennzeichnet. In ihr handeln Menschen, und in ihr ist Gott am Werk. Von daher ist für Josuttis das Predigtgeschehen als ein *kommunikatives und kreatorisches Geschehen* zugleich zu bestimmen: »Eben deshalb ist die Beschreibung der Predigt als kommunikatives Geschehen für die Theologie unzureichend. Der Glaube, der die doxologische Differenz zwischen Gott und

Mensch behauptet, behauptet damit zugleich, dass er nicht aus sich selber, nicht aus kirchlicher Information und Kommunikation, sondern aus der Schöpferkraft Gottes stammt« (41).

Diese dezidiert theologische Argumentation von Josuttis stand, als sie zum ersten Male im Sprachenkonvikt in Ost-Berlin im Jahre 1971 vorgetragen und dann in der Zeitschrift *Evangelische Theologie* veröffentlicht wurde, etwas quer zur humanwissenschaftlichen Euphorie, von der die Praktische Theologie damals ergriffen war. Und sie wäre mit Sicherheit in der Homiletik randständig geblieben, wenn nicht in der von Josuttis vorgezeichneten Spur andere Homiletiker ihre Einwände gegen eine exklusiv kybernetisch-kommunikationswissenschaftliche Orientierung der Homiletik in der Weise formuliert hätten, dass sie dabei auch an wissenschaftliche Paradigmen außerhalb der Theologie anknüpften.

(4) Die in der Folge vorgebrachten Einwände gegen eine kybernetisch-kommunikationswissenschaftlich verengte Homiletik lassen sich so zusammenfassen:

- Kann ein Kommunikationsmodell, das an den Massenmedien orientiert ist, auf das Geschehen der Predigt unverändert übertragen werden?
- Wird die in dieses Kommunikationsmodell eingeschriebene Normativität gesehen? Gelungene Kommunikation ist dort erreicht, wo so viel wie möglich an »gesendeter Botschaft« bei den RezipientInnen ankommt. Für die Werbewirtschaft oder für die Konzeption einer Nachrichtensendung ist dieses Verständnis von gelungener Kommunikation sicher angemessen. Eine Werbesendung hat dann ihr Ziel erreicht, wenn sie so viel Menschen wie möglich zum Kauf einer bestimmten Ware veranlasst. Eine Nachrichtensendung ist dann gut, wenn so viel wie möglich an Information in den Köpfen der Hörerinnen und Hörer hängen bleibt. Doch lässt sich damit auch eine »gute« Predigt beschreiben? Ist eine Predigt dann gut, wenn so viel wie möglich an Information ankommt?
- Ist in das kybernetisch orientierte Kommunikationsmodell nicht ein uneinholbar autoritäres Gefälle eingeschrieben, das dem Wesen reformatorischer Predigt widerspricht? Lässt sich der Kommunikationsweg der Predigt wirklich so einlinig als ein Weg vom Sender zum Empfänger beschreiben?
- Ist die in das kybernetische Kommunikationsmodell eingeschriebene Verteilung von Aktivität und Passivität dem Predigtgeschehen angemessen? Ist es so, dass die Predigenden die *Aktiv-Sendenden* und die Hörenden die *Passiv-Empfangenden* sind?

Diese kritischen Fragen spitzten sich zu in der Frage, ob das Gewicht zwischen »PredigerIn« und Hörenden« mit dem Modell von »Sender« und »Empfänger« angemessen beschrieben ist. Ist der aktive Anteil der Hörenden sowohl in real-praktischer wie auch in normativer Hinsicht nicht sehr viel höher zu veranschlagen, als dies bei Bastian und Dahm der Fall ist? Als diese Frage gestellt war, entdeckte man ein außertheologisches wissenschaftliches Paradigma, das dieser Fragestellung weit mehr entgegenkam als die Kommunikationswissenschaft, nämlich die in den Literaturwissenschaften entwickelte Theorie der *Rezeptionsästhetik*. Damit vollzog sich zugleich ein homiletischer Paradigmenwechsel weg von einer exklusiv humanwissenschaftlichen Orientierung hin zu einer erneuten Orientierung an den Textwissenschaften, die sich aber nicht mehr rein philologisch zeigten, sondern ästhetisch orientiert waren. An die Stelle des Begriff der *Kommunikation* trat der Begriff der *ästhetischen Erfahrung*.

3.2 Von der Kommunikationswissenschaft zur Rezeptionsästhetik

So wie die homiletische Hinwendung zur kybernetisch orientierten Kommunikationswissenschaft in Hans-Dieter Bastians streitbarem Essay aus dem Jahre 1965 ihr eindeutiges Gründungsdokument hat, so hat auch die rezeptionsästhetische Wendung in der Homiletik ein klar identifizierbares Gründungsdokument. Es ist dies die Marburger Antrittsvorlesung von Gerhard Marcel Martin aus dem Jahre 1983 mit dem Titel »Predigt als ›offenes Kunstwerk‹ästhetik«.

(1) *Gerhard Marcel Martin* beginnt seine Überlegungen mit einer expliziten Auseinandersetzung mit Dahm, der – so hebt Martin hervor – das Predigtgeschehen mit seinem kommunikationswissenschaftlichen Ansatz nur als defizitär beschreiben könne. Setze man homiletisch mit dem kybernetischen Kommunikationsmodell an, so stehe man im Grunde nur vor der Alternative, entweder die Predigt ganz abzuschaffen oder sich mit ihrer defizitären Gestalt zu begnügen. Gerade die Vertreter dieses Modells jedoch ließen immer wieder eine Leidenschaft für die Predigt erkennen. Dieses positive Interesse an der Predigt aufgreifend schlägt Martin in seiner durch und durch programmatisch ausgerichteten Antrittsvorlesung einen »Koalitionswechsel der Homiletik von der Kommunikationswissenschaft zur Ästhetik« (Martin 1984, 49) vor. Theoretische Bezugspunkte sind dabei die *Rezeptionsästhetik* sowie die *Theorie des offenen Kunstwerks*, wie sie Umberto Eco entwickelt hat.

Diese paradigmatische Wendung bringt vor allem eine Aufwertung der Hörerinnen und Hörer der Predigt mit sich. Ihr Rezeptionsverhalten wird nicht mehr länger als ein defizitäres Verhalten gewertet, das immer nur Teile der gesendeten Botschaft »aufnimmt« und den Rest »verliert«. Die Rezeption der Hörenden wird vielmehr als ein kreativer Prozess verstanden, der seinerseits Sinn entstehen lässt. Andererseits können auch die interne Struktur der gesendeten »Botschaft« sowie der dieser Botschaft zugrundeliegenden Bibeltexte positiver gewertet werden, als dies im kommunikationswissenschaftlichen Modell der Fall ist. Dass sich die Botschaft beim Hören verändert, wird nicht mehr als Eindeutigkeitsverlust beschrieben, sondern gerade die *Mehrdeutigkeit der Botschaft* enthält ein *Anregungspotential für mögliche Sinnbildungen*. Innerhalb dieses gesetzten Theorierahmens kann Martin das Predigtgeschehen anschaulich-konkret beschreiben:

> »Gewiss lässt sich einwenden, einmal vorausgesetzt, ein biblischer Text sei mehrdeutig, habe viele Konnotationsmöglichkeiten und Skopoi, dann wäre und bliebe es Aufgabe der konkreten Predigt, jeweils *einen* Sinn herauszuarbeiten; beim nächsten Mal könne sie, wenn der Text wieder an der (Perikopen-)Reihe sei, einen anderen Aspekt pointieren. Lässt man sich aber auch bei dieser Problemstellung in der Predigtarbeit auf das Modell des offenen Kunstwerks ein, dann wird man zugeben und nicht bedauern, dass – selbst bei Lehrpredigten – völlige Einsinnigkeit angesichts der Überlieferung der Auslegungsgeschichte und der Vorerfahrungen und Konnotationen von Prediger und Hörer unmöglich zu erreichen ist. Das macht gerade den Reichtum und die befreiende Lebendigkeit des Textes, des Predigens und des Hörens aus« (55).

Programmatische Konsequenz dieses Verständnisses des Predigtgeschehens für die homiletische Theorie ist die wissenschaftlich-reflektierte Wahrnehmung »faktische[r] Rezeptionsvorgänge im Hören« (55).

(2) Angesichts des Siegeszuges, den das rezeptionsästhetische Paradigma in der Homiletik der letzten beiden Jahrzehnte des vergangenen Jahrhunderts angetreten hat, gerät leicht aus dem Blick, wie gewichtig und wenig selbstverständlich dieser von Martin angeregte und wesentlich mitgestaltete homiletische Paradigmenwechsel war. Von der anfänglichen Umstrittenheit dieses Paradigmenwechsels zeugt die Publikationsstrategie der Zeitschrift *Evangelische Theologie*, die die Antrittsvorlesung Martins publiziert hat. In unmittelbarem Anschluss an diese Veröffentlichung findet sich eine kritische Auseinandersetzung mit Martins Thesen durch *Henning Schröer*. Offensichtlich war es damals (noch) nicht möglich, die Antrittsvorlesung unkommentiert zu publizieren. Dass ausgerechnet Schröer die Auseinandersetzung mit Martin aufnimmt, macht die Kontroverse besonders bedeutsam. Schröer, etablierter und renommierter Fachvertreter, formuliert nämlich seine kritischen Thesen aus einer großen Nähe zu Martin heraus. Wie Martin entwickelt Schröer seine homiletische Theorie im Gespräch mit der Literatur und Poesie.

Schröer formuliert drei Kritikpunkte bzw. Anfragen an Martins Modell. Zum einen stellt er die Frage, ob der Begriff der »Mehrdeutigkeit«, der ja in unmittelbarer Opposition zum Begriff der Eindeutigkeit steht, glücklich gewählt ist. Gerade die Pluralität der Glaubenserfahrungen werde in der Bibel selber auf einen erkennbaren Grund – Gott nämlich – zurückbezogen. Zum anderen vermisst Schröer bei Martin eine klare Beschreibung der internen Struktur der biblischen Texte. Muss ihnen, bei aller Variabilität der möglichen Interpretationen, nicht doch ein eindeutiger »Richtungssinn« (Schröer 1984, 63) unterstellt werden? Schließlich stellt Schröer die Frage nach der mentalen Bedeutung des Predigtgeschehens. Kann die Predigt in einer letztlich ästhetischen Unentschiedenheit stehen bleiben oder geht es in der Predigt um lebensgeschichtlich so gewichtige Themen wie »Tod und Leben« (63), die in einer unübersehbaren Spannung stehen zu der Leichtigkeit eines ästhetischen Erfahrungssinnes? Im Grunde spitzen sich die Anmerkungen Schröers auf die Frage zu, ob Martin in der Leidenschaft des programmatischen Neuanfangs nicht das Kind mit dem Bade ausschütte und ob seine begrifflichen Konstruktionen einer theoretisch-kritischen Prüfung standhalten können. Um diese Frage zu beantworten, ist es notwendig, die beiden Theoreme auf die sich Martin bezieht, genauer in den Blick zu bekommen, nämlich der rezeptionsästhetische Ansatz und die Theorie Umberto Ecos vom »offenen Kunstwerk«.

(3) Die *Theorie der Rezeptionsästhetik* hat wesentliche Impulse erhalten durch Hans-Robert Jauß und Wolfgang Iser im deutschsprachigen, sowie durch Stanley Fish im angelsächsischen Sprachraum (Jauß 1970; Iser 1976; Fish 1980).

Jauß und Iser möchten mit ihren Theorien erklären, was sich zwischen Text und Leser / Leserin vollzieht. Die Theorie der Rezeptionsästhetik hat ihren Ursprung also in der Textwissenschaft, genauer der Literaturwissenschaft. Jauß und Iser argumentieren nämlich im wesentlichen mit literarischen und poetischen Texten. Gleichwohl wurde der dort entwickelte Ansatz der Rezeptionsästhetik in andere Bereiche wie zum Beispiel die Analyse der Wirkung von Filmen oder eben auch in die Homiletik übertragen. Jauß und Iser wollten mit ihren theoretischen Arbeiten den Ansatz einer ausschließlich werkimmanenten Interpretation von Texten überwinden. Der Grundgedanke der Rezeptionsästhetik besteht darin, dass der Sinngehalt eines Textes nicht am Text allein zu erheben ist, sondern dass dieser Sinngehalt erst dadurch entsteht, dass Leser und Leserinnen den Text *rezipieren* – deshalb *Rezeptions*ästhetik. Jauß hat in seinen Veröffentlichungen dabei eher den Leser, die Leserin im Blick, während Iser mehr die Textstrukturen, die solche Rezeptionsprozesse auslösen, untersucht hat. Der Akt des Lesens (analog in der Homiletik der Akt des Hörens) wird als ein produktiver Akt verstanden, indem Verstehens- und Sinnhorizonte erst entstehen. Dies ist – und das ist die erkenntnistheoretische Spitze der Theorie der Rezeptionsästhetik – weder ein zufälliger noch ein willkürlicher Vorgang, sondern der Leseprozess ist ein genau strukturierter und beschreibbarer Prozess. In der Analyse dieses Vorgangs, der wie gesagt bei literarischen und poetischen Texten besonders kenntlich wird, lassen sich folgende Strukturmerkmale erkennen:

Strukturmerkmale ästhetischer Rezeption

- Der Leser, die Leserin ist dem Inhalt des Textes nicht äußerlich, sondern wird zu einem Bestandteil des Textes.

- Das literarische Werk besteht nicht allein im Text, sondern es entsteht erst im Akt des Lesens.

- Die Rezeption eines Textes ist nicht willkürlich, sondern der Text steuert die Art und Weise, wie er gelesen werden will.

Die Theorie der Rezeptionsästhetik möchte diesen Prozessen nachgehen. Sie möchte das Wechselspiel zwischen Textwelt und LeserInnenwelt beschreiben, und sie möchte auf diese Weise einen jeweils höchst individuellen Vorgang gleichsam verobjektivieren. Jauß hat die Grundannahmen und die Ziele der Theorie der Rezeptionsästhetik so zusammengefasst:

»Nun ist aber – wie Walther Bulst formulierte – *kein Text je verfasst worden, um philologisch von Philologen* oder – wie ich hinzusetze – historisch von Historikern *gelesen und interpretiert zu werden*. Beide Methoden verfehlen den Leser in seiner genuinen, für die ästhetische wie für die historische Erkenntnis gleich unabdingbaren Rolle – als den Adressaten, für den das literarische Werk primär bestimmt ist. Denn auch der Kritiker, der sein Urteil über eine Neuerscheinung fällt, der Schriftsteller, der sein Werk angesichts der positiven oder negativen Normen eines vorangegangenen Werkes konzipiert, und der Literaturhistoriker, der ein Werk in seine Tradition einordnet und geschichtlich erklärt, sind erst einmal Leser, bevor ihr reflexives Verhältnis zur Literatur selbst wieder produktiv werden kann. Im Dreieck von Autor, Werk und Publikum ist das letztere nicht nur der passive Teil, keine Kette bloßer Reaktionen, sondern selbst wieder eine geschichtsbildende Energie. Das geschichtliche Leben des literarischen Werks ist ohne den aktiven Anteil seines Adressaten nicht denkbar. Denn erst durch seine Vermittlung tritt das Werk in den sich wandelnden Erfahrungshorizont einer Kontinuität, in der sich die ständige Umsetzung von einfacher Aufnahme in kritisches Verstehen, von passiver in aktive Rezeption, von anerkannten ästhetischen Normen in neue, sie übersteigende Produktion vollzieht. Die Geschichtlichkeit der Literatur wie ihr kommunikativer Charakter setzen ein dialogisches und zugleich prozesshaftes Verhältnis von Werk, Publikum und neuem Werk voraus, das sowohl in der Beziehung von Mitteilung und Empfänger wie auch in den Beziehungen von Frage und Antwort, Problem und Lösung erfasst werden kann. Der geschlossene Kreis einer Produktions- und Darstellungsästhetik, in dem sich die Methodologie der Literaturwissenschaft bisher vornehmlich bewegt, muss daher auf eine Rezeptions- und Wirkungsästhetik hin geöffnet werden, wenn das Problem, wie die geschichtliche Folge literarischer Werke als Zusammenhang der Literaturgeschichte zu begreifen sei, eine neue Lösung finden soll« (zit. n. Warning 1979, 126 f.).

(4) *Die Theorie des offenen Kunstwerks*, wie sie Umberto Eco entwickelt hat, ist perspektivisch mit der Rezeptionsästhetik verwandt, aber nicht mit ihr identisch. Eco vertritt die These, dass man ein Kunstwerk dadurch identifizieren könne, dass es eine bestimmte Struktur aufweise. Dies ist in der ästhetischen Moderne, in der nahezu alles zum Kunstwerk werden kann, alles andere als selbstverständlich. Gleichwohl hält Eco daran fest, dass ein Kunstwerk nicht daran erkennbar ist, dass es in einem Museum steht oder von einzelnen Menschen oder einer Gruppe zum Kunstwerk erklärt wird. Eco vertritt ein gleichsam materielles Verständnis von Kunst. Ein Kunstwerk wird nur dadurch zum Kunstwerk, dass von ihm mittels seiner *Struktur* eine bestimmte *Wirkung* ausgeht. Dies rückt Ecos Theorie in eine enge Nachbarschaft zu den verschiedenen rezeptions- und wirkungsästhetischen Ansätzen.

Das Kunstwerk ist für Eco dadurch gekennzeichnet, dass in dieses eine *Mehrdeutigkeit* eingeschrieben ist. Jedes Kunstwerk enthält »eine grundsätzlich mehrdeutige Botschaft« (Eco 1977, 8), wobei die Mehrdeutigkeit »nicht allein in den Bereich der Inhalte, sondern ebenso in den Bereich der kommunikativen Strukturen« (14) hineinreicht. Im Kunstwerk und seiner Wirkung sind also Form und Inhalt nicht voneinander zu trennen. Die ästhetische Gültigkeit eines Kunstwerks lässt sich für Eco an der Intensität des Wechselspiels von Form und Inhalt, Produktion und Rezeption festmachen:

> »In diesem Sinne produziert der Künstler eine in sich geschlossene Form und möchte, dass diese Form, so wie er sie hervorgebracht hat, verstanden und genossen werde; andererseits bringt jeder Konsument bei der Reaktion auf das Gewebe der Reize und dem Verstehen ihrer Beziehungen eine konkrete existentielle Situation mit, eine in bestimmter Weise konditionierte Sensibilität, eine bestimmte Bildung, Geschmacksrichtungen, Neigungen, persönliche Vorurteile, dergestalt, dass das Verstehen der ursprünglichen Form gemäß einer bestimmten ästhetischen Perspektive erfolgt. Im Grunde ist eine Form ästhetisch gültig gerade insofern, als sie unter vielfachen Perspektiven gesehen und aufgefasst werden kann und dabei eine Vielfalt von Aspekten und Resonanzen manifestiert, ohne jemals aufzuhören, sie selbst zu sein [...] In diesem Sinne also ist ein Kunstwerk, eine in ihrer Perfektion eines vollkommen ausgewogenen Organismus vollendete und *geschlossene* Form, doch auch *offen*, kann auf tausend verschiedene Arten interpretiert werden, ohne dass seine irreproduzible Einmaligkeit davon angetastet würde. Jede Rezeption ist so eine *Interpretation* und seine *Realisation*, da bei jeder Rezeption das Werk in einer originellen Perspektive neu auflebt« (30).

Dieses Ineinander von gewollter und identifizierbarer Struktur und der durch diese Struktur ausgelösten Vielfalt der Interpretationen macht das Kunstwerk zum Kunstwerk. Also gerade kein beliebiges *anything goes*, sondern ein kreatives *look, see and hear, what does go and what doesn't go*. Ein Kunstwerk verwickelt mich, setzt mich in Bewegung, aber diese Bewegung ist alles andere als zufällig und beliebig. Ein Kunstwerk »bietet die Möglichkeit für eine Vielzahl persönlicher Eingriffe, ist aber keine amorphe Aufforderung zu einem beliebigen Eingreifen: es ist die weder zwingende noch eindeutige Aufforderung zu einem am Werk selbst orientierten Eingreifen, eine Einladung, sich frei in eine Welt einzufügen, die gleichwohl immer noch die vom Künstler gewollte ist« (54 f.). Der ästhetische Mehrwert dieser Erfahrung, die am und mit einem Kunstwerk zu machen ist, lässt sich für Eco angemessen nur als eine Erfahrung von Freiheit beschreiben: »Die Poetik des ›offenen‹ Kunstwerks strebt [...] danach, im Interpreten ›Akte bewusster Freiheit‹ hervorzurufen, die ihn zum aktiven Zentrum eines Netzwerks von unausschöpfbaren Beziehungen machen, unter denen er seine Form herstellt, ohne von einer Notwendigkeit bestimmt zu sein, die ihm die definitiven Modi der Organisation des interpretierten Kunstwerks vorschriebe« (31).

Man kann an diesen Worten Ecos nachvollziehen, welche Faszination der homiletischen Entdeckung der Rezeptionsästhetik und der Theorie des offenen Kunstwerks innewohnte. Schien damit nicht ein ganzes Knäuel mehrerer gordischer Knoten, die die homiletische Theorie angehäuft hatte, wenn schon nicht durchschlagen, dann doch entwirrbar zu sein? Die Predigt, obwohl in ihrer Struktur monologisch, muss keine kommunikative Einbahnstraße sein, sondern sie ist plötzlich eine Einladung zum dialogischen Wechselspiel. Die zu beobachtende interpretative Freiheit der Hörerinnen und Hörer der Predigt ist nicht als kommunikativer Verlust zu sehen, sondern stellt einen kreativen Akt von Sinngewinn dar. Die Vielfalt der Perspektiven, die jede gute Predigt mit sich bringt, führt nicht in eine Situation der Beliebigkeit hinein, sondern spiegelt den im biblischen Text selbst angelegten verbindlichen, aber gleichwohl vielfältigen Erfahrungshintergrund wider.

Dass die Entdeckung der Rezeptionsästhetik und der Theorie des offenen Kunstwerks für die Homiletik einen solchen innovatorischen Schub bedeutete, zeigt sich nicht zuletzt daran, dass in dieser Spur eine Vielzahl homiletischer (auch homiletisch normativer) Positionen entwickelt wurden, von denen im Folgenden exemplarisch drei Positionen vorgestellt werden sollen.

(5) *Wilfried Engemann* hat sein Verständnis der Predigt in den Horizont der Semiotik eingerückt (Engemann 1993). Aus der Semiotik entnimmt er den Begriff der *Ambiguität* und macht ihn zum normativen Zentralbegriff seines Predigtverständnisses. Er bezieht sich dabei auf Umberto Ecos Verständnis der *messagio ambigua* (ambiguitäre Botschaft). Eine solche *messagio ambigua*

resultiert aus einer – gewollten oder ungewollten – »Struktur mehrdeutiger Zeichengebilde« (Engemann 2003, 201).

> Wer eine *messagio ambigua* verstehen will, »ist auf die Wahrnehmung kontextueller Wechselwirkungen zwischen den sie bildenden Signifikanten angewiesen, mithin auf eine Auseinandersetzung mit der Form der Botschaft. Bei einem als ästhetisch aufgefassten Text (testo estetico) wird dieses Angewiesensein zu einem Herausgefordertsein gesteigert: Indem der Text einen *Idiolekt* spricht, also seine Signifikanten in einer Weise arrangiert, die quasi automatisches Verstehen im Rückgriff auf gängige Codes nicht erlaubt, nötigt er dem Leser interpretatorische Anstrengungen ab und führt ihn schließlich zu einer vertieften Wahrnehmung« (201).

Hier wird in der Begrifflichkeit der Semiotik die Theorie des offenen Kunstwerks reformuliert. Mag Zweideutigkeit in der Alltagssprache oder einem technischen Anleitungstext zu Missverständnissen führen, so gilt für ästhetische Gebilde, dass sie ihre Botschaft gezielt ambiguitär codieren. Überführen wir die immer wieder auftretende Zweideutigkeit alltagssprachlicher Kommunikation – routiniert und deshalb meist unreflektiert – in den zur Verständigung notwendigen Grad an Eindeutigkeit, so verfehlt dieses Verfahren ästhetische Gebilde, weil ihre Botschaft gerade nur als ambiguitäre zu »haben« ist und dort, wo sie in Eindeutigkeit überführt werden soll, ihren Botschaftscharakter verliert.

Engemann nimmt diese Spannung von *faktischer* Ambiguität und *gewollter* Ambiguität zum Ausgangspunkt einer normativen Bestimmung der Predigt bzw. des Predigtgeschehens. Dass eine Predigt immer mehrdeutig ist, hat die Kommunikationstheorie gezeigt, insbesondere die oben dargestellte Analyse durch Karl-Wilhelm Dahm. Engemann interpretiert aber diese faktische Ambiguität nicht wie Dahm als Mangel, sondern als Bedingung ihrer Wirkungsmöglichkeiten. Eine Predigt *ist* nicht einfach ambiguitär, sondern sie *will es sein*. Engemann verwendet für diesen Sachverhalt den etwas missverständlichen Begriff der *taktischen Ambiguität*. Die Predigt »funktioniert« nicht wie ein Gebrauchstext, sondern sie gehört – mit Umberto Eco gesprochen – in die Gattung eines *testo estetico*. Deshalb gilt für die Predigt das Gleiche, was für jedes Kunstwerk gilt: »Sie lässt es nicht nur zu, sondern fordert in einer ganz bestimmten Weise dazu heraus, sich mit dem Werk auseinander zusetzen, das da zu sehen oder zu hören ist (taktische Ambiguität). Sie fördert und leitet die Kooperation der Betrachter, Hörer oder Leser, die im Wahrnehmungsprozess die Erfahrung machen, dass sie zwar durch das, was sie wahrnehmen – und *wie* sie es wahrnehmen (!) – in Interpretationskrisen geführt werden, zugleich aber Verstehenshilfen finden, die gewissermaßen einen neuen Code lehren und zu einer veränderten Sichtweise auf sich selbst, auf Gott und die Beziehung zu ihm führen« (Engemann 2003, 20).

Wenn also die Ambiguität der Predigt nicht einfach nur da ist, sondern gewollt wird, dann muss diese Ambiguität sprachlich bewusst gestaltet werden. Homiletisch gewollte Ambiguität entsteht nämlich nicht durch sprachliche Unschärfe, sondern Ambiguität meint eine bewusste und genaue Gestaltung von Sprache. Ambiguität mindert nicht den Anspruch im Umgang mit Sprache, sondern steigert ihn. Engemann verwendet für diesen Sachverhalt den Begriff der »inszenierten Ambiguität« (30).

Die inszenierte Ambiguität eröffnet durch einen reflektierten Umgang mit Sprache und eine reflektierte Gestaltung von Sprache einen Sprach-Raum, der von den Hörerinnen und Hörern der Predigt begangen und bewohnt werden kann. Engemann verbindet mit diesem Verständnis der Predigt einen normativen Anspruch. Predigt muss ambiguitär sein, weil sie nur als ambiguitäre Predigt der Struktur von Offenbarung entsprechen kann. Denn Offenbarung – und das belegen nach Engemann die biblischen Texte als Zeugnis solcher Offenbarungserfahrungen mannigfach – ereignet sich als »Enthüllung signifikanter Strukturen, die den Wahrnehmenden überraschen, die sich querlegen zu seinen bisherigen Erkenntnismustern und unerwarteterweise eine Erschließungssituation schaffen, in der etwas entdeckt wird, was vorher nicht auszudenken war« (Engemann 1993, 216).

Ohne dass die Predigt damit ihrerseits zu einem Offenbarungsereignis würde, bleibt sie doch an diese primären Erfahrungen von Offenbarung gebunden, von denen die biblischen Texte erzählen. Der »Spielraum der Predigt« steht in einer *succesio hermeneutica* (Engemann 1998, 189) zu den ihr vorgängigen Raumstrukturen der Verkündigung Jesu und der biblischen Texte insgesamt. Predigerinnen und Prediger treten in eine »Kooperation mit dem Text« (188) ein, wobei der Text in seiner Struktur diese Kooperation erst ermöglicht: »Der Autor des biblischen Textes hat dem potentiellen Leser Spielraum gelassen, so dass dieser die für ihn vorgesehenen Rollen als *seine* Rollen inszenieren und so in die *Produktion eines neuen Textes eintreten* kann« (189). Predigt ist nichts anderes als das Ergebnis einer solchen kooperativ-produktiven Textbegehung. Damit ist das Predigt-Spiel aber noch nicht abgeschlossen. Als kooperativ-produktive Textbegehung mit einem ambiguitären Text ist die Predigt selbst zu einem ambiguitären Gebilde geworden, das nach den Hörerinnen und Hörern geradezu rufen muss. Engemann spricht deshalb von einer *hermeneutischen Kooperative zwischen Predigt und Hörer* (191). Erst im Hörer, der Hörerin ist dieser Prozess an ein (vorläufiges) Ziel gekommen: »Wo immer in der Homiletik die Semiotik als Lehre von den Zeichen zur Anwendung kommt, geht es genau um diese Funktion der Zeichen, über sich hinausweisend einen Bedeutungsraum eröffnen zu können, in dem der Hörer im doppelten Sinne des Wortes dran ist: Innerhalb dieses Raumes sieht er sich einerseits selbst ›in Szene gestellt‹ und dazu herausgefordert, darin vorweggenommene Entscheidungen sich zu eigen zu machen, sich also darin zu verorten. Andererseits entdeckt er dabei die Botschaft vom kommenden Reich Gottes in einem neuen Licht und hat damit teil an der kompetenten Ausgestaltung christlicher Tradition heute« (193 f.).

Das Programm der ambiguitären Predigt versucht mithin das, was in der Sprache der traditionellen Homiletik mit »Texttreue« bezeichnet wurde, zu verbinden mit einem Verständnis kommunikativer Prozesse, das keine Hierarchie mehr kennt, sondern nur noch gleichberechtigte Kommunikationspartner, die jedoch nicht beliebig miteinander kommunizieren, sondern geleitet sind von einem Code der Freiheit, der seinen Ursprung in der befreienden Erfahrung der Verkündigung Jesu hat.

(6) *Jan Hermelink* und *Eberhard Müske* sind an der »Wahrnehmung von Predigten im Blick auf ihre ästhetische Struktur« (Hermelink/Müske 1995, 220) interessiert. Sie verfolgen ein eher analytisches Interesse und möchten ein Instrumentarium zur Analyse von Predigten erarbeiten. Rezeptionsästhetisch orientiert kritisieren sie den in der homiletischen Tradition dominanten Zugang zu Predigten, der seinen Weg nimmt über die exklusive Analyse der *Inhalte* einer Predigt. Der Inhalt einer Predigt aber kann – so wenden Hermelink und Müske ein – nicht einfach erhoben, isoliert und dann seziert werden. Wer an der Predigtanalyse interessiert ist, muss das Feld seiner Analyse weiter abstecken: »Man darf sich die kommunikative Funktion eines bestimmten Textes, also auch einer Predigt, offenbar nicht so vorstellen, als sei er gleichsam ein Behälter von Inhalten und Bedeutungen, die ihm dann einfach ›entnommen‹ werden könnten. Der Text fungiert vielmehr als *Auslöser einer höchst komplizierten Tätigkeit seiner Rezipient/inn/en*, ohne die das Textverstehen gar nicht denkbar ist« (221). Erst auf der Ebene der ausgelösten Tätigkeit der Hörerinnen und Hörer einer Predigt lässt sich das Predigtgeschehen aussagekräftig analysieren. Wie aber ist diese Ebene zu bestimmen? Hermelink und Müske schlagen vor, diese Ebene im Aufbau bildhafter Repräsentationen von Wirklichkeit zu sehen, an deren Ende in den Köpfen derer, die eine Predigt hören, mentale Bilder entstanden sind. *Diese mentalen Bilder bilden den eigentlichen Gegenstand der Predigtanalyse.* Das Innovatorische des Predigtgeschehens ist dort festzumachen, »wo das ausgelöste Bild gleichsam ›umschlägt‹ in das Bild eines ganz anderen Sachverhalts« (229). Hermelink und Müske demonstrieren das damit Gemeinte an einem anschaulichen Beispiel. Der Satz »Jemand besucht ein Restaurant« löst ein ganzes Geflecht an mentalen Bildern aus, »das konventionellerweise ein räumliches Gefüge (Eingangsräume, Gastraum, Küche, Toiletten etc.), bestimmte Personen und Rollen (Gäste, Kellner, Koch, Besitzer etc.), typische Abläufe (von der Platzsuche bis zum Bezahlen und Verlassen des Restaurants), gebräuchliche Objekte (Spei-

sekarte, Geschirr, Mahlzeiten, Rechnung etc.) umfasst« (225 f.). Auf diese Weise löst der Text »Jemand besucht ein Restaurant« in den Köpfen derer, die diesen Satz hören, ein mentales Bild aus. Dieses mentale Bild sieht in jedem Kopf etwas anders aus, ist jedoch nicht beliebig. Denn diejenigen, die die verschiedenen mentalen Bilder in den Köpfen haben, können sich so darüber verständigen, dass sie erkennen und wissen, dass sich diese Bilder auf das Gleiche beziehen. Mentale Bilder sind also durch Variabilität und Konstanz gleichermaßen gekennzeichnet. Verwandelt werden solche mentalen Bilder durch eine Störung, eine Überraschung, eine Unterbrechung. Wenn wir bei unserem Beispiel bleiben: Was passiert in dem Augenblick, in dem wir dem Satz »Jemand besucht ein Restaurant« den Satz an die Seite stellen »Und dieser Jemand ist ein Clown«? Sofort verändert sich das mentale Bild, das durch den ersten Satz entstanden ist. Man braucht sich nur die berühmte Restaurant-Szene vorzustellen, in der Charlie Chaplin einen Kellner darstellt, um sich zu vergegenwärtigen, wie umfassend und radikal diese Umstrukturierung des mentalen Bildes sich vollzieht.

Predigt ist gekennzeichnet, durch solche »Clowns«, die in ihr auftreten. Insofern verfolgen Hermelink und Müske bei ihrem Modell der Predigtanalyse durchaus ein normativ geprägtes Verständnis von Predigt. Diese Normativität wird durch einen Rückgriff auf Ernst Langes Verständnis der Predigt als Auslegung der Wirklichkeit im Lichte der Christusverheißung begründet. Man kann in diesem Zusammenhang an die Gleichnisse Jesu denken, die mentale Bilder in uns wecken, die dann aber sofort durch einen »Clown, der auftritt« (der ungerechte Haushalter; der Weinbergbesitzer, der allen den gleichen Lohn zahlt), umstrukturiert werden. *Das Evangelium realisiert sich als Verwandlung mentaler Bilder.*

(7) *Albrecht Beutel* versucht mit seinem Verständnis einer »*öffnenden Predigt*« die rezeptionsästhetischen Gehversuche gleichsam theologiegeschichtlich zu erden. Er kritisiert den Gestus des Neuen bei den ersten Protagonisten der Rezeptionsästhetik im Bereich der Homiletik und versucht zu zeigen, dass das dort Gesagte so neu nicht ist. Für Beutel macht es durchaus Sinn, die Erkenntnisse der Rezeptionsästhetik in die Homiletik zu integrieren. Er warnt jedoch davor, dies mit einem allzu betonten programmatischen Gestus zu verbinden. Für ihn liegt der Gewinn der rezeptionsästhetischen Perspektive darin, »eine erneuerte, ›offene‹ Weise des Predigens und Predigthörens zu ermöglichen und einzuüben« (Beutel 1988, 522).

Die Ursprünge rezeptionsästhetischen Denkens setzt Beutel bereits mit Luther an. Im sogenannten Bilderstreit hat Luther gegenüber Karlstadt, aber auch gegenüber Zwingli und Calvin darauf bestanden, dass über die Legitimität von Bildern nur auf der Ebene ihrer Wirkung entschieden werden kann.

Das homiletische Kommunikationsgeschehen

Bilder an sich sind für Luther weder gut noch schlecht. Entscheidend ist für ihn, was die Bilder in den betrachtenden Menschen auslösen. Der Kunstwissenschaftler Werner Hofmann sieht darin eine ästhetische Weichenstellung, die das Kunstverständnis und die Kunstproduktion der Moderne vorbereitet hat, eine »Geburt der Moderne aus dem Geist der Religion« (Hofmann 1983, 23) gewissermaßen. Luther habe damit den Weg geebnet zu einem Verständnis von Kunst, das Kunst »als einen (nominalistischen) Vereinbarungsbegriff auffasst. Der Betrachter soll vor dem Kunstwerk seine Freiheit erproben. Er hat das letzte *Wort*« (50).

Beutel zeigt, dass Luthers Position im Bilderstreit aufs engste verbunden ist mit seinem Wort- und Sprachverständnis, und damit auch mit seinem Verständnis der reformatorischen Predigt (→ 2.4). In diesem Zusammenhang hat der amerikanische Homiletiker Richard Lischer in einem kleinen instruktiven Essay Luthers Predigtverständnis in seinen Konsequenzen für die sprachliche Gestaltung der Predigt untersucht. Luther möchte den Menschen die biblischen Texte nicht als eine externe Lehre nahe bringen, sondern in deren narrativem Nachvollzug (→ 4.2) den Menschen ermöglichen, »analoge Gedanken und Erfahrungen [zu] durchleben« (Lischer 1983, 315). Menschliche Lebensgeschichte wird gleichsam in die Gottesgeschichte einbezogen und umgekehrt. Und deshalb müssen die Menschen auf die Predigt *selbst* antworten. Die Antwort kann ihnen nicht vorgegeben werden, sondern sie muss »als Antwort aus der Erzählung hervorgehen […] Die Lösung wird nicht verkündigt, sondern im Gang der Erzählung erreicht« (318). Somit können wir bei Luther eine durch und durch *avant lettre* rezeptionsästhetisch ausgerichtete Predigtpraxis erkennen.

Beutel möchte Luther nicht einfach nur als Vorbild empfehlen und damit seine Predigtpraxis gleichsam repristinieren. Vielmehr gilt: »Von Luther homiletisch zu lernen kann nur bedeuten, in der Beschäftigung mit Praxis und Theorie seines Predigens sich die Verantwortung für die eigene Predigtpraxis schärfen zu lassen« (Beutel 1988, 530 f.). Luther begreift die Wirkung des Wortes Gottes mittels der Predigt, die damit aber gerade nicht selbst als Wort Gottes identifiziert wird, als ein verwandelndes Kommunikationsgeschehen. Das Wort Gottes bleibt dort, wo es wirkt, dem Menschen nicht äußerlich, sondern geht gleichsam in den Menschen ein. »Wo immer Predigt gelingt, hat das Evangelium seine Hörer erreicht und ist aus Gottes Wort und menschlichem Hören ›una res‹ geworden. Diese ›una res‹ ist die eigentliche Sache der Predigt. Deren sprachliche Gestalt dient nicht der bloßen Übermittlung, ist vielmehr das Medium, in dem allein sie sich ereignen kann« (531). Gelingende Predigt hat also genau die Struktur, die die Theorie der Rezeptionsästhetik herausgearbeitet hat. Da aber die rezeptionsästhetische Wirkung der Predigt an die Sprache gebunden ist, ist homiletische Theorie nichts anders als Sprach-Reflexion. Und zwar nicht nur Reflexion *über* Sprache, sondern weitaus mehr Reflexion *mittels* der Sprache. Nachdenken über Predigt ist Sprach-Denken. Dazu bedarf es nach Beutel einer homiletischen Nachdenklichkeit, die ihre Zeit braucht. An dieser Stelle münden die homiletischen Überlegungen Beutels ein in ein homiletisches Pastoralethos, dessen Bedeutsamkeit nicht hoch genug veranschlagt werden kann: »Das erfordert nicht nur den Mut, in der Fülle pastoraler Pflichten die Priorität der Predigtaufgabe noch stärker zu akzentuieren, sondern ebenso auch die Bereitschaft, sich – in des Wortes strenger Bedeutung – homiletisch zu bescheiden. Auf allgemeine dogmatische Formeln und abstrakte Parolen kann eine Predigt durchaus verzichten. Anstatt orthodoxe Gelehrsamkeit aufzuhäufen oder in anmaßender – nämlich assertorischer – Weise von Dingen zu reden, die im Reich zur Linken ihren Ort haben und darum in vernünftiger Erörterung, nicht aber mit konfessorischem Pathos zu traktieren sind, erlaubt es homiletische Bescheidenheit, sich auf das zu beschränken, was man sich selber in der Arbeit an Text und Situation erworben hat. Derart als Prozess der Aneignung verstanden, ist Nachdenklichkeit ein konstitutives Element der Predigtvorbereitung« (536).

Ergebnis einer solchen homiletischen Nachdenklichkeit und Bescheidenheit ist dann eine Predigt, die viel zu erreichen verspricht, eine *öffnende Predigt*, »die Ohren öffnend, die Herzen – und den Himmel« (519). Sprach- und Wahrnehmungsschule einer solchen Predigt können die biblischen Texte selbst sein. Es ist dabei alles andere als ein Zufall, dass in Beutels Beschreibung dieser Lernmöglichkeit zwei Begriffe auftauchen, die auch in den beiden anderen hier vorgestellten rezeptionsästhetisch orientierten Konzepten zentral sind, nämlich der Begriff des Spiels (wie bei Engemann) und der Begriff des Bildes (wie bei Hermelink/Müske), und das Ganze schließlich in eine Reminiszenz an Ernst Lange ausmündet. So dialogisch kann homiletische Theoriebildung sein: »Die biblischen Bildformen sind homiletisch fast nicht zu erschöpfen, wenn man nur, anstatt sie immer gleich auf den Punkt bringen zu wollen, auf spielerische Weise mit ihnen umgeht. Wobei sich versteht, dass damit keine unverbindliche Spielerei gemeint ist; dafür wäre nicht nur die Bibel, sondern jeder gute literarische Text zu schade. Mit den biblischen Bildformen spielerisch umzugehen meint vielmehr, sie in der Predigt *als Bilder* ernstzunehmen, sich selbst mitsamt den Hörern in sie hineinzudenken und so im Akt des Predigens sie weiterzuspielen. Die Bilder und Gleichnisse werden dabei zu einem Spiel-Raum, in dem man, pointiert und mit *Ernst Lange* gesagt, Reich Gottes Spielen kann« (536).

Weiterführende Literatur

E. Garhammer / H.-G. Schöttler (Hg.), Predigt als offenes Kunstwerk. Homiletik und Rezeptionsästhetik, München 1998

R. Warning (Hg.), Rezeptionsästhetik. Theorie und Praxis, München ²1979

3.3 Die drei Welten der Predigt

Predigt möchte einen Raum der Wahrnehmung eröffnen. Wenn dieser Satz nicht bloß einer äußerlichen Metaphorik zum Ausdruck verhelfen soll, dann muss näher beschrieben werden können, wie sich dieser Raum konstituiert. Bei dieser näheren Beschreibung kommt uns die Metapher des Raumes selbst entgegen. Räume sind dreidimensional. Auch der Raum der Predigt hat drei Dimensionen: Der Text, der erschlossen werden soll; Die Hörerinnen und Hörer, die zur Erschließung des Textes mit auf den Weg genommen werden sollen; Und schließlich die PredigerInnen, die diesen Weg der Texterschließung sprachlich gestalten. Diese drei Raumdimensionen *Text – HörerInnen – PredigerInnen* sind aber keine statischen Punkte, die einen geschlossenen Raum markieren, sondern stellen ihrerseits drei höchst komplexe Welten dar, die bei jeder Predigt gleichsam einen veränderten Raum konstituieren. Um diesen Raum der Predigt beschreiben zu können, bedarf es also einer Reflexion auf die drei Welten, mittels derer sich dieser Raum konstituiert.

3.3.1 Die Hörerinnen und Hörer der Predigt

Die Hörerinnen und Hörer der Predigt gerieten in der Regel erst als verlorene Gegenüber in den Reflexionshorizont der Homiletik. Dort wo es selbstverständlich ist, dass die Menschen Sonntag für Sonntag unter der Kanzel sitzen, müssen die Prediger und Predigerinnen nicht eigens überlegen, wer denn diese Menschen seien und warum sie da sitzen. Natürlich waren den Predigern der Vergangenheit die Menschen nicht gleichgültig, denen ihre Predigt galt. Die Hörerinnen und Hörer waren eher der selbstverständliche Rahmen des Predigtgeschehens, der keiner weitreichenden Thematisierung bedurfte. Ein schönes Beispiel für diese selbstverständliche und eben nicht eigens thematisierte Anwesenheit der Hörerinnen und Hörer der Predigt sind die Vorlesungen Schleiermachers. Wir finden in Ihnen Reflexionen zum Kirchenjahr, zu Sprache und Inhalten der Predigt, zum Verhältnis von Homiletik und Kunst.

Dort, wo in der Systematik von Schleiermachers Darstellung die Hörerinnen und Hörer der Predigt zu thematisieren wären, finden wir nur ganz wenige knappe Formulierungen: »der Cultus soll immer eine Darstellung des christlichen Lebens sein wie es wirklich ist; wenn wir diesen Kanon verlassen wollen, so wäre unser Cultus immer etwas rein willkürliches, phantastisches, wovon sich nicht viel erwarten ließe« (Schleiermacher 1850, 156). Schleiermacher weiß offensichtlich von einer Differenz zwischen der Lebenswelt der Menschen und dem Predigtgeschehen. Und er weiß auch von der Gefahr, die hier droht. Wenn die Predigt den »Kanon« der christlichen Lebenswelt verlässt, dann wird der ganze Gottesdienst zu einem willkürlichen und schimärenhaften Unternehmen. Aber diese christliche Lebenswelt bedurfte damals offensichtlich keiner ausführlichen Kommentierung, schon gar keiner Problematisierung. Sie ist der Predigt einfach vorausgesetzt, sie ist der selbstverständliche Bezugsrahmen des gesamten Predigtgeschehens.

Knapp hundert Jahre später hat sich dieser Sachverhalt grundlegend geändert. Der Wandel von einer agrarisch-ständisch geprägten Gesellschaft hin zu einer Industriegesellschaft mit den damit verbundenen sozialen Veränderungen und Verwerfungen hat den bei Schleiermacher noch selbstverständlich vorausgesetzten lebensweltlichen Bezugsrahmen der Predigt zerbrechen lassen. Deshalb muss sich die Homiletik der Liberalen Theologie auf die Suche nach dem »wirklichen Leben« machen (→ 2.5). Sie tut dies nicht zuletzt dadurch, dass sie die Hörerinnen und Hörer der Predigt zu einem zentralen homiletischen Reflexionsthema macht. Friedrich Niebergall zeichnet zu Beginn seines programmatischen Artikels in der Zeitschrift für Theologie und Kirche aus dem Jahre 1905 über »Die moderne Predigt« ein drastisches Bild des Verhältnisses von Prediger und Hörerinnen und Hörer der Predigt: »Die Voraussetzung für die folgenden Darlegungen bildet der nicht seltene Eindruck, dass manche heute gehaltene Predigt gerade so anmutet, als wäre sie vor dreißig Jahren gehalten worden oder als hätte sie damals gehalten werden können. Ihren tiefsten Beweggrund bildet der Wunsch, einen Beitrag zur Beantwortung der Frage zu geben, die jetzt alle rührigen Pfarrer beschäftigt: *Wie sollen wir predigen, um unsrer Zeit gerecht zu werden?* Jene so altmodisch anmutenden Predigten stoßen aufmerksame Hörer und Kritiker durch zwei sich oft sehr bemerkbar machende Eigenschaften: einmal entspringen sie einer Auffassung vom *Evangelium*, dem Inhalt der Predigt, die durch die Arbeit der Theologie der letzten Jahrzehnte hier ganz überwunden, dort sehr geschwächt worden ist; und dann reden häufig kluge und treue Menschen auf *Kirchenbesucher* ein, die in Wahrheit einmal in der Vergangenheit zu finden waren, gegenwärtig aber nur in der konstruierenden Phantasie des Herrn Pfarrer vorhanden sind. Sie antworten auf Fragen, die niemand stellt, und auf die Fragen, die jeder stellt, antworten sie nicht« (Niebergall 1905, 9).

Was bei Schleiermacher noch eine allenfalls theoretische Gefahr war, ist bei Niebergall nun beinahe schon der Normalzustand der Predigt geworden. Die Predigt verfehlt ihre Hörerinnen und Hörer auf dramatische Weise. Deshalb muss dieser Tatbestand zum zentralen Thema der Homiletik werden. Die Thematisierung des Hörers und der Hörerin ist der Ausdruck einer homiletischen Krise.

3.3.1.1 Die »Entdeckung« der Hörerinnen und Hörer

Dass die Thematisierung der Hörerinnen und Hörer ein homiletisches Krisenphänomen ist, wird in der deutschsprachigen Homiletik des letzten Drittels des 20. Jahrhunderts erneut erkennbar. Das an der Wende von der 60er- zu den 70er-Jahren einsetzende neue Interesse an den PredigthörerInnen fällt zeitlich zusammen mit den ersten Anzeichen fundamentaler Veränderungen im Beziehungsgeflecht von Religion, Kirche und Gesellschaft. Ansteigende Kirchenaustrittszahlen ließen erahnen, dass die Zeit der Selbstverständlichkeit einer Kirchenmitgliedschaft für viele Menschen sich ihrem Ende zuneigt. Der zunehmende Pluralismus weltanschaulicher und religiöser Orientierungen machte das Christentum zu einer Option unter anderen. Die kritische Emphase der Studentenbewegung stellte die Kirche unter den Generalverdacht der institutionellen und intellektuellen Rückständigkeit. Deshalb nahm die Homiletik das Programm der Liberalen Theologie auf und machte sich auf die Suche nach den verloren gegangen oder verloren zu gehen drohenden Hörerinnen und Hörern der Predigt.

(1) Die empirische Entdeckung des Hörers und der Hörerin: Die Homiletik konnte sich mit sehr viel präziserem wissenschaftlich-methodischem Instrumentarium auf die Suche nach dem Hörer, der Hörerin begeben, als dies die Liberale Theologie tun konnte. Es war das methodische Instrumentarium der empirischen Sozialforschung, dessen sich die Homiletik nun bediente.

> Wegweisend für den deutschsprachigen Raum war eine Studiengruppe, die sich im Jahre 1974 konstituierte und sich aus Fachpersonen aus dem Bereich der Homiletik und der Pastoralsoziologie zusammensetzte. Die Protagonisten dieser Gruppe haben die homiletische Landschaft, die zur Bildung dieser Studiengruppe führte, mit folgenden Worten beschrieben: »Seit dem Erscheinen des ersten Bandes der ›Predigtstudien‹ im Jahr 1968 ist das Programm einer hörerbezogenen Predigt innerhalb der homiletischen Diskussion kaum umstritten. Gewiss, die Akzente werden unterschiedlich gesetzt, die Wichtigkeit der Fragestellung jedoch übereinstimmend gesehen. Nun ist allerdings der Weg vom programmatisch formulierten Ziel bis zu seiner Realisierung weit. Je stärker der Hörer ins Blickfeld rückt, desto mehr merkt man auch, wie wenig man von ihm weiß. Natürlich kennt der Pfarrer einer kleinen Gemeinde seine Zuhörer. Selbst in den

großstädtischen Gemeinden gibt es nicht wenige Gottesdienstbesucher, die dem Prediger persönlich bekannt sind. Trotzdem bleibt die Ungewissheit: Wie nehmen die Hörer die Predigt auf? Wie hören sie, wie gehen sie mit ihr um?« (Daiber 1980, 5). Die entdeckte homiletische Erkenntnislücke sollte nun mit sozialwissenschaftlichen Methoden ausgeleuchtet und mittels der dadurch gewonnenen Erkenntnisse geschlossen werden.

Empirische HörerInnen-Forschung soll hier exemplarisch an dem im ersten Band von »Predigen & Hören« (Daiber 1980) dokumentierten Vorgehen dargestellt werden. Voraussetzung aller empirischen Forschung ist ein *Theorie-Setting (a)*. Die empirische Dimension wird nicht dadurch erreicht, dass man einfach auf die empirischen Phänomene zusteuert, sondern dass die theoretischen Grundannahmen und Zugänge exakt beschrieben werden. Dadurch erst werden die Ergebnisse überprüfbar und auch kritisierbar. Dann muss das zu *untersuchende Feld (b)* bestimmt werden. Es müssen Orte und Personen ausgewählt werden. Möchte man zu repräsentativen Aussagen kommen, ist auf eine genaue Mischung zu achten. Städtische und ländliche Regionen sind zu berücksichtigen. Religiöse Mentalitäten und Prägungen sind zu beachten. Die altersmäßige Zusammensetzung und soziale Formationen sind von Bedeutung. Das Gleiche gilt für die Auswahl der Predigerinnen und Prediger. Erfahrene PfarrerInnen sowie BerufsanfängerInnen sollten Beachtung finden. Theologische Prägungen und der soziale Hintergrund sind von Bedeutung. Bereits diese kurze und keinesfalls vollständige Aufzählung von Kriterien, die bei der Konzeption des zu untersuchenden Feldes zu beachten sind, kann einen Eindruck davon geben, wie diffizil dieser Vorgang ist. Waltet auf dieser frühen Stufe eines empirischen Forschungssettings nicht die nötige Sorgfalt, so wird die Plausibilität der Ergebnisse gemindert. Grobe Fehler bei der Auswahl können das gesamte Ergebnis verfälschen und damit unbrauchbar machen oder zu falschen Rückschlüssen für die weitere Praxis führen, wenn die verfälschenden Elemente nicht erkannt werden. Das eigentliche Herzstück empirischer Forschung ist die *Befragung der Beteiligten (c)*, der PfarrerInnen ebenso wie der HörerInnen. Auch hier gilt das Postulat größtmöglicher Sorgfalt. Man kann nicht einfach drauflos fragen. Die Konzeption von Fragen beeinflusst das Ergebnis ebenso wie die Bestimmung des Forschungsfeldes. Welche Fragen *sollen* gestellt werden, welche Fragen *müssen* gestellt werden? Welche Fragen muss man stellen, wenn man an bestimmten Auskünften interessiert ist? Sind die Fragen suggestiv und beeinflussen sie damit die möglichen Antworten? Die Anforderungen an empirische Forschung im Bereich der Predigt steigern sich noch dadurch, dass sie es mit religiösen Orientierungen zu tun hat. Wie aber wird Religion empirisch zugänglich? Es ist sicher einfacher, das Image von Bahn oder Post zu erheben, als religiöse Orientierungen und Empfindungen »empirisch« zugänglich zu ma-

Das homiletische Kommunikationsgeschehen

chen und »empirisch« darzustellen. Der nächste Schritt ist die *Auswertung der Befragung (d)*. Hier gilt es, das zunächst in der Regel recht disparate Ergebnis zu sichten und zu ordnen. Lassen sich gewisse Gesetzmäßigkeiten erkennen? Wie ist das Verhältnis von Intention der Predigt und dem, was die Hörerinnen und Hörer an der Predigt wahrgenommen haben? Lassen sich Schlüsse von der Sprachgestalt der Predigt auf den Hörvorgang ziehen? Beeinflusst die theologische Position des Predigers den Hörvorgang? Meist wird dann als Abschluss einer empirischen Studie nach möglichen *Gruppenbildungen (e)* gefragt. Gibt es den Typus »politische« Predigerin oder »evangelikaler« Prediger? Gibt es die »wohlwollenden« oder die »kritisch« Hörenden? Gruppenbildungen laufen nach genauen sozialwissenschaftlichen Standards ab, die von den Fachleuten auch kritisch überprüft werden können. Für diejenigen, die das Handwerk der empirischen Forschung nicht detailliert erlernt haben, bleibt der Prozess der Gruppenbildung oft verschlossen. Hier zeigt sich die Chance, aber auch das Risiko interdisziplinärer homiletischer Forschung. Durch die Interdisziplinarität wissen wir mehr, aber wir können oft selbst nicht mehr die Exaktheit dieses Mehrwerts überprüfen. In interdisziplinärer Forschung muss man sich gegenseitig einfach gewisse Dinge »glauben«. Deshalb ist interdisziplinäre Forschung (und empirische Forschung kann es nur interdisziplinär geben) ein wissenschafts-ethisches Unternehmen, das hohe Anforderungen an alle Beteiligten stellt.

Was ist nun der Mehrwert an Erkenntnis durch empirische Predigtforschung? Die eingangs genannte Forschergruppe hat als Antwort auf diese Frage drei homiletische Perspektiven benannt: Predigt ist eine *bestimmte Kommunikationsform (a)* mit ebenso bestimmten Gesetzmäßigkeiten. Die monologische Struktur der Predigt formt und bestimmt den Hörvorgang. Die Predigt wird ihren Ort im Leben von Gemeinde und Kirche behalten. Ihr sind jedoch weitere Kommunikationsformen, die das kirchliche Leben prägen, an die Seite zu stellen. Die oft anzutreffende These, dass die Predigt *vorgängige Einstellungen nur stabilisiere, jedoch nicht verändere (b)*, lässt sich empirisch nicht bewähren. Hörerinnen und Hörer der Predigt sind durchaus bereit, im Vorgang des Hörens »einen möglicherweise in der Predigt angebotenen Entdeckungshorizont mit zu vollziehen« (Daiber 1983, 356). Entscheidend für den Hörprozess ist auf jeden Fall die *sprachlich-inhaltliche Gestaltung der Predigt (c)*. Hier können Predigerinnen und Prediger sich nur dazu ermuntert fühlen, auf diesem Gebiet äußerste Sorgfalt walten zu lassen. Es ist eben nicht egal, *wie* etwas in der Predigt gesagt wird. Sprachliche Empfindsamkeit und Gestaltungslust werden von den Hörerinnen und Hörern der Predigt durchaus geschätzt. Empirische Forschung muss also Predigerinnen und Prediger nicht nur enttäuschen und desillusionieren (auch wenn dies immer wieder der Fall sein dürfte), weitaus mehr können sich Predigerinnen und Prediger durch empirische Forschung dazu anregen lassen, ihren eigenen reflektierten und bewusst gestalteten Predigtstil zu finden. Die empirische Entdeckung des Hörers und der Hörerin kann so nicht nur den GottesdienstbesucherInnen zugute kommen, sondern auch den Predigerinnen und Predigern.

Weiterführende Literatur

H. Knoblauch, Qualitative Religionsforschung. Religionstopographie in der eigenen Gesellschaft, Paderborn 2003

(2) Die phänomenologische Entdeckung des Hörers und der Hörerin: Hinter die Erkenntnisse einer empirisch-sozialwissenschaftlichen Homiletik gibt es kein Zurück mehr. Gleichwohl haben sich in der homiletischen Diskussion, die auf die empirische Wende zurückblickt, auch kritische Stimmen zu Wort gemeldet. Nicht in dem Sinne, dass die empirisch gewonnenen Erkenntnisse zurückgewiesen würden, die Kritik artikulierte sich vielmehr in der Frage, ob die empirisch gewonnenen Erkenntnisse das Predigtgeschehen präzis genug zu beschreiben vermögen. Empirische Forschung macht quantitative Aussagen. Sie erhebt Stichproben, die verallgemeinert werden. Und sie führt zu Typenbildungen, die – zu sicher hilfreichen – Abstraktionen führen. Doch lässt sich damit die Predigt als religiöse Rede angemessen abbilden? Religion hat ja mit sehr intimen Erfahrungen zu tun, die gerade nicht verallgemeinert und typisiert werden können, ohne ihren Charakter als religiöse Erfahrungen zu verlieren. Innerhalb des empirischen Forschungsansatzes selbst wurde dieses Defizit durchaus gesehen, und es wurde deshalb versucht, dieses Defizit durch eine methodische Erweiterung zu beheben. In empirischen Studien werden den *quantitativen* Erhebungen, die sicher ihr bleibendes Recht behalten, zunehmend *qualitative* Untersuchungen (etwa in Gestalt von Einzelinterviews) an die Seite gestellt, die dem Besonderen und Individuellen ihren Platz einräumen sollen.

Doch es bleibt die Frage, ob diese Selbstkorrektur innerhalb des empirischen Ansatzes das genannte Defizit wirklich zu beheben vermag. Deshalb wurde der Versuch unternommen, einer empirisch orientierten Homiletik den Ansatz einer phänomenologisch orientierten Homiletik nicht entgegen, wohl aber an die Seite zu stellen.

Das, was wir im wissenschaftlichen Kontext Phänomenologie nennen, geht auf den Philosophen Edmund Husserl (1859-1938) zurück. Sein Ansatz wurde im 20. Jahrhundert durch Maurice Merleau-Ponty (1908-1961) und Bernhard Waldenfels (geb. 1934) weiterentwickelt. Die Phänomenologie richtet unsere Aufmerksamkeit auf den Sachverhalt, dass wir uns unseren Blick auf die Dinge – die »Phänomene«! – oft durch Alltagsroutine und wissenschaftlich formierte Zu-

Das homiletische Kommunikationsgeschehen

gangsweisen verschatten. Im Alltag, aber auch in der Wissenschaft ist klar und eindeutig, was die Dinge sind. Die Phänomenologie möchte diese Selbstverständlichkeit in Frage stellen. Es ist eben nicht klar und eindeutig, was die Dinge sind. Paradox formuliert könnte man sagen: Die Phänomenologie möchte den trüben Schleier einer selbstverständlichen Klarheit und Eindeutigkeit zerreißen. An deren Stelle soll eine neue vorsichtige Aufmerksamkeit treten. Husserl hat dieses philosophische Programm in den prägnanten Worten »Zurück zu den Sachen selbst« zugespitzt. Natürlich wusste Husserl, dass dies nicht naiv geschehen kann. Man kann auf die Phänomene nicht einfach zustolpern. Es bedarf der Klärung, unter welchen Voraussetzungen und mit welchen Intentionen wir die Dinge in den Blick nehmen. Phänomenologie thematisiert also den gesamten Vorgang unserer Wahrnehmung. Die Phänomene sollen mittels einer reflektierten Wahrnehmung unverstellt in den Horizont unserer Aufmerksamkeit geraten.

Der methodische Ansatz der Phänomenologie schien besonders geeignet zu sein, den subtilen Phänomenen religiöser Erfahrung gerecht zu werden. Deshalb hat sich bereits in der ersten Hälfte des 20. Jahrhunderts eine religionsphänomenologische Schule herausgebildet, die der theologischen und religionswissenschaftlichen Forschung wichtige Impulse gegeben hat. In der neueren homiletischen Diskussion hat vor allem Hans-Günter Heimbrock Impulse der Phänomenologie aufgenommen. Er begreift Predigen als »Wahrnehmungsgeschehen und als wahrnehmenden Gestaltungsprozess im Austausch mit den ZuhörerInnen in einer konkreten Situation« (Heimbrock 2003, 181). Einer phänomenologisch orientierten Homiletik müssen damit die Hörerinnen und Hörer der Predigt konstitutiv in den Blick geraten. Über Predigt kann gar nicht gesprochen werden, ohne die Hörenden und deren Anteil am Predigtgeschehen zu thematisieren. Dabei geraten die HörerInnen auf zweifache Weise in den Blick. In ihren Lebenswelten müssen die Phänomene religiöser Erfahrungen und Äußerungen sorgfältig wahrgenommen werden. Darin erschöpft sich jedoch die Bedeutung der Hörerinnen und Hörer für die Entstehung der Predigt nicht. Sie treten nicht nur als Adressaten der Predigt auf, sondern als am Entstehensprozess der Predigt aktiv Beteiligte. Neben dem lebensweltlichen Blick der Predigenden, dem Expertenblick gewissermaßen, plädiert Heimbrock für die Einnahme eines gleichsam externen Hörenden-Blicks durch den Prediger, die Predigerin: »Die Arbeit [sc. beim Entstehen einer Predigt] beginnt also nicht mit der Expertenperspektive, sondern sinnvollerweise eher mit der homiletisch untrainierten Sicht von Laien, mit dem ›schrägen Blick‹, mit alltagsethnografischen Wahrnehmungen. Aber auch diese Nichtexperten haben Vorerfahrungen und Vorwissen über das Predigen, nicht so sehr über den Begriff, sehr wohl dagegen über Predigen als lebendiges Geschehen. Und dieser Laienblick ist ernst zu nehmen, z. B. wenn jemand sagt: ›der hat die Leute ja bloß angepredigt‹. Denn er kann – ohne professionell trainierte Kompetenz zur Analyse der kommunikativen Fähigkeiten – Schwächen im Habitus eines Predigers sehr wohl auf-decken« (210).

Es ist Aufgabe des Predigers, der Predigerin in der Predigt dieser doppelten Rolle der HörerInnen – als Expertinnen der Lebenswelt und als Experten des Predigthörens – gerecht zu werden. Predigen heißt, dieses Wahrnehmungs-geschehen in Sprache zu überführen. In der sprachlichen Gestalt der Predigt begegnet dann den Hörenden aber nicht etwas, was sie immer schon wissen, sondern ihnen wird eine Welt angeboten, in der sie Entdeckungen machen können: »Eine gelungene homiletische Beschreibung macht sichtbar in Worten, sie lässt uns sehen, was wir ohne sie nicht sehen würden« (202).

Weiterführende Literatur

W.-E. Failing u. a. (Hg.), Religion als Phänomen. Sozialwissenschaftliche, theologische und philosophische Erkundungen in der Lebenswelt, Berlin / New York 2001

(3) *Lebenswelten:* In einer Predigt Martin Luthers aus dem Jahre 1544 findet sich folgende Passage: »Unser Haus, Hof, Acker, Garten und alles ist voll Bi-bel, da Gott durch seine Wunderwerke nicht allein predigt, sondern auch un-sere Augen öffnet, an unsere Sinnen rührt und uns gleichsam ins Herz leuch-tet, wo wirs haben wollen« (WA 49, 434). An dieser Aussage Luthers sind für unseren Zusammenhang zwei Dinge von Bedeutung. Zum einen wie eng Lu-ther die menschliche Lebenswelt (Haus, Hof, Acker, Garten) mit dem Offen-barungszeugnis Gottes verbindet. Dieses Offenbarungszeugnis Gottes liegt zum anderen nicht einfach vor Augen. Es muss – mit der Hilfe Gottes – re-cherchiert werden. Die menschlichen Lebenswelten können also zum Ent-deckungshorizont für das Offenbarungszeugnis Gottes werden.

Der Begriff der »Lebenswelt« seinerseits taucht im geisteswissenschaftli-chen Kontext bezeichnenderweise in einem solchen Entdeckungshorizont auf. Soziologen wie Georg Simmel und Theologen wir Ernst Troeltsch ver-wenden den Begriff, um die Pluralisierungsprozesse, die die industrielle Mo-derne mit sich bringt, nachzuzeichnen. Als präzisen philosophischen Termi-nus verwendet ihn Edmund Husserl, um den Aufbau der alltagsweltlichen Erfahrung von uns Menschen zu beschreiben. Gegenwärtig wird der Begriff verbreitet verwendet, verliert dabei allerdings auch etwas an seiner begriff-lichen Schärfe. In der Regel dient der Begriff dazu, das Verflochtensein von uns Menschen in unsere alltagspraktischen Zusammenhänge zu benennen, die allen theoretischen Zugriffen vorausliegen. In diesem Sinne wird der Be-griff »Lebenswelt« auch in praktisch-theologischen Zusammenhängen ge-braucht.

Bereits Luthers Predigt kann uns darauf aufmerksam machen, dass lebensweltliche Zusammenhänge, so sehr sie uns auf eine selbstverständliche Art und Weise bestimmen, ihrerseits nicht auf selbstverständliche Art und Weise in den Blick geraten. Lebenswelten, wie die Arbeitswelt oder die Genderwelten (→ 3.3.2.3) können in der Predigt präzise in den Blick geraten, sie können in der Predigt aber auch verfehlt werden. So sehr die Forderung, dass eine Predigt in die Lebenswelten der Menschen hineinsprechen muss, homiletisch unbestritten ist, so wenig selbstverständlich ist es, dass dies auch geschieht. Der Zusammenhang von Lebenswelt und Predigt ist offensichtlich äußerst prekär. Dies zeigt sich exemplarisch daran, wie die Arbeitswelt in Predigten thematisch wird. Dazu hat Helmut Barié eine aufschlussreiche Studie vorgelegt (Barié 1989). Er hat als Leiter von Vikariatskursen einhundert Predigten auf die Thematik der Arbeitswelt hin analysiert. Das Ergebnis ist ernüchternd. Zum einen fällt auf, dass das Thema der Arbeitswelt (für viele der Hörerinnen und Hörer ein Bereich, in dem sich ein beträchtlicher Teil ihres Lebens abspielt) in den Predigten eher am Rande thematisch wird. Dort, wo sie thematisch wird, ist sie oft verkürzt oder verzerrt beschrieben. Und dort, wo sie beschrieben wird, ist sie mit theologischen Überlegungen – wenn überhaupt – oftmals auf nicht sehr überzeugende Weise verbunden.

Dass das Resultat der Studie von Barié so ernüchternd ausfällt, hat sicher damit zu tun, dass sich die lebensweltlichen Erfahrungen von Predigerinnen und Predigern in diesem Kontext von denen der Hörerinnen und Hörer der Predigt nachhaltig unterscheiden. Das Beispiel der Thematisierung der Arbeitswelt in der Predigt zeigt, wie unabdingbar es ist, dass Predigende sich ernsthaft auf den Entdeckungshorizont von Lebenswelten ihrer HörerInnen einlassen, und dies gerade dort, wo diese Lebenswelten ihnen selbst eher fremd sind.

(4) Widerstand als Produktivkraft: Die Hörerinnen und Hörer der Predigt sind nicht nur das freundliche Gegenüber der Prediger, der Predigerinnen. Wenn sich Eltern vor dem Kindergarten über die letzte Sonntagspredigt unterhalten, so finden sie oft sehr deutliche Worte der Kritik. Aber es klingt auch nicht immer freundlich, wenn Pfarrerinnen und Pfarrer sich bei Wein am späten Abend eines Pfarrkonvents über die Menschen austauschen, die den Gottesdienst besuchen. Man sollte dies sicher nicht dramatisieren, noch weniger jedoch bagatellisieren, sondern nüchtern in den Blick nehmen. Predigende und Hörende stehen sich in einem spannungsreichen Verhältnis gegenüber. Ich plädiere dafür, diesen Tatbestand zu einem fruchtbaren Movens im Entstehensprozess der Predigt selbst zu machen.

Ein Beispiel dafür können die *Konfirmandinnen und Konfirmanden* sein. Sie sind den Pfarrerinnen und Pfarrern in eben jener spannungsreichen Beziehung verbunden, von der hier die Rede war. Sie machen es ihren Pfarrerinnen und Pfarrern oft nicht einfach und erinnern sich dennoch – so zeigen es die empirischen Umfragen – später gerne an den Unterricht und vor allem an die Person ihres Konfirmators, ihrer Konfirmatorin. Und sie sind ihrerseits oft die AngstpartnerInnen gerade der PfarrerInnen, die dann am Nachmittag der Konfirmation mit Wehmut daran denken, dass sie viele derer, die sie heute Morgen konfirmiert haben, nun kaum noch oder wenigstens seltener sehen werden. Am zugespitztesten ist dieses Verhältnis im Gottesdienst. Konfirmandinnen und Konfirmanden sind mit Sicherheit nicht die kommodesten Hörerinnen und Hörer der Predigt. Und gleichwohl könnten sie zu einem produktiven Movens bei der Entstehung einer Predigt werden. Auch dazu hat Helmut Barié eine instruktive Studie vorgelegt. Er plädiert dafür, in den KonfirmandInnen gerade nicht den Ausnahmefall zu sehen, sondern die »normalen« Hörenden der Predigt. Diese These wird sofort plausibel, wenn man davon ausgeht, »dass es die normale Situation gottesdienstlicher Predigt sei, auch vor ›Uneingeweihten‹ und ›Ungläubigen‹ und auch für sie laut zu werden, und dass die Konfirmanden ein unübersehbarer Hinweis auf die Normalität dieser Situation seien […] Die Orientierung am Konfirmanden bewahrt vor dem Vergessen des – von W. Neidhart so genannten – ›volkstümlichen Menschen‹ unter den Predigthörern und auch vor der Überschätzung der Rezeptionsfähigkeit von Predigthörern mit hoher formaler Bildung« (Barié 1988, 32). Mögen diese Sätze auch ein wenig so klingen, als seien es vor allem die Defizite der KonfirmandInnen, die für den Prediger bedeutsam würden, so zeigen die weiteren Überlegungen Bariés, dass es gerade auch um das homiletische Anregungspotential der positiven Qualitäten der KonfirmandInnen geht. Ihre lebensweltlichen Aussagen, ihr Gespür für sprachliche Schwächen und für Glaubwürdigkeitsdefizite der Predigt können dem Prediger, der Predigerin Anlass zu Einfällen vor einer leeren Manuskriptseite wie zu kritischer Durchforstung eines bereits erstellten Manuskript werden (Barié 1988, 36-42).

Ein ganz anderer Bereich, in dem das spannungsreiche Verhältnis von Predigenden und Hörenden zu einem konstruktiven Faktor im Entstehensprozess einer Predigt gemacht werden kann, ist das sogenannte *Predigtnachgespräch*. Nach einer homiletischen Hochkonjunktur dieser Gesprächsform in den späten 60er- und 70er-Jahren des vergangenen Jahrhunderts steht gegenwärtig das Predigtnachgespräch mit Sicherheit nicht im Zentrum des homiletischen Interesses. Gleichwohl verdient auch diese Form homiletischer Arbeit eine Würdigung.

In einer breit angelegten empirischen Studie hat Abraham Roelofsen die Chancen des Predigtnachgesprächs ausgelotet und fasst das Ergebnis mit folgenden Worten zusammen: »Die Untersuchung hat gezeigt, dass die Frauen und Männer in den Gemeinden ihre Vorstellungen vom Verständnis der Schrift einbringen können. In der gemeinsamen Suche nach Antworten auf die Fragen, die sich für das eigene und das Glaubensleben der Kirche stellen, zeigen sie eine große Offenheit füreinander und kooperative Kritikfähigkeit in der inhaltlichen und emotionalen Auseinandersetzung. Unter theologischen Gesichtspunkten zeigt sich, dass sich in den Predigtnachgesprächen die Grundgesten der Kirche realisieren, Leiturgia, Martyria, Diakonia und Koinonia« (Roelofsen 2000, 336).

Auch wenn man gegenüber diesem äußerst positiven Resümee von den eigenen Erfahrungen und anderen Untersuchungen her vielleicht etwas zurückhaltender formulieren möchte, bleibt das Predigtnachgespräch eine homiletische Möglichkeit, die jeder Prediger und jede Predigerin gelegentlich nutzen sollte. Das Predigtnachgespräch ist eine Wahrnehmungsschule, in der die Predigenden den Hörerinnen und Hörern der Predigt in ihrer Reaktion auf die Predigt und ihren homiletischen Erwartungen und Enttäuschungen authentisch begegnen können. Das Predigtnachgespräch kann Phantasien und (Vor-)Urteile, die unter Predigenden weit verbreitet sind, korrigieren und in eine realistische Perspektive überführen.

3.3.1.2 Die »Erfindung« der Hörerinnen und Hörer

In einer gewissen Gegenläufigkeit zu den im vorigen Unterkapitel dargestellten Perspektiven ist andererseits zu betonen, dass die empirische Dimension allein dem homiletischen Stellenwert der Hörerinnen und Hörer nicht gerecht zu werden vermag. Gerade die empirische Erforschung des Hörens einer Predigt führt uns zu theologischen Überlegungen, die eine rein empirisch orientierte Homiletik zu überschreiten nötigen. Man kann dies an dem angeführten Zitat Martin Luthers deutlich machen: »Unser Haus, Hof, Acker, Garten und alles ist voll Bibel, da Gott durch seine Wunderwerke nicht allein predigt, sondern auch unsere Augen öffnet, an unsere Sinnen rührt und uns gleichsam ins Herz leuchtet, wo wirs haben wollen« (WA 49, 434). Auf der einen Seite rät Luther – auch wenn ihm dafür der neuzeitliche Begriff des Empirischen noch nicht zur Verfügung steht – den Predigenden, sich zu empirischen Erkundungsgängen aufzumachen. Haus, Hof, Acker und Garten sollen homiletisch »erforscht« werden. Allerdings reicht dafür der empirische Blick allein nicht aus. Gott muss den Predigenden die Augen öffnen. Die Metapher vom Augen-Öffnen durch Gott deutet an, dass an den Hörerinnen und Hörern der Predigt mehr zu entdecken ist als allein das, was gegenwärtig der Fall ist.

Wo Gott den Menschen die Augen öffnet, scheint an der Realität mehr auf, als diese Realität von sich aus zu zeigen vermag. Wie kann dieses »Mehr« homiletisch genauer beschrieben werden? Zunächst einmal geht es darum, einer gewissen »homiletischen Falle« zu entgehen. Diese besteht darin, dass viele Predigende das, was sie eigentlich beklagen, in ihrer Predigt nur verstärken. Oft kann man von Pfarrerinnen und Pfarrern hören, dass ihre Hörer eine »anspruchsvolle« Predigt, was immer auch darunter zu verstehen sei, nicht honorieren würden. Deshalb verfassen sie Predigten mit einem ermäßigten intellektuellen und sprachlichen Anspruch, weil sie davon ausgehen, dass die Hörenden dies erwarten, um sich hinterher dann wieder über das geringe Anspruchsniveau zu beklagen. Es ist einsichtig, dass es sich hier um einen heimtückischen *circulus vitiosus* handelt. Predigende setzen eine Erwartung voraus, unter der sie eigentlich leiden, erfüllen aber diese Erwartung, bestätigen sie damit und verstärken sie mit jeder weiteren Bestätigung. Wer sich in der Predigt auf das vermeintlich oder wirklich Vorfindliche nur einlässt, der verdoppelt diese Vorfindlichkeit nur. Eine Predigt, in der aber nur das laut wird, was ohnehin schon der Fall ist, ist eine überflüssige Predigt. Eine solche Predigt sieht nur Haus, Hof, Acker und Garten, übersieht aber, dass dies alles – in den Worten Martin Luthers – »voll von Bibel« ist. Um dieses »voll von Bibel« entdecken zu können, bedarf es eines Blickes auf die HörerInnen, der mehr an ihnen sieht, als der ausschließlich »empirische Blick« zu sehen vermag. Eine Predigt nimmt mehr an den Hörerinnen und Hörern wahr als nur das, was der Fall ist. In gewisser Weise muss die Predigt ihre Hörerinnen und Hörer deshalb »erfinden«.

Was meint die Rede von der »Erfindung des Hörers, der Hörerin in der Predigt«? Um dies näher auszuführen, soll auf die Theorie vom »impliziten Leser«, wie sie Wolfgang Iser entfaltet hat, eingegangen werden. Diese Theorie besagt, dass ein literarischer Text seinen Leser, seine Leserin nicht einfach nur als künftigen Adressaten »voraussetzt«, sondern ihn in gewisser Weise erst »erschafft«.

Max Frisch hat das Verhältnis von Schriftsteller und Leser als ein höchst ambivalentes beschrieben. Die »erfundene« Leserin wirkt wie eine lebendige Person auf den Schriftsteller zurück. Die Schriftstellerin ist dem von ihr selbst erfundenen Leser gleichsam ausgeliefert: »Der erste schöpferische Akt, den der Schriftsteller zu leisten hat, ist die Erfindung seines Lesers. Viele Bücher missraten uns nur schon darum, weil sie ihren Leser nicht erfinden, sondern einen Allerweltsleser ansprechen, den es gibt, oder wir erfinden einen Leser, der uns gar nicht bekommt: er macht uns böse oder rechthaberisch oder hochmütig von vornherein, jedenfalls unfrei, er zwingt uns, beispielsweise, zur Gescheitelei, weil er, obschon von uns erfunden, uns imponiert, so dass auch wir, statt uns auszudrücken, vor allem imponieren wollen. Dies, und ähnliches in vielen Variationen, ergibt keine Partnerschaft. Was der Schriftsteller sich unter seinen Lesern vorstellt, wieviel Treue er aufbringt zu diesem Du, das nie als leibhaftige Person auftritt und uns nie einen Brief schreibt, wieviel an Partnerschaft ich mir zumute und aushalte, wieviel an lebendiger Gegenseitigkeit, die mich widerlegt von Satz zu Satz und bindet, so dass

Das homiletische Kommunikationsgeschehen

ich mich immer wieder befreien muss, und die mich nach jeder Befreiung wieder in Frage stellt und mich eben dadurch zur Reife treibt, soweit sie mir möglich ist, dies ist für den Schriftsteller eine Frage auf Gedeih und Verderb, eine Ehe-Frage mehr als eine Talent-Frage« (Frisch 1967, 65 f.). Was Frisch hier für das literarische Verhältnis von AutorIn und LeserIn schreibt, ließe sich in seiner Grundstruktur problemlos auf das Verhältnis von PredigerIn und HörerIn übertragen.

Die Pointe der Theorie vom impliziten Leser, der impliziten Leserin besteht darin, dass der Leser nicht allein im Kopf der Schriftstellerin erschaffen wird, sondern dass sich dies im Text selbst gleichsam abbildet und verobjektiviert. Nicht die Schriftstellerin sagt in einer nachträglichen Interpretation ihres Textes, so wünsche ich mir meinen Leser, sondern der Text selbst »erschafft« sich diesen Leser. Es muss also an der Gestalt des Textes ohne Hilfe einer interpretierenden Autorin ablesbar sein, welche Leser der Text generiert. Diesem Vorgang versuchte Wolfgang Iser mit seiner Theorie des impliziten Lesers auf die Spur zu kommen. Iser geht davon aus, dass literarische Texte »so konstruiert sind, dass sie keine der ihnen von uns zugeschriebenen Bedeutungen restlos bestätigen, obgleich sie uns durch ihre Struktur ständig zu solchen Sinngebungsakten verleiten« (Warning 1979, 249 f.). Literarische Texte versetzen uns in eine Bewegung der Sinndeutung, die vorgängigen Sinn in Frage stellt und neuen Sinn zu schaffen anleitet. Das heißt: Der literarische Text setzt uns selbst und unser Selbstverständnis in Bewegung. Diese Bewegung ist nicht beliebig, da sie von den Textsignalen gelenkt wird. Diese Bewegung ist jedoch nicht festgeschrieben, da sie ja auf mein vorgängiges individuelles Sinnverständnis trifft und meine *eigene* Sinndeutung provoziert. Ich bin im Text als impliziter Leser in Anspruch genommen, ich bin dies jedoch in meiner unverwechselbaren Identität. Insofern bin ich im Leseakt *innerhalb* und gleichzeitig *außerhalb* meiner selbst. Und deshalb bin ich im Akt des Lesen immer schon mehr als ohne diesen Leseakt.

Die Theorie des impliziten Lesers, der impliziten Leserin soll an einem Beispiel verdeutlicht werden. Als Text dient dabei der Anfang von Thomas Manns Novelle »Der Erwählte«:

»Glockenschall, Glockenschall supra urbem, über der ganzen Stadt, in ihren von Klang überfüllten Lüften! Glocken, Glocken, sie schwingen und schaukeln, wogen und wiegen ausholend an ihren Balken, in ihren Stühlen, hundertstimmig, in babylonischem Durcheinander [...]
Wer läutet die Glocken? Die Glöckner nicht. Die sind auf die Straße gelaufen wie alles Volk, da es so ungeheuerlich läutet. Überzeugt euch: die Glockenstuben sind leer. Schlaff hängen die Seile, und dennoch wogen die Glocken, dröhnen die Klöppel. Wird man sagen, dass *niemand* sie läutet? – Nein, nur ein ungrammatischer Kopf ohne Logik wäre der Aussage fähig. ›Es läuten die Glocken‹, das meint: sie werden geläutet, und seien die Stuben auch noch so leer. – Wer also läutet die

Glocken Roms? – *Der Geist der Erzählung.* – Kann denn der überall sein, hic et ubique …? Allerdings, das vermag er. Er ist luftig, körperlos, allgegenwärtig, nicht unterworfen dem Unterschiede von Hier und Dort. Er ist es, der spricht: ›Alle Glocken läuten‹, und folglich ist er's, der sie läutet. So geistig ist dieser Geist und so abstrakt, dass grammatisch nur in der dritten Person von ihm die Rede sein und es lediglich heißen kann: ›Er ist's.‹ Und doch kann er sich auch zusammenziehen zur Person, nämlich zur ersten, und sich verkörpern in jemanden, der in dieser spricht: ›Ich bin es. Ich bin der Geist der Erzählung, der, sitzend an seinem derzeitigen Ort, nämlich in der Bibliothek des Klosters Sankt Gallen im Alemannenlande, wo einst Notker der Stammler saß, zur Unterhaltung und außerordentlicher Erbauung diese Geschichte erzählt, indem ich mit ihrem gnadenvollen Ende beginne und die Glocken Roms läute, id est: berichte, dass sie an jenem Tage des Einzugs sämtlich von selber zu läuten begannen.‹

Damit aber auch die zweite grammatische Person zu ihrem Rechte kommt, so lautet die Frage: Wer bist du denn, der Ich sagend an Notkers Pulte sitzt und den Geist der Erzählung verkörpert? – Ich bin Clemens der Ire, ordinis divi Benedicti, zu Besuch hier als brüderlich aufgenommener Gast und Sendbote meines Abtes Kilian vom Kloster Clonmacnois, meinem Hause in Irland, damit ich die alten Beziehungen pflege, welche seit Columbanus und Gallus Tagen fortwalten zwischen meiner Heimat und dieser festen Burg Christi.«

Der Text nimmt mich zunächst einmal an die Hand und führt mich nach Rom. Der Text macht also etwas mit mir. Er »erschafft« oder »erfindet« mich als Rom-Reisenden. Damit ist ein erster Grad von Bestimmtheit erzeugt. Ich reise nach Rom und nicht nach New York oder in die Provence. Nach Rom reise ich aber als der, der seine individuellen Bilder von Rom von seinen Reisen oder von Bildbänden im Kopf hat. Mit allen LeserInnen des Textes verbindet mich die Romreise, aber es ist zugleich eine individuelle Romreise. Ich höre Glocken. Aber ich höre die Glocken anders als die Glocken, die durch das Fenster bei der Lektüre dringen. Ich höre die Glocken literarisch. Sie mischen sich vielleicht mit den Glockenklängen meiner Heimatkirche oder mit den Glocken, die ich von meiner letzten Romreise im Ohr habe. Und dann versetzt mich die Erzählung in eine Distanz. Sie unterbricht den Glockenklang in meinem Kopf durch die Frage, wer denn die Glocken läute. Dadurch werde ich erinnert, dass offensichtlich noch etwas Weiteres im Spiel ist, neben dem Text, mir als Leser und dem Glockenklang. Ich weiß jetzt, dass ich einen *erzählten* Glockenklang höre. Doch wer erzählt? Es ist die Eigenart des vorliegenden Textes von Thomas Mann, dass er an dieser Stelle ein vielschichtiges Spiel beginnt. Ich werde vom Text als einer erschaffen oder erfunden, der diesem vielschichtigen Spiel offensichtlich gewachsen ist. Der Text erfindet mich als ästhetisch-literarisch kompetenten Leser. Und das Spiel mit den Erzählern erweitert diese Reise in die klösterliche Welt von St. Gallen und Irland – mit all den Anmutungen, die damit verbunden sind. Und natürlich weiß ich auch, dass das Ganze von Thomas Mann erzählt wird und wie er literarisch und zeitgeschichtlich einzuordnen ist. Die wenigen Eingangssätze erfinden mich also als Leser auf vielfältige Weise. Nicht alle möglichen Erfindungen hat der Text in mir wachgerufen. Und auch meine Abschweifungen sind noch nicht bedacht. Gleichwohl ist dieser in diesem Moment der Lektüre *erfundene*

         Das homiletische Kommunikationsgeschehen

Leser kein *zufälliger* Leser. Das Meiste ist im Text angelegt, vieles ist in mir angelegt. Manches wurde ganz unwillkürlich in mir wachgerufen, manches habe ich erzeugt, weil ich das so wollte. Es ist also eine Mischung aus Geleitet-Sein und Frei-Gehen, eine Mischung aus Einwirkung und eigener Freiheit. Jürgen Habermas hat in einem anderen Zusammenhang einmal vom »zwanglosen Zwang« des besseren Arguments gesprochen. Die Theorie des impliziten Lesers erinnert an den zwanglosen Zwang, der vom Text auf die Lesenden ausgeht. Ein literarischer Text erschafft oder erfindet auf dem Weg dieses zwanglosen Zwanges seine Leserinnen und Leser. Sie sind dem Text implizit und gleichwohl frei.

So wie es in einem Text einen impliziten Leser, eine implizite Leserin gibt, so hat auch jede Predigt ihre impliziten HörerInnen. Dies gilt zunächst einmal für die allsonntägliche Hörerfahrung. Ich höre Predigten, wo ich nach wenigen Sätzen weiß, dass mich die Predigerin als einen anspricht, der ermahnt werden muss. Die Predigt stellt mich als impliziten Hörer in einen ethischen Horizont. Und dann höre ich eine Predigt, in der mich der Prediger mit tröstenden Bildern geradezu überschüttet. Diese Predigt nimmt mich als impliziten Hörer als Adressat der Seelsorge in Anspruch. Auf vielfältige Weise werden also die Predigthörenden als implizite Hörerinnen und Hörer von *jeder* Predigt »erschaffen«, ob die Predigenden dies wissen oder nicht.

Von der faktischen Ebene ist die normative Ebene zu unterscheiden. Dass etwas geschieht, bedeutet noch nicht, dass es gut ist, dass dies so geschieht. Homiletisch gesehen ist jedoch die Tatsache des impliziten Hörers, der impliziten Hörerin insofern bedeutsam, als diese Tatsache uns vor eine bestimmte homiletische Aufgabe stellt. Predigt soll die Vorfindlichkeit der Hörenden nicht einfach nur verdoppeln, sondern die Predigt muss die Tatsache der impliziten HörerInnenschaft theologisch reflektiert gestalten. Rudolf Bohren hat diesen Gestaltungsprozess als die Aufgabe der »Erfindung des Hörers« (Bohren 1986, 465-469) bezeichnet. Der Hörer und die Hörerin werden in der Predigt insofern »erfunden«, als sie in ein Licht gestellt werden, das sie von sich aus so vielleicht noch gar nicht sehen.

Bohren rückt diesen homiletischen Sachverhalt in den Zusammenhang der Prädestinationslehre und kann so die Differenz zwischen dem *Auffinden* der Hörenden in ihrer aktuellen Situation und der notwendigen *Erfindung* der Hörenden in der Predigt profilieren: »Bevor ich das Kreuz predige, muss ich wissen, inwiefern es die Lage des Hörers bestimmt. Ansonsten lasse ich mich durch die Situation des Hörers verführen. Bevor ich das Evangelium predige, muss ich bedenken, wie sehr sein Inhalt die Lage des Hörers schon verändert hat. Ansonsten vergesetzliche ich das Evangelium. Die Werkerei des Menschen verdunkelt und überlagert dann das Werk Gottes, und Gott wird zum menschlichen Götzen, der erste Hörer aber wird ignoriert; nun kann ich so situationsgerecht reden, wie ich will, ich verfehle meinen Hörer. Dieser mag sich angesprochen, verstanden fühlen, er wird damit nur gemeinsames Missverstehen anzeigen. In Gottes Gnadenwahl aber erkenne ich die verborgene Wahrheit meines Hörers! Dies ist die Vorgabe, die ich dem Hörer gegenüber zu leisten habe, dass ich ihn nicht außerhalb des gekreuzigten Christus sehe, sondern in ihm, mit ihm, durch ihn. Nur auf diese Weise verstehe ich meinen Hörer, dass ich Christus zu ihm rechne und ihn zu Christus. [...] Im Erkennen des Gekreuzigten erkennt der Prediger seine Hörer als zum Heil erwählte. Vom Kreuz her erhellt ein Blitz querweltein alle Hörer des Evangeliums, in diesem Licht erscheint der Hörer dem Prediger tatsächlich in einem neuen Licht. Dieses Licht hilft dem Prediger zu einem neuen Entwurf des Hörens, indem es anzeigt und deutlich macht, wozu der Hörer bestimmt und erwählt ist. So lernt der Prediger, seinen Hörer zu projizieren, indem er erkennt, was Gott mit ihm vorhat« (468).

Die Rede von der »Erfindung des Hörers« markiert also eine Bewegung, die in jeder Predigt am Werk sein muss. Predigt »erfindet« ihre Hörerinnen und Hörer in den Möglichkeitshorizont Gottes hinein. Predigt hat als implizite HörerInnen Menschen, die als von Gott geliebte Menschen angesprochen werden. Deshalb genügt die empirische Entdeckung der Lebensbedingungen der Hörerinnen und Hörer allein nicht.

Dieses »Mehr« der Erfindung des Hörers und der Hörerin, das von der Predigt zu erwarten ist, bedarf der sprachlichen Gestaltung. Implizite Leser eines literarischen Textes, implizite Hörerinnen einer Predigt entstehen durch die sprachlichen Signale, die von einem Text, einer Predigt ausgehen. Exemplarische Beispiele dafür können die Gleichnisse Jesu sein. Sie sind sprachliche Kunst-Stücke, die zwischen Literatur und Predigt stehen. Die Gleichnisse Jesu nehmen vertraute Elemente der Alltagswelt auf und gestalten diese zu einem Sprachzusammenhang, der eben die Vertrautheit der Alltagswelt sprengt und doch mit deren Vertrautheiten sprachlich arbeitet. Wer sich in die Vertrautheiten der Gleichniswelt Jesu begibt, findet sich sehr schnell an einen anderen »unvertrauten« Ort versetzt, der gleichwohl die alten Vertrautheiten nicht desavouiert, sondern sie in ihr Alltagsrecht erst einsetzt. Die Erfindung des Hörers und der Hörerin vollzieht sich in dem Sprach-Spiel der Predigt in der Spannung von Vertrautheit und Nicht-Vertrautheit.

Als Beispiel für eine solche Erfindung des Hörers, der Hörerin kann eine Predigt Eduard Thurneysens dienen. Die Predigt wurde am Konfirmationssonntag des 13. April 1924 in Bruggen-Winkeln (Aargau) gehalten. Konfirmation war damals ein noch sehr viel mehr ausgeprägter rite de passage als heute. Für die meisten Konfirmandinnen war es der Übergang von der Schule ins Berufsleben mit all den damit verbundenen Ambivalenzen. Konfirmationsgottesdienste sind auch heute noch für PredigerInnen eine versuchliche Situation mit einem Schwanken zwischen Anbiederung und hochtönenden Ermahnungen. Wie meistert Thurneysen diese Situation? Seine Predigt beginnt mit folgenden Worten:
»Ich muss in dieser Stunde an eine Geschichte denken, die mir einmal einer als das wichtigste Erlebnis aus seiner Jugendzeit erzählt hat. Der Betreffende, damals

ein Student, war ein leidenschaftlicher junger Mensch, mächtig hin- und hergeworfen von allem, was ihn bewegte, geplagt von Fragen und Zweifeln: also jedenfalls kein gefestigter, seines Lebens sicherer, sondern ein erst mühsam um Halt ringender und suchender Mensch. Und nun saß er einmal unter dem Pult oder der Kanzel eines ehrwürdigen Lehrers. Und dieser Lehrer behandelte gerade die Geschichte von König David aus dem Alten Testament. Er erzählte seinen Zuhörern, wie dieser biblische König gar kein besonders reines, heiliges, vorbildliches Leben geführt habe. Er erinnerte an sein blutbeflecktes Schwert und an die düstere Geschichte seines Ehebruchs, schloss dann aber mit der Bemerkung: und trotzdem sei dieser David Gott recht gewesen und stehe als gewaltige Erscheinung vor unsern Augen. Denn David – sagte er – habe bei allen seinen Irrtümern, in allen seinen Leidenschaften und Sünden ein Pünktlein in seinem Leben gehabt, wo er mit Gott zusammengehangen habe. Und das sei das Entscheidende an ihm; darauf komme es einzig an; alle Torheiten und Fehler und Stürme, durch die das Leben hindurchführe, könnten uns schließlich nichts schaden, wenn dieses Pünktlein da sei, wenn dieser Faden nicht reiße, an dem auch wir mit Gott zusammenhängen. – Damit schloss der Lehrer seine Betrachtung, erhob sich und schickte sich an, den Saal zu verlassen. Da, im Hinausgehen bemerkte er meinen Freund, der auf einem der vordersten Plätze saß. Er blieb noch einen Augenblick stehen, sah ihn an und sagte ganz einfach, aber eindringlich zu ihm: ›du hast dies Pünktlein auch!‹ Damit ging er hinaus. Mein Freund bekannte: dieses Wort, das der Lehrer ganz unerwartet noch zu ihm gesprochen habe, sei ihm unvergesslich geworden. Damit habe er ihm eigentlich das Leben gerettet. Denn durch alle Stürme und Kämpfe seiner weitern Entwicklung hindurch habe ihn das nicht mehr losgelassen. Er habe auch in den schwierigsten Augenblicken, auch auf den tiefsten Stufen immer daran denken müssen: auch du hängst mit Gott zusammen« (Thurneysen 1982, 190 f.).

Dieser Predigtanfang ist eine Mischung aus Entdeckung und Erfindung der Hörer und Hörerinnen. Auf feine Weise spricht Thurneysen die spezifische Situation seiner Konfirmanden an: Ein Freund, also einer der dem Prediger nahe ist, sitzt nach dem Unterricht immer noch in der Schule und zögert, das Klassenzimmer zu verlassen – die exemplarische Situation der KonfirmandInnen von Thurneysen als eine konkrete Szene imaginiert. Der Lehrer, der den »Sitzengebliebenen« anspricht, wird diesem offensichtlich zum »Freund«, sowie auch der Prediger seinen Hörenden zum Freund werden will. Die exemplarische Situation bildet den ersten gedanklichen Abschnitt der Predigt. Und auch am Anfang steht die exemplarische Situation: der hin- und her gerissene junge Mensch in seiner Leidenschaft. Zweimal werden die Hörenden von Thurneysen im ersten Predigtabschnitt entdeckend identifiziert. Aber die Predigt belässt es nicht bei dieser zweifachen entdeckenden Identifikation. In der Mitte des ersten Abschnitts, also zwischen den beiden entdeckenden Identifikationen »erfindet« Thurneysen seine Hörerinnen und Hörer. Die empirischen Hörer werden an die Hand genommen und zu David hingestellt, sie werden ihm an die Seite gestellt. Der Spitzensatz des Predigtanfangs, der dann das Leitmotiv der Predigt wird, lautet: David habe »ein Pünktlein in seinem Leben gehabt, wo er mit Gott zusammengehangen habe«. In der entscheidenden folgenden Szene wird dann von Thurneysen der implizite

Hörer, die implizite Hörerin der ganzen Predigt »erfunden«, nämlich als der Lehrer zu dem sitzengebliebenen Schüler sagt: »Du hast dies Pünktlein auch.« Als so Erfundene werden die Hörerinnen und Hörer dann während der ganzen weiteren Predigt angesprochen.

Bei dem oben zitierten kleinen Textausschnitt aus »Der Erwählte« konnte man sehen, dass Thomas Mann den Vorgang der Erfindung des Hörers dadurch noch steigert, dass er die Rolle des Erzählers ins Spiel bringt. Es ist interessant zu sehen, dass Thurneysen in seiner Predigt analog verfährt. Er bringt sich selbst als Prediger und damit als Erfinder der implizit Hörenden ins Spiel. An der Stelle, wo Thurneysen den Zusammenhang mit Gott als den Status der Freiheit interpretiert, findet sich folgende Passage: »Aber wie kommt es nur, dass wir vorsichtshalber immer nur ein wenig zurückhaltend, ein wenig unbestimmt sagen: es *wäre* etwas Gewaltiges, wenn ihr diese Freiheit hättet …? Warum sagen wir nicht einfach kühn: Ihr *habt* sie!? Ihr *seid* gerettet!? Frei geht *Euern* Weg!? – Wir spüren, dass wir das nicht einfach so sagen können« (192 f.). Die Predigt markiert an dieser Stelle die Differenz zwischen Entdeckung und Erfindung des Hörers. Die empirisch identifizierten Hörer befinden sich ja oft in der Eigen- und Fremdwahrnehmung an einer sehr viel anderen Stelle als die erfundenen, impliziten Hörerinnen und Hörer. Indem Thurneysen diese Differenz markiert, indem er sein Vorgehen der Erfindung des Hörers, der Hörerin offen legt, gibt er den Hörenden ausdrücklich die Möglichkeit, die ihnen nahegelegte »Erfindung«, die ihnen angemutete implizite Hörerschaft als ihre eigene anzunehmen. Der Prediger gibt seine Hörerinnen und Hörer frei, damit sie die angemutete, durch Gott geschenkte Freiheit annehmen können.

3.3.1.3 Gottesgeschichte und menschliche Lebensgeschichte

Die bisherigen Überlegungen zu der Bedeutung der Hörerinnen und Hörer für die Predigt waren primär von *kommunikationstheoretischen* und *textwissenschaftlichen* Argumenten getragen. Die Frage nach dem Hörer, der Hörerin der Predigt findet jedoch ihre homiletische Zuspitzung in einem im engeren Sinne *theologischen* Horizont. Die Bedeutung der PredigthörerInnen im kommunikativen Geschehen der Predigt geht nicht in der Frage auf, wie diese durch die Predigt am besten erreicht werden. Zugespitzt könnte man sagen: Es ist der biblische Gott selbst, der die Homiletik dazu nötigt, nach dem Hörer, der Hörerin der Predigt zu fragen.

(1) Zunächst einmal fällt auf, dass die Bibel – etwa im Gegensatz zum Koran – ein *Erzähl-Buch* ist. Zwar enthält auch der Koran narrative Passagen, jedoch nehmen diese weder quantitativ noch qualitativ den hohen Stellenwert ein, den sie in der Bibel besitzen. Warum muss man vom biblischen Gott erzählen, wenn man von ihm sprechen möchte? Zwar enthält die Bibel auch reflexive Passagen. Die Paulusbriefe sind dafür ein eindrucksvolles Beispiel. Aber be-

reits am Anfang der Bibel steht mit dem Pentateuch ein theologisch sorgfältig komponiertes Erzählbuch. Das Neue Testament hebt an mit der Erzählung vom Leben und Geschick Jesu und seiner Botschaft, und dies gleich in vierfacher Perspektive. Die Erzählform ist der biblischen Gottesrede nicht äußerlich, sondern hängt aufs engste damit zusammen, wie die Menschen Gott erfahren haben. Sie erfahren ihn als einen Gott, der sich auf die Menschen und ihre Geschichten einlässt. Im Islam steht die *Erhabenheit eines barmherzigen Gottes mit seiner ethischen Weisung* im Mittelpunkt, und der Islam bezieht aus dieser theologischen Konzentration für viele Menschen heute seine Attraktivität. Im Mittelpunkt der biblischen Geschichten stehen die *Begegnungen zwischen Gott und Mensch*. Die Bibel redet auf eine für moderne Ohren oft massiven Direktheit von dieser Begegnung zwischen Gott und Mensch. So, wenn er mit Jakob einen nächtlichen Ringkampf am Jabbokfluss durchführt (Genesis 32). So, wenn er Mose aus dem brennenden Dornbusch heraus anspricht (Exodus 3). So, wenn er in Gestalt des Engels zu Maria mit dem Gruß eintritt: »Gegrüßet seist du, meine liebe Maria« – wie es Martin Luther am liebsten übersetzt hätte (Lukas 1). Menschen erfahren diese Gottesbegegnungen offenbar auf eine so direkte und massive Weise, dass sie auch darüber in der gleichen massiven und direkten Weise erzählen müssen.

(2) Die Theologie des Christentums hat sich durch die erzählerische Direktheit der biblischen Gottesrede nicht unerhebliche denkerische Probleme eingehandelt. Im Religionsgespräch mit dem Islam, aber auch mit dem Judentum wird dem Christentum immer wieder kritisch die Frage entgegengehalten, ob das Christentum die Erhabenheit und Majestät Gottes nicht verletze, wenn es auf eine derart massive Weise vom Sich-Einlassen Gottes auf die Menschen und ihre Welt spreche. Und aus der Sicht des Islam und des Judentums ist dieser kritische Einwand auch plausibel. Beide können darin nur eine nicht zu rechtfertigende Vermenschlichung Gottes sehen. Und deshalb hat die christliche Theologie auch gut daran getan, diesen Einwand nicht einfach abzutun, sondern ihn denkerisch in die Theologie gleichsam zu integrieren. Die beiden zentralen Theoreme der christlichen Theologie, die *Trinitätslehre* und die *Lehre von den zwei Naturen Christi*, arbeiten sich an dieser Frage ab.

Die Trinitätslehre möchte die Vielfalt der Gottesgeschichte bedenken, ohne dabei deren Einheit preiszugeben. Was hat die Geschichte Abrahams mit der Geschichte Jesu Christi zu tun? Was verbindet Hiob mit Paulus? Wo hat die Gottesgeschichte ihren Anfang und wo nimmt sie ihr Ende? Bereits die frühe Christenheit kannte die Versuchung, der Eindeutigkeit der im Neuen Testament erzählten Gottesgeschichte in der Weise zum Ausdruck zu verhelfen, dass man sie radikal von der Gottesgeschichte der Hebräischen Bibel abtrennte. Marcion ist mit seiner Kanonbildung diesen Weg gegangen und ist damit auf entschiedenen Widerspruch gestoßen. Gleichwohl wurde die Christenheit durch »antijudaistische Versuchung« weiterhin begleitet. Diese Versuchung besteht darin, die eigene Geschichte umso glorreicher erscheinen zu lassen, je deutlicher sie von der »dunklen« Folie der jüdischen Geschichte abgehoben wurde. Und gerade die Geschichte der christlichen Predigt zeigt, dass die Predigt ein wichtiges Medium dieser antijudaistischen Versuchung war. Diese Versuchung hat sich auch ein säkulares Gewand gegeben, indem die Gottesgeschichte ohne ihre Verwobenheit mit anderen Geschichten zu erzählen versucht wurde. Die Gottesgeschichte wurde so zu einer Geschichte, die sich gleichsam oberhalb der Menschengeschichte ansiedelte. Gerade dadurch aber wurde die biblisch bezeugte Materialität der Gottesgeschichte verletzt. Die Gottesgeschichte ist mit den Menschengeschichten untrennbar verbunden. Dies bezeugt das Apostolische Glaubensbekenntnis, und dem denkt die Trinitätslehre nach. Der erste Glaubensartikel und die erste Person der Trinitätslehre stellen die Gottesgeschichte in den weiten Horizont der Schöpfung und der Menschheitsgeschichte. Der zweite Glaubensartikel und die zweite Person der Trinitätslehre benennen die Bedeutsamkeit des Wirkens und des Geschicks Jesu von Nazareth. Der dritte Glaubensartikel und die dritte Person der Trinitätslehre erinnern daran, dass diese Geschichte weitergeht bis auf den heutigen Tag und eine Geschichte mit Zukunft ist, in die jedes einzelne Menschenleben mit hinein genommen ist.

Noch sehr viel zugespitzter stellt sich die Problematik des Zusammenhangs von Gottesgeschichte und Menschengeschichte im Kontext der Christologie. Dies ist ja der Punkt, in dem das Christentum im Religionsgespräch sowohl mit dem Islam wie mit dem Judentum auf den entschiedensten Widerspruch stößt. Ein Widerspruch, der nicht einfach aufgehoben werden kann, weil er in der Perspektive des Islam und des Judentums große Plausibilität besitzt. Verletzt die Rede von Jesus als »Sohn Gottes« nicht die Majestät und Souveränität Gottes? Das Christentum selbst wurde immer wieder vor diese Problematik gestellt. Und man hat sie auf sehr verschiedene Weise zu beantworten versucht. Entweder hat man Jesus eher auf die Seite der Menschen gerückt und ihm allenfalls Gottähnlichkeit zugesprochen, wie dies bei Arius der Fall war. Oder man hat dem »göttlichen« Jesus nur einen menschlichen Scheinleib zugestanden, wie dies das gnostische Christentum getan hat. Die ganzen christologischen Streitigkeiten der ausgehenden Antike mühten sich an diesem Problem der *zwei Naturen Christi* ab. Es war die reformatorische Lehre von der *communicatio idiomatum*, die an der Einheit und Unterschiedenheit der zwei Naturen Christi entschieden festhielt. Die göttlichen und menschlichen Eigenschaften sind in der Person Jesu in einer untrennbaren wechselseitigen Beziehung verbunden.

Die trinitarischen und christologischen Distinktionen und Argumente, die im Verlauf der Christentumsgeschichte ausgebildet wurden, nehmen wir heute in der Regel wohl eher mit Distanz wahr. Wir vermögen in ihnen zwar die Problemkonstellationen zu erkennen, auf die sie antworten wollten, können ihre Sprach- und Argumentationsform aber für unsere Gegenwart nur noch schwer übernehmen. Zu sehr haben sich Trinitätslehre und Christologie in philosophischen Bahnen bewegt, deren Voraussetzungen für uns heute obsolet geworden sind. Zu sehr haben sich die Distinktionen und Argumente nicht selten verselbständigt. Der trinitarische und christologische Diskurs wurde immer wieder ein Diskurs, der sich um sich selbst drehte. Damit hat er die Problemstellung, von der er seinen Ausgang nahm, eher verdunkelt als erhellt. Gleichwohl behalten Trinitätslehre und Zwei-Naturen-Lehre darin ihre Aktualität, dass sie uns immer wieder vor die Frage nach dem Zusammenhang von Gottesgeschichte und Menschengeschichte stellen. Und sie bekommen dann ihre Plausibilität, wenn sie uns ihr inneres Motiv zu erkennen geben, nämlich die Einheit der Gottesgeschichte und der Menschengeschichte zu wahren, ohne dabei deren Unterschiedenheit und Pluralität zu verlieren.

(3) Das Christentum hat dadurch, wie es die Gottesgeschichte und Menschengeschichte als miteinander verschlungen gesehen hat, sein besonderes Profil entwickelt. Dies zeigt ein religionsgeschichtlicher Vergleich in aller Deutlichkeit.

Die Mythen des alten Griechenland und des alten Ägypten erzählen in erster Linie von den Göttern. Der Mythos erzählt von den Menschen nur, insoweit sie in den Abenteuern der Götter vorkommen. Einer der Ur-Orte des altgriechischen Götterkosmos ist der Olymp, der bevölkert war von einer beinahe unüberschaubaren Anzahl von Göttern und Göttinnen. Die Mythen erzählen, wie die Götter und Göttinnen sich liebten und hassten, wie sie sich zankten und versöhnten, wie sie sich mit Geschenken überhäuften und Intrigen gegeneinander spannen. Dieser Olymp war ein brodelnder Kessel der Leidenschaften. Dabei geraten die Menschen aber meist nur als die geliebten und gehassten, die gehätschelten oder genarrten Objekte der Götter in den Blick.

Vom biblischen Gott dagegen kann man offensichtlich nicht so erzählen, wie man von Zeus oder von Osiris erzählen kann. Wer von diesem Gott erzählen will, kommt nicht umhin, von den Menschen und ihren individuellen Lebensgeschichten in ihrem individuellen Eigenwert zu erzählen. Warum ist dies so? Weil Gott ein Gott ist, der sich auf die Menschen einlässt, und zwar nicht um seinetwillen, sondern um der Menschen will. Gott will nicht ohne die Geschichten der Menschen sein. Weil aber die Geschichten der Menschen vielfältig sind, kann von Gott auch nur auf vielfältige Weise erzählt werden. Der *eine* Gott und die *vielen* Menschen: das ist der Grund der Vielfalt der biblischen Geschichten. Die Vielfalt der Göttergeschichten des antiken Griechenlands und des alten Ägyptens resultiert aus der Vielfalt der Götterwelt selbst. Die Vielfalt der biblischen Geschichten resultiert aus der Vielfalt der Erfahrungen, die die Menschen mit dem einen Gott gemacht haben. *Die mythischen Geschichten sind exklusiv theo-logisch. Die biblischen Geschichten sind theo-logisch und anthropo-logisch zugleich.*

(4) Menschengeschichten werden damit in einer bestimmten Perspektive erzählbar. Sie werden in ihrer *Vielfalt und Variabilität* erzählbar und können doch auf die eine Geschichte Gottes bezogen bleiben. Welche Vielfalt in den biblischen Geschichten enthalten ist, zeigt die Josephgeschichte. Immer wieder konnte an dieser Geschichte weitererzählt werden, ohne dass sie damit ihr Profil und ihre Einmaligkeit verloren hat. Thomas Mann konnte sogar aus der kleinen biblischen Novelle einen umfangreichen mehrbändigen Roman heraus-erzählen, der die gesamte Menschheitsgeschichte bis in seine Gegenwart hinein umspannte. Dabei ist dieses Weiter-Erzählen nicht von außen an die biblischen Texte herangetragen, sondern die biblischen Texte regen uns ihrerseits an, an ihnen weiterzuerzählen. Sie verwickeln uns in ihr Erzählen. Die Gleichnisse Jesu sind solche kleinen Erzählungen, an denen jeder, der sich in sie verwickeln lässt, seine eigene Geschichte erkennt.

Ein eindrückliches Beispiel für diesen Zusammenhang ist das von Gerhard von Rad so benannte »Kleine Geschichtliche Credo« in Deuteronomium 26: »Ein umherirrender Aramäer war mein Vater; er zog hinab mit wenig Leuten nach Ägypten, blieb dort als Fremdling und wurde dort zu einem großen, starken und zahlreichen Volk. Aber die Ägypter legten uns harte Arbeit auf. Da schrien wir zum Herrn, dem Gott unserer Väter, und Gott erhörte uns und sah unser Elend, unsere Mühsal und Bedrückung. Und Gott führte uns heraus aus Ägypten mit starker Hand und ausgestrecktem Arm, unter großen Schrecknissen, unter Zeichen und Wundern, und brachte uns an diesen Ort und gab uns dieses Land, das von Milch und Honig fließt. Nun bringe ich die Erstlinge der Früchte des Landes, das du, Gott, mir gegeben hast.«

Für die sprachliche Struktur dieses Textes ist der Wechsel vom Ich zum Wir und wiederum hin zum Ich charakteristisch. Individuelle Lebensgeschichte erwächst hier aus der kollektiven Lebensgeschichte eines Volkes mit seinem Gott. Israel gewinnt in und mit diesem Bekenntnis seine Identität, indem es sich an die Geschichte Gottes mit ihm erinnert. Gegenwart und Vergangenheit sind hier aufs engste miteinander verknüpft. In dem sich jährlich wiederholenden Ritus der Darbringung der Erstlingsfrüchte versprachlicht Israel erzählend seine Abkunft. Geschichte wird auf diese Weise wiederholbar, ohne dabei ihre Einmaligkeit zu verlieren. Israel versichert sich seiner selbst nicht in der Rezitation eines Mythos, sondern im Erzählen einer konkreten Geschichte. Im Vorgang dieses erinnernden Erzählens versteht Israel sich selbst, erst so gewinnt es eine Identität – und zwar kollektiv wie individuell.

Zugleich ist dieses Bekenntnis so geschrieben, dass daran weiter erzählt werden kann – bis auf den heutigen Tag. Ein eindrückliches Beispiel einer solchen Weiter-Erzählung hat der israelische Staatspräsident Ezer Weizmann während eines Staatsbesuches in Deutschland vor dem Deutschen Bundestag formuliert. Worte, die auf eine ungemein direkte Art und Weise an das alte Bekenntnis anknüpfen. Weizmann sagte: »Ich war ein Sklave in Ägypten und empfing die Thora am Berge Sinai, und zusammen mit Josua und Elija überschritt ich den Jordan. Mit König David zog ich in Jerusalem ein, und mit Zedekia wurde ich von dort ins Exil geführt [...] Ich habe meine Familie in Kischinev verloren und bin in Treblinka verbrannt worden. Ich habe im Warschauer Aufstand gekämpft und bin nach Erez Israel gegangen, in mein Land, aus dem ich ins Exil geführt worden war, in dem ich geboren wurde, aus dem ich komme und in das ich zurückkehren werde.«
Das Beispiel der Rede von Ezer Weizmann zeigt, dass die biblischen Geschichten zu immer neuer Einkehr einladen. Diese Einkehr ihrerseits vollzieht sich stets auf plurale Weise. Ezer Weizmann kehrt auf andere Weise in die alten Geschichten ein, als dies ein Christ in Kuba oder eine Christin in Süd-Afrika oder gar eine palästinensische Christin tun würden. Die eine Gottesgeschichte erzeugt die Vielfalt der Menschengeschichten.

(5) Der Zusammenhang von Gottesgeschichte und Menschengeschichte, wie er in den biblischen Texten zu finden ist, und die Art, wie er von den biblischen Texten sprachlich gestaltet wird, bekommt im homiletischen Kontext exemplarische Bedeutung. Die Bibel kann zur homiletischen Sprachschule werden. In erster Linie darin, welchen theologischen Stellenwert die Menschengeschichte für die Gottesgeschichte hat. In zweiter Linie aber auch in der Weise, dass wir von den biblischen Texten lernen können, wie wir den Zusammenhang von Gottesgeschichte und Menschengeschichte in der Sprache und mittels Sprache darstellen können.

Die theologische Bedeutung der Menschengeschichte für die Gottesgeschichte hat der späte Karl Barth zum Zentrum seines Nachdenkens gemacht. Barth hielt im Jahre 1956 in Aarau einen Vortrag, dem er den bezeichnenden Titel gab »Die Menschlichkeit Gottes«. In diesem Vortrag hält Barth eine äußerst kritische Rückschau auf seine eigenen theologischen Anfänge. Die Dialektische Theologie wird auf der einen Seite in ihren Motiven gewürdigt, andererseits macht Barth deutlich, dass er und seine Weggefährten damals gerade daran gescheitert waren, Gottesgeschichte und Menschengeschichte theologisch überzeugend zusammenzubringen. War der Liberalen Theologie damals vorzuhalten, dass sie die Menschengeschichte auf Kosten der Gottesgeschichte in den Mittelpunkt des theologischen Nachdenkens gerückt habe, so ist der Dialektischen Theologie gleichsam Spiegelverkehrtes vorzuhalten, nämlich »Gott zur Abwechslung auf Kosten des *Menschen* groß zu machen« (Barth 1956, 8). Im Jahre 1956 bezeichnet Barth gerade diesen Gegensatz von Göttlichkeit und Menschlichkeit, an dem sich die christliche Theologie immer wieder abgemüht hat, als eine theologisch falsche Alternative – denn es gelte: »Gottes recht verstandene *Göttlichkeit* schließt ein: seine *Menschlichkeit*« (10). Damit bekommt die Theologie ihr eigenes Thema: »Sie hat sich, da Gott in seiner Göttlichkeit menschlich ist, weder mit Gott an sich, noch mit dem Menschen an sich, sondern mit dem dem Menschen begegnenden Gott und mit dem Gott begegnenden Menschen zu beschäftigen« (18). Für unsere heutigen Ohren vielleicht etwas zu hochtönend mündet die theologische Standortbestimmung Barths aus in eine Konkretisierung des dritten Glaubensartikels: »Wir glauben an die Kirche als den Ort, wo in christokratischer Bruderschaft die Krone der Humanität, nämlich des Menschen Mitmenschlichkeit, sichtbar werden darf – und mehr als das: als den Ort, wo Gottes Ehre auf Erden wohnen, wo nämlich die Humanität, die Menschlichkeit Gottes schon in der Zeit und hier auf Erden greifbare Gestalt annehmen will« (27).

In der Fluchtlinie einer Theologie der Menschlichkeit Gottes, wie sie der späte Karl Barth entworfen hat, können die Hörerinnen und Hörer der Predigt niemals lediglich als *Adressaten* einer wie auch immer gearteten Botschaft erscheinen. Die Hörerinnen und Hörer sind für den Prediger und die Predigerin nicht deswegen interessant, um ihnen auf die Schliche zu kommen, wie man ihr Interesse wecken, ihre Aufmerksamkeit finden kann. Die Predigt spricht die Hörerinnen und Hörer als solche an, die für Gott um *ihrer selbst willen interessant* sind und deshalb auch für die Predigerinnen und Prediger um ihrer selbst willen interessant sein sollten. Hörerinnen und Hörer sind nicht *Objekte* des Predigtgeschehens, sondern sie sind als *Subjekte* am Predigtgeschehen zu beteiligen. Karl Barth hat sensibel gespürt, dass dies direkte Auswirkungen auf das homiletische Verständnis der Predigt und ihre sprachliche Gestalt hat. Die Gottesrede, wie sie auch in der Predigt sprachliche Gestalt finden soll, »kann nie monologisch konstatieren, reflektieren, referieren« (20). In ihrem Inhalt wie in ihrer sprachlichen Form kann die Predigt »nur dialogisch sein« (20). Die Hörerinnen und Hörer sind gleichberechtigte Dialogpartner im homiletischen Kommunikationsgeschehen. Ganz emphatisch gesprochen: Predigerinnen und Prediger *lieben* ihre Hörer und Hörerinnen.

3.3.2. Die Predigerin / der Prediger

Pfarrerinnen und Pfarrer sprechen in der Regel nicht gerne über sich in ihrer Rolle als Prediger und Predigerin. Dies hat verschiedene Gründe. Mit Sicherheit ist dabei zunächst eine nicht unsympathische menschliche Bescheidenheit am Werk. Man möchte sich nicht selbst thematisieren. Aber auch die lange Zeit übliche homiletische Tabuisierung der Person der Predigenden tut hier ihre Wirkung. Schließlich machen sich auch professionelle Konkurrenzen geltend. Pfarrerinnen und Pfarrer lassen sich in ihrer pfarramtlichen Tätigkeit meist nicht gerne in die Karten schauen. Dieses Verschwindenlassen der Person des Predigers und der Predigerin wird jedoch ihrer Bedeutung

Das homiletische Kommunikationsgeschehen

für den Entstehensprozess und den Rezeptionsvorgang einer Predigt nicht gerecht. Neben den Textwelten, die die Predigt erschließen möchte, und neben den Hörerinnen und Hörern sind die Predigenden mit ihrer individuellen Persönlichkeit der dritte wichtige Bezugspunkt im homiletischen Kommunikationsgeschehen.

3.3.2.1 Das »Ich« auf der Kanzel

Die Frage, inwiefern die Predigerin und der Prediger auf der Kanzel als individuelle Persönlichkeit erscheinen dürfen, wurde in der Homiletik des 20. Jahrhunderts höchst kontrovers diskutiert.

(1) Die Diskussion stand zunächst ganz im Schatten des Einspruchs der Dialektischen Theologie gegen das »Ich« auf der Kanzel. Die Person des Predigers / der Predigerin stand in dieser Perspektive dem Auftrag der Predigt eher im Wege. Kam die Persönlichkeit des Predigers zu Wort, so vermutete Eduard Thurneysen darin den Gestus einer menschlichen Bemächtigung des Wortes Gottes. Der Prediger, die Predigerin, die »Ich« sagt, steht *über* und nicht *unter* dem Wort Gottes, wo eigentlich sein Platz wäre. Wo – wie bei Thurneysen – der »Tod alles Menschlichen« (Thurneysen 1921, 114) das Thema der Predigt ist, kann die *menschliche Erfahrung*, und sei es die *religiöse* menschliche Erfahrung, keine legitime homiletische Stimme beanspruchen. Eschatologische Predigt nihiliert auch die intensivste menschliche Erfahrung: »Nirgends sollte der Angriff auf die Welt, das In-Frage-Stellen und Aushöhlen alles Menschlichen, des Persönlichen und des Gesellschaftlichen radikaler, umfassender und überlegener geschehen als dort, wo man von nichts anderem zeugen will als von der *kommenden*, der *hereinbrechenden*, der *ganz und gar anderen, neuen Welt Gottes*« (115). Diese neue Welt Gottes überwindet jegliche menschliche Erfahrung, und deshalb soll diese zu überwindende Erfahrung in der Predigt auch nicht thematisch werden. Heinrich Vogel hat diese Sicht noch mehr zugespitzt, als dies bei Thurneysen ohnehin schon der Fall ist. Die *Person* des Predigers erscheint bei Vogel als *der* Antipode des Wortes Gottes. Die Predigt ist die Kampfarena, wo über die Hoheitsrechte, die in dieser Arena gelten, entschieden wird: »Wenn wir von der Verantwortung reden, so allein vom Wort her, vor und in dem Wort. Das ist das Wort von der Autorität der Gnade Gottes in Jesus Christus. Allein von dieser Autorität her und in ihr allein gibt es ›Predigt‹, ›Verantwortung‹ und das Wort ›unser‹. Im Wort allein sind sie beheimatet. Durch das Wort allein leben sie. Vom Wort emanzipiert verfallen sie der Auflösung, ja der Verkehrung in das dämonische Afterbild, der Lüge. Auf den Menschen vom Menschen her bezogen, von unten her, fallen sie anheim der tiefen Gottlosigkeit des von Gott gelösten Men-

schen. Da wird Predigt zum Deckwort für das Menschenwort, das fromme Menschenwort. Da wird Verantwortung zum Selber-Gott, zum Götzen, und da wird das Wort ›unser‹ in grauenhafter Zersetzung verwandelt in das Wort ›mein‹ und ›ich‹. In schroffem Entweder-Oder steht dies beides zur Entscheidung: Entweder Verantwortung vom Wort her, vom Worte Gottes in Jesus Christus – und so allein gibt es Verantwortung –, oder Verantwortung vom Selbst des Menschen her, Selbstverantwortung. Entweder Verantwortung des Wortes oder Selbstverantwortung« (Vogel 1930, 154).

(2) Die Dialektische Theologie antwortet mit ihrer Abweisung des »Ich« der Predigenden auf eine konkrete homiletische Vorgeschichte. Es war das Reformprogramm der Liberalen Theologie, die die Persönlichkeit der Predigenden in den Mittelpunkt der homiletischen Reflexion stellte. Man versuchte damit, auf die Prozesse der Enttraditionalisierung und der Entfremdung der Menschen von der Kirche (→ 2.5) zu reagieren. Wenn die christliche Botschaft ihre selbstverständliche Plausibilität zu verlieren droht, dann müssen neue Strategien gefunden werden, um eben diese Plausibilität wiederzugewinnen. Die Liberale Theologie war davon überzeugt, dass dafür Prediger auf der Kanzel stehen müssen, die die Menschen mit ihrer eigenen Persönlichkeit einzunehmen vermögen. Schon in der Mitte des 19. Jahrhunderts, als sich die Anfänge des kulturellen Umbruchs abzeichneten, der zur industriegesellschaftlichen Moderne führen sollte, hat Christian Palmer die Person des Predigers thematisiert. Homiletisch bedeutsam ist dabei, dass Palmer – hier dem Ansatz der Dialektischen Theologie ganz ähnlich – die Frage nach der Bedeutsamkeit des Ich der Predigenden nicht direkt thematisiert, sondern diese Thematisierung vermittelt über eine Bestimmung der Qualität des Wortes Gottes vornimmt. Er kommt dabei zu einer homiletischen These, die den Überzeugungen der Dialektischen Theologie diametral entgegengesetzt ist. Die Persönlichkeit des Predigers ist für Palmer deshalb bedeutsam, weil er als Prediger in seiner Person vom Evangelium in Anspruch genommen wird: »Darauf ruht die Macht und Bedeutung der Persönlichkeit, dass die ewige Wahrheit in der Predigt nicht in abstrakter Weise, nicht als Depesche an die Menschen übermacht wird, wobei der Bote eine völlig gleichgültige Figur ist, da ein Telegraph oder eine Brieftaube dasselbe hätte leisten können; sondern dass eben der Mann [sic!] es ist, mit dem sich das Bibelwort aufs innigste verschmolzen hat, dass seine Person mich hinzieht zum Evangelium, dass sein Glaube in mir dasselbe Vertrauen weckt« (Palmer 1845, 614 f.).

(3) Es ist kein Zufall, dass im Zusammenhang der empirischen Wendung der Praktischen Theologie (→ 3.1) auch die Predigttheorie wieder an diesen Traditionsstrang homiletischer Reflexion angeknüpft hat. Nach einer langen

Phase der Tabuisierung der Frage nach dem »Ich« des Predigers / der Predigerin widmet Manfred Josuttis in seiner 1974 erschienenen, programmatisch gehaltenen Gesamtdarstellung der Praktischen Theologie der Frage nach dem »Prediger in der Predigt« ein eigenes Kapitel. Gegen theologische und außertheologische Gründe gegen das Ich führt er nun »Gründe für das Ich auf der Kanzel« (Josuttis 1974, 81-87) ins Feld. Dabei handelt es sich nicht lediglich um eine Repristinierung der Sicht der Liberalen Theologie, sondern Josuttis ist gleichsam durch das Sperrfeuer der Dialektischen Theologie hindurchgegangen und formuliert, deren Argumente gegen das Ich durchaus würdigend, neue Gründe für das Ich auf der Kanzel. Gerade wem es auf die Differenz von Menschenwort und Gotteswort ankomme, müsse vom Ich der Predigenden sprechen. Werde das Ich homiletisch beschwiegen, bringe es sich umso wirkungsvoller in Stellung. Um des »demokratischen und dialogischen Charakters der Predigt« (83) willen, solle und müsse die Predigerin / der Prediger ihr / sein Ich auf der Kanzel erkennbar machen: »Wer ich sagt, kann seine eigene Meinung nicht mehr hinter der Autorität Gottes verstecken. Und wer Ich sagt, kann auch nicht einfach die ganze Gemeinde unter die eigene Meinung subsumieren. Demokratisch wird eine Predigt, die auf objektivierte Deus-dixit-Sätze verzichtet, weil erst auf dieser Basis ihre Aussagen diskussionsfähig werden. Und dialogisch wird sie deswegen, weil nicht das verallgemeinernde Wir, sondern erst das Ich zur Antwort mit einer eigenen Ich-Aussage einlädt. Gegen den Pfarrer, der Wir sagt, kann ein mündiger Predigthörer nur aufbegehren und protestieren. Gegenüber einem Pfarrer, der Ich sagt, wird der Hörer überlegen, was er in dieser Hinsicht als eigenes Ich zu bemerken hat« (83).

Josuttis unterscheidet typologisch mehrere Formen des Ich auf der Kanzel (Josuttis 1974, 87-94). (1) *Das verifikatorische Ich*: An biographischen Erlebnissen oder Erfahrungen werden bestimmte theologische Aussagen – etwa die Kraft einer göttlichen Vorsehung oder die Macht der Gnade – gleichsam »erwiesen«. (2) *Das konfessorische Ich*: Diese Präsenz des Ich unterscheidet sich vom verifikatorischen Ich dadurch, dass hier die Überlegenheit der göttlichen Wirklichkeit über die menschliche Erfahrungswelt durch persönliche Aussagen »bezeugt« wird. Biographie wird hier gleichsam ins Feld geführt, um die Reichweite menschlicher Erfahrungen in ihrer Begrenztheit sichtbar zu machen. (3) *Das biographische Ich*: Hier wird das menschliche Leben in seinem Eigengewicht thematisch. Menschliche Lebensgeschichte soll hier nicht bezeugen oder andemonstrieren, sondern die Vielfalt des Lebens soll ansichtig werden. (4) *Das repräsentative Ich*: Es ist ein Ich, das sich von konkreter Lebensgeschichte lösen kann. Ein Ich, das nicht mit einer einmaligen Erfahrung oder einem bestimmten Ereignis verbunden sein muss. Ein Ich, das stellvertretend für alle Menschen sprechen kann, ein verdichtetes Ich gewissermaßen. Zum Beispiel wenn gesagt wird: »Mache ich nicht immer wieder denselben Fehler!« (5) *Das exemplarische Ich*: Predigerinnen und Prediger können von sich so sprechen, dass sie gleichsam als der erste Adressat des Textes erscheinen. Nicht vom Ich her wird der Text beleuchtet, sondern das Ich sagt, was ihm (und damit allen) der Text bedeuten könnte. (6) *Das fiktive Ich*: Ein solches Ich taucht in der Predigt auf, wenn etwa in narrativen Passagen, Personen über sich und andere sprechen. Wenn zum Beispiel ein Jugendlicher auftritt und seine Einwände gegen die Kirche formuliert. Oder in der Predigt tritt Pilatus auf und erzählt, wie er Jesus erlebt hat.

(4) Insgesamt lässt sich sagen, dass der Streit um das »Ich auf der Kanzel« in der gegenwärtigen homiletischen Diskussion in sehr viel ruhigeren Bahnen verläuft, als dies in den ersten beiden Jahrzehnten nach dem Zweiten Weltkrieg der Fall war. Der harsche Einspruch der Dialektischen Theologie ist keine unmittelbare Gegenwart mehr, sondern hat sich als ein Element der homiletischen Theoriebildung sozusagen »historisiert«. Die Gegenwart des Biographischen in den Medien lässt diesen Einspruch als archaisches Relikt einer überwundenen Vergangenheit erscheinen. Allerdings kann man sich fragen, ob die Vorbehalte der Dialektischen Theologie gegen das Ich auf der Kanzel angesichts der von Richard Sennett thematisieren »Tyrannei der Intimität« (Sennett 1983) nicht doch auch ein Moment der Wahrheit an sich tragen, das nicht aus dem Bewusstsein der Predigerinnen und Prediger entschwinden sollte. Sennett zeigt, dass dort wo die Geltung des »Authentischen« die Frage nach der Richtigkeit und Wahrheit überlagert, die Spielräume des öffentlichen Handelns verloren gehen. Die Argumentation Sennetts erinnert in struktureller Hinsicht in gewisser Weise an die Position der Dialektischen Theologie, die ja auch in der Betonung des »Persönlichen« an Stelle der »Wahrheit des Evangeliums« eine Beschränkung des thematischen Horizontes der Predigt sah.

3.3.2.2 Die humanwissenschaftliche Perspektive: Transaktionsanalyse als Beispiel

In den Humanwissenschaften wird die Frage nach den Anteilen der eigenen Persönlichkeit in einem bestimmten Kontext oder in einem bestimmten Praxiszusammenhang auf vielfältige Weise thematisch. Die Kommunikationswissenschaften untersuchen zum Beispiel, wie persönliche Dispositiertheiten kommunikative Abläufe erleichtern oder erschweren (→ 3.1). Die Psychologie versucht in den Blick zu bekommen, welche individuellen Voraussetzungen kommunikative Kompetenzen intensivieren oder schwächen. Die Pädagogik fragt, wie Abläufe inhaltlich konzipiert und methodisch strukturiert sein müssen, damit eine fruchtbare Lernsituation entsteht. Für den homiletischen Kontext hat sich eine solche humanwissenschaftliche Perspektive als besonders aufschlussreich erwiesen, nämlich der Ansatz der Transaktionsanalyse. Deshalb soll diese in ihrer Bedeutung für die Homiletik hier exemplarisch vorgestellt werden.

(1) Die Transaktionsanalyse fragt danach, wie Persönlichkeitsstrukturen kommunikative Abläufe beeinflussen. Leitend dabei ist die Vorstellung, dass jeder Mensch in spezifischen Situationen in einem bestimmten Ich-Zustand (*ego-state*) agiert. Dabei werden ein Eltern-Ich, ein Erwachsenen-Ich und ein Kind-Ich unterschieden. Im *Eltern-Ich* (EL) ist das versammelt, was ein Mensch von seinen Eltern als Verhaltensregeln in Form von Verboten, Ermahnungen und Verlockungen vermittelt bekommen hat. Agieren wir auf der Ebene des Eltern-Ich, so wiederholen wir in gewisser Weise diese Situationen der Ermahnung und Verlockung, wie wir sie in unserer Kindheit erlebt haben. Das *Kind-Ich* (K) ist dadurch gekennzeichnet, dass es seinen Gefühlen, Wünschen und Bedürfnissen freien Lauf lässt. Agieren wir auf dieser Ebene, dann lassen wir uns von diesem Anteil in uns besonders bestimmen. Im *Erwachsenen-Ich* (ER) schließlich dominiert der Weltzugang mittels rationaler Reflexion. Die Transaktionsanalyse geht davon aus, dass für die Ausbildung einer stabilen und autonomen Ich-Identität eine Balance dieser drei Ich-Zustände unerlässlich ist. Das Erwachsenen-Ich muss souverän mit den Impulsen des Eltern-Ich und des Kind-Ich umgehen können. Erhalten das Eltern-Ich oder das Kind-Ich ein Übergewicht, dann liegt gemäß der Transaktionsanalyse eine »Störung« vor.

(2) Wilfried Engemann hat dieses Modell der Ich-Zustände in die Predigtsituation gleichsam eingespiegelt. Durch diese Einspiegelung erhält er ein analytisches Raster, das zu erhellenden Erkenntnissen führen kann. Sowohl die Predigenden wie die Hörenden können auf allen drei Ebenen der Ich-Zustände agieren, was dann dem jeweiligen Predigtgeschehen sein bestimmtes Profil gibt. Für die Ebene des Predigers / der Predigerin kann gelten: »Die verabsolutierenden Sprachmerkmale des EL sind mit Aussagen verbunden, die größtenteils nur von außen an den Prediger herangetragen wurden. Er hat Traditionen verinnerlicht, die seinen Glauben und seine Autorität legitimieren. Der typische ER-Prediger hingegen gründet sich in seinem Glauben auf Erfahrung, Information und Ergebnisse seiner Überlegungen. Schließlich kommt die Predigt des K immer wieder auf Gefühle zurück, auf Phantasie und spontanes Vertrauen« (Engemann 2003, 299). In analoger Weise kann das rezeptive Verhalten der Hörenden klassifizierend beschrieben werden: »Ein Hörer, in dem beispielsweise ein maßgebendes Eltern-Ich ausgeprägt wäre, ginge vor allem deshalb zur Predigt, um zu erfahren, dass er schon immer im Recht war. Er ist der Ansicht, dass Veränderungen und Entwicklungen in der Kirche eher eine ›Abwärtstendenz‹ haben. Natürlich erwartet er vom Prediger, dass er die-

se Ansichten teilt, und wird es nicht unterlassen, die Predigt daraufhin zu zensieren. Ist ein Hörer weitgehend vom strafenden Eltern-Ich geprägt, wird er immer wieder feststellen müssen, dass ein Prediger noch weit vom wahren Glauben entfernt ist. Der typische ER-Hörer hingegen achtet auf die Schlüssigkeit des Inhalts, den Gedankengang der Darstellung und merkt sich womöglich diese oder jene Frage für eine Predigtnachbesprechung vor« (300).

Man wird diese Einspiegelung transaktionsanalytischer Perspektivierungen in die Homiletik in ihrem Erkenntniswert sicher nicht überdehnen und schon gar nicht verabsolutieren dürfen. Wo eine solche Verabsolutierung vermieden wird, vermag die Transaktionsanalyse jedoch ein erhellendes Licht auf das Predigtgeschehen zu werfen. Viele Konflikte, die sich an Predigten entzünden, lassen sich dadurch besser verstehen und so vielleicht auch fruchtbarer austragen. Auch für die Selbstbeobachtung und Selbstanalyse eines Predigers / einer Predigerin kann der »transaktionsanalytische Blick« aufschlussreich sein. Es dürfte sich sicher auszahlen, die eigenen Predigten gelegentlich daraufhin anzusehen, ob in ihnen ein Ich-Zustand so die Überhand gewinnt, dass dadurch eine »Ausgewogenheit« der Predigt gestört würde.

(3) In einer weiteren Hinsicht hat Engemann Erkenntnisse der Transaktionsanalyse für die Homiletik fruchtbar gemacht, wobei er sich an Ausführungen anschließt, die Fritz Riemann in seinem Klassiker »Grundformen der Angst« vorgelegt hat. Dabei wird davon ausgegangen, dass Menschen immer in bestimmten mentalen Konstellationen miteinander in Beziehung treten. Diese mentalen Konstellationen werden als Lebenspositionen bezeichnet, die durch einen steuernden Grundimpuls bestimmt werden. Die Lebenspositionen ihrerseits lassen sich durch eine Polarität zweier Grundgefühle näher bestimmen. Die beiden Grundgefühle lauten schlicht »Ich bin OK« und »Ich bin nicht OK«. Ich trete nun jeweils mit einem Grundgefühl in Beziehung zu einem anderen Menschen oder einer Gruppe, der ich jeweils auch ein solches Grundgefühl unterstelle. Daraus lassen sich dann Lebenspositionen bestimmen, die von einem Grundimpuls gesteuert werden

---

Lebenspositionen nach der Transaktionsanalyse

Lebensposition 1: Ich bin nicht OK – Du bist nicht OK (Grundimpuls: Distanz)

Lebensposition 2: Ich bin nicht OK – Du bist OK (Grundimpuls: Nähe)

Lebensposition 3: Ich bin OK – Du bist nicht OK (Grundimpuls: Beharrung)

Lebensposition 4: Ich bin OK – Du bist OK (Grundimpuls: Wandel)

Engemann ordnet nun jeder dieser vier Lebenspositionen einen Predigertyp zu. Der Lebensposition 1 entspricht der »hoffnungslose, schizoide Prediger«

Das homiletische Kommunikationsgeschehen

(305), der weder an Gott noch an der Welt noch an den Menschen etwas Positives ausfindig machen kann. Diese Haltung ist dann mit der Bevorzugung bestimmter Themen wie Feindschaft der Welt oder Askese verbunden. Die lutherische Zwei-Reiche-Lehre ist die steuernde theologische Grundposition. Der Lebensposition 2 ordnet Engemann den Typus des »depressiven Predigers« (306) zu. Das Grundgefühl, das er in seinen Predigten vermittelt, ist das eines Herausgefallenseins aus aller Geborgenheit. Bevorzugte Themen seiner Predigten sind Diakonie und Nächstenliebe. Lebensposition 3 zeitgt den »zwanghaften Prediger« (308). Das Überzeugt-Sein von den eigenen Positionen geht einher mit einer Abwehr von Veränderungen und neuen Ideen. Seine Predigt ist von den Grundtopoi der christlichen Dogmatik bestimmt, deren Unveränderlichkeit betont wird. Der Lebensposition 4 schließlich entspricht der »aufgeschlossene Prediger« (309), der sich durch Toleranz und Flexibilität auszeichnet. Seine Predigt ist getragen von Traditionskritik und Bejahung des Neuen.

Sicher handelt es sich bei diesen Zuordnungen um starke Abstraktionen. Kein einzelner Mensch wird sich einer dieser Positionen bruchlos zuordnen lassen. Es handelt sich um ein analytisches Schema, das auf keinen Fall moralisierend gebraucht werden sollte. Engemann selbst betont zu Recht: »Ich möchte die verschiedenen Persönlichkeitstypen, die dabei skizziert werden, nicht als ›unmöglich‹ oder unverantwortlich hinstellen. Die Grundbestrebungen, Neigungen und Ängste, die hier analysiert werden, sind in jedem Individuum mehr oder weniger stark repräsentiert und werden von den Betroffenen in verschiedener Intensität erlebt« (304). Auf diese vorsichtige Weise angewandt kann die im Zusammenhang der Transaktionsanalyse entwickelte Theorie der Lebenspositionen ein aufschlussreiches Element der Predigtanalyse (→ 5.1.4) sein.

3.3.2.3 Genderwelten

Menschen stehen auf der Kanzel. Menschen hören Predigten. Diese Menschen sind weiblich oder männlich. Dies ist eine Differenz, die in der Homiletik oft übersehen oder unterschlagen wird. Jahrhundertelang standen nur Männer auf der Kanzel. Seit wenigen Jahrzehnten stehen auf protestantischen Kanzeln auch Frauen. Verändert dies die Praxis des Predigens?

Eine empirische Studie von Kornelia Sammet zu diesem Thema zeigt, dass keine pauschalen Antworten möglich sind (Sammet 2005). Interviews mit Predigerinnen zeigen ein buntes Bild. Frauen im Pfarramt kritisieren an der Predigt eine monologische Struktur und wollen sie durch dialogische Formen ersetzen. Andere Pfarrerinnen sehen in der traditionalen Gestalt der Predigt eine weiterhin sinnvolle kommunikative Handlung. Frauen auf der Kanzel empfinden, dass der Talar sie von der Gemeinde distanziert. Andere Frauen sprechen dem Talar eine »Schutzfunktion« (Sammet 2005, 195) zu, die vor persönlichen Überforderungen und Zumutungen bewahrt. Predigerinnen suchen alternative Textzugänge. Andere Pfarrerinnen schätzen die traditionale Exegese als vorbereitende Reflexionsform des Predigens. Die Welt der Predigerinnen ist ebenso individualisiert und pluralisiert wie die sie umgebende Gesellschaft.

Gleichwohl ist damit das Genderthema nicht homiletisch irrelevant geworden. Seit ungefähr 40 Jahren hat die Feministische Theologie Fragen der Geschlechterunterschiede in allen Bereichen von Theologie und Kirche engagiert thematisiert, wobei die Feministische Theologie ihrerseits eingebettet ist in den wissenschaftlichen Diskurs um Gender in den Humanwissenschaften insgesamt. In diesem humanwissenschaftlichen Diskurs hat sich in den letzten Jahren eine weitreichende Wende vollzogen. Zunehmend gerät im Genderdiskurs ein materiales, gleichsam »essentialistisches« Verständnis der Geschlechterdifferenz in Kritik: »Es erscheint zunehmend problematisch, von einer weiblichen Sichtweise zu sprechen, Frauen einen besonderen Zugang zum Wissen, zur Arbeit, zur Politik zu unterstellen, weibliche Sozialisation überhaupt beschreiben zu wollen. Denn mit der Frage nach der Entstehung von geschlechtsspezifischen Unterschieden wird der schematisierende Dualismus von männlich-weiblich letztlich reproduziert – der Unterschied, der untersucht werden soll, wird schon immer vorausgesetzt und das Individuum oftmals naiv als Objekt von Sozialisationsprozessen verstanden« (Karle 1996, 174). Diesem *essentialistischen Ansatz* wird ein *konstruktivistisches Verständnis* entgegengesetzt, das davon ausgeht, »dass Menschen *in* sozialen Praktiken und *in* der Auseinandersetzung mit gesellschaftlich Vor-Strukturiertem zu Frauen und Männern werden und dies in einem andauernden und lebenslangen *Prozess* … Auch Körperlichkeit ist nicht einfach vorgegeben, sondern kulturelles Symbol und wird als solches erzeugt und dargestellt« (174).

Isolde Karle hat die konstruktivistische Sicht der Geschlechterdifferenz, wie sie gegenwärtig im Mainstream des humanwissenschaftlichen Genderdiskurses verfolgt wird, folgendermaßen zusammengefasst: »Die *Sozialordnung der Zweigeschlechtlichkeit* ist nicht etwas Naturgegebenes, sondern wird durch alltägliche Regeln der Interaktion hervorgebracht und bestätigt. Personen haben Gesten und Handlungen nicht als geschlechtliche Eigenschaft ihrer Persönlichkeit, sondern sie haben umgekehrt ihr Geschlecht nur als Eigenschaft jener Gesten und Tätigkeiten in *sozial organisierten* Praktiken. Durch Kleidung, Frisuren, Schminke, Blickkonventionen und die Anschaulichkeit körperlicher Routinen bringen wir nicht nur unser vorgängiges Geschlecht zum Ausdruck, wir stellen es allererst her – es existiert in diesen Praktiken. Soziale Interaktionen sind damit nicht nur Medium, sondern formende Prozesse eigener Art, in denen Geschlechtlichkeit hergestellt und bestätigt wird« (181).

Das homiletische Kommunikationsgeschehen

Dieser theoretische Paradigmenwechsel vom »Being Gender« zum »Doing Gender« stellt die theoretischen Grundannahmen der ersten Phase feministischer Theologie in Frage. Denn Feministische Theologie hat in ihren Anfängen gerade deshalb so tiefgreifend gewirkt und Veränderungen bewirkt, weil sie ein essentialistisches Verständnis der Geschlechterdifferenz in den theologischen Diskurs und die kirchliche Praxis einbrachte. Insofern unterliegt dieser Ansatz feministischer Theologie der Kritik des neuen Paradigmas: »Feministische Theologie läuft Gefahr, Frauen erneut auf ihren Körper, ihre ›Natur‹ festzulegen und auf diese Weise die Asymmetrien im Symbolsystem der Zweigeschlechtlichkeit wieder einmal zu bestätigen, statt zu relativieren und in Frage zu stellen« (Karle 1998, 131).

Die konstruktivistische Sicht der Genderdifferenz macht die kritischen Anfragen der essentialistisch orientierten Feministischen Theologie nicht überflüssig. Im Gegenteil: Im homiletischen Kontext verschärft die konstruktivistische Perspektive der Geschlechterdifferenz die kritische Brisanz der Anfragen. Es geht nun nicht mehr allein um die Frage, inwiefern Predigt *Ausdruck* einer hierarchischen und diskriminierenden Geschlechterdifferenz ist, sondern um die Frage, ob und wie in der Predigt fortlaufend *Geschlecht konstruiert* wird. Denn es war nicht zuletzt die Predigt, in der im Verlauf der Christentumsgeschichte den Frauen und Männern auf sehr wirkungsvolle Weise bestimmte Rollen zugesprochen beziehungsweise abgesprochen wurden. Die Predigt war eine herausragende mediale Agentur von Geschlechterkonstruktion.

Eine genderbewusste und gendersensible Homiletik wird sich deshalb vermehrt folgenden Fragestellungen zuwenden müssen: (1) In der historischen Perspektive gilt es, die *Geschichte der Geschlechterkonstruktion in Gottesdienst und Predigt* aufzuarbeiten. Hierzu gibt es gegenwärtig kaum umfassende Untersuchungen. (2) Ein homiletisches Desiderat ersten Ranges stellt weiterhin das Nachdenken über eine *gendersensible Sprache* (→ 4.4.2) und die einübende Praxis in eine solche Sprache dar. Die Bedeutung der Sprache für die Geschlechterkonstruktion kann kaum überschätzt werden, da wir mittels Sprache Wirklichkeit nicht lediglich abbilden, sondern Wirklichkeit schaffen. (3) Eine Predigt gewinnt ihr genderbewusstes Profil dadurch, welche *Themen und Perspektiven* sie thematisch macht. Eine Predigt, die nur die Lebenswelt eines männlichen Singles berücksichtigt, wird sicher viele Hörerinnen und Hörer verfehlen. Welche Bilder von Männern und Frauen tauchen in unseren Predigten auf? Welche Konflikte werden benannt und welche Lösungen scheinen auf? Wichtig wird sein, dass eine Gemeinde den verlässlichen Eindruck bekommen kann, dass ihr Pfarrer / ihre Pfarrerin selbst genderbewusst ist, auch wenn diese Thematik nicht in jeder Predigt explizit aufgenommen wird. (4) Prediger und Predigerinnen werden sich immer wieder auf der Kanzel selbst zu positionieren haben. Sie sollen für die Hörerinnen und Hörer erkennbar werden in ihrem *eigenen Involviertsein* hinsichtlich der Genderdifferenzen. Verletzungen können und sollen zur Sprache kommen, aber auch die gelungenen Momente von Beziehungen und Begegnungen. (5) In der Genderperspektive ist bedeutsam, welche *biblischen Texte* wir der Predigt zugrunde legen. Die in Geltung stehenden Perikopenordnungen, die ja mit gutem Grund regelmäßigen Revisionen unterzogen werden, haben mitnichten den Reichtum der biblischen Texte ausgeschöpft, die von Genderkonflikten und starken und schwachen Männern und starken und schwachen Frauen erzählen. Wenn die Revision von Perikopenordnungen in dieser Hinsicht nicht schnell genug vorangeht, sollten Predigerinnen und Prediger auch abweichend von den Perikopenordnungen ihre eigenen Akzente setzen. (6) Die Predigt entfaltet nicht isoliert, sondern nur im Ganzen des Gottesdienstes ihre Wirkung (→ 5.1.1). Deshalb sind die liturgischen *Abläufe und Symbolisierungen im Gottesdienst* daraufhin zu befragen, ob und inwiefern sie die Entstehung gleichberechtigter Genderwelten behindern oder begünstigen.

Weiterführende Literatur

A. *Noller,* Feministische Hermeneutik. Wege einer neuen Schriftauslegung, Neukirchen-Vluyn 1995

R. *Jost,* Frauenmacht und Männerliebe. Egalitäre Utopien aus der Frühzeit Israels, Stuttgart 2006

I. *Karle,* »Da ist nicht mehr Mann noch Frau …« Theologie jenseits der Geschlechterdifferenz, Gütersloh 2006

3.3.2.4 Konzeptionalisierungen: »Persönlich Predigen«

Die Frage nach der Person des Predigers, der Predigerin hat zwei Ebenen. Die erste Ebene ist die des faktischen Sachverhalts. Jede Predigerin ist mit ihrer Person in die Predigt verwickelt – unabhängig davon, ob dies ihrer eigenen Vorstellung von Predigt entspricht oder nicht. Jeder Prediger ist mit seiner Person in der Predigt präsent – unabhängig davon, ob er dies selbst so wahrnimmt oder nicht. Die andere Ebene ist die des Konzeptionellen: Ich *möchte* mit meiner Person in meiner Predigt vorkommen. Beide Ebenen hängen miteinander zusammen, sie sind jedoch nicht einfach miteinander identisch. Eine Theologin kann sehr »persönlich« predigen, ohne dass sie das konzeptionell so intendiert. Ein Theologe kann eine Predigt halten, die seltsam menschenleer ist, auch wenn er ein engagierter Anhänger des Konzeptes einer persönlichen Predigt ist.

(1) In der homiletischen Diskussion ist die konzeptionelle Programmatik eines »Persönlich Predigen« mit dem Namen von Axel Denecke verbunden. Im Jahre 1979 erschien von ihm eine kleine instruktive Studie zum Thema der persönlichen Predigt. Das Buch erschien im Jahre 2001 in einer erweiterten und aktualisierten Neuauflage. Bereits daran ist erkennbar, dass das Thema der persönlichen Predigt in der homiletischen Diskussion über einen längeren Zeitraum hinweg präsent geblieben ist. Denecke wählt einen multiperspektivischen Zugang zum Thema. Nur ein solcher multiperspektivischer Zugang wird der Problematik des Themas der persönlichen Predigt gerecht. Humanwissenschaftliche Theorien, empirische Wahrnehmungen, systematisch-theologische Überlegungen und Analysen gehaltener Predigten stecken den Reflexionshorizont ab.

Wer das Programm »Persönlich Predigen« konzeptionell vertritt, muss sich auch heute noch in der Regel mit einem Einwand auseinandersetzen, der nicht einfach von der Hand zu weisen ist. Verführt diese Programmatik nicht zu einer Versubjektivierung der Predigt, die den Sachgehalt der der Predigt aufgetragenen »Botschaft« verschwimmen und verdunkeln lässt? Sicher gibt es das, eine Predigt, die von der individuellen Subjektivität des Predigers / der Predigerin so dominiert wird, dass sie den Hörerinnen und Hörern den Weg zur Predigt eher versperrt als eröffnete. Allerdings wird man diesem Einwand dann am besten gerecht, wenn man das Thema eines »Persönlich Predigen« homiletisch reflektiert und nicht homiletisch tabuisiert. Gerade die Reflexion auf den notwendigen und sachgerechten »persönlichen« Anteil an der Predigt bewahrt am ehesten vor einem falschen Subjektivismus. Homiletische »Fehler« entstehen in der Regel weitaus mehr durch ein einfaches Drauf-Los-Predigen als durch eine bestimmte homiletische Programmatik.

Das Programm eines »Persönlich Predigen«, wie es Axel Denecke vertritt, ist deshalb an einer Balance von Identität und Differenz, von Nähe und Distanz interessiert. »Persönlich Predigen« heißt immer reflektiert die eigene Person und die mit der Person verbundenen Erfahrungen ins Spiel bringen: »Zwischen der *völligen* Identität persönlicher Erlebnisse und der völligen *Differenz* gibt es eine mittlere Ebene, die den Wert des Exemplarischen des Erlebnisses ausmacht. Ich bin zwar nicht identisch mit anderen Menschen, wir sind alle verschieden. Aber es besteht auch nicht nur Differenz zwischen mir und den anderen, wir haben alle auch Gleiches. Wir sind uns alle ähnlich, in unserer Freude und unserer Sehnsucht, in unserer Trauer und in unseren Enttäuschungen. Eine ›Erschließungssituation‹ ist zwar biographisch einmalig und dennoch im konkreten Inhalt übertragbar, sie weist Strukturelemente auf, die der andere in einer anderen Situation ähnlich auch erleben kann. Das ist bereits ein wesentlicher Grund, persönlich zu predigen und zu reden und dabei nicht in eine privatistische Nabelschau zu verfallen. Von sich so zu reden, dass die Rede offen bleibt auf den Gesprächpartner (Hörer) hin, dass meine Predigt funktional der Kommunikation mit dem anderen dient und sich nicht eigengesetzlich verselbständigt und verabsolutiert – und damit gerade wieder verobjektiviert, nicht mehr konsequent subjektiv bleibt –, das ist die ›Kunst‹ der ›persönlichen Predigt‹« (Denecke, 2001, 19 f.).

(2) Denecke nähert sich dieser Kunst der persönlichen Predigt analytisch-konstruktivistisch. Er analysiert Predigten auf ihren Gehalt an persönlichen Anteilen und kommt aufgrund dieser Analyse zum Konstrukt von vier Typen persönlicher Predigt:

▷ Der verantwortungsvolle Prediger der Ordnung
▷ Der wandlungsfähige Prediger der Freiheit
▷ Der tiefsinnige Prediger der Erkenntnis
▷ Der einfühlsame Prediger der Liebe

Diese Typenbildung mag – wie jede Typenbildung – etwas holzschnittartig erscheinen. Gleichwohl lassen sich daraus spezifische homiletische Erkenntnisse gewinnen. (1) Es gibt verschiedene Weisen, persönliche Predigt zu realisieren. (2) Zu welchem Typ eine Predigerin, ein Prediger gerechnet werden kann, leitet sich aus zwei Voraussetzungen ab: Zum einen bestimmt das individuell-biographische Gewordensein der Predigenden, wie sie sich mit ihrer Person in die Predigt einbringen. Zum anderen steuert auch der eigene (theologisch-) homiletische Standpunkt, die »Verteilung« und »Dosierung« persönlicher Anteile in der Predigt. (3) Mit jedem Typ des Predigens sind spezifische Stärken und Schwächen verbunden. Dies machen Befragungen der Hörerinnen und Hörer, aber auch die Analyse der betreffenden Predigten deutlich. (4) Aus der analytischen Typenbildung können Lerneffekte für das eigene Predigen erwachsen, und zwar auf einer doppelten Ebene. Zum einen geht es um Selbstwahrnehmung. In der Regel erkennen sich Predigende sehr schnell (wenn auch meist nicht bruchlos) in einem der Typen wider. Diese Wahrnehmungen können die Stärken und Schwächen der eigenen subjektiven Anteile und Voraussetzungen bewusst machen. Zum anderen gibt es offensichtlich eine gewisse »subjektunabhängige« Struktur eines bestimmten Predigttyps, ebenfalls mit ihren spezifischen Stärken und Schwächen. Predigerinnen und Prediger können so »Strategien« des persönlichen Predigens ausbilden, die ihrem eigenen Gewordensein sowie ihrer homiletisch reflektierten Position gerecht werden.

(3) Über alles Konzeptionelle hinaus ist die bleibende Bedeutung der Person der Predigerin und des Predigers für die Predigt zu betonen. Wenn »persönlich Predigen« nur ein Konzept neben anderen ist, das man wählen oder ver-

　　　　Das homiletische Kommunikationsgeschehen

werfen kann, wird dieses Thema in seiner homiletischen Bedeutung zu wenig stark gewichtet. In einer Zeit der nachlassenden Traditionsbindung, des sich In-Distanz-Haltens zu Institutionen und der fluktuierenden Religiosität kann gar nicht mehr anders als »persönlich« gepredigt werden. Nicht in der Weise, dass Prediger und Predigerinnen zum Vorbild des Glaubens oder zu Garanten des Evangeliums würden. Damit wäre eine unmenschliche Überforderung verbunden. Vielmehr geht es darum, dass Predigerinnen und Prediger auf der Kanzel darin erkennbar werden, wie sich in ihrem je individuellen Leben Glauben ausbildet, was ihn nährt und was ihn in Frage stellt. Von Gott kann nicht in der Weise eines »Über-etwas-Reden« gesprochen werden, sondern nur in der Weise eines *verwickelnden* Redens, das die eigene Existenz und die eigenen Erfahrungen nicht ausblendet. Dazu gehört Mut und Ehrlichkeit, aber auch Bescheidenheit. Die Hörerinnen und Hörer der Predigt spüren in der Regel genau, ob *ihr* Prediger, *ihre* Predigern sich diesem Wagnis unterzieht.

(4) Abschließen möchte ich dieses Kapitel mit dem Ausschnitt aus einer Predigt, die ich für ein gelungenes persönliches Predigen halte. Es ist eine Predigt über Hiob 14,1-6, die Klaus Berger am Buß- und Bettag des Jahres 1989 in Heidelberg gehalten hat. Diese Predigt realisiert m. E. vorbildlich die Balance zwischen Identität und Differenz, zwischen Distanz und Nähe:

> »Liebe Gemeinde! Herr, es kann ja sein, dass andere bitten, du mögest auf sie blicken. Du mögest dich ihnen zuwenden und dein Auge auf sie richten. Du mögest dein Angesicht leuchten lassen über ihnen. Nicht mehr fern sein, sondern lebendig und nahe.
> Aber ich kann nicht so beten. Ich bringe es nicht fertig. Ich kann nur sagen: Herr schau nicht hin, guck weg, wende dein Angesicht anderswo hin, nur nicht auf mich. Denn es macht mich wahnsinnig, dich ertragen zu müssen, deine Gegenwart nervt mich, sie macht mich mürbe. Ich kann dich nur bitten: Lass mich in Ruhe mit deiner Gegenwart, lass mich in Ruhe mit dir. Verschone mich mit deinem Angesicht. Schau du weg. Vielleicht gibt es Menschen, die dich ertragen können, aber ich gehöre nicht dazu.
> Die Schuld der Vater, auf die jetzt alle weisen, sie lenkt manche nur ab von der eigenen, mich nicht. Du holst mich immer wieder ein. Ich habe das Gefühl ein Gejagter zu sein. […]
> Alle Unruhe, die es gibt in meinem Leben – es ist die Unruhe nicht des Gottsuchers, sondern dessen, der endlich in Ruhe gelassen sein möchte, nicht mehr verantwortlich.
> Ebenso wie der Taglöhner, der in der Nische zwischen Sonnenuntergang und Nacht aufatmet und für den dieses die Zeit ist, da er absolut keinem Herren untersteht. Nicht wie einen Sklaven, der Tag und Nacht einem Herrn gehört, in dessen Haus er ist, lass mich sein, sondern wie den Taglöhner, der zwar wenig besitzt, aber abends wenigstens keinen Herrn mehr über sich hat. Ohne Beauf-

sichtigung ist. Herr, befreie uns von dir, von der ewigen Verantwortlichkeit vor dir. Ja. um solche Art Freiheit von dir und deinen Ansprüchen und Forderungen wage ich zu bitten.

Solche Freiheit ersehne ich. Wenn du wegguckst, übernimmst du für einen Augenblick die Verantwortung. Die einzige Weise, verantwortlich Verantwortung loszuwerden, ist, wenn du sie übernimmst. Du bist der einzige, der sie tragen kann. Nur du kannst mir meine Verantwortlichkeit nehmen. Werfet eure Sorgen auf den Herrn« (Berger 1989, 2 f.).

3.3.3 Der Text der Predigt

Wer sich auf das Predigen einlässt, hat es mit Texten zu tun. Eine Predigt setzt sich in der Regel mit einem biblischen Text auseinander. Und sie tut dies in der Weise, dass sie dabei selbst einen Text »produziert«. Die Predigt selbst ist ein Text. Und in nicht seltenen Fällen betreten in dem Text-Stück Predigt neben ihrem Bezug auf den biblischen Text noch weitere Texte die Bühne der Kanzel: Gedichte, die zitiert werden; Geschichten, die erzählt werden; Zeitungsberichte, die in Erinnerung gerufen werden. Auf diese Weise ist jede Predigt ein mehr oder weniger sorgfältig gestaltetes, ein mehr oder weniger gründlich reflektiertes Textgewebe oder Textgespinst. Wo immer wir uns auf Predigt einlassen, treffen wir auf Texte.

> Jan Peter Grevel hat in seiner Dissertation »Die Predigt und ihr Text« gezeigt, dass sich das Verhältnis der Predigt gegenüber den Textwelten, in die sie verwickelt ist, heute sowohl predigtpraktisch wie konzeptionell auf höchst verschiedene, und zum Teil heterogene Weise darstellt. Sein Resümee ist weniger die summarische Auflistung von Positionen, die eingenommen werden oder die eingenommen werden sollten, sondern eine nach vorne weisende Aufgabenbeschreibung: »M.E. hat die gegenwärtige Homiletik nun drei Enttäuschungen aufzuarbeiten, die alle um die zentrale Frage der Textvergegenwärtigung in der Predigt kreisen. Sie sollte den offenbarungstheologischen Hoffnungsrufen, der Text gelange an den Argusaugen neuzeitlicher Methodenkritik vorbei zu immer neuer Gegenwart, realistischer begegnen. Sie sollte die grassierende Rede vom kulturellen Gedächtnis und den Perspektiven einer neuen Erinnerungskultur, so hilfreich sie sein mag, nicht zum Anlass nehmen, die grundlegende Verstehenskrise biblischer Texte mundtot zu machen. Und schließlich sollte sie den Prediger, der mit dem Anspruch religiöser Selbstdeutung nicht erst seit der postmodernen Ausrufung vom Tod des Subjekts häufig genug überfordert ist, entlasten« (Grevel 2002, 257).

Weiterführende Literatur

G. *Lämmlin,* Die Lust am Wort und der Widerstand der Schrift. Homiletische Re-Lektüre des Psalters, Münster 2002

3.3.3.1 Textwelten: Interpretierte Wirklichkeit

Ironischerweise ist es gerade diese Eigenschaft der Predigt – dass sie nämlich ein pluriformes Textgespinst ist –, die die Predigt immer wieder unter einen gewissen Verdacht gestellt hat, der nicht selten auch bei PredigerInnen und GottesdienstbesucherInnen anzutreffen ist. Dieser Verdacht äußert sich in der Regel folgendermaßen: Predigt zielt auf das Leben, und zwar auf das Leben in seiner ganzen Buntheit und Fülle, aber auch in seinen Abgründen und Beschwernissen. Deshalb muss die Predigt konkret und anschaulich sein, sie muss in das Leben selbst eintauchen. Texte hingegen führen vom Leben weg. Sie sind grau, theoretisch und abstrakt. Sie sind Ausdruck der Blässe des Gedankens. Den »Texten« wird generell ein geringerer ontologischer Status zugesprochen als dem, was im Gegensatz dazu die »Wirklichkeit« genannt wird. Mit Hintersinn lässt Goethe in seinem »Faust« ausgerechnet den Mephistopheles diesen Verdacht aussprechen:

> Ich bin des trocknen Tons nun satt […]
> Grau, teurer Freund, ist alle Theorie,
> Und grün des Lebens goldner Baum.

Diesem Verdacht ist mit aller Entschiedenheit entgegenzutreten, weil ihm ein fundamentaler Denkfehler zugrunde liegt.

(1) Der Verdacht gegen die Texte geht von der These aus, dass es zum »Leben« einen unvermittelten Zugang gibt. Direkt ins Leben hinein und zum Leben sprechen – diese Forderung höre ich nicht selten im Homiletischen Seminar und bei Diskussionen in Pfarrkonventen. Aber diesen *direkten* Weg zum Leben gibt es nicht. Die Wege zum Leben sind immer vermittelt. Es gibt zweifellos verschiedene Wege zum Leben. Der Gang über den Wochenmarkt ist etwas anderes als die Lektüre eines Reiseberichts. Das Hören einer Beethoven-Sinfonie ist etwas anderes als das Erklügeln einer Versuchsreihe im gentechnischen Labor. Das Betrachten eines Bildes ist etwas anderes, als für Freunde und Freundinnen zu kochen. Und doch sind dies alles Wege zum Leben. Sie führen uns ins Leben hinein – auf je spezifische Weise. Der Denkfehler beim Verdacht gegen die Texte ist jedoch noch grundsätzlicher, als dass er nur die Vielheit der Wege zum Leben verkennen würde. Der Verdacht gegen die Texte geht im Grunde davon aus, dass es das Leben einfach gibt wie einen Gegenstand. Er suggeriert, das Leben ist da – und man kann es erreichen oder verfehlen. Doch das Leben ist nicht einfach da, sondern das Leben *entsteht* dadurch, *wie* wir zu ihm gelangen. Man muss kein Anhänger eines radikalen philosophischen Konstruktivismus sein und kann gleichwohl die These vertreten, dass das Leben in gewisser Hinsicht stets durch uns »kons-

truiert« wird. Wenn ich Bücher lese, wähle ich einen spezifischen Weltzugang ebenso, wie wenn ich Sport treibe. Die Künste generieren ein bestimmtes Bild vom Leben, wie dies die Wissenschaften auch tun. Leben, das ist etwas, das ständig entsteht, das perspektivisch wahrgenommen wird und deshalb auch ständig umstritten ist. Unsere Zugänge zum Leben sind nicht einfach Zugänge, sondern sie gestalten das Leben, sie »machen« das Leben in gewisser Weise. Es sind eben nicht nur die *hard facts*, die das Leben ausmachen, sondern ebenso die *soft kills* und die wie immer gearteten Blicknahmen auf das Leben.

Der Literaturwissenschaftler George Steiner hat den Zusammenhang vom »Weg zum Leben« und »Leben selbst« wie folgt beschrieben: »Kontext ist zu allen Zeiten dialektisch. Unsere Deutung modifiziert die kommunikative Gegenwart ihres Gegenstands und wird ihrerseits von dieser modifiziert. Diese lebensspendende Wechselwirkung geht bei weitem über alle formalen, technischen Dimensionen hinaus. Es ist nicht nur so, dass das neue Gedicht die Signifikationen und Rezeptionsbedingungen vorausgegangener Dichtung verändert oder dass ein ›abstraktes‹ Stillleben von Braque das Stillleben von Chardin oder Cézanne reorganisiert, das heißt, organisch erscheinen lässt in einer neuen strukturellen oder rhetorischen Beziehung von Ausdrucksweisen. Es ist eben auch so, dass alle semantisch-ästhetischen Phänomene, alle Bedeutungsakte, die verbaler, materieller oder akustischer Form entspringen, selbst schon zu dem prägenden Kontext unseres Lebens in der Vielfalt des Seins gehören. Sie sind Erfahrungsdaten geschichtlicher, gesellschaftlicher, psychischer Existentialität von gleicher (ja, oftmals größerer) Intensität und Wandlungskraft wie irgendwelche anderen Kategorien der Begegnung mit Phänomenalität. Es ist nicht nur so, wie Wilde verkündete, dass die Natur die Kunst nachahmt. Natur bringt Kunst sowohl innerlich mit sich in den innersten Räumen unserer Vorstellungen, Wünsche, Wirklichkeitsauffassungen, als auch in den Konstrukten der Wirklichkeit, die uns umgeben. Architektur ist offenkundig Landschaft. Doch das trifft in Graden zunehmender psychologischer Internalisierung auf Gemälde, Statuen, verbale Darstellungen der menschlichen und natürlichen Verhältnisse der Dinge zu, wie auch am subtilsten auf jene musikalischen Anordnungen von Zeit und Raum, die auf eine Weise, die wir umfassend erfahren, wenn wir sie auch rational noch nicht erfassen können, den erlebten Puls unseres täglichen Lebens verändern. Die Straßen unserer Städte *sind* nach Balzac und Dickens anders geworden. Sommernächte, vor allem gen Süden hin, haben sich mit van Gogh gewandelt. Es ist faszinierend, wie aleatorische und elektronische Musik vielen der städtischen, technischen ›Geräusche‹, die uns umgeben, einen neuen formalen Charakter und neue ›Hörbarkeit‹ verleiht. So ist in ganz zentraler Weise die Geschichte des Kontextes hinsichtlich von Bedeutung der Kontext der menschlichen Geschichte. Die interaktiven Abläufe zwischen ihnen sind in ständiger, letztlich inkommensurabler Bewegung« (Steiner 1990, 216 f.).

Die »lebensspendende Wechselwirkung«, von der George Steiner spricht, ist auch in den Textwelten der Predigt am Werk. Es gilt auch von den Textwelten der Predigt, was Steiner über Balzac, Dickens und van Gogh sagt: Unsere Welt ist danach eine andere geworden. Dies ist Grund genug dazu, dass Predigerinnen und Prediger sich auf diese Textwelten einlassen – mit Selbstbewusstsein, aber auch mit Achtsamkeit und mit geduldigem Willen, selbst zur Gestaltung dieser Textwelten beizutragen.

Die Textwelten der Predigt sind ein Angebot an die Hörerinnen und Hörer, einen »Weg zum Leben« zu finden. So wie ein Museumsbesuch und eine Sportveranstaltung solche Angebote sind. Die Textwelten der Predigt perspektivieren die Welt in einer bestimmten unverwechselbaren Art und Weise. Und das ist ihr Beitrag zur Welt-Gestaltung. Jeder und jede, die eine Predigt schreibt, schreibt zugleich ein kleines Stück an der Weltgeschichte weiter.

Aber dieses Weiter-Schreiben an der Weltgeschichte in der Predigt wird nur gelingen, wenn die Prediger und Predigerinnen sich auf die Textwelten der Predigt wirklich einlassen. Ohne ein solches textweltliches Engagement wird es keine sinnvolle Predigt geben. Deshalb sind Prediger und Predigerinnen immer auch Text-Menschen und Bücher-Menschen – und sie sollten sich dieser Prädikate nicht schämen.

(2) Das Profil der christlichen Predigt als Verschlungen-Sein in Textwelten hat der *Protestantismus* auf besondere Weise ausgebildet. In keiner anderen christlichen Konfession wurde die Predigt derart eng an die biblischen Textwelten, aber auch an die jeweiligen Textwelten der Welt-Gelehrsamkeit angebunden, wobei das Anbinden an diese Textwelten ein höchst diffiziles Unternehmen ist. In gewisser Weise wollte die Reformation durch die Anbindung der Predigt an die biblische Textwelt den theologischen Gehalt der Predigt »sichern«. Luther war der Meinung, dass die Prediger, die ihren Bezug zu der biblischen Textwelt verlören, irgendwann anfangen müssten, von »blauen Enten« zu predigen. Das meint, dass ihre Predigt zwangsläufig einen illusorischen und vernebelnden Inhalt finden würde. Andererseits darf durch die Anbindung der Predigt an die biblische Textwelt die Freiheit der Predigenden nicht beschnitten werden. So hat es sich gezeigt, dass die Lehre von der Verbalinspiration der Bibel ein theologischer Fehltritt war. Das Motiv dieser Lehre ist es, die biblische Textwelt theologisch abzusichern. Aber sie hat zugleich, indem sie jedes einzelne Wort der Bibel als göttlich inspiriert behauptete, das theologische und homiletische Korsett zu eng geschnürt. Eine Predigt, die von der »Freiheit eines Christenmenschen« zeugt, ist im Banne der Lehre von der Verbalinspiration mit Sicherheit nicht möglich. Und deshalb hat sich diese Lehre im Raum des Protestantismus auch nicht als Konsens durchsetzten können. Offensichtlich stellt das sich Einlassen auf die Textwelten der Predigt ein sehr viel risikoreicheres Unternehmen dar, als dass es durch irgend-

welche allzu strikten Sicherungen vor Abstürzen bewahrt werden könnte. Deshalb gehört die homiletische Verantwortlichkeit der Predigenden zu den Grundtugenden des Protestantismus. Und deshalb hat der Protestantismus auch intensiver als alle anderen christlichen Konfessionen das Bemühen um eine – in sich äußerst heterogene und stets umstrittene – Theorie der Predigt ausgebildet.

3.3.3.2 Offener Text

Von Gerd Theißen, dem zeitgenössischen Exegeten im deutschsprachigen Raum, der sich wohl am intensivsten mit Fragen der Homiletik beschäftigt, stammt der Satz: »Die Suche nach der una sanctio interpretatio ist vorbei« (Theißen 1994, 55). Mit diesem Satz ist eine tiefgreifende Veränderung im Verständnis der biblischen Texte in den letzten fünfzig Jahren beschrieben.

(1) Die Exegese der ersten Hälfte des 20. Jahrhunderts bis weit in die Zeit nach dem Zweiten Weltkrieg hinein war bestimmt durch zwei große theologische Strömungen: Die von Karl Barth dominierte Dialektische Theologie und das mit dem Namen von Rudolf Bultmann verbundene Programm der Entmythologisierung bzw. der existentialen Interpretation der biblischen Texte. So sehr die beiden theologischen Strömungen in zum Teil erbittert ausgefochtener Konkurrenz standen, so sehr waren sie sich in der Grundstruktur ihres exegetischen Vorgehens einig. Es ging darum, in einem biblischen Textabschnitt einen Sinngehalt möglichst eindeutig zu identifizieren. Besonders geeignet dazu schien die sogenannte Skopus-Methode. Mit ihr wurde versucht, die Aussage eines Textabschnittes zuzuspitzen und so bündig und kurz wie möglich in eine Formulierung zu überführen. Auch in der Homiletik war diese Methode weit verbreitet. Es gehörte zum Grundbestand einer homiletischen Seminararbeit, einen Textskopus zu formulieren, von dem dann das meditative Weiterschreiten zur Predigt seinen Ausgang zu nehmen hatte. Eine kurze Recherche von ins Internet gesetzten homiletischen Arbeiten zeigt, dass dieses Vorgehen auch heute noch weit verbreitet ist. Der »Erfolg« der Skopus-Methode war mit Sicherheit darin begründet, dass er zu einem eindeutigen Ergebnis der Exegese führte und zugleich der homiletischen Weiterarbeit einen klaren Weg wies. Der im Skopus formulierte Sinngehalt des Textes war aktualisierend an die Hörerinnen und Hörer der Predigt zu vermitteln. Schematisch ließe sich dieses Konzept so darstellen:

Der Weg vom Text zur Predigt nach der Skopusmethode		
Text ✒ → Skopus ✒ → Predigt → 🧍🧍🧍🧍🧍🧍		
(Exegese) *(Meditation + Einfälle)* *(PredigthörerInnen)*		

(2) Im Rahmen der Hinwendung zu rezeptionsästhetischen Erkenntnissen (→ 3.2) wurde dieses Verständnis der biblischen Texte und des damit verbundenen exegetisch-homiletischen Vorgehens zunehmend fraglich. Es wurde kritisch gefragt, ob die Skopus-Methode nicht die Tiefenstruktur der biblischen Texte verfehle. Nehmen wir als Beispiel das berühmte Hohe Lied der Liebe des Paulus aus 1. Korinther 13,1-13, das ein beliebter Text nicht zuletzt für Traupredigten ist:

»Wenn ich mit Menschen- und mit Engelszungen redete und hätte die Liebe nicht, so wäre ich ein tönendes Erz oder eine klingende Schelle. Und wenn ich prophetisch reden könnte und wüsste alle Geheimnisse und alle Erkenntnis und hätte allen Glauben, so dass ich Berge versetzen könnte, und hätte die Liebe nicht, so wäre ich nichts. Und wenn ich alle meine Habe den Armen gäbe und ließe meinen Leib verbrennen, und hätte die Liebe nicht, so wäre mir's nichts nütze. Die Liebe ist langmütig und freundlich, die Liebe eifert nicht, die Liebe treibt nicht Mutwillen, sie bläht sich nicht auf, sie verhält sich nicht ungehörig, sie sucht nicht das Ihre, sie lässt sich nicht erbittern, sie rechnet das Böse nicht zu, sie freut sich nicht über die Ungerechtigkeit, sie freut sich aber an der Wahrheit; sie erträgt alles, sie glaubt alles, sie hofft alles, sie duldet alles. Die Liebe hört niemals auf, wo doch das prophetische Reden aufhören wird und das Zungenreden aufhören wird und die Erkenntnis aufhören wird. Denn unser Wissen ist Stückwerk, und unser prophetisches Reden ist Stückwerk. Wenn aber kommen wird das Vollkommene, so wird das Stückwerk aufhören. Als ich ein Kind war, da redete ich wie ein Kind und dachte wie ein Kind und war klug wie ein Kind; als ich aber ein Mann wurde, tat ich ab, was kindlich war. Wir sehen jetzt durch einen Spiegel ein dunkles Bild; dann aber von Angesicht zu Angesicht. Jetzt erkenne ich stückweise; dann aber werde ich erkennen, wie ich erkannt bin. Nun aber bleiben Glaube, Hoffnung, Liebe, diese drei; aber die Liebe ist die größte unter ihnen.«

Wie ließe sich aus diesem Text ein Skopus erheben? Die Worte des Paulus sind so gewählt, dass sie sich nicht auf einen Skopus gleichsam verdichten lassen. Wir müssen den Weg der Worte abschreiten, den Paulus wählt, um uns ihrem Gehalt anzunähern. Zudem lässt sich die bilderreiche Sprache des Paulus nicht bruchlos und vor allem nicht ohne Verluste in eine Begriffssprache transformieren. Die Bilder wecken in uns Assoziationen, die nicht bei allen gleich sind. Diese Assoziationen ihrerseits eröffnen vielfältige Sinnhorizonte, die nicht in einen einzigen, allen gemeinsamen Sinnhorizont zu überführen sind. Kurz gesagt: Dieser Paulustext ist kein skopusgeeigneter Text, sondern ein »offener Text«.

Was meint »offener Text«? Im Grunde wiederholt sich auf der Ebene der *Aussagen zur Struktur von Texten* dasselbe, was im rezeptionsästhetischen Kontext von der *Beziehung zwischen Text und RezipientIn* gesagt werden konnte. Es gibt offensichtlich Texte, die so strukturiert sind, dass sie zu einem anderen Rezeptionsverhalten anregen, als dies anders strukturierte Texte tun. Eine Gebrauchsanweisung zur Montage eines Buchregals weist klare und eindeutige Begriffe aus, die in einem klaren und eindeutigen Verhältnis zueinander stehen. Sie sagt mir, welche Handgriffe ich in welcher Reihenfolge zu machen habe. Sie soll gerade keine Deutung mehr zulassen, sondern einen eindeutigen Weg weisen, sonst würde eine solche Gebrauchsanweisung gerade das mit dieser Textstruktur Intendierte verfehlen. Das wissen wir ganz intuitiv und gehen dementsprechend mit solch einem Text um. Ganz anders ist dies, wenn wir ein Gedicht lesen. Hier stoßen wir auf Bilder, die gerade nicht eindeutig sind, die Assoziationen und Gefühle wachrufen. Wir treffen auf Sinnzusammenhänge, die nicht eindeutig sind, sondern die uns erst zur Sinnstiftung einladen. In diesem Sinne ist ein Gedicht ein »offener Text« Auch das wissen wir ganz intuitiv, und deshalb gehen wir mit einem Gedicht anders um als mit einer Montageanleitung.

Die Pointe der Theorie des »offenen Textes« besteht darin, zu zeigen, dass die Offenheit am Text selbst festzumachen ist. Dass nicht einfach wir als RezipientInnen es sind, die durch die Vielfalt unserer Lektüren den Text zu einem offenen Text machen, sondern dass der Text uns selbst sagt: Ich bin ein offener Text. Dass dem so ist, ist alltagspragmatisch relativ klar und eindeutig. Wir wissen in der Tat meist nach wenigen Sätzen, ob wir es mit einem Gedicht oder mit einer Montageanleitung zu tun haben. Daraus wird ersichtlich, dass von Texten ein Impuls ausgeht, der uns in ihre Struktur einweist.

(3) Sehr viel differenzierter wird es, wenn wir diese von einer bestimmten Textstruktur ausgehenden Impulse textwissenschaftlich genauer beschreiben wollen. Was macht einen »offenen Text« zu einem offenen Text? Diese Frage hat der Literaturwissenschaftler Wolfgang Iser zur zentralen Frage seiner Forschungen gemacht. Ausgangspunkt seiner Überlegungen ist die These, dass jeder literarische Text durch eine »Unbestimmtheit« charakterisiert ist, die diesen Text erst zu einem literarischen Text macht. Diese »Unbestimmtheit« entsteht für Iser nicht erst im Lesevorgang, sondern ist in die Struktur des Textes selbst eingeschrieben: »Texte haben ohne Zweifel stimulierende Momente, die beunruhigen und damit jene Nervosität verursachen, die Susan Sontag als die Erotik der Künste bezeichnen möchte. Besäßen die Texte wirklich nur jene von der Interpretation hergestellten Bedingungen, dann bliebe

für den Leser nicht mehr viel übrig. Doch zwischen Text und Leser spielt sich ungleich mehr als nur die Aufforderung zu einer Ja/Nein-Entscheidung ab« (Warning 1979, 228). Ein literarischer Text nimmt den Leser, die Leserin in der Weise in Anspruch, »dass der Unbestimmtheitsbeitrag [...] das wichtigste Umschaltelement zwischen Text und Leser darstellt. Als Umschaltstelle funktioniert Unbestimmtheit insofern, als sie die Vorstellungen des Lesers zum Mitvollzug der im Text angelegten Intention aktiviert« (248). Es ist deutlich, »Unbestimmtheit« meint hier nicht »Beliebigkeit«, sondern »Unbestimmtheit« meint eine vom Autor, der Autorin bewusst geschaffene und gestaltete Textstruktur, die die LeserInnen in einer bestimmten Weise in Anspruch nimmt.

Neuere exegetische Ansätze haben dieses Textverständnis auf die biblischen Texte übertragen. Die zentrale These lautet, dass religiöse Texte, und damit auch die biblischen Texte, eine Strukturähnlichkeit mit literarischen Texten aufweisen. Religiöse und literarische Texte sind zwar nicht identisch, aber strukturell miteinander verwandt. Im Sinne Wittgensteins könnte man von einer Familienähnlichkeit literarischer und religiöser Texte sprechen. Gerd Theißen hat diese Perspektive bündig so formuliert: »Biblische Texte sind offene Texte. Und anstatt darüber zu klagen, dass die Exegeten keine eindeutigen Lesarten liefern, sollte man darüber froh sein: Ein religiöser Text ist umso wertvoller, je größer sein Sinnpotential ist. Die Predigt lebt von der Sinnfülle biblischer Texte. Es ist daher unfair, sich über die Hypothesenhalden zu beschweren, die wir Exegeten über die Texte ausbreiten. Diese Hypothesenhalden sind Ausdruck der überwältigenden Sinnpotentiale biblischer Texte – und sie enthalten vieles, was für Predigten wertvoll ist« (Theißen 1994, 54).

Man kann sich den Weg von der Skopus-Methode hin zum Verständnis biblischer Texte als offene Texte am Gang der Gleichnisforschung veranschaulichen. Die moderne Gleichnisforschung nimmt von dem monumentalen zweibändigen Werk Alfred Jülichers »Die Gleichnisreden Jesu« aus dem Jahre 1899 ihren Ausgang. Für Jülicher besteht das Wesen der Gleichnisse in einem Vergleich. Sie vergleichen zwei Dinge, Situationen oder Sachverhalte miteinander, die eine Ähnlichkeit miteinander aufweisen. Insofern ist die Intention eines Gleichnisses die Verdeutlichung in einer einfachen Form. Die Gleichnisse haben also einen argumentativ-logischen Charakter. Die argumentativ-logische Aussage eines bestimmten Gleichnisses ist dann erfasst, wenn das *tertium comparationis*, das die Sach- und Bildhälfte miteinander verbindet, gefunden und ausformuliert ist. Man kann in gewisser Hinsicht sagen, dass dieses *tertium comparationis* den jeweiligen Skopus eines Gleichnisses darstellt. Steht Jülichers Gleichnisbuch gleichsam an der Schwelle zur ersten Hälfte des 20. Jahrhunderts, so markiert das Buch von Joachim Jeremias »Die Gleichnisse Jesu« (1. Auflage 1947) den Weg der Gleichnisforschung zu Beginn der zweiten Hälfte des 20. Jahrhunderts. Bei allen kritischen Unterschieden zu Jülicher bestätigt Jeremias in seinem Buch dennoch wesentliche Grundannahmen Jülichers. Auch für Jeremias sind die Gleichnisse Jesu »Streitwaffe« in einem argumentativen Streit, nämlich der Auseinandersetzung Jesu um die Legitimität seiner Botschaft. Und ausdrücklich betont Jeremias, dass deshalb die Gleichnisse Jesu nicht als »Kunstwerke« anzusprechen seien. Auch Jeremias spitzt bei seiner Auslegung die Gleichnisse auf einen skopusartigen Gehalt zu, der in der Regel in einem einzigen Satz formuliert werden kann. Ganz anders stellt sich die Situation in Wolfgang Harnischs Buch »Die Gleichniserzählungen Jesu« aus dem Jahre 1985 dar. Bereits der Titel des Buches betont die literarische Gestalt der Gleichnisse Jesu. Und an den Anfang des Buches stellt Harnisch einen kleinen Essay von Paul Klee mit dem Titel »Schöpferische Konfession«. Harnisch möchte in expliziter Distanznahme zu Jülicher und Jeremias die Gleichnisse Jesu gleichsam als »Bühnenstücke« verstehen, die der ästhetischen Rationalität einer Erzählung oder eines Dramas folgen. Sie eröffnen einen Frei-Raum, in dem sich die Rezipierenden frei einfügen können und der gleichwohl nicht beliebig ist. Somit sind die Gleichnisse Jesu Paradigmen dessen, was ein offener Text leistet. Wenn Harnisch die Wirkung der Gleichnisse Jesu zu beschreiben versucht, so geschieht dies in Worten, die denen von Literaturwissenschaftlern sehr ähnlich sind, wenn sie die Wirkungsweisen eines offenen Textes beschreiben: »Was die Gleichniserzählung Jesu darstellt, hat somit den Charakter eines Szenars, das eine ›Aufführung‹ im Leben des Adressaten evoziert. Erst wenn sich der Hörer in seiner Einbildungskraft anregen lässt und die Vorgaben bearbeitet, die ihm seitens der Erzählung zugetragen werden, gelangt die in der Erzählung angelegte Spannung zur Entfaltung. Ebenso wird die im dramatischen Handlungsgefüge angebotene Lösung allererst Ereignis, sobald sie vom Hörer wahrgenommen, und das heißt: als eine die Dissonanz seiner eigenen Existenz lösende Anrede verstanden wird« (Harnisch 1985, 308).

(4) Die literaturwissenschaftliche Theorie des offenen Textes hat die homiletische Diskussion nachhaltig angeregt. Gerd Theißen sieht in dem »semantischen Störungspotential« (Theißen 1994, 20), das biblische Texte als offenen Texten innewohnt, eine hermeneutische Grundbewegung am Werk, die von den biblischen Texten auf die Predigt übergreifen soll und kann: »Die Reaktualisierung von Texten im innerbiblischen Traditionsprozess ist demnach nicht nur ein Abrufen vorhandener Möglichkeiten aus einer kollektiven Zeichensprache, sondern eine ständige semantische Störung vorgegebener Bedeutungen« (20). Dabei wirkt das semantische Störpotential, das bereits dem biblischen Traditionsprozess eingeschrieben ist, nicht destruktiv, sondern kreativ. Der biblische Traditionsprozess ist zu begreifen als »eine Reaktivierung des biblischen Zeichensystems in immer neuen Texten, welche die kollektive Zeichensprache nicht einfach reproduzieren, sondern durch dosierte semantische Störungen neue Einsichten und Haltungen provozieren« (21).
Biblische Texte und Predigten zeichnen sich damit, sofern sie als offene Texte begriffen werden, durch mehrere gemeinsame strukturelle Parallelen aus:

Das homiletische Kommunikationsgeschehen

▷ Die Texte entstehen nicht im luftleeren Raum, sondern sie antworten auf vorgegebene Texte oder Textwelten. Nicht allein die Predigt ist auf die biblische Textwelt bezogen, sondern bereits die biblische Textwelt ist als fortschreitende Bezugnahme von Texten auf Texte zu begreifen. Der biblische Kanon selbst (→ 3.3.3.3) ist ein kritischer Dialog.

▷ Die biblischen Texte wie auch die Predigt wiederholen die tradierten Texte nicht einfach, sondern sie schreiben an ihnen weiter. Texttradierung ist aufs engste mit Textinnovation verbunden.

▷ Die biblischen Texte wie die Predigt setzen ihr semantisches Störpotential nicht monologisch ein, sondern sie sind so strukturiert, dass sie es den RezipientInnen ermöglichen, sich in die Störbewegung in der Weise hineinzubegeben, dass sie diese Störbewegung als innovatorisch, horizonteröffnend und perspektivenerweiternd erfahren.

3.3.3.3 Der Kanon als Schutzraum des Pluralismus

Die Reformation hat die christliche Predigt an einen biblischen Text gebunden. Insofern findet Predigen immer im Kontext eines klar definierten Bestandes an Schriften statt. Deshalb kann man auch sagen: Predigen im reformatorischen Sinne ist Predigt im Raume des biblischen Kanons.

(1) Wer gegenwärtig von einem »Kanon« redet, wird in der Regel zunächst einmal unter Verdacht gestellt. Dieser Verdacht nährt sich aus der pluralistischen Stimmungslage unserer kulturellen Gegenwart. Wer einem Kanon das Wort redet, gilt schnell als intolerant oder als einem vormodernen Denken verhaftet. Auf der argumentativen Ebene werden meist zwei Einwände gegen einen »Kanon« erhoben. Der erste Einwand zielt auf den Subjektivismus eines solchen Vorhabens. Wer einen Kanon der deutschen Literatur wie Marcel Reich-Ranicki definieren möchte, generalisiere doch nur seine eigenen individuellen Vorlieben. Der zweite Einwand ist gewichtiger. Ein Kanon grenze per definitionem Andere oder Anderes aus und schaffe damit ein Klima der Intoleranz und Aggression. Beide Einwände sind sicher nicht einfach nur falsch. In jede Kanonbildung ist eine gehörige Portion an Subjektivismus eingeschrieben. Und natürlich haben Kanonverfechter aller Zeiten ihre Ziele immer wieder intolerant und gewaltsam verfolgt. Nur treffen diese Einwände die Intentionen von Kanonbildungen nur teilweise und zielen zumindest an der Grundintention der christlichen Kanonbildung vorbei.

Zunächst kann festgestellt werden, dass die gegenwärtige kulturwissenschaftliche Diskussion Kanonbildungen nicht einfach als ein vormodernes Relikt ansieht. Jede Gesellschaft hat ihre eigenen Canonices. Das »kulturelle Gedächtnis« (Assmann 1999) speist sich aus Erinnerungstraditionen, denen eine kanonische Funktion zukommt. In Gesellschaften, die von Schriftliteraturen geprägt sind, wird ein Kanon in der Regel strikter ausgebildet als in anderen Gesellschaften. In der Antike verstand man unter Kanon eine Sammlung vorbildlicher und insofern auch normativer Schriften nicht nur religiösen Gehaltes. Und im gegenwärtigen Kontext unserer Mediengesellschaft (→ 4.5) verschärft sich die Kanonfrage nicht unerheblich. In der Allpräsenz der Bilder und Symbole wird für jede gesellschaftliche Gruppe die Frage der Erkennbarkeit zur Überlebensfrage. Erkennbar wird man an dem, was in einer Gruppe gilt und was von ihr ausgeschlossen ist. So meldet sich in der jüngsten Gegenwart des forcierten Pluralismus die alte Kanonfrage in neuer Dringlichkeit an. Und keine Kultur, die sich auch als Gedächtniskultur verstehen möchte, wird an der Kanonfrage vorbeikommen. Die Frage eines Kanon ist mit Sicherheit eine stets umstrittene. Mit gleicher Sicherheit wird man jedoch sagen können, dass man sich der Kanonfrage nicht entziehen kann.

Innerhalb der weiteren Wahrnehmung der Kanonproblematik innerhalb der Kulturwissenschaften gewinnen die Entstehung und die Intention des christlichen Kanons ihr besonderes Profil. Dies ist ein Profil, das den eingangs genannten Vorbehalten gegenüber dem Kanon in keiner Weise entspricht. Denn bereits die Entstehung des christlichen Kanons zeigt, dass er weitaus mehr an Pluralisierung denn an Vereinheitlichung interessiert ist. Die Kanonfrage entzündet sich in der jungen Christenheit dadurch, dass Marcion im 2. Jahrhundert einen Kanon festlegte, der »nur« das Lukasevangelium und eine Reihe durch Marcion bearbeitete Paulusbriefe enthielt. Die hermeneutische Leitschnur des Marcion war es, den christlichen Kanon von allen vermeintlichen jüdischen Resten zu »reinigen«. Dieser »Reinigungsprozess« des Marcion provozierte vehementen Widerspruch. An deren Ende stand der biblische Kanon so, wie wir ihn heute kennen. Gegenüber Marcion bestand die Christenheit also auf einer sehr viel pluraleren Gestalt des Kanons. Die christliche Kanonbildung war also weitaus mehr an »Pluralismus« interessiert als an »Exklusion«. So konnte Ernst Käsemann in seinem berühmten Vortrag aus dem Jahre 1951 über die Frage »Begründet der neutestamentliche Kanon die Einheit der Kirche?« die These vertreten, der Kanon begründe als solcher nicht die *Einheit der Kirche*, sondern weitaus mehr die *Vielfalt der Konfessionen*.

Diese Aussage gilt nicht nur in historischer, sondern auch in grundsätzlich phänomenologisch-struktureller Hinsicht. Jeder Kanon provoziert, sobald er definiert ist, Auslegung. Und Auslegung wiederum geschieht in Vielfalt. Wenn ein Text eindeutig ist, muss er nicht ausgelegt werden. So ist also in jede Kanonbildung bereits die Tendenz zur pluralisierenden Auslegung eingeschrieben. In den jeweiligen Kontexten mag dann immer umstritten sein, in welcher Bandbreite diese Auslegung eines kanonischen Textes legitim ist.

Das homiletische Kommunikationsgeschehen

Aber, dass ein Kanon nicht nur in seiner bloßen repetierenden Rezitation am Leben erhalten werden kann, darin sind sich alle Kulturen einig, die durch einen Kanon bestimmt sind.

(2) Das Wissen um den pluralisierenden Glutkern des biblischen Kanons ist in den reformatorischen Kirchen besonders ausgebildet. Exemplarisch dafür kann Luthers Umgang mit der Schrift stehen. Bei ihm verbindet sich die Hochschätzung der Schrift mit einer nicht nur gelegentlichen, oft sogar sehr deutlichen Kritik am konkreten Kanon. Luthers Vorbehalte gegenüber dem Jakobusbrief und der Johannesapokalypse sind bekannt, ebenso seine drastischen Worte, mittels derer er diese Kritik artikuliert hat. Luther konnte dies tun, weil er unter »Kanon« nicht das *statische Ergebnis* eines historischen Prozesses verstand, sondern eine *innere Dynamik der Lektüre* eines bestimmten Textbestandes. Kanonisch lesen die Bibel diejenigen, die sie von ihrer Mitte her lesen. Mag auch die Bestimmung dieser Mitte durch Luther (»das, was Christum treibet«) wegen der damit verbundenen antijudaistischen Versuchungen für uns heute nicht mehr der theologischen Weisheit letzter Schluss sein, so kann das dynamische Verständnis des Kanons bei Luther weiterhin homiletisch fruchtbar gemacht werden.

Luther konnte in seinen Disputationsthesen zur Promotion seines Schülers Hieronymus Weller sein dynamisches Kanonverständnis zugespitzt formulieren. Wenn seine Gegner – so Luther – »die Schrift gegen Christus treiben«, so würde er eben »Christum gegen die Schrift« treiben. Im gleichen Zusammenhang findet sich dann auch die Aussage Luthers, dass jede Generation gleichsam »neue Dekaloge machen« müsse, »wie Paulus sie macht durch alle Episteln, und Petrus, allermeist aber Christus im Evangelium« (vgl. dazu WA39/I, 47). An diesen Worten wird deutlich, dass Luther die Kanonfrage nicht als Fixierung eines bestimmten Textbestandes formuliert, sondern als eine höchst aktive Lektüreanweisung. *Kanonisch ist das, was den Gehalt des Kanons in eigener Verantwortung aktualisiert.*

(3) In der neueren systematischen Theologie geht diese reformatorische Position mit den Erkenntnissen der Rezeptionsästhetik eine produktive Verbindung ein. Ulrich Körtner zitiert in diesem Zusammenhang zustimmend Paul Ricoeur: »Das Wort Gottes verstehen heißt, dem Richtungspfeil seines Sinnes zu folgen. Unter dem Richtungspfeil seines Sinnes verstehe ich seine zweifache Fähigkeit, alle aus den Einzelreden hervorgegangenen Bedeutungen zu vereinen und einen Horizont zu eröffnen, der sich dem Abschluss der Rede entzieht« (Körtner 1994, 106). Auch bei Ricoeur gerät der Blick auf das kanonisch Ganze nicht zum konservierenden Repetieren, sondern zum innovativen Eintreten in einen offenen, und gleichwohl nicht konturlosen Be-

deutungshorizont. Körtner schlägt deshalb vor, »den *biblischen Kanon als Lesefrucht* zu interpretieren, als Resultat nicht nur eines individuellen Leseaktes, sondern einer Lesetradition frühchristlicher und altkirchlicher Gemeinden und zugleich als Anleitung zu einer fortgesetzten, synchronen Lektüre, der in ihm zusammengestellten Texte, deren Einheit freilich nicht ein fixer Sinnbestand ist, sondern durch kombinatorische Lektüre im Akt des Lesens immer neu entstehen soll« (15 f.).

Homiletisch bedeutsam an diesem Verständnis von Kanon ist zweierlei. Zum einen ist Kanontreue etwas höchst Aktives. Kanontreue ruft nach neuen, in eigener Verantwortung geschriebenen Texten. Zum anderen heißt Kanontreue, den weiten Horizont im Auge zu behalten, der über den konkreten Einzeltext hinausweist. In der Predigt erweist sich deshalb der Kanon als *produktiver Schutzraum des Pluralismus.*

Hartmut Raguse hat als Exeget und Tiefenpsychologe ein Textverständnis vorgeschlagen, das die Metapher des Raumes konsequent nutzt. Es geht ihm um Raum als vielfältige Beziehungsstiftung: »Der metaphorische ›Raum‹ zwischen Text und Leser, der zunächst leer ist, wird dadurch ermöglicht, dass der Autor des Textes abwesend ist, ob dieser Autor nun Platon, Markus oder der Analysand ist. Der historische Autor – und ebenso auch der Patient, insofern er eine konventionelle Gestalt ist – hat sich von seinem Text entfernt und lässt den Leser mit dem schriftlichen Zeichensystem oder auch mit den gesprochenen Worten allein. Aber der Leser (oder Hörer) kann diese Abwesenheit in einem gewissen Maße wieder rückgängig machen, indem er sich die Welt des Erzählens und die innere Welt des Textes in der Phantasie erschafft, und indem es damit für ihn so erscheint, als sei der Erzähler jetzt gegenwärtig, und als öffne sich die Textwelt jetzt, um an ihr Anteil zu geben. Das ist kein willkürlicher Akt der Subjektivität, auch nicht eine bloße Aneignung des Objektiven, sondern etwas Drittes, Bei ihm fragt man nicht mehr, ob man es *vorgefunden* oder *erfunden* hat. *Beides* ist wahr« (Raguse 1994, 9 f.). Versteht man einen Text in der Weise als kommunikativen Raum, so ist auch noch in die kleinste Textwelt ein Möglichkeitspluralismus eingeschrieben. Der Kanon kann als die äußere Schutzhülle dieses internen Möglichkeitspluralismus des einzelnen biblischen Textes verstanden werden.

Weiterführende Literatur

M. Wolter (Hg.), Kanon, Verkündigung und Forschung 51 (2006), Heft 1

(4) Die Frage, wie *Texte des Alten Testaments in der christlichen Predigt* zur Sprache kommen sollen, kann als die hermeneutische Probe aufs Exempel dafür gelten, wie das jeweils leitende Verständnis von Kanon sich homiletisch konkretisiert. Das Thema »Das Alte Testament in der christlichen Predigt« ist vorbelastet. Und man tun gut daran, diese Vorbelastung in den Blick zu nehmen, damit sie einen nicht ständig hinterrücks einholt. Bei diesem Thema

meldet sich nämlich sofort das problematische Phänomen des christlichen Antijudaismus zu Wort.

Dieser christliche Antijudaismus ist weder Ausdruck eines finsteren Mittelalters noch einiger weniger theologischer Randgestalten. Der christliche Antijudaismus war gerade in der neuzeitlich-kritischen Theologie des Protestantismus auf vitale Weise präsent. So können wir etwa in Johann Salomo Semlers (1725-1791) »Abhandlung von freier Untersuchung des Kanons« die folgenden Sätze lesen: »Ein gesunder Auszug aus den Büchern des alten Testaments, worin die kleinen unfruchtbaren Erzählungen und die Stellen weggelassen werden, welche nur für jene Juden gehörten und den Stempel der Zeit oder der Provinz so deutlich vorzeigen, würde die christliche bessere Lehre und Religion viel leichter überzeugend und durch Erfahrung empfehlen als die kalten Wiederholungen und Beschreibungen von Begebenheiten, die ganz und gar ausländisch, ganz fremd und unbekannt für uns und unseren ganz andern Geschmack in der Erkenntnis und Moral sind und bleiben. Noch soviel Bemühungen emsiger Ausleger werden es dahin nicht bringen, dass fähige Leser für sich selbst wirklich Vorteile, moralischen Zuwachs und geistliche Erbauung ihrer selbst in den Reisen der Israeliten durch die Wüste, in den Beschreibungen der Priester und Stiftshütte, Erzählung der Anzahl und Stärke des Volkes, Abteilung der zwölf Stämme etc. finden sollten« (Semler 1967, 70). Hier ist in wenigen Worten das ganze Arsenal eines christlichen Antijudaismus versammelt, das dann auch seine Kompatibilität gegenüber dem Rasseantisemitismus, von dem der christliche Antijudaismus sehr wohl zu unterscheiden ist, erwiesen hat. Etwas vornehmer, aber noch zugespitzter finden wir den christlichen Antijudaismus in Adolf von Harnacks (1851-1930) viel zitierten Sätzen aus seinem Buch über »Marcion«: »Das Alte Testament im 2. Jahrhundert zu verwerfen, war ein Fehler, den die große Kirche mit Recht abgelehnt hat; es im 16. Jahrhundert beizubehalten, war ein Schicksal, dem sich die Reformation noch nicht zu entziehen vermochte; es aber seit dem 19. Jahrhundert als kanonische Urkunde im Protestantismus noch zu konservieren, ist die Folge einer religiösen und kirchlichen Lähmung« (Harnack 1927, 217).

Christlicher Antijudaismus begegnet uns nicht nur in der akademischen Literatur, sondern auch in der Predigt. Die christliche Predigt über das Alte Testament war durch die Jahrhunderte hindurch zwar nicht durchweg, aber doch weitgehend Ausdruck dieses christlichen Antijudaismus gewesen. Insofern war die Predigt an der Popularisierung eines solchen christlichen Antijudaismus wesentlich mit beteiligt. So stand die Homiletik angesichts des Massenmords an jüdischen Menschen während der Zeit des Nationalsozialismus vor der Aufgabe, sich dieser wirkungsgeschichtlichen Spur zu stellen.

Christian Stäblein hat dazu unter dem Titel »Predigen nach dem Holocaust. Das jüdische Gegenüber in der evangelischen Predigtlehre nach 1945« eine ausführliche Untersuchung vorgelegt. Stäblein unterscheidet zwei Phasen der homiletischen Reflexion auf den Holocaust. Die erste Phase, die er für die Zeit nach dem Zweiten Weltkrieg bis 1960 ansetzt, ist durch eine intensive Selbstkritik gekenn-

zeichnet. Die »Problematik vergangener antijüdischer Einstellungen und Aus-
legungen [wird] angesprochen und deren Funktionalisierung erkannt. An die
Stelle eines christlichen Triumphalismus tritt Selbstkritik« (Stäblein 2004, 206).
Es fällt jedoch auf, dass diese theologisch-homiletische Selbstkritik eine rein in-
nerchristliche Angelegenheit bleibt. Das Judentum wird als authentische Stimme
mit dem Recht auf Selbstauslegung noch kaum wahrgenommen. Dies ändert sich
dann in der zweiten Phase (ab 1960), die ganz unter dem Stichwort Dialog steht:
»Die Aufgabe eines offenen Dialogs ersetzt die Absicht der Mission. Judenmission
wird von den Vertretern des christlich-jüdischen Gespräches abgelehnt. Die Einsicht, dass das Gespräch eine theologisch-hermeneutische Dimension hat, setzt
sich durch. Die Tradition jüdisch-christlicher Gespräche wird neu entdeckt«
(206).
Ein vielversprechender Neuanfang ist gegenwärtig in der Wahrnehmung der jüdischen Predigt und vor allem der jüdischen Homiletik zu erkennen. Nachdem
die christliche Homiletik die jüdische Homiletik jahrhundertelang entweder
ignoriert oder in ihrer Bedeutung für die christliche Homiletik marginalisiert
hat, wird in neueren homiletischen Veröffentlichungen deren Bedeutung erkannt. So fordert Alexander Deeg, dass »Predigen lernen« stets auch »im Dialog
mit dem Judentum« (Deeg 2006, 262) geschehen müsse. Er spricht von der jüdischen Homiletik als dem »Zwillingsbruder« der christlichen Homiletik. Vor allem
die Kontextualisierung der Predigt und die homiletische Wahrnehmung des Textes könne die christliche Homiletik von der jüdischen Homiletik lernen.

Die Frage nach der christlichen Predigt alttestamentlicher Texte ist ein signifi-
kantes Beispiel von *Intertextualität*. Die Theorie der Intertextualität wurde
vor allem von Gérard Genette und Julia Kristeva entwickelt, wobei Genette
in diesem Zusammenhang auch von *Transtextualität* sprechen kann. Genette
hat versucht, verschiedene Formen der Intertextualität zu unterscheiden (Genette 1993):

1. Zunächst einmal kann man von einer *Intertextualität im engeren Sinne* sprechen. Genette spricht dabei von einer ›effektiven Präsenz eines Textes in einem
anderen‹. Dies kann in Form des ausdrücklichen, aber auch impliziten Zitats geschehen. Weiter kann ein Text auf einen anderen Text anspielen. Und schließlich
wäre auch das Plagiat als eine Form von Intertextualität im engeren Sinn anzusprechen.
2. Eine zweite textübergreifende Beziehung nennt Genette die *Paratextualität*.
Von Paratext sprechen wir dann, wenn zu einem Text bestimmte Hinzufügungen
gemacht werden, die die Lektüre steuern sollen. Zum Beispiel die Anfügung eines
Autorennamens an einen eigentlich anonymen Text. Vor- und Nachworte und
Motti gehören dazu, aber auch die äußere Gestaltung des Buches. Ein aufwendig
gestaltetes Buch oder Titelblatt zum Beispiel gibt einem Text seine besondere
Weihe.
3. Eine dritte Form ist die *Metatextualität*. Dazu gehört vor allem die Gattung des
Kommentars oder der wissenschaftlichen Theoretisierung eines bestimmten Textes.

4. Im weiteren Verlauf seiner wissenschaftlichen Arbeit hat Genette über diese drei Formen von Intertextualität hinaus noch eine weitere Form namhaft gemacht, die er einen *Hypertext* nennt. Ein Hypertext transformiert einen bestimmten Text in der Weise, dass daraus ein ganz neuer eigenständiger Text entsteht, aus dem aber der zugrundeliegende ursprüngliche Text noch zu erheben ist. Das Verhältnis des *Ulysses* von James Joyce zum homerischen Epos der *Odyssee* wäre als eine solche Hypertextualisierung zu verstehen.

Julia Kristeva hat die Theorie der Intertextualität zu einer philosophisch-literaturwissenschaftlichen Theorie ausgeweitet. Bezieht sich Genette in erster Linie auf Texte, die intertextuell sein wollen, spricht Kristeva davon, dass im Grunde jeder Text mehr oder weniger intertextuell ist. Demzufolge ist jeder Text ein *Mosaik von Zitaten*: »Im Raum eines Textes überlagern sich mehrere Aussagen, die aus anderen Texten stammen und interferieren« (Kristeva 1972, 245).

Mit der von Genette und Kristeva bereit gestellten Begrifflichkeit können wir nun die Textgattung »Christliche Predigt alttestamentlicher Texte« recht genau beschreiben. Eine christliche Predigt ist ein Metatext zu einem Text, der seinerseits einem Textcorpus – dem biblischen Kanon nämlich – entnommen ist, das von Intertextualität und Paratextualität gekennzeichnet ist. Die Predigt ihrerseits ist durch eine erweiterte Intertextualität im Sinne Kristevas bestimmt, da jede Predigt auf ihren christlichen Background zurückzuführen ist. Jüdische Predigt ist durch eine andere Ausformung ihrer Intertextualität von der christlichen Predigt unterschieden.

In welcher Weise Texte des Alten Testaments in der christlichen Predigt thematisch werden, hängt wesentlich davon ab, wie deren intertextuelle Vernetzung gesteuert wird. Im Verlauf der protestantischen Theologiegeschichte wurden verschiedene hermeneutische Modelle entwickelt, mittels derer die alttestamentlichen Texte in die christliche Überlieferung integriert wurden. Diese Modelle wirkten auch als Steuerungsmodelle intertextueller Verflechtungen in der Exegese, der Dogmatik und der Predigt.

Horst-Dietrich Preuß hat diese hermeneutischen Modelle einer ausführlichen Analyse unterzogen (Preuß 1984). Homiletisch bedeutsam geworden sind folgende Steuerungsmodelle intertextueller Verflechtung alttestamentlicher Texte in der christlichen Predigt:
1. *Das Steuerungsmodell von »Verheißung und Erfüllung«:* Hier wird das Alte Testament als Vorgeschichte des Neuen Testaments begriffen. Dessen Texte verweisen auf die Geschichte Jesu Christi. Das Matthäus-Evangelium kann als ein Text verstanden werden, der durch dieses Steuerungsmodell hermeneutisch bestimmt ist. Die Texte des Alten Testaments gelten nicht als defizitär, sie sind jedoch unvollständig und insofern auch nur richtig verstanden, wenn sie auf ihre Erfüllungsgeschichte im Neuen Testament hin gelesen werden.
2. *Das Steuerungsmodell der »Antithese«:* Hier bildet das Alte Testament die nega-

tive Folie, vor der sich das Neue Testament umso strahlender abhebt, wobei die Gegensatzpaare je nach zeitgeschichtlichem Kontext variieren können. Als solche Gegensatzpaare, mit denen Intertextualität gesteuert wird, lassen sich namhaft machen: Partikularität versus Universalität, Materialismus versus Geistigkeit, Fremdreligion versus Arteigenheit, Leben im Fleisch versus Leben im Glauben. Auch ein theologisch so bedeutsames Begriffspaar wie Gesetz und Evangelium konnte als ein solch antithetischer Steuerungsmechanismus von Intertextualität wirken. Als biblischer Text, der für dieses Modell immer wieder in Anspruch genommen wurde, kann Römer 3,28 gelten.

3. *Das Steuerungsmodell der »christologischen Auslegung«:* Dieses Modell macht das allegorische Verfahren zum hermeneutischen Grundmodell. Allegorisch wird zum Beispiel in 1. Korinther 10,4 der Wasserfels von Exodus 17,6 als Christusfels verstanden. Dieses allegorische Verfahren wird nun ins Grundsätzliche gewendet. Das Alte Testament redet auch dort, wo es nicht explizit von Christus spricht, implizit immer von Christus. Christus ist auch die Mitte des Alten Testaments. In politisch brisanten Zeiten hat Wilhelm Vischer mit seinem Buch »Das Christuszeugnis des Alten Testaments« aus dem Jahre 1934 mit diesem hermeneutischen Modell das Alte Testament für die christliche Theologie weiter in Anspruch nehmen können.

4. *Das Steuerungsmodell der »Typologie«:* Bei diesem Modell werden bestimmte Situationen, Orte, Personen und Sachverhalte gleichsam in eine formale Ontologie überführt, die dann den Bogen vom Alten zum Neuen Testament hin spannt. Insofern kann das Neue Testament ohne das Alte Testament nicht verstanden werden. Andererseits hat das Alte Testament einen Überschuss, der sich nur vom Neuen Testament her erschließt. So wird in Matthäus 2,17 das Weinen der Rahel um ihre Kinder (Genesis 35,19) mit dem Weinen um den Kindesmord in Bethlehem typologisch identifiziert.

5. *Das Steuerungsmodell der »Strukturanalogie«:* Dieses Modell ist in gewisser Weise mit dem typologischen verwandt, gibt jedoch den interpretierten Texten ein größeres Eigengewicht als dies bei der typlogischen Interpretation der Fall ist. Der Begriff der Analogie zielt auf Ähnlichkeit, nicht auf Identität. Das strukturanalogische Steuerungsmodell zielt darauf ab, dass jede Gegenwart in einer bestimmten Weise auf Geschichte bezogen ist. So kann ich mein Leben als einen Exodus verstehen. Ich kann mich als Mensch als ein von Gott bewahrtes, aber immer auch gegen ihn widerständiges Individuum verstehen. Ich erfahre Gott als den nahen und fernen Gott.

Diese klassischen hermeneutischen Ansätze, wie sie die protestantische Theologie einer Deutung des Alten Testaments ausgebildet hat, können als Steuerungsmodelle für die Herstellung von Intertextualität begriffen werden. Lassen sich Kriterien angeben für die Legitimität der jeweiligen Steuerungsmodelle? Die Theorie der Intertextualität selbst verzichtet sehr bewusst auf normative Vorgaben. Sie möchte Texte analytisch beschreiben und nicht normieren. Allerdings ist unverkennbar, dass sich in die Rezeptionsgeschichte der Theorie der Intertextualität allmählich eine implizite Normativität eingeschrieben hat. Diese Theorie ist nicht umsonst ein wesentliches Element der Diskussion um die sogenannte Postmoderne, die ja ihrerseits zu allen Formen des Pluralismus eine große Affinität hat (→ 1.3.1 und 1.3.2). Diese Verschiebung lässt sich mit dem Satz beschreiben: Texte *sind* nicht nur einfach intertextuell, sie *sollen es sein*! Und ein Text ist umso besser, je mehr er an Intertextualität in sich aufgenommen hat, beziehungsweise aus sich heraus freizusetzen vermag. Ein radikal intertextuelles Interpretationsverfahren würde also alle oben benannten Steuerungsmodelle zunächst einmal gelten lassen. Das antithetische Modell setzt in dieser Perspektive ebenso Intertextualität frei wie das Modell von Verheißung und Erfüllung oder das strukturanalogische Modell. Und ein radikal intertextuelles Interpretationsverfahren würde sich auch nicht daran stoßen, dass die von einem bestimmten Modell gesteuerten Interpretationen eventuell ethisch bedenkliche Positionen evozieren, wie etwa eine antijudaistische Perspektive. Ein solches Verfahren mag poetischen Texten angemessen sein. Die Poetizität eines Textes ist wohl in der Tat an seinem Potential an Intertextualität zu messen. Vorschnelle ethisch-moralische Gesichtspunkte sind hier nicht angemessen. Poesie soll ja gerade nicht vordergründig ethisch zu verzwecken sein. Es stellt sich jedoch die Frage, ob dieses Verfahren auch für religiöse Texte angemessen ist, soweit diese dezidiert als religiöse und nicht poetische Texte verstanden werden sollen.

Deshalb bedarf die Theorie der Intertextualität, die für die Frage nach der christlichen Predigt alttestamentlicher Texte zweifellos ein hohes Erschließungs- und Anregungspotential hat, einer Ergänzung durch weitergehende theologisch-homiletische Überlegungen. Andeutend seien an dieser Stelle drei solcher Kriterien genannt: (A) Zum Einen muss die christliche Predigt alttestamentlicher Texte den Kanon als pluralen Schutzraum (→ 3.3.3.3) wahren. Jede Aktualisierung eines alttestamentlichen Textes muss zugleich zeigen, dass sie in einem größeren Interpretationsraum angesiedelt ist. (B) Die Predigt alttestamentlicher Texte muss der Dynamik der Gottesgeschichte (→3.3.1.1) gerecht werden. Sie muss die Vielfalt dieser Geschichte und der damit verbundenen menschlichen Erfahrungen wahren. (C) Schließlich muss die Predigt die alttestamentlichen Texte als offene Texte (→ 3.3.3.2) zur Sprache bringen. Abschließend kann gesagt werden, dass die Legitimität einer intertextuellen Predigt umso fragloser ist, je weniger das intertextuelle Geschehen durch von außen an die Texte herangetragene – etwa dogmatische – Vorentscheidungen gesteuert wird, sondern diese Steuerung der Struktur der Texte selbst entspricht.

W. J. Alston / Chr. Möller / H. Schwier (Hg.), Die Predigt des Alten Testaments, Hamburg / London 2003

A. Bieler, Die Sehnsucht nach dem verlorenen Himmel. Jüdische und christliche Reflexionen zu Gottesdienstreform und Predigtkultur im 19. Jahrhundert, Stuttgart 2003

H.-G. Schöttler, Christliche Predigt und Altes Testament, Ostfildern 2001

3.3.3.4 Den Text nicht auslegen, sondern inszenieren

Dietrich Rössler hat in seinem Aufsatz aus dem Jahre 1966 über *Das Problem der Homiletik* lapidar festgestellt: »Predigt ist Auslegung eines biblischen Textes. Nun ist dieser Satz in der Geschichte der Homiletik nie sinnvoll bestritten worden« (Rössler 1996, 28). Es stellt sich allerdings die Frage, ob dieser Satz nicht doch sinnvoll bestritten werden kann. Rössler selbst stellt ausdrücklich fest, dass dieser Satz in sich noch recht undeutlich ist und keineswegs feststeht, »was dieser Satz sachlich besagt« (28).

Wenn wir den Begriff der Auslegung sehr eng fassen, geraten wir auf jeden Fall in Schwierigkeiten. Denn die Auslegung eines biblischen Textes ist die Exegese. Die Kanzel ist aber kein Katheder, und die Kirche kein Hörsaal. Auch ist die Predigt nicht einfach eine popularisierte Exegese, also etwa die Volkshochschulfaçon der wissenschaftlichen Exegese. Die Predigt ist vielmehr gegenüber der Exegese als eine eigenständige Sprachgestalt zu begreifen. Der Satz »Predigt ist Auslegung eines biblischen Textes« verwischt eher die Differenzen zwischen Exegese und Predigt, als dass er deren Verhältnis zueinander zu klären hilft. Es wäre zu zeigen, inwiefern Predigt und Exegese *gemeinsam* auf einen biblischen Text bezogen sind und inwiefern sie diesen Bezug *verschieden* realisieren. Und danach könnte dann entschieden werden, ob die Aussage, die Predigt lege einen biblischen Text aus, sinnvoll ist oder nicht.

Dazu liegen gegenwärtig zwei anregende Vorschläge zu einer Neudefinition des Verhältnisses von Text und Predigt vor. In systematisch-theologischer Perspektive ist das Klaas Huizings programmatischer Entwurf einer Ästhetischen Theologie, in praktisch-theologischer Perspektive Henning Luthers Theorie der Predigt als inszeniertem Text. Huizing und Luther haben sehr verschiedene theologische Ausgangspunkte. Beide verbindet jedoch miteinander, dass in ihrer Argumentation die Theatermetaphorik eine zentrale Rolle spielt.

(1) Huizing setzt sich kritisch von einem autoritär konturierten Schriftverständnis ab, wie es sich in der Lehre von der Verbalinspiration zugespitzt hat und in Abschattungen verschiedenen Grades heute noch virulent ist. Ebenso bringt sich Huizing zu einem Verständnis der Schrift in Distanz, die die historisch-kritische Methode zur alleinigen normativen Instanz erhebt. Beide

reduzieren die biblischen Texte auf eine einzige normative Perspektive, die über die Legitimität des Textzugangs entscheidet. Und beiden ist es gemeinsam, dass sie notorisch die ästhetische Dimension der biblischen Texte ignorieren. Demgegenüber möchte Huizing die Bibel als *Inkarnationsdrama* lesen: »Behaupte ich, die Bibel sei ein Inkarnationsdrama, dann soll dieser Ausdruck zunächst verstehen helfen, wie ein Text die im Ersten oder Alten Testament angekündigte Fleischwerdung des Wortes abbildet und lebendig erhält. Ich gehe davon aus, dass namentlich die Gleichnisse im Zweiten Testament eine Porträtähnlichkeit mit dem historischen Jesus (Georg Eichholz) aufweisen und inkarnatorisch sprechen (Hans Weder). Die Porträtarbeit der ersten Schriftsteller bestand darin, diese Miniaturen auszumalen, weil Jesu Verhalten eine Ratifizierung der in den Gleichnissen dargestellten Lebensform ist« (Huizing 2000, 22). Die biblischen Texte sind für Huizing Ausdruck einer fortschreitenden Inkarnation der von Jesus ausgehenden Lebensform in die Sprache hinein. Zugleich jedoch bleiben diese Texte Skizzenbücher, die zu weiteren Skizzen einladen. Insofern stehen auch hinter Huizings These von der Bibel als Inkarnationsdrama die Erkenntnisse der literaturwissenschaftlichen Theorien vom offenen Text.

Die Skizzen der biblischen Texte evozieren Malversuche der nachfolgenden Generationen. Sie malen an den ersten Sprachbildern der Bibel weiter. *The drama goes on.* Konsequent versteht deshalb Huizing die Bibellektüre als Wiedergeburtsdrama: »Ästhetische Theologie untersucht die sich *im Leseakt* vollziehende Wiedergeburt, die eingeleitet wird, wenn Sie als LeserInnen auf den im Text inkarnierten Christus, diese faszinierende Gestalt treffen. Die Ästhetische Theologie ist also, überspitzt formuliert, eine Gynäko-Theologie« (24).

Obwohl von Huizing nicht explizit reflektiert, lässt sich der Vorgang des Predigens bruchlos in das von ihm konstruierte Metaphern- und Theoriegefüge einbauen. Predigt wäre also eine bestimmte Station des Inkarnationsdramas in einem Akt öffentlicher Rede. Predigt ist nicht Exegese, sondern ein handwerkliches gearbeitetes Sprach-Stück als Ausdruck der gynako-theologischen Kunst des andauernden Inkarnationsdramas der von Jesus ausgehenden Lebensform in die Sprache hinein.

(2) Etwas weniger metaphernschwer formuliert Henning Luther sein Verständnis der Predigt als Text-Inszenierung. Leitend ist für Luther die These, dass eine Predigt in sprachlicher Hinsicht »nur poetisch, nicht aber technisch realisiert werden« kann (Luther 1983a, 395). Im Zentrum der Überlegungen Luthers steht wie bei Huizing die Frage, wie das Verhältnis der Predigt zum Text, auf den die Predigt sich bezieht, zu bestimmen ist. Für diese Verhältnisbestimmung greift Luther ebenso wie Huizing auf eine Metaphorik zurück, die der Welt des Theaters entstammt: »Der Vergleich zwischen Theater und

Predigt, zwischen Bühne und Kanzel soll nicht die früher öfter durchgeführte, aber immer umstrittene Parallelisierung von Prediger und Schauspieler thematisieren, sondern die Arbeit des Predigers im Umgang mit seinem biblischen Text in Analogie setzen zur Inszenierungsbemühung eines Regisseurs, den dramatischen Text in eine szenische Interpretation zu übersetzen. Eine nicht unwesentliche Parallele liegt im Problem der Normativität des jeweiligen Textumgangs. Was auf homiletischer Ebene als Frage der Text- oder Schriftgemäßheit zur Diskussion steht, wird auf der Ebene des Theaters (vor allem seit den Zwanziger Jahren) als Problem der Werktreue speziell der Klassiker-Inszenierungen verhandelt« (402 f.).

In der Perspektivierung auf das Problem der Werktreue thematisiert Luther das Verhältnis zwischen Predigt und Text, auf den sie sich bezieht. Werktreue meint nicht unverwandelte Rezitation eines Textes, was sowohl die Gattung der Predigt wie die der »Aufführung« eines Theaterstückes überflüssig machen würde. Auch hier kann der Prediger, die Predigerin von der ästhetischen Theaterdiskussion des ersten Drittels des 20. Jahrhunderts lernen: »Nicht durch die historisierende, museale Repristinierung des klassischen ›Textes an sich‹, sondern nur durch eine kritisch reflektierte, Entstehungsbedingungen und Rezeptionsgeschichte des Textes gleichermaßen aufarbeitende, sowie aktualitätsbezogene Re-Interpretation konnte der virtuelle Gehalt der Klassiker für die Gegenwart in Freiheit gesetzt werden« (403).

»Werktreue« gibt es deshalb für Luther nur als »Wirkungstreue«, als die »Bereitschaft, den vergangenen alten Text in unserer Zeit aktiv werden zu lassen« (404). Dieses Aktiv-Werden-Lassen des Alten Textes bedeutet nicht Willkür oder Subjektivismus, sondern das geduldige Hören auf die Impulse, die vom Text ausgehen. Diese Impulse bedürfen jedoch der Gestaltung für die jeweilige Gegenwart, sie sind nicht als zeitlose Impulse zu fassen, sondern als höchst zeitbezogene Impulse unserer Gegenwart anzuverwandeln. Von daher kommt Luther zu der pointierten These: »Predigt wäre demnach *nicht als Textauslegung* zu begreifen, sondern *als die Inszenierung eines Textes*, als der Versuch, den Text in die Szenen unserer Situation, unserer Gegenwart zu versetzen, damit er da neu wirken und leben kann.« (404 f.).

(3) Im Lichte der neueren Diskussion um das Verhältnis zwischen der Predigt und dem biblischen Text, auf den sie sich bezieht, ist also die These von der Predigt als Auslegung des Textes zunehmend in Frage gestellt worden. Predigen hat es sicher immer mit Aspekten der Textauslegung zu tun und ist ohne sorgfältige exegetische Arbeit nicht möglich. Zugleich jedoch ist die Predigt mit dem Satz, sie sei Auslegung eines Textes mit Sicherheit unterbestimmt. Die Auslegung eines Textes ist die Exegese (nach welchem methodischen Vorgehen auch immer). Die Predigt ist immer mehr und damit auch Anderes als

Das homiletische Kommunikationsgeschehen

Auslegung. Kritiker dieser Sicht befürchten, dass damit die reformatorische Bindung der Predigt an einen biblischen Text verloren gehe und der homiletischen Willkür Tür und Tor geöffnet wird. Dass es solche homiletische Willkür in der allsonntäglichen Praxis in der Tat gibt, kann und soll von mir nicht bestritten werden. Aber diese Willkür gab es auch unter der Vorherrschaft eines Predigtverständnisses, das die Predigt im strengsten Sinne als Textauslegung definierte.

Die in diesem Kapitel vorgestellte literaturwissenschaftliche Theorie des offenen Textes möchte einen Zugang zu einem Umgang mit den biblischen Texten eröffnen, der beides im Blick behält – das geduldige Hören auf den Text und seine »Weitergabe« nicht in bloßer Rezitation oder Wiederholung, sondern in Anverwandlung an unsere Gegenwart. Dazu legitimieren uns die biblischen Texte selbst. Sie laden uns zu Deutungen ein, die sie zugleich auch steuern. Wenn wir die biblischen Texte als offene Texte verstehen, die uns als solche offenen Texte ansprechen, weil sie uns zu Deutungen einladen, dann steht ein grundlegender Wechsel in den Beziehungen zwischen Predigenden und biblischen Texten an. Die biblischen Texte sind dann nicht länger die *Objekte*, die der Prediger oder die Predigerin mehr oder weniger gelungen »auslegt«, sondern die biblischen Texte werden selbst zu *Subjekten*, die uns zu einem Gespräch einladen. Das Gespräch zwischen PredigerIn und Text ist ein Gespräch zwischen zwei höchst aktiven Subjekten. Und am (vorläufigen) Ende eines solchen Gesprächs zwischen zwei Subjekten steht die Predigt als sprachliche Inszenierung dieses Gesprächs. Nicht wir legen den Text aus, sondern wir blicken im Gespräch mit dem Text auf unsere Gegenwart und deuten diese Gegenwart. Und wir tun dies am besten dadurch, dass wir mit unserem Text seine *Deutungslust* teilen. In diesem Sinne ist Predigen nicht *unsere Deutung* der Gegenwart, sondern eine *im Gespräch zwischen zwei Subjekten kommunikativ entstandene Deutung* der Welt. Und die Predigt inszeniert genau diesen Weg des Entstehens einer zwischen Text und PredigerIn kommunikativ gewonnenen Deutung unserer Gegenwart.

Weiterführende Literatur

W. *Gräb*, Der inszenierte Text. Erwägungen zum Aufbau ästhetischer und religiöser Erfahrung in Gottesdienst und Predigt. In: Intenrnational Journal of Practical Theology 1 (1997), 209-225

3.3.4 Die eine Welt der Predigt

Die Hörerinnen und Hörer der Predigt, die Person des Predigers und der

Predigerin sowie der zu erschließende Text wurden als drei »Welten« beschrieben, die das homiletische Kommunikationsgeschehen konstituieren (→ 3.3). Durch diese drei Welten wird der Raum der Predigt ebenso eröffnet wie auch begrenzt. Es kennzeichnet diesen Raum der Predigt, dass in ihm die *drei Welten* der Predigt so miteinander ins Spiel kommen, dass sie zu *einer Welt* verschmelzen, ohne dabei ihre Eigenständigkeit zu verlieren. Wenn man in der theologischen Begrifflichkeit sehr hoch greifen möchte, dann könnte man sagen, dass sich im Predigtgeschehen eine trinitarische Struktur gleichsam abbildet. Die *drei* Welten der Predigt werden als die *eine* Welt der Predigt erlebt.

3.3.4.1 Das zerbrechliche »Stück« Predigt

Die eine Welt der Predigt entsteht stets aufs Neue. Sie entsteht zu einer bestimmten Zeit, an einem bestimmten Ort, durch bestimmte und für bestimmte Menschen. Die Predigt ist das, was in den ungefähr fünfzehn bis zwanzig Minuten auf der Kanzel vernehmbar ist. Das Medium dieser Vernehmbarkeit ist die Sprache. Predigt ist ein Stück gestalteter Sprache. Damit rückt die Predigt in die Nähe von Kunstwerken. Kunstwerke sind gestaltete Artefakte. Deshalb auch die Rede von dem »Stück« Predigt. Predigt ist ein Kunst-Stück. Kunst-Stücke sind höchst zerbrechliche und verletzliche Gebilde. Diese Eigenschaft teilt die Predigt mit ihnen. Worin besteht diese Zerbrechlichkeit der Predigt?

(1) Das Kunst-Stück Predigt kommt zu einer bestimmten Zeit und an einem bestimmten Ort zur Aufführung, und diese Aufführung kann nicht wiederholt werden. Wenn Predigerinnen und Prediger im Predigtnachgespräch oder im Homiletischen Seminar erklären wollen, was sie mit ihrer Predigt *eigentlich* gemeint haben, so ist das ein paradoxes Unterfangen. In der Regel sagen sie in einem solchen Nachgespräch etwas Anderes, als sie in der Predigt gesagt haben. Und wenn Sie das Gleiche sagen, dann müssten sie ihre vorgängige Predigt nicht noch einmal erklären.

> Ernst Lange hat dieses Paradox an einem aufschlussreichen Erlebnis dargestellt: »Ein Industriearbeiter, mit dem der Verfasser [sc. Ernst Lange] einige Monate bei einem Industriepraktikum zusammengearbeitet hat, erklärte: ›Ich komme, weil ich gern mit euch zusammen bin, weil es bei euch menschlich zugeht und keine Unterschiede gemacht werden. Von deinen Predigten verstehe ich aber, ehrlich gesagt, gar nichts.‹ […] Ich habe, als diese Bemerkung fiel, alsbald zu argumentieren begonnen, zu erklären, warum die Predigt von Jesus Christus doch auch für meinen Freund aus der Fabrik wichtig und relevant sein müsse. Aber noch während der Diskussion wurde mir schlagartig klar: Genau das wäre doch die

Aufgabe deiner Predigt, so vom Glauben zu reden, dass seine Relevanz für das Leben dieses Mannes unbestreitbar wird« (Lange 1982, 54 f.).

Eine Predigt lässt sich also nicht nachträglich erklären. Entweder sie gelingt in dem Augenblick, in dem sie auf der Kanzel laut wird, oder sie gelingt nicht. So wie auch eine Konzertaufführung im Moment des Erklingens gelingt oder nicht. Auch sie lässt sich nicht nachträglich gut machen. Das Kunst-Stück Predigt lebt von seiner Einmaligkeit – und genau darin besteht ein Moment der Zerbrechlichkeit der Predigt.

(2) Die Zerbrechlichkeit und Verletzlichkeit der Predigt wird durch ihren »Inhalt« noch verstärkt. Predigt wird heute in einer Situation des kulturellen, weltanschaulichen und religiösen Pluralismus laut. Auf dem Markt der Sinnangebote bekommt die Predigt dadurch ihr Profil, dass sie *von Gott redet*. Dagegen fällt auf, dass im täglichen Lobbygeschäft, das in einer pluralistischen Gesellschaft auch der Kirche aufgetragen ist, Kirchenvertreter in der Regel ganz andere Dinge nennen, wenn sie nach dem Nutzen der Kirche gefragt werden. Da wird dann gerne die vielfältige diakonische Arbeit der Kirche genannt oder die Vermittlung eines Wertebewusstseins. Selten aber wird schlicht gesagt »Die Kirche ist dadurch gesellschaftlich von Nutzen, dass sie von Gott redet«. Offensichtlich ist diese Aussage in den Augen der KirchenvertreterInnen sehr viel weniger plausibel als der Hinweis auf die Diakonie und die ethische Kompetenz der Kirche. Ernst Lange hat ja den berühmten Satz geprägt »Der Hörer, die Hörerin ist das Thema der Predigt«. Er fügte dann allerdings sofort hinzu »Freilich, der Hörer, die Hörerin vor Gott«. Vor dem Hintergrund eines vermeintlichen oder wirklichen autoritären Predigtverständnisses der Dialektischen Theologie, war dieser Satz vielleicht berechtigt, auf jeden Fall hat er damals eine hohe Plausibilität gehabt. Ich denke aber, dass wir diesen Satz heute korrigieren müssen. Das Thema der Predigt ist Gott – und nichts anderes. Was allerdings die Lebenswelt der Hörerinnen und Hörer nicht ausschließt (→ 3.3.1.3). Die Predigt ist also in erster Linie keine politische oder ethische Weisung, sie ist auch kein Ausdruck des mehr oder weniger frommen Selbstgefühls von uns Menschen, sondern sie ist im elementarsten Sinne Rede von Gott. Nur als Rede von Gott hat die Predigt heute noch eine Berechtigung.

Freilich müssen wir das noch einmal anders entfalten, als dies die Dialektische Theologie getan hat. Man kann Gott entehren, so hat uns die Dialektische Theologie gelehrt, indem man von ihm schweigt. Man kann Gott aber auch dadurch entehren, dass man zu selbstverständlich von ihm spricht oder dass man ihn den Menschen als eine Notwendigkeit andienen möchte. Ein solches Verständnis der Rede von Gott hat seine Berechtigung verloren. Von

Gott zu reden, ist heute alles andere als selbstverständlich. Und von Gott zu reden, ist heute nicht mehr notwendig. Zwischen diesen beiden Polen siedelt sich die Predigt in unserer kulturellen Gegenwart an. Vor Jahren schon hat Eberhard Jüngel auf diesen Tatbestand hingewiesen: »Der Mensch kann menschlich sein ohne Gott. Zweifellos, der Mensch kann das. Er kann leben, ohne Gott zu erleben. Er kann sprechen, hören, denken, handeln, ohne von Gott zu reden, ohne Gott zu vernehmen, ohne an ihn zu denken, ohne für ihn zu arbeiten. Und er kann das alles sogar recht gut und durchaus verantwortungsvoll. Der Mensch kann ohne Gott gut leben, aufmerksam hören, streng denken, verantwortungsvoll handeln« (Jüngel 1978, 24).

Die Gottesrede der Predigt siedelt sich also in dem fragilen Raum zwischen Selbstverständlichkeit und Notwendigkeit an. Wir können, wenn wir in der Predigt von Gott reden, nicht mehr voraussetzen, dass für alle unsere Hörerinnen und Hörer dies selbstverständlich ist, noch können wir die Notwendigkeit der Gottesrede einklagen. Die Gottesrede der Predigt muss immer ihre eigene Plausibilität gleichsam mit sich führen. Die Predigt soll so einladend und so wohlschmeckend sein, dass sich die Hörerinnen und Hörer dazu veranlasst sehen, den Raum, den die Predigt eröffnet, als willkommene Gäste zu betreten. Max Frisch hat einmal gesagt, die Sprache müsse so sein, wie ein Kleid, in das man leicht schlüpfen könne. Ein solches Kleid muss auch die Gottesrede der Predigt sein. Die Gottesrede bekommt dadurch etwas Leichtes, Anmutiges – aber eben auch Zerbrechliches und Verletzliches.

(3) Predigt als Gottesrede jenseits von Selbstverständlichkeit und Notwendigkeit dieser Rede kann die Zustimmung der Hörerinnen und Hörer nicht erzwingen. Sie kann sich weder auf eingespielte sprachliche und inhaltliche Konventionen noch auf voraussetzungslose weltanschauliche und kulturelle Sinnhorizonte der Gottesrede abstützen. Von dem pietistischen Theologen August Hermann Francke stammt der Satz, eine Predigt »müsse die Heilsordnung in sich tragen, so dass, wenn ein Mensch nur einmal in seinem Leben eine evangelische Predigt gehört hätte, er wisse, wie er selig werden solle« (zit. n. Wintzer 1989, 24). Unter ganz anderen Bedingungen gewinnt dieser Satz für unsere Gegenwart neue Bedeutung. Unsere Gottesrede muss jenseits aller Konventionen und vorgegebenen Sinnhorizonte so beschaffen sein, dass *jede* und *jeder*, der sie hört, »wisse, wie er selig werden solle«.

Ein solches Wissen um die Seligkeit verlangt jedoch nach einer ungezwungenen und freien Zustimmung. Eine Predigt, die eine solche ungezwungene und freie Zustimmung erbittet, setzt sich damit selbst dem Risiko aus, eben jene Zustimmung nicht zu bekommen. Bitten –das unterscheidet sie von Befehl und Kommandos – können auch ausgeschlagen werden. Eine Predigt, die um Zustimmung *bittet* und zur Zustimmung *einlädt*, macht sich selbst verletzlich. Auf der anderen Seite ist es das Geheimnis der Bitte, das gerade in ihrer Verletzlichkeit ihre Attraktivität besteht. Die verletzliche Bitte teilt mit dem besseren Argument jenen »zwanglosen Zwang« (Habermas), der von ihnen ausgeht, und der die Herzen, Sinne und den Verstand der Menschen oft besser zu erreichen vermag, als andere machtvolle Kommunikationsformen, die die Menschen eher überwältigen als gewinnen.

(4) Die Zerbrechlichkeit und Verletzlichkeit des Kunst-Stücks Predigt verleiht ihr zugleich ein gegenwartsnahes reformatorisches Profil. In das Verständnis einer zerbrechlichen und verletzlichen Predigt können die vier so genannten reformatorischen Exklusivpartikel *(sola scriptura – sola fide – sola gratia – solus Christus)*, die aber in Wirklichkeit einladende Inklusivpartikel sind, auf eine höchst aktuelle Art und Weise eingezeichnet werden.

a) Die Predigt als Gottesrede nimmt ihren Ausgang in der Regel von einem biblischen Text. Sie legt diesen Text nicht aus, sondern inszeniert ihn in unsere Gegenwart hinein (→ 3.3.3.4). Diese Inszenierung geschieht im Kontext des Kanons als Schutzraum des Pluralismus (→ 3.3.3.3). Die Predigt ist also weniger auf die Bekenntnisse und auf philosophische Grundannahmen mit ihrer Tendenz zur geschlossenen Systembildung bezogen. Predigt bezieht sich in erster Linie auf die biblischen Texte, die die Gottesgeschichte erzählen. Diese Texte sperren sich gegen alle abschließenden Festlegungen und Dogmatisierungen. Deshalb lässt sich Predigt immer wieder aufs Neue auf die von diesen Texten ausgehenden Inspirationen ein. Auf diese Weise realisiert die Predigt das reformatorische *sola scriptura.*

b) Die Predigt als Gottesrede möchte die Zustimmung zu ihren Inhalten nicht erzwingen, sondern die Herzen der Menschen anrühren, sie in Bewegung versetzen. Das aber können nur die so angesprochenen Menschen *selbst* tun. Wer sich in Bewegung versetzen lässt, reagiert nicht nur passiv auf etwas, sondern ist selbst höchst aktiv. Das ist auch das Geheimnis des Glaubens, wie es die Reformatoren verstanden haben. Auf diese Weise realisiert die Predigt das reformatorische *sola fide.*

c) Dass die Predigt als Gottesrede menschliche Herzen in Bewegung versetzt, ist letzlich unverfügbar (→ 3.3.4.4). Dies kann Predigerinnen und Prediger entlasten und zugleich ihre Verantwortlichkeit begrenzen. Und sie muss die Hörerinnen und Hörer nicht mit ethischen Appellen und existentieller Kraftmeierei überfordern. Auf diese Weise realisiert die Predigt das reformatorische *sola gratia.*

d) Die Predigt als Gottesrede erkennt im Juden Jesus von Nazareth den Namen und das Gesicht Gottes. In diesem Gesicht und in diesem Namen sind die Gottesgeschichte und Menschengeschichte (→ 3.3.1.3) auf unüberbietbare Weise miteinander verknüpft. Eine Predigt, die an dieser Geschichte weitererzählt, realisiert auf ihre Art und Weise das reformatorische *solus Christus.*

3.3.4.2 Das Eigene und das Fremde

(1) Gottesgeschichte und Menschengeschichte kommen zusammen. Dies ist eine der zentralen Aussagen der Homiletik, wie sie in diesem Lehrbuch entfaltet werden soll. Gleichwohl bleiben Gottesgeschichte und Menschengeschichte voneinander unterschieden. Nur was sich unterscheidet, kann zusammenkommen. Wie diese Unterschiedenheit und gleichwohl Bezogenheit theologisch gedacht werden kann, war eine der herausragenden Kontroversen der deutschsprachigen Theologie des 20. Jahrhunderts. Und die Homiletik war gleichsam die Probe aufs Exempel für die in dieser Kontroverse eingenommenen Positionen.

Die Dialektische Theologie hat dabei die denkbar radikalste theologische Position eingenommen. Wie kann Gott als der »ganz Andere« in menschlichen Worten benannt werden? Können Gottesgeschichte und Menschengeschichte in der menschlichen Sprache überhaupt zusammen kommen? Eduard Thurneysen verweist in diesem Zusammenhang auf das »grundsätzlich inkommensurable Verhältnis« (Hummel 1971, 105), das zwischen beiden bestehe. Und auch Karl Barth kann zwischen Gotteswort und Menschenwort nur eine tiefe Kluft konstatieren: »Gottes Wort auf eines Menschen Lippen, das ist nicht möglich, das kommt nicht vor, das kann man nicht ins Auge fassen und nicht ins Werk setzen« (Barth 1929, 117). Die Andersheit Gottes kann nur als Gegensatz zu allen menschlichen Versuchen, diese Andersheit zu versprachlichen, gedacht werden. Allenfalls in einem paradoxen homiletischen Ethos kommen Andersheit Gottes und menschliches Vermögen zusammen: »*Wir sollen als Theologen von Gott reden. Wir sind aber Menschen und können als solche nicht von Gott reden. Wir sollen beides,* unser Sollen und unser Nicht-Können, *wissen und eben damit Gott die Ehre geben*« (158).

Im gleichen Jahrzehnt, in dem die Dialektische Theologie die Andersheit Gottes in den Mittelpunkt ihres theologischen Nachdenkens rückte, setzt sich Rudolf Bultmann auf eine ganz andere Art und Weise mit diesem Problem auseinander. Im Jahre 1925 veröffentlicht er einen Aufsatz mit dem Titel »Welchen Sinn hat es von Gott zu reden?«. Und schon zwei Jahre vor dem Erscheinen von Martin Heideggers »Sein und Zeit« finden sich in dem Aufsatz Gedanken, die der Denkgemeinschaft zwischen Bultmann und Heidegger zugrunde liegen sollten. Theologische Sätze sind für Bultmann *keine Aussagen*, die verobjektiviert und verallgemeinert werden könnten. Deshalb kann theologisches Reden auch nicht in Form von »allgemeinen Sätzen, allgemeinen Wahrheiten« (Bultmann 1966, 26) geschehen. Theologische Rede ist stets *existentielle Rede*, d. h. sie kann nicht unter Absehung der Grunderfahrungen dessen, der redet, einen Wahrheitsanspruch erheben. Vor diesem Argumentationshintergrund kommt Bultmann zu dem theologischen Spitzensatz: »[W]ill man von Gott reden, so muss man offenbar *von sich selbst reden*« (28). Zwar spricht Bultmann ausdrücklich von »Gott als dem Ganz Anderen« (30), doch eben dieser »Ganz Andere« bedarf einer spezifischen Sprachform, um als dieser Ganz Andere wahrgenommen werden zu können. Bultmann kann hier nur vor Verwechslungen warnen. Die *Fremdheit* etwa des biblischen Weltbildes darf nicht mit der *Andersheit* Gottes verwechselt werden. Das wäre wiederum nur sprachliche Verobjektivierung. Andersheit ist etwas anderes als Antiquiertheit. Deshalb muss der Gegensatz zwischen dem Weltbild der Bibel und unserem heutigen Weltbild aufgedeckt werden, damit es zu eben dieser Verwechslung nicht kommen kann. Erst vor dem Hintergrund dieser Aufdeckung kann dann die Rede von Gott als dem Ganz Anderen eine theologisch verantwortliche Form finden. Im Grunde ist mit diesen Sätzen schon Bultmanns späteres Entmythologisierungsprogramm vorweggenommen, das er im Jahre 1941 in Alpirsbach in einem Vortrag vorgestellt hat und das die theologischen Kontroversen in den ersten beiden Jahrzehnten nach dem Zweiten Weltkrieg bestimmen sollte. Zugleich wird auch erkennbar, dass das Programm der Entmythologisierung primär ein homiletisches Programm ist. Bultmann möchte zeigen, wie zeitgenössische Gottesrede möglich ist. Gottesrede ist »existentielle Rede«, die vor einem verobjektivierenden Missverständnis zu bewahren ist: »Wir können also z. B. nicht sagen: weil Gott die Wirklichkeit regiert, ist er auch mein Herr; sondern nur wenn man sich in seiner eigenen Existenz von Gott angesprochen weiß, hat es Sinn von Gott als dem Herrn der Wirklichkeit zu reden. Denn jedes Reden über die Wirklichkeit, das absieht von dem Moment, in dem wir allein das Wirkliche haben können, nämlich von unserer eigenen Existenz, ist Selbsttäuschung« (33).

Die Kontroverse zwischen der frühen Dialektischen Theologie und dem Entmythologisierungsprogramm stellt mithin die Frage nach dem Eigenen und dem Fremden in den Mittelpunkt des theologischen, und vor allem des homiletischen Nachdenkens. Wie kann die Andersheit Gottes so gedacht und versprachlicht werden, dass sie dennoch auf das Eigene des Menschen und seine Sprache bezogen bleibt? Beide theologischen »Lager« haben profilierte Argumentationsmuster ausgearbeitet. Die Dialektische Theologie artikuliert die Andersheit Gottes indem sie ein »grundsätzlich inkommensurable[s] Verhältnis« und eine »tiefe Kluft« (Hummel 1971, 105) zwischen Gott und Mensch konstatiert. Allenfalls als ein Paradox können Gottesgeschichte und Menschengeschichte aufeinander bezogen werden. Ganz anders argumentiert Bultmann. Gerade die Andersheit Gottes ist nur als existentielle menschliche Erfahrung aussagbar. Die Andersheit Gottes und das Eigene des Menschen verschmelzen in der religiösen Erfahrung zu einer untrennbaren Einheit.

(2) Diese kontroverse Argumentationskonstellation findet in der philosophischen Diskussion des 20. Jahrhunderts eine bemerkenswerte Parallele. Und der Blick auf diese philosophische Diskussion kann das homiletische Grundproblem, das sich hier stellt, erhellen.

Der Philosoph Hans-Georg Gadamer hat in seinem epochemachenden Werk »Wahrheit und Methode« ein wirkungsvolles hermeneutisches Modell für das Verhältnis des Eigenen und des Fremden entwickelt. Dieses Modell steht den Bultmann'schen Überlegungen sehr nahe und ist deshalb auch innerhalb der Bultmannschule emphatisch rezipiert worden. Die Metaphorik, die Gadamer wählte, hat in ihrer Plausibilitätsstruktur offensichtlich etwas ungemein Bezwingendes. Er wählt das *Bild des Horizontes*, um den Vorgang des Aufeinandertreffens von Eigenem und Fremdem zu verdeutlichen.

Jedes Verstehen stellt uns zunächst einmal vor das Phänomen des Fremden. Nur das Fremde muss verstanden werden. Bezeichnenderweise rekurriert Gadamer an dieser Stelle auf Schleiermacher, der gesehen habe, »dass die Erfahrung der Fremdheit und die Möglichkeit des Missverständnisses eine universelle ist« (Gadamer 1975, 167). Damit ist jedoch eine folgenreiche Vorentscheidung getroffen. Werden Erfahrung der Fremdheit und Missverständnis derart parallelisiert, dann ist Verstehen mit einer Abnahme des Fremdheitscharakters des zu Verstehenden verbunden. Und Gadamers Horizontmetaphorik verstärkt ein solches Verständnis noch. Das Verstehen wird provoziert durch eine Distanz, die überwunden werden will. Am Horizont erscheint etwas, das mir fremd ist. Es will von mir erkannt werden. Ich muss dieses fremd Erscheinende in einen Verstehenshorizont rücken, damit ich es verstehen kann. Dieser Horizont erscheint bei Gadamer aber merkwürdig vertraut. Der Horizont nimmt mich auf, so wie ich ihn aufnehme: »Es macht die geschichtliche Bewegtheit des menschlichen Daseins aus, dass es keine schlechthinnige Standortgebundenheit besitzt und daher auch niemals einen wahrhaft geschlossenen Horizont. Der Horizont ist vielmehr etwas, in das wir hineinwandern und das mit uns mitwandert. Dem Beweglichen verschieben sich die Horizonte« (288). Innerhalb dieses hermeneutischen Konzeptes kann radikale Fremdheit, radikale Andersheit kaum gedacht werden. Denn auch das Fremde wandert ja im gemeinsamen Horizont des Verstehens bereits mit. Es ist der *universelle* Horizont des Verstehens, in den das Fremde und das Eigene *gemeinsam* eingerückt sind: »Wenn sich unser historisches Bewusstsein in historische Horizonte versetzt, so bedeutet das nicht eine Entrückung in fremde Welten [sic!], die nichts mit unserer eigenen verbindet [sic!], sondern sie insgesamt bilden den einen großen, von innen her beweglichen Horizont, der über die Grenzen des Gegenwärtigen hinaus die Geschichtstiefe unseres Selbstbewusstseins [sic!] umfasst. In Wahrheit ist es also ein einziger Horizont, der all das umschließt, was das geschichtliche Bewusstsein in sich enthält« (288).

Der universelle Horizont des Verstehens ist dem Fremden immer schon voraus, so wie er auch dem Eigenen voraus ist. In dieser Weise wird das Fremde jedoch in seiner radikalen Andersheit relativiert. Das Fremde ist immer schon in gewisser Weise *mein* Fremdes. Diese durch Gadamer entwickelte Hermeneutik hat vor allem die deutschsprachige protestantische Theologie nach dem Zweiten Weltkrieg maßgeblich beeinflusst. Sowohl die Exegese, aber auch die Religionspädagogik und die Homiletik rezipierten begeistert die Hermeneutik Gadamers. Ein Grund dafür ist sicher ihre sachliche Nähe zu der Theologie Rudolf Bultmanns. In gewisser Weise hat die Theologie Bultmanns durch Gadamer ihren philosophischen Ritterschlag erhalten.

Umso bedeutsamer ist es, dass sich in der jüngeren philosophischen Diskussion Positionen zu Wort gemeldet haben, die dem Modell der Horizontverschmelzung eine energische Absage erteilten und den Gedanken der Differenz und der Andersheit rehabilitierten. In diesem Zusammenhang sind vor allem Jacques Derrida und Emmanuel Lévinas zu nennen. Derrida hat seine Überlegungen primär im Kontext der Textwissenschaften entfaltet, während Lévinas' Denken sich vor allem im Bereich der Anthropologie und Ethik bewegt.

Jacques Derrida bestreitet die These Gadamers, dass sich im Vollzug einer Horizontverschmelzung je ein präsenter Sinn einstellen könne. Dabei redet Derrida nicht einem Agnostizismus oder einem Obskurantismus das Wort, vielmehr möchte er die Struktur dessen beschreiben, was geschieht, wenn »Verstehen« intendiert wird. Insofern teilt er das Anliegen Gadamers, kommt aber zu einem anderen Ergebnis. Sinn – so Derrida – kann dort erhoben werden, wo innerhalb eines Textzusammenhanges, ein stabiles Zentrum zu identifizieren ist, wobei der Begriff des Textes bei Derrida metaphorisch weit gefasst ist. Ein solches Zentrum ist etwa bei Gadamer der jeweils aktuelle Punkt, an dem Verstehenshorizonte miteinander verschmelzen. Derrida bestreitet, dass es ein solches stabiles Zentrum je geben kann. Textzusammenhänge sind ein unabschließbares Spiel von Verweisungen. Ein Zeichen verweist auf ein anderes, welches wiederum auf ein anderes verweist. Der Versuch dieses Spiel stillzulegen ist vergeblich. Wer dies dennoch postuliert, unterliegt einer illusionären »Metaphysik der Präsenz« (Derrida 1976, 425) von Sinn. Jeder Verstehenszusammenhang ist deshalb bestimmt von einer »unreduzierbaren Differenz« (442), die von Derrida mit dem Neologismus der *differance* bezeichnet wird. Mit der Philosophie Derridas ist zweifellos viel Scharlatanerie eines unpräzisen Denkens und philosophischen Raunens getrieben worden.

Dies trifft jedoch auf die originale Philosophie Derridas mit Sicherheit nicht zu. Derrida geht es um das nüchterne und aufwendige »Geschäft« des (Text-)Verstehens. In dieser Hinsicht lassen seine Schriften nichts an Klarheit und Präzision vermissen.

Gerade im Gegenüber zur Hermeneutik Gadamers wird das besondere Profil von Derridas Hermeneutik erkennbar. Bei Gadamer bedeutet Verstehen im Prozess der Verschmelzung der Horizonte Annäherung. Die sich zunächst fremden Sinnhorizonte bewegen sich aufeinander zu und verschmelzen schließlich. Das Fremde wird mein Eigenes, mein Eigenes wird dem Fremden eigen. Das Fremde wird zum Eigenen. Dieser Prozess ist zwar unabschließbar, seine Grundstruktur ändert sich aber nicht. Verstehen bedeutet Aneignung des Fremden. Bei Derrida können wir im Verständnis des Verstehensprozesses geradezu eine Gegenbewegung zu der Gadamerschen Horizontverschmelzung erkennen. Je mehr sich mir ein Verstehenszusammenhang erschließt, umso weiter wird der Verstehenshorizont. Habe ich eine Textverweisung erkannt, eröffnen sich mir sofort die Alternativen, auf die verwiesen werden kann. Die Horizonte verschmelzen nicht, sondern öffnen und weiten sich. Jede »erkannte« Fremdheit führt mich in noch mehr »Fremdheiten« hinein. Verstehen ist nicht Aneignung des Fremden, sondern im Verstehen wird mir das Fremde als Verweisungszusammenhang in ein noch Fremderes erkennbar.

Für den homiletischen Reflexionshorizont ist bedeutsam, dass Derrida die Grundstruktur seines Verständnisses von »Verstehen« mit einer theologischen Denkfigur korrelieren kann, nämlich der des Messianischen. Das Kommen des Messianischen weist eine Strukturanalogie zum Verstehen des Fremden aus. Das Messianische benenne »eine Öffnung auf die Zukunft hin auf das Kommen des anderen als widerfahrende Gerechtigkeit, ohne Erwartungshorizont, ohne prophetisches Vorbild, ohne prophetische Vorausdeutung und Voraussicht« (Derrida 2001, 31 f.). Das Messianische ist in der Beschreibung Derridas das unüberbietbar Andere und Fremde, das Nichtvorhersehbare und Unsagbare. Zugleich nähert sich dieses Fremde den Menschen nicht feindlich, sondern dieses Andere und Fremde kommt den Menschen als widerfahrende Gerechtigkeit nahe.

Streift Derrida den theologischen Reflexionshorizont nur gelegentlich, so ist das philosophische Denken Emmanuel Lévinas' von vornherein durch theologische Strukturen bestimmt, ohne dass es dabei seinen Charakter als philosophisches Denken verlöre (vgl. dazu Plüss 2001). Levinas macht den Zivilisationsbruch, den der Massenmord an den jüdischen Menschen während des 2. Weltkrieges darstellt, zur radikalen Voraussetzung allen Denkens. Deshalb entwirft er eine Anthropologie und Ethik, die die Schutzlosigkeit des Menschen zur Mitte hat. Nicht mehr vom Ich, vom Subjekt aus, ist für Levinas Philosophie zu konzipieren, sondern vom »Anderen« her: »Die Menschlichkeit des Bewusstseins liegt keineswegs in seinem Vermögen, sondern in seiner Verantwortung. In seiner Passivität, in der Empfänglichkeit, in der Verpflichtung gegenüber dem anderen: Der Erste ist der Andere« (Levinas 1995, 142). Levinas kommt es darauf an, diesen Anderen, diese Andere so konkret wie möglich zu denken. Dieses Andere begegnet mir im Antlitz des Menschen, der mich anblickt: »Im Antlitz des Anderen kommt zu uns das Gebot, das den Lauf der Welt unterbricht« (140). Es ist aufschlussreich, dass Levinas die Wahrnehmung des »Anderen« mit einer »Unterbrechung des Weltzusammenhangs« identifiziert. Hier kommt Levinas dem Verständnis des Messianischen bei Derrida sehr nahe.

Das Antlitz, indem uns das uneinholbar Andere begegnet, kann im Akt der Wahrnehmung keinesfalls festgestellt oder fixiert werden. Damit rückt Levinas das biblische Bilderverbot in den philosophischen Horizont ein. Verstehendes Wahrnehmen kann deshalb auch nicht als Horizontverschmelzung gedacht werden. Levinas findet – wie Gadamer mit seinem Bild der Horizontverschmelzung – für den Vorgang des verstehenden Wahrnehmens eine prägnante Metapher. *Sinnverstehendes Wahrnehmen gleicht dem Folgen einer Spur.* Eine Spur ist weniger und zugleich mehr als ein Weg. Eine Spur weist mir eine Richtung und lässt mich zugleich an dem teilhaben, der/die diese Spur gelegt hat, ohne seiner/ihrer je mächtig zu werden. In der Spur ist das Abwesende anwesend. Die Spur ist Ausdruck einer »Demut des Erscheinens« (78).

Dieser Demut des Erscheinens kann auf Seiten der Predigerinnen und Prediger mit einer bestimmtem Haltung entsprochen werden. Es ist die Haltung einer demutsvollen Erwartung. In ganz anderem Kontext hat der Literaturwissenschaftler George Steiner diese Haltung als *cortesia* beschrieben: »Wo cortesia zwischen Freiheiten herrscht, bleibt eine vitale Distanz gewahrt. Eine gewisse Reserve herrscht weiterhin. Einsicht wird geduldig errungen und ist zu allen Zeiten provisorisch. Es gibt Fragen, die wir dem nicht stellen, der uns da aufsucht, dessen Gegenwart im Gedicht oder in der Musik uns ›heimsucht‹, damit sie nicht den Gegenstand unseres Fragens und uns selbst verkleinern. In jeder fruchtbaren Begegnung mit den Angeboten von Form und Sinn gibt es kardinale Diskretionen« (Steiner 1990, 233). Diese im ästhetischen Zusammenhang geschriebenen Sätze bekommen auch im homiletischen Kontext ihren Sinn. *Cortesia* kann nicht mit einem einzigen deutschen Begriff übersetzt werden. In *cortesia* schwingen mit: Demut, Bescheidenheit, Erwartung, Gastfreundschaft, Anmut. Wenn Prediger und Predigerinnen in einer solchen Haltung ihre Predigt schreiben und diese Haltung in der Sprache der Predigt erkennbar ist, dann werden Sie am ehesten dem gerecht, auf was die Dialektische Theologie mit der Rede von Gott als dem Ganz Anderen zielte.

(3) Die philosophisch-hermeneutischen Differenzen zwischen Gadamer auf der einen und Derrida und Levinas auf der anderen Seite erhellen nun auch die theologisch-homiletische Kontroverse zwischen der Dialektischen Theologie und Rudolf Bultmann. Es ist deutlich, dass die Position der Dialektischen Theologie Strukturähnlichkeiten mit den Positionen von Derrida und Levinas aufweist. Allerdings erscheint das, was – wie der späte Karl Barth selbst einräumte – von der frühen Dialektischen Theologie sehr thetisch und überspannt formuliert wurde, bei Derrida und Levinas in einer sehr viel reflektierteren Form. Beide, die Dialektische Theologie wie Derrida/Levinas, teilen das Interesse, das Wahrgenommene in seiner Andersheit und Fremdheit zu wahren und nicht einfach dem wahrnehmenden Subjekt zu subsumieren. Gleichwohl kann auch die von Gadamer und Bultmann eingenommene Position ein gewisses Recht beanspruchen. Gerade die Andersheit und Fremdheit muss ja von den Menschen vernommen werden. Auch »Andersheit« und »Fremdheit« will verstanden sein, andernfalls bleiben sie blasse Schatten oder Schimären. Diese philosophische sowie theologische Problematik ist in der homiletischen Frage präsent, wie in der Predigt Gottesgeschichte und Menschengeschichte zusammen gebracht werden können, ohne dass eine der beiden ihre Besonderheit verliert oder gar die eine Geschichte in der anderen Geschichte aufgeht.

Bei der Beantwortung dieser homiletischen Frage haben die Bekenntnisse des Augustin und seine darin enthaltene Entdeckung des Ich (→ 2.2) eine weiterführende Perspektive entwickelt. Augustin entdeckt, dass er sein eigenes Ich nicht auf dem Wege einer reinen Selbstbezüglichkeit erreichen kann, wie umgekehrt Gott nicht am Ich des Augustin vorbei erreichbar ist. Augustin entdeckt, wenn er in sich hineinblickt, eine Differenz – nämlich die Differenz zwischen Gott und Mensch: »Du [sc. Gott] kommest in mich, der ich nicht wäre, wenn Du nicht wärest in mir« (Augustinus 1968, 15). Der Weg zum Ich führt also über einen »Umweg«, den Weg über Gott. Nur auf diesem Weg kann das Ich seiner selbst gewahr werden. Gleichwohl verschmelzen das Ich und Gott nicht zu einer untrennbaren Einheit, wie dies in der radikalen Mystik der Fall ist. Die Differenz bleibt gewahrt. Wo der Mensch dieser Differenz gewahr wird, erkennt er zugleich, dass diese Differenz dem Ich zugute kommt. Das Ich verliert durch diese Differenz nichts, sondern das Ich gewinnt durch diese Differenz an Vertrautheit mit sich selbst: »Du [sc. Gott] warst noch innerer als mein Innerstes und höher als mein höchstes *(interior intimo meo et superior summo meo)*« (60). Vertrautheit und Intimität des Ich entsteht also erst durch die heilsame Differenz, die die Andersheit und Fremdheit Gottes im Menschen schafft. Eigenes und Fremdes sind keine anthropologischen Gegensätze, sondern bilden erst die wahre Einheit des Ich.

Die Reformation hat diese Erfahrung und Erkenntnis des Augustinus erneuert. Luther hat den Menschen konsequent als ein Beziehungswesen verstanden. Allerdings verfehlt der Mensch sich selbst, wo er sich als das Beziehungswesen nur selbstbezüglich definiert. Wo der Mensch sich nur auf sich selbst bezieht, verfehlt er sein Wesen. Der in sich selbst verkrümmte Mensch *(homo in se ipse incurvatus)* ist der sich selbst verfehlende Mensch par excellence, was Luther mit dem Wesen der Sünde identifiziert. Der *homo in se ipse incurvatus* ist die wohl brutalste Form einer Horizontverschmelzung. Der Mensch verschmilzt mit seinem eigenen Drang zur Selbstbezüglichkeit, aus dem er sich nicht mehr selbst befreien kann.

Und auch die neue reformatorische Theologie vermag deshalb wie Augustin die Differenz zwischen Gott und Mensch als eine heilsame, dem Menschen zugute kommende Differenz zu begreifen und wohl auch zu erfahren. In dem Passionslied »O Haupt voll Blut und Wunden« von Paul Gerhardt findet sich folgende wunderschöne Strophe: »Wenn ich einmal soll scheiden / so scheide nicht von mir, / wenn ich den Tod soll leiden, / so tritt dann selbst herfür; / wenn mir am allerbängsten / wird um das Herze sein / so reiß mich aus den Ängsten / kraft deiner Angst und Pein.« Gott tritt hier gleichsam zwischen das Ich und das Ich. Gerade weil Gott das Ich des Menschen nicht verlässt, kann Gott zwischen das Ich und seine Ängste treten. Das in sich verkrümmte Ich verginge vor Angst, der vom Ich unterschiedene Gott kann das Ich von seiner Angst wegreißen. Gäbe es nur das Eigene des Ich, wäre es dem Tod ausgeliefert. Der dem Ich nahe und gleichwohl von ihm unterschiedene, »fremde« Gott kommt dem Ich zugute.

In dieser Weise müsste die Predigt den Zusammenhang von Gottesgeschichte und Menschengeschichte sprachlich realisieren. Wo die Predigt nur das Eigene der Menschengeschichte thematisch macht, verfehlt sie gerade die Menschengeschichte, weil sie den Menschen auf seine Selbstbezüglichkeit reduziert. Wo sie nur die Gottesgeschichte thematisch macht, verfehlt sie auch diese, denn sie verkennt, dass dieser Gott ein Gott ist, der nicht ohne die Menschen sein will.

Wenn Zacharias in seinem Lobgesang das »aufgehende Licht aus der Höhe« (Lukas 1, 78) besingt, so singt er damit vielleicht auch einen Lobgesang auf die Predigt. Das aufgehende Licht aus der Höhe bleibt das Licht aus der Höhe, aber gerade als dieses Licht scheint es denen, »die sitzen in Finsternis und Schatten des Todes« (Lukas 1, 79). In jeder Predigt sollte etwas von diesem Licht aufstrahlen, dem Licht aus der Ferne, das unserem Eigenen gleichwohl näher zu kommen vermag, als wir dies selbst vermögen.

3.3.4.3 Lebensgeschichtliche Verflüssigung

Die Predigt als Kunst-Stück hat die Aufgabe, Gottesgeschichte und Menschengeschichte im Raum der Sprache als aufeinander bezogene Geschichten zur Darstellung zu bringen.

(1) Jahrhundertelang konnte dies in der Weise geschehen, dass sich Prediger und Predigerinnen auf ein eingespieltes Reservoir an Symbolen und Deutungszusammenhängen stützen konnten. Der Katechismusunterricht machte die Menschen mit den dogmatischen Grundannahmen des Glaubens vertraut. Der Religionsunterricht an den Schulen übte in das Hören der biblischen Geschichten ein. Nicht zuletzt die in den Familien gepflegte private Frömmigkeit machte das Christentum zu einer vertrauten, heimatlichen Umgebung. Natürlich sollte man sich hüten, in dieser Hinsicht die früheren Zeiten zu verklären. Mit Sicherheit blieb von den unterrichtlichen Bemühungen vieles vergeblich. Nicht alles, was auf der Kanzel zu hören war, wurde in das eigene Leben integriert. Und auch die familiäre Frömmigkeit wird in vielen Fällen nicht nur als Beheimatung, sondern auch als Zwang und Einengung empfunden worden sein. Gleichwohl konnte die Predigt eine Vertrautheit mit der christlichen Überlieferung und eine gewisse Akzeptanz derselben voraussetzen.

Dies ist heute mit Sicherheit anders geworden. Der Traditionsabbruch schmälert die Vertrautheit mit den biblischen Geschichten. Der Verdacht gegen die »großen Erzählungen« (→ 1.3.1), in den auch das Christentum mit hinein genommen ist, nährt das Misstrauen gegen weltanschauliche und normative Vorgaben. Andererseits nötigt der »Zwang zur Erfindung des eigenen Lebens« (→ 1.2.4) den Menschen die Daueranstrengung zur weltanschaulichen und ethischen Orientierung ab. Dies dürfte der gegenwärtige kulturelle Ort sein, an dem die Predigt ihre Bedeutung zu wahren und in vielen Fällen neu zu gewinnen vermag, nämlich Predigt als *ein* Angebot der Orientierung auf dem Markt der Sinnangebote. Predigt kann sich diesen Ort nicht aussuchen. Ob dies als theologisch korrekt oder nicht empfunden wird, spielt dabei keine Rolle. Kirche und damit auch die Predigt finden sich auf dem Markt der Sinnangebote und Orientierungen immer schon vor.

Damit die Predigt auf diesem Markt Gehör findet, muss das, was in ihr vernommen werden kann, von den Menschen als lebensdienlich erfahren werden. Nur das auf eine sehr direkte Weise als lebensdienlich Erfahrene wird von den Menschen akzeptiert und als Orientierung genutzt. Das heißt: Predigt muss das, was sie in gewisser Hinsicht schon immer getan hat, heute zu ihrem erkennbaren Profil machen. Sie muss auf das individuell-unverwechselbare Leben der einzelnen Menschen zielen und muss dort für die Menschen ihre Plausibilität gewinnen. Dogmatische Gehalte müssen also in die individuelle Lebensgeschichte der Menschen hinein verflüssigt werden. Sie müssen dort lesbar und orientierungsstiftend werden. Den Predigerinnen und Predigern werden heute keine Katechismus-Pakte mehr »abgekauft«, wohl aber hören die Menschen aufmerksam zu, wenn sie in einzelnen Elementen der christlichen Überlieferung hilfreiche Zeichen, Symbole und Hinweise für ihr individuelles Leben erkennen können.

Bei diesem Prozess der lebensgeschichtlichen Verflüssigung bilden die Menschen und ihr Leben einen unhintergehbaren Bezugsrahmen. Die Predigt kann von den Menschen nicht verlangen, dass sie sich zuerst an einen bestimmten, von der Predigt vorgegeben Ort begeben, damit die Inhalte der Predigt vernommen werden können. Deshalb müssen Prediger und Predigerinnen zu Kundigen der vielfältigen Lebenswelt und der in dieser Welt angesiedelten Lebensgeschichten werden. Es bedarf einer spezifischen Hermeneutik des lebensweltlichen und lebensgeschichtlichen Wahrnehmens, einer kulturhermeneutischen Kompetenz.

(2) Dieses Programm einer kulturhermeneutischen Orientierung verfolgt gegenwärtig Wilhelm Gräb am konsequentesten. Man kann an seinen Überlegungen sowohl die Chancen wie auch die Gefahren eines solchen Vorgehens erkennen. Gräb sieht gegenwärtig die Kirchen etwas hilflos zwischen »der Kundgabe trivialmoralischer Grundsätze« und einem Sich-Versteifen auf einen »überkommenen Wahrheitsabsolutismus« hin und her pendeln (Gräb 1998, 17). Dieser Unentschlossenheit vermögen die Kirchen nach Gräb nur zu entrinnen, wenn sie die alten Glaubens-Sätze der christlichen Überlieferung konsequent in die Form von Orientierungswissen und Deutungsperspektiven überführen: »Das muss jedoch keineswegs heißen, dass der christlich-religiöse Deutungshorizont bedeutungslos geworden wäre und keine sinnorientierende Kraft mehr von ihm ausgehen könnte. Es ist inzwischen nur so, dass die Sätze des Glaubens über die Welt, über die Geschichte der Menschen und die unseres eigenen Lebens von uns explizit in ihrem *symbolischen* Sinn verstanden sein wollen. Sie haben für uns nur Sinn und sie geben uns in unserem Leben nur Sinn, wenn wir sie nicht als objektive Wirklichkeitsbehauptungen nehmen, sondern bewusst als *Deutungen*, vermöge deren wir die Welt, die Natur und die Geschichte, die *an sich* keinen Sinn haben, in einen solchen *für uns* überführen können« (17 f.).

Gräb treibt dieses Programm der Überführung der christlichen Wahrheitsgehalte in Deutungsperspektiven auf eine radikale Spitze, wenn er eine konsequente »Entsubstantialisierung herkömmlicher theologischer bzw. biblischer Begriffe wie Verkündigung, Gesetz, Sünde, Evangelium, Gnade usw.« (214) fordert: »Entsubstantialisierung meint, dass der Bedeutungsgehalt dieser theologischen Begriffe strikt auf die Funktion hin verstanden wird, die sie im Vollzug der religiösen Selbstdeutung humaner Subjekte für dieselben zu erfüllen vermögen. Diese Begriffe werden also als hermeneutische Konstrukte aufgefasst, vermöge deren Deutungsrahmen und -gehalte für die religiöse Selbstdeutung humaner Subjekte vor allem in ihren Krisen- und Konflikterfahrungen aufgebaut werden. Sie stehen insofern nicht für eine andere, göttliche, geistliche oder kirchliche Wirklichkeit, die von der menschlichen Erfahrungswirklichkeit substanziell unterschieden wäre und in sie nur von außen, als ›Wort Gottes‹ hineinzusagen wäre, sondern für eine andere Sicht, eine andere Deutung dieser Wirklichkeit, eine solche, die im Horizont von religiösen Fragen aufgebaut sein möchte« (214 f.).

Gräb versubjektiviert also in radikaler Weise den Aneignungsprozess religiöser Gehalte. Religiös ist das, was vom Hörer, der Hörerin der Predigt als religiös gedeutet werden kann. Religion hat keinen substantiellen Gehalt mehr, sondern markiert eine Perspektivierung der Wirklichkeit. Dies alles ist sicher nicht falsch. Es stellt sich allerdings die Frage, ob Gräb Religion nicht zu sehr auf den Aspekt eines Sinnfindungsprozesses reduziert. Wenn ich die Atmosphäre einer Kirche spüre, wenn ich am Abendmahl teilnehme, wenn ich einen Choral singe, deute ich dann *stets* die Welt? Hat es nicht auch mit sinnlich-vorreflexiver Wahrnehmung zu tun? Predigt und Gottesdienst sind sicher zu eng gefasst, wenn sie auf den Aspekt der Sinnfindung und Lebensdeutung reduziert werden.

Schließlich ist zu fragen, ob Gräb mit seinem Verständnis der Religion als aneignende Sinnfindung nicht noch einmal die Last verstärkt, die unsere pluralische Gegenwart mit ihrem Zwang zur Erfindung des eigenen Lebens den Menschen auferlegt. Hat eine Predigt erst dann ihre Wirkung getan, wenn ich meine Wirklichkeit religiös deuten kann? Können mich die biblischen Texte und eine darauf bezogene Predigt nicht auch von diesem Prozess entlasten? Muss ich die materiale Substanz einer biblischen Geschichte erst »entsubstantialisieren«, damit sie für mich zu sprechen beginnt? Vielleicht geht es weniger um »Entsubstantialisierung« als um »lebensgeschichtliche Verflüssigung«. Eine Geschichte verliert ja dadurch nichts an Substanz, wenn sie in mein individuelles Leben hinein zu erzählen anfängt. Es wäre Aufgabe der Predigt, die biblischen Geschichten und die dogmatischen Gehalte des Christentums so lebensgeschichtlich zu verflüssigen, dass sie anfangen, an den individuellen Leben der Menschen mitzuerzählen und dadurch die Menschen ermächtigen, das eigene Leben in neuen Perspektiven zu erzählen, wie dies auch das Interesse Gräbs ist. Allerdings wird in diesem Prozess der lebensgeschichtlichen Verflüssigung die Substanz der biblischen Geschichten mit Sicherheit nicht aufgezehrt werden, sondern das Gegenteil ist der Fall. Die Dynamik der lebensgeschichtlichen Verflüssigung zehrt von der *unaufzehrlichen Substanz* dieser Geschich-

Das homiletische Kommunikationsgeschehen

ten. Die eine Welt der Predigt entsteht aus der Substanz dieser Geschichten, die sie nicht zu ersetzen braucht und auch nicht zu ersetzen vermag.

3.3.4.4 Das Unverfügbare der Predigt

Vieles, was in diesem Kapitel über die »eine Welt des Textes« gesagt wurde, klingt in gewisser Weise nach Machbarkeit, so als könne das alles hergestellt werden, eine lebensgeschichtliche Verflüssigung, eine Horizontverschmelzung oder auch die Darstellung eines »Anderen«, das sich jeder Horizontverschmelzung entzieht. Für protestantisch geschulte Ohren muss dies alarmierend klingen. All das kann ja nicht gemacht oder hergestellt werden. Dass eine Predigt menschliche Herzen anrührt, dass bei den Hörerinnen und Hörern der Predigt Glauben entsteht, ist nach reformatorischer Überzeugung das Werk des Heiligen Geistes. Und die reformatorischen Bekenntnisse achten sorgsam darauf, das Wirken des Heiligen Geistes nicht mit den menschlichen Machbarkeiten zu verwechseln. Das Augsburger Bekenntnis, das eine ordnungsgemäße Begründung und Praxis des Predigtamts so betont, schreibt die Wirkung der Predigt gerade nicht dem Amt zu, sondern dem Wirken Gottes selbst: »Damit wir diesen Glauben erlangen, ist das Amt gesetzt, welches das Evangelium verkündigt und die Sakramente darreicht. Denn das Wort und die Sakramente sind die Mittel, durch welche der Heilige Geist geschenkt wird. Er wirkt den Glauben, wo und wann es Gott gefällt [*ubi et quando visum est deo*], in denjenigen welche das Evangelium anhören« (CA V). Die Argumentationsstruktur der Confessio Augustana ist an dieser Stelle eine diffiziles Geflecht von Unterscheidungen und Verweisungen: Glaube entsteht offensichtlich nicht ohne die Predigt. Die Predigt ist der Ort, an dem Glaube entstehen kann. Aber die Predigt ist nicht der Grund des Glaubens. Der Glauben entsteht durch den Heiligen Geist, der wiederum von Gott geschenkt wird, wobei dieses Geschenk des Heiligen Geistes noch einmal ausdrücklich dem freien Willen Gottes *(ubi et quando visum est deo)* unterstellt wird.

Die Verweisungen und Unterscheidungen der Confessio Augustana sind für das Verständnis der Predigt und für das Verständnis des Predigthandwerks aufschlussreich. Am Ort der Predigt entsteht der Glaube, den diese gleichwohl nicht bewirkt. Glaube kann man nicht herstellen, und doch muss eine Predigt gemacht werden, damit am Ort der Predigt Glaube entstehen kann. In den Begriffen der Logik würde man hier von einer paradoxalen Struktur sprechen. Und in das Predigthandwerk ist diese paradoxale Struktur eingeschrieben. Predigt zielt auf Glauben und wird im Vertrauen auf ihre Wirkung *gemacht*, doch kann die Predigt den Glauben *nicht machen*. Das Predigen ist als *ars praedicandi* (→ 1.5) eine Handwerkskunst, die gleichwohl weiß, dass das, worauf sie zielt, handwerklich nicht herzustellen ist. Oder noch pointierter gesagt: Die Predigt tut dort etwas als Handwerkskunst, wo sie zugleich weiß, dass handwerklich nichts getan werden kann.

Aus dieser paradoxalen Struktur der Predigt können zwei Konsequenzen gezogen werden.

(1) Zum einen kann das Wissen um die theologische Selbstbegrenzung des Predigthandwerks Prediger und Predigerinnen in einem recht verstandenen Sinne entlasten. Den Glauben müssen Predigende wahrlich nicht erschaffen. Gleichwohl können sie die Hände nicht in den Schoss legen. Eine Wanderlegende, die unter anderem Martin Luther anhaftet, erzählt folgende Begebenheit: Die Hörerinnen und Hörer Luthers stoßen sich nicht selten an der theologischen Elaboriertheit seiner Predigten. Sie meinen, dem Prediger den Rat geben zu müssen, sich doch mehr auf den Heiligen Geist als auf seine theologisch-homiletischen Künste zu verlassen. Luther hört sich den Rat an und schweigt. Am nächsten Sonntag steigt er auf die Kanzel. Lange bleibt er dort stumm, offensichtlich in sich versunken. Endlich beginnt er zu reden: »Einige unter Euch haben mir den Rat gegeben, doch mehr dem Heiligen Geist zu vertrauen als meiner Predigtkunst. Das habe ich getan. Ich habe heute keine Predigt vorbereitet. Ich habe vielmehr gerade den Heiligen Geist gebeten, zu mir zu sprechen. Lange hat er geschwiegen. Doch gerade hat er zu mir gesprochen. Wisst Ihr, was er zu mir gesagt hat: ›Bruder Martin, du bist faul gewesen.‹« Diese Legende erzählt von der falschen und richtigen Entlastung eines Predigers. Entlastet sind wir davon, für das Seelenheil unserer Hörerinnen und Hörer verantwortlich zu sein. Doch diese Entlastung bedeutet nicht, von der Pflicht entbunden zu sein, eine Predigt verantwortlich zu gestalten.

(2) Deshalb kann aus der paradoxalen Struktur der Predigt eine zweite Konsequenz gezogen werden. Die Predigt kann nämlich selbst zeichenhaft auf diese Paradoxie verweisen. Sie kann ihre eigene Unverfügbarkeit zur Darstellung bringen. Dieses Vermögen teilt die Predigt mit den Werken der Kunst. In die Predigt wie in die Kunstwerke ist ihre eigene Unverfügbarkeit eingeschrieben. Sie kann an ihnen selbst abgelesen werden. Der späte Cézanne lässt in seinen Bildern weiße Flächen stehen. Dies ist nicht Ausdruck nachlassender Schaffenskraft – im Gegenteil. Cézanne setzt mit diesen weißen Flächen ein Signal für den Betrachter, die Betrachterin: Gib Dich nicht zufrieden mit dem, was Du siehst. Gib Dich aber auch nicht zufrieden mit dem, was *ich* meine, gemalt zu haben. In diesem Bild steckt mehr als das, worüber wir zu verfügen meinen. Im Kunstwerk ist das Paradox der Unverfügbarkeit noch einmal gesteigert. In die handwerkliche Methode ist das, was alle Handwerk-

lichkeit übersteigt, eingeschrieben. Das, was sich aller Methodisierbarkeit entzieht, soll methodisch bewirkt werden.

Das Paradox des methodischen Zugangs zu dem, was alles Methodische übersteigt, findet sich in allen Bereichen der Kunst. Besonders aufschlussreich für den homiletischen Kontext sind die Erfahrungen, die im künstlerischen Umgang mit der Sprache zu machen sind. So findet sich bei dem Schriftsteller Yves Bonnefoy ein eindrücklicher Bericht über das Entstehen einer *Methode des Unmethodischen*: »Ich schrieb – seit Wochen, seit Monaten –, sah Wörter sich ordnen zu einer Gestalt, rückte Bilder zusammen, ich war das zweite Ich, das sich in dieser Erarbeitung einer Sprache sucht und findet, – als unversehens etwas Schwarzes, etwas Fahles sich anhäufte in diesem vergleichsweise Klaren, und einige neue Wörter drängten sich mir auf, die wie Sprünge und Risse durch das bereits Geschriebene zu laufen und den ersten Vorsatz aufzuheben schienen [...] Meine Arbeit bestand darin, zu begreifen, was diese plötzlichen Brüche bedeuteten. Ich hatte den Eindruck, als sei ich dabei, die sprachliche Substanz in einem Zustand der Offenheit, des Durchbrochenen –, des Zerlöchertseins zu halten. Dieser Eindruck war so stark, dass ich beschloss, aus dieser Art des Horchens eine Methode zu machen. Aus dieser Gesinnung suche ich anfangs nichts zu sagen, es geht vielmehr darum, eine Sprache (die des vorangegangen Buches) zu verlernen, zu opfern. Und dann kommt ein Augenblick, wo die Worte auftauchen und das Netz andeuten, dessen Felder es auszufüllen, dessen Anmutungen es zu verstehen, dessen Sinn es zu lichten gilt. Eines Tages ist die neue Sprache da, mit ihrer eigenen Logik. Aber ich weiß auch, dass ich sie niemals werde sprechen können, wenn diese Zeit ihres Entstehens vorüber ist: die Zukunft gehört dem Schweigen im neuerlichen Horchen auf das Unvorhergesehene« (Bonnefoy 1980, 106). Roland Barthes hat in diesem Zusammenhang vom »Nullpunkt der Literatur« gesprochen. Nullpunkt der Literatur meint, dass der poetische Umgang (→ 4.3) mit der Sprache sowohl die Schriftstellerin wie den Leser immer wieder an eine Stelle führt, wo das Geschriebene gleichsam dazu nötigt, mit diesem Geschriebenen noch einmal von vorne zu beginnen. Die Struktur des Geschriebenen zerbricht diese Struktur selbst und führt zu immer neuen Strukturen. Barthes spricht in diesem Zusammenhang von der »Bewegung eines Bruches und die einer Erstmaligkeit« (Barthes 1982, 100).

Predigerinnen und Prediger können in dieser Hinsicht von den SchriftstellerInnen lernen. Jeder guten Predigt sollte – wie marginal auch immer – eine solche *Bewegung des Bruches und der Einmaligkeit* eingeschrieben sein. Karl Barth hat gerne davon gesprochen, dass die Theologie immer wieder mit ihrem Anfang anfangen müsse, nämlich mit der Gottesgeschichte selbst. Dies gilt nicht minder für die Predigt. Jede Predigt weist von sich weg und über sich hinaus. Die Hörenden sollen die Predigt hinter sich lassen und sich selbst auf den Weg machen. Das Paradox besteht darin, dass dies – wie gezeigt – methodisch machbar und nicht machbar zugleich ist.

In dem Paradox der gleichzeitigen methodischen Machbarkeit und Nichtmachbarkeit gewinnt die Predigt ihre *fragile Stärke* (auch das wohl ein Paradox). Sie möchte im Grunde nicht mehr sein als die Einladung dazu, in eine Bewegung einzuschwingen. Eine Bewegung, die sie selber nicht erzeugt hat, und an deren Erzeugung sie doch – gleichsam als Resonanzboden – beteiligt ist. Aus diesem Grund kann die Predigt ihre Wirkung niemals erzwingen wollen. Sie respektiert die in sie eingeschriebene Unverfügbarkeit. Und dieser Respekt wird in der Predigt dadurch realisiert, dass sie dieser ihrer Unverfügbarkeit mit ihrer Sprache zeichenhaft Ausdruck verleiht. Die Confessio Augustana spricht in ihrem 28. Artikel davon, dass die Kirche sich keine weltliche Macht anmaßen dürfe. Der Auftrag des Evangeliums müsse ohne menschliche Gewalt, nur mit dem Wort *(sine vi humana, sed verbo)* erfüllt werden. Im besonderen Masse gilt dies für die Predigt. Das *sine vi humana, sed verbo begrenzt* und *begründet* den Auftrag der Predigt zugleich. Predigerinnen und Prediger sollen und können sich darauf verlassen, dass das zerbrechliche Sprach-Stück Predigt seine Wirkung tun wird. Sie sind für die Gestalt dieses zerbrechlichen Sprach-Stückes verantwortlich. Alles andere an Wirkung der Predigt dürfen und sollen sie geschehen lassen – *ubi et quando visum est deo.*

Das homiletische Kommunikationsgeschehen

4. Gestalt der Predigt

Wenn die Predigt als ein Kunst-Stück im Raum der Sprache begriffen werden kann (→ 3.3.4.1), dann kommt der Frage nach der Sprachgestalt der Predigt eine herausragende Bedeutung zu. Predigt gibt es nicht ohne Sprache oder an der Sprache vorbei. *Predigt ist Sprache.* Dieser zunächst banal klingende Satz hat weitreichende hermeneutische und praktische Konsequenzen. Wenn Predigt Sprache ist, dann gibt es keinen Inhalt der Predigt, der sprachunabhängig zu denken oder zu bestimmen wäre. Der Inhalt der Predigt ist immer gestaltete Sprache. Die Sprache ist nicht ein Kleid des Predigtinhalts, das beliebig gewechselt werden könnte. Ändert sich die Sprache, dann ändert sich der Inhalt der Predigt. An der Predigt konkretisiert sich die ästhetische Grundthese, dass Form und Inhalt nicht voneinander zu trennen sind. Schon die Rede von Form und Inhalt der Predigt kann zumindest zu Missverständnissen Anlass geben, so als könnten Form und Inhalt der Predigt in unterschiedlichen Kapiteln einer Homiletik verhandelt werden, so als könnte zunächst der Inhalt der Predigt bestimmt werden, und dann in einem zweiten Schritt über das Sprachgewand dieses Inhalts nachgedacht werden. In der Geschichte der Homiletik ist diese Unterscheidung auch immer wieder gemacht worden. Man hat eine *materiale Homiletik*, die den Inhalt der Predigt thematisierte, von einer *formalen Homiletik* unterschieden, in der die Gestaltungsfragen der Predigt verhandelt wurden. Noch die im Jahre 1996 erschienene Homiletik von Hans Martin Müller gliedert sich mittels dieser Unterscheidung (Müller 1996).

Gleichwohl kann die Rede von Inhalt und Form der Predigt gerechtfertigt sein, wenn wir sie nämlich als Perspektivierungen oder Akzentuierungen eines Sprachzusammenhanges begreifen, der gerade nicht in ein Vorher oder Nachher von Inhalt und Form aufzugliedern ist. In diesem Sinne soll nun in diesem Kapitel der Form-Inhalts-Zusammenhang thematisch werden, und zwar in der Weise, dass die Fragen nach der sprachlichen Gestaltung der Predigt besondere Aufmerksamkeit finden sollen.

4.1 Rhetorik

Die Frage nach der Sprachgestalt einer Rede hat innerhalb der europäischen Geistesgeschichte eine herausragende Rolle gespielt. Die Rede war in den verschiedensten Kontexten von so großer Bedeutung, dass sich schon früh eine wissenschaftliche Reflexionsform herausgebildet hat, die sich der Rede in besonderer Weise annahm – die Rhetorik. Da die Predigt unbestritten in die Gattung der Rede gehört, wie immer man ihr Verhältnis zu anderen Redeformen und Redesituationen auch bestimmen mag, gehört die Rhetorik gleichsam zur eisernen Ration einer jeden Homiletik, wiederum unabhängig davon, wie man das Verhältnis von Homiletik und Rhetorik dann näher bestimmt hat. Auch ein antithetisch bestimmtes Verhältnis von Rhetorik und Homiletik macht die Rhetorik zum Gegenstand der homiletischen Reflexion.

4.1.1 Rhetorik und europäische Kultur

Die Rhetorik kann als eine abendländische Grundlegungswissenschaft begriffen werden. Sie ist Grundlegungswissenschaft in dem Sinne, dass die rhetorische Reflexion das abendländische Denken von seinen Anfängen an bis in unsere Gegenwart begleitet. Innerhalb der Rhetorik wurden Konflikte ausgetragen und Lösungen erarbeitet, die dann in andere Bereiche des Denkens und Handelns hinein ausstrahlten und die Konfliktkonstellationen und Lösungsoptionen dort prägten.

> Eine vorzügliche Einführung in die Bedeutung der Rhetorik als abendländischer Grundlegungswissenschaft gibt der von Gert Ueding und Bernd Steinbrink verfasste »Grundriss der Rhetorik« (Ueding / Steinbrink 2005). Umfassenden Einblick in alle Gebiete der Rhetorik in ihrer historischen wie aktuellen Dimension gewährt das achtbändige »Historische Wörterbuch der Rhetorik«.

(1) Die *Anfänge der Rhetorik* reichen zurück in die vorklassische Periode des griechisch-römischen Kulturkreises. Im 5. Jahrhundert vor Christus fand in Sizilien ein Wandel der Herrschaftsform statt. Die autark regierenden Herrscher, die *Tyrannoi*, wurden vertrieben und es wurde versucht, eine sicher nicht im modernen Sinne, gleichwohl erkennbar »demokratisch« verfasste Polis zu etablieren. In den Prozessen, die eine Wiedergutmachung des durch die Tyrannoi zugefügten Unrechts zum Ziel hatten, war die Gerichtsrede ein wichtiges Medium zur Thematisierung des neuen politischen Willens zu einer verfassungsgestützten Rechtsform. In diesem Zusammenhang können wir erste systematische Versuche erkennen, die Voraussetzungen, Bedingungen und Methoden gelungener Rede systematisch zu reflektieren. Dies ist die Geburtsstunde der Rhetorik. Das Wissen um ihre emanzipatorischen Anfänge ist der Rhetorik nicht mehr verloren gegangen, auch wenn dieses Wissen zeitweise in den Hintergrund trat.

Allerdings war mit diesen eindeutig emanzipatorischen Anfängen der Rhetorik ihre allgemeine Akzeptanz nicht verbunden. Die Rhetorik wurde sehr schnell als janusköpfig wahrgenommen und in ihrer Bedeutung immer wieder kontrovers thematisiert. Es ist mit Sicherheit kein Zufall, dass die erste hochrangige Kontroverse um die Rhetorik in der Zeit ihrer ersten Blüte ausgetragen wurde. In der attischen Polis war die Rede allgegenwärtig – als politische Beratungsrede, als Gerichtsrede sowie als Rede an den herausragenden Festen und Ereignissen der Polis. Die Redner gehörten zu den Protagonisten der attischen Demokratie. Deshalb wurde auch die Ambivalenz ihrer Tätigkeit und Wirkung verstärkt wahrgenommen.

(2) Es war *Plato*, der die Gefahren der Rhetorik und der öffentlichen Rede in seiner Philosophie thematisierte. In mehreren seiner Dialoge steht die Rhetorik im Zentrum seiner Reflexionen. Plato nimmt den damals bekanntesten Redner Gorgias von Leontini zum Ausgangspunkt seiner antirhetorischen Polemik. Im Dialog »Gorgias« treten der berühmte Redner und Sokrates als argumentative Antipoden auf. Der Einwand des Plato gegen die Rhetorik hat nicht deren Schwäche, sondern deren Stärke zur Voraussetzung. Nicht weil die Rhetorik nichts erreicht, sondern weil sie so viel erreicht, unterzieht sie Plato einer radikalen Kritik. Der platonische Gorgias versteht die Rhetorik als Streitkunst, als Waffe, um auf die Menschen einzuwirken. Es geht darum, die Herzen und Köpfe der Menschen zu gewinnen. Plato sieht darin eine höchst ambivalente und deshalb gefährliche Waffe. Er verfolgt in seiner Rhetorikkritik eine sehr klare Argumentsstruktur, die in allen seinen Schriften, in denen er sich mit der Rhetorik auseinandersetzt, zu erkennen ist. Wenn in einer Volksversammlung – so das Argument des Plato – ein Arzt oder Schiffbauer in sein Amt gewählt werden soll, wer trägt dann den Sieg davon? Der Bewerber um das Amt, der vielleicht in seinem Handwerk nicht so bewandert ist, aber gut reden kann, oder der kunstfertige Fachmann, der aber nicht so sprachgewandt ist? Gorgias muss eingestehen, dass es in der Regel der gute Redner ist, der den Sieg davon trägt. Mit diesem Eingeständnis ist für Plato die Rhetorik desavouiert. Die Rhetorik gibt dem guten Redner einen Startvorteil unabhängig von seiner fachlichen Kompetenz. Die Rhetorik löst die Sprache von ihrem Inhalt und macht sie zum beliebigen Zeicheninstrument, das die Sprache für alle beliebigen Zwecke verfügbar macht. Deshalb ist die Rhetorik für Plato schädlich, sie zersetzt die Polis und macht verantwortliches Handeln unmöglich. Es ist unverkennbar, dass Plato von der realen Situation der Rhetorik und der Redner in der Polis ein verzerrtes Bild zeichnet. Der Gorgias der platonischen Schriften ist mit dem historischen Gorgias nicht identisch. Wir wissen, dass Gorgias auf die ethische Bindung und Verantwortlichkeit der Redner großen Wert legte. Gleichwohl hat Plato mit seiner Rhetorikkritik eine der Rhetorik inhärente Gefahr benannt und ein argumentatives Muster bereit gestellt, das bis auf den heutigen Tag in Anspruch genommen wird.

Wie in vielem Anderem ist der Plato-Schüler *Aristoteles* seinem Lehrer auch in seiner Rhetorikkritik nicht gefolgt. So wie Plato der erste große philosophische Rhetorikkritiker ist, so ist Aristoteles der Begründer einer philosophisch fundierten Theorie der Rhetorik. Dabei übernimmt Aristoteles von seinem Lehrer eine wesentliche Voraussetzung. Alles Denken ist für ihn sprachlich bestimmt, wobei dem Sprachprozess eine dialogische Struktur innewohnt. Deshalb müssen alle Angelegenheiten des Denkens – und dazu gehört für Aristoteles der Bereich der Wissenschaften ebenso wie die Politik und die Ethik – dialogisch erörtert werden. Die Kompetenz zur dialogischen Erörterung stellt die Rhetorik zur Verfügung. Aristoteles kehrt damit die Argumentation des Plato um. Um der Sachkompetenz einer Entscheidung willen kann auf die Rhetorik nicht verzichtet werden. Erst eine Entscheidung, die durch eine sorgfältige Erörterung hindurch gegangen ist, kann als eine kompetente Entscheidung gelten. Die Rhetorik ist deshalb nicht poliszersetzend, sondern sie dient dem »guten Leben« *(eu zen)* in der Polis. Deshalb schreibt Aristoteles im Gegensatz zu Plato eine Rhetorik. Von ihm stammt eines der ältesten uns überlieferten Lehrbücher der Rhetorik.

(3) Mit der Verlagerung der politisch-ökonomischen Gewichte aus dem Raum der griechischen Welt in den Bereich der Römischen Republik und später des Imperium Romanum gewinnen die rhetorischen Reflexionen im lateinischen Sprachraum an Bedeutung. Cicero, der große Theoretiker und Verteidiger der republikanischen Staatsform, schreibt bereits in jungen Jahren eine Abhandlung über die »rednerische Erfindungskunst« *(De inventione rhetorica)* und konzipiert in seinen reifen Jahren ein umfangreiches Werk über den »Redner« *(De oratore)*. Die einflussreichste Rhetorik in diesem Zeitraum stammt von Marcus Fabius Quintilianus. Von ihm ist ein Lehrbuch unter dem Titel »Ausbildung des Redners« *(Institutio oratoria)* überliefert, das in zwölf Bücher gegliedert ist. In ihm ist der rhetorische Gedankenreichtum der griechischen und römischen Antike gesammelt und systematisch geordnet.

In die Krise der römischen Republik, die schließlich in der Etablierung des durch einen Kaiser beherrschten Imperium Romanum ausmündete, war auch die Rhetorik einbezogen. Wenn der Raum der öffentlich-demokratischen Erörterung schrumpft und schließlich verschwindet, verliert auch die Rhetorik ihr ursprüngliches Betätigungsfeld. Der Praxisbezug der Rhetorik gerät in eine Krise. Es kennzeichnet die Bedeutung und die theoretische Stärke der Rhetorik, dass sie diese Krise souverän zu bewältigen verstand. Die Rhetorik trat aus dieser Krise nicht geschwächt, sondern gestärkt hervor. Dies gelang ihr dadurch, dass sie ihren Praxisbezug veränderte. Sie wanderte aus dem *Bereich des Politischen* in den *Bereich der Ästhetik* aus. Die Rhetorik wurde mehr und mehr zur sprachlichen Form- und Stillehre. Gleichwohl schlummerte auf dem Grund der rhetorischen Theorie immer das Wissen um ihre politischen Anfänge, das dann in bestimmten historischen Situationen wachgerufen und in aktuelle rhetorische Konzepte und Programme verwandelt werden konnte.

(4) Es ist der programmatischen und konzeptionellen Vielgestaltigkeit der Rhetorik zu verdanken, dass sie als abendländische Grundlegungswissenschaft zu einer Bedeutung gelangen konnte, die in beinahe alle Gebiete der Wissenschaften und Künste hineinreicht. Zugleich ist damit auch eine konzeptionelle Schwäche der Rhetorik verbunden. Es ist stets umstritten, wie die Wirkung der Rhetorik zu bewerten ist und in welchen Praxisgebieten sie wissenschaftlich legitim zum Zuge kommen soll und kann.

Für die weitere abendländische Geistesgeschichte war es bedeutsam, dass die Rhetorik ein fester Bestandteil des Bildungssystems wurde. Sie gehörte zu den sieben freien Künsten (*artes liberales*), die allen universitären Bildungsgängen propädeutisch zugrunde lag. Alle, die eine akademische Bildung aufwiesen, waren mit Kenntnissen der Rhetorik ausgestattet. Dies galt bis in die Anfänge des 19. Jahrhunderts hinein. Erst mit dem Entstehen einer modernen, zunehmend plural verfassten Industriegesellschaft mit ausdifferenzierten Bildungsgängen verlor die Rhetorik allmählich ihre Bedeutung. Sie wurde zum Expertenwissen, das wenigen vorbehalten war. Zudem erhielt der von Plato ausgehende und genährte Verdacht gegen die Rhetorik durch die totalitären politischen Systeme des 20. Jahrhunderts neue Plausibilität. Der autoritär verfasste Staatssozialismus der Sowjetunion und vor allem der Nationalsozialismus waren politische Massenbewegungen, die ihre propagandistische Dynamik nicht zuletzt durch Redner wie Hitler und Goebbels erlangten. Bewahrheitete sich damit nicht aufs Neue der alte platonische Verdacht, dass die Rhetorik die Herzen und Köpfe der Menschen mehr verdunkle als erhelle? Aber auch in den demokratischen Gesellschaften werden erneut kritische Stimmen gegen die rhetorischen Künste laut. Überlagern die Gesetze einer rhetorisch bestimmten Medienlandschaft nicht die Rationalität vernünftiger Entscheidungen? Aktuell zugespitzt und exemplarisch lautet der Verdacht gegen das Rhetorische, dass weitreichende Entscheidungen eher in der Arena des Fernsehens fallen als in der Rationalität eines parlamentarischen Diskurses.

Gleichwohl ist unverkennbar, dass gerade unter den Bedingungen einer pluralistisch verfassten Mediengesellschaft das Rhetorische nicht zuletzt im Bereich der Wissenschaften erneute Bedeutung erlangt. Gerade wenn wir die unhintergehbare Ambivalenz des Rhetorischen eingestehen, kann die Konsequenz nicht sein, das Rhetorische, das allenthalben am Werk ist, wissenschaftlich zu vernachlässigen. Dieser Ambivalenz kann nur dadurch begegnet werden, dass sie durch ein reflektiertes Denken kritisch begleitet wird. In gewisser Weise stellt die pluralistisch verfasste Mediengesellschaft (→ 4.5.1) die Rhetorik als abendländische Grundlegungswissenschaft erneut auf den Prüfstand.

4.1.2 Rhetorik und Theologie

Predigerinnen und Prediger sollten weder vergessen noch unterschätzen, dass die Theologie und insbesondere die Homiletik am Streit um die Rhetorik als abendländische Grundlegungswissenschaft an prominenter Stelle beteiligt war. In einer Zeit der Traditionsverflüssigung kommt dem Traditionswissen eine besondere Bedeutung zu – nicht, um Traditionen einfach nur zu bewahren, sondern um Traditionen innovativ und konstruktiv im Prozess ihrer Transformation zu gestalten. Das Verhältnis von Rhetorik und Homiletik gehört zu diesem Kernbestand abendländischen Traditionswissens. Deshalb wird ihm im Rahmen dieses Lehrbuches besondere Aufmerksamkeit geschenkt.

In der theologischen Auseinandersetzung mit der Rhetorik tauchen all die Kontroversen über die philosophischen Grundsatzfragen der Rhetorik (→ 4.1.1) in zugespitzter Weise wieder auf. Dabei war die Frage, wie sich rhetorische Gestaltung zum Inhalt bzw. Auftrag der kirchlichen Verkündigung verhält, die homiletische Leitfrage.

(1) Die *Alte Kirche* greift noch unproblematisiert auf rhetorische Muster zurück, wie dies etwa bei Paulus in seinem Verhältnis zur kynisch-stoischen Lehrrede, der sogenannten Diatribe, der Fall war (Bultmann 1910). Einige Jahrhunderte später sah sich Augustin genötigt, sich dafür theologisch zu rechtfertigen, dass er Erkenntnisse der Rhetorik homiletisch aufnahm. Augustin, der selber Professor der Rhetorik war, hat dabei sein rhetorisches Traditionswissen auf kreative Weise in Anspruch genommen (→ 2.2). Er knüpft an das platonische Verständnis der Rhetorik an, ohne jedoch dessen negative Bewertung zu übernehmen. Augustin argumentiert dabei folgendermassen: Die Regeln der Rhetorik sind inhaltsneutral. Was bei Plato zum Argument für die Verwerfung der Rhetorik ist, wird bei Augustin zum Argument für deren homiletische Akzeptanz. Weil die rhetorischen Regeln dem Inhalt gegenüber neutral sind, fällt die Entscheidung über deren Legitimität auf der Ebene des Inhalts. Wenn der Inhalt legitim ist, dann sind auch die rhetorischen Darstellungs- und Repräsentationsmethoden dieses Inhalts legitim. Der rechte Prediger des Evangeliums kann sich deshalb des ganzen Reichtums an antikem rhetorischem Wissen bedienen, ja er muss dies in gewisser Weise sogar tun, sofern er die innere Verpflichtung verspürt, das Evangelium so zu

versprachlichen, dass es die Menschen in ihrem kognitiven und emotionalen Vermögen anzurühren vermag.

Mit dieser Argumentation eröffnete Augustin der Rhetorik den Einzug in die *ars praedicandi* der mittelalterlichen Predigttradition. Die Autoren der mittelalterlichen Lehrbücher der Homiletik konnten voraussetzen, dass die Prediger im Rahmen ihres Studiums der *artes liberales* mit den rhetorischen Grundannahmen und Regeln aufs intimste vertraut waren. Dies kann man diesen Lehrbüchern unmittelbar abspüren. Die Aufnahme rhetorischer Perspektiven wird in der Regel nicht begründet oder gar problematisiert. Rhetorische Regeln werden eher beiläufig erwähnt als eigens ausführlich zitiert oder vorgestellt. Die Homiletik des Mittelalters hat die Rhetorik gleichsam adaptiert, sie gehört zum inneren Haushalt der *ars praedicandi*. Den Höhepunkt einer solchen rhetorisch grundierten *ars praedicandi* stellt die Schrift des Wilhelm von Auvergne aus dem 13. Jahrhundert dar. Bereits der Titel, den Wilhelm seinem Lehrbuch gibt, lässt Rhetorik und Homiletik zu einer Einheit verschmelzen: »*Rhetorica Divina*«! Der Prediger – so Wilhelm – bringe wie ein Anwalt vor Gericht die Sache der Menschen im Angesicht Gottes zur Sprache. Erst das Gegenüber der Predigt, das Wilhelm in Gott und nicht den PredigthörerInnen sieht, gibt der homiletischen Rhetorik ihr besonderes Profil.

(2) Auch für die *Reformatoren*, die in ihrer großen Mehrheit aus den durch den Humanismus geprägten Bildungsinstitutionen kamen, war die Rhetorik kein strittiges Thema. Martin Luther äußerte sich nur gelegentlich zur Rhetorik, dann aber sehr pointiert. In einem Brief an Spalatin preist er Quintilian als vorzüglichen Lehrer auch für gestandene Theologen (Nembach 1972, 130 f.). Er kann die Verkündigung Jesu in rhetorischen Kategorien würdigen, und Christus in einer seiner Tischreden als »eloquentia selbst« (Beutel 1991, 479) bezeichnen. Die Rhetorik als Ganze findet bei Luther jedoch keine systematische Behandlung, was ihre Bedeutung für seine Predigtpraxis und sein homiletisches Nachdenken eher unterstreicht als relativiert. Auf diese eher selbstverständliche Weise hielt die Rhetorik auch Einzug in die protestantischen Lehrbücher des Predigens. Umso mehr fällt auf – und hier partizipiert die Homiletik an einer allgemeinen geistesgeschichtlichen Entwicklung –, wie im Verlauf des 19. Jahrhunderts die Rhetorik aus dem Horizont der Homiletik entschwindet. Die beiden letzten homiletischen Lehrbücher, die den Begriff des Rhetorischen explizit im Titel tragen sind Heinrich August Schotts »Theorie der Beredsamkeit mit besonderer Anwendung auf die geistliche Beredsamkeit« (1815) und die Schrift »Die Beredsamkeit eine Tugend« (1814) von Franz Theremin.

(3) Für dieses *Entschwinden des Rhetorischen aus dem Bereich der Homiletik* sind sicher mehrere Gründe zu nennen. Zum einen wird im Zeitalter der Restauration, das sich seine Erinnerung an den stürmischen Aufbruch der Amerikanischen und Französischen Revolution sehr wohl bewahrt hatte, das Rhetorische mit der Revolutionsrhetorik identifiziert. Die emanzipatorische Grundierung der Rhetorik kommt dieser in restaurativen Zeiten nicht zugute. Der gewichtigere Grund scheint mir jedoch in einer geistesgeschichtlichen Umorientierung zu liegen. Die Klassik hat den Primat des Inhalts vor der Form betont (wiewohl Schiller und Goethe intensiv über Gestaltungsformen räsonierten). Die Romantik stellt das Gefühl und die Innerlichkeit in die Mitte ihres Menschenbildes. All dies kommt dem Rhetorischen mit Sicherheit nicht zugute. In Schillers Ode »An die Freude« in der Thalia-Fassung aus dem Jahre 1786 findet dieser antirhetorische Affekt seinen bezeichnenden Ausdruck:

> Freude, schöner Götterfunken,
> Tochter aus Elysium,
> Wir betreten feuertrunken
> Himmlische, dein Heiligtum.
> Deine Zauber binden wieder,
> Was der Mode Schwert zerteilt

Schiller preist hier ein Weltempfinden, das aus dem Innerlichen kommt, eine ganzheitliche Erregung, die sich aus einer Begeisterung beseelt. Dem steht alles Äußerliche, Zufällige – die *Mode* – entgegen, die immer dazu neigt, zu relativieren und zu fragmentieren. Und zum Arsenal dieser schwert-zerteilen-den Mode gehört eben auch die Betonung des Rhetorischen. Unter dem Einfluss von Klassik und Romantik bricht der alte Gegensatz von Form und Inhalt wieder auf, der den Streit um die Rhetorik so entscheidend bestimmte. Immanuel Kant gibt diesem neuen antirhetorischen Affekt das philosophische Stichwort, wenn er die Rhetorik eine »Lügen- und Schmeichelkunst« nennt, die »keiner Achtung würdig« sei.

Gert Ueding und Frank Steinbrink beschreiben diesen geistesgeschichtlichen Einschnitt, den der Verlust des Rhetorischen darstellt, mit drastischen Worten: »Gerade die Epoche, die von den Historikern auch das bürgerliche Zeitalter genannt worden ist, bringt den entscheidenden, bis heute auch nicht annähernd überwundenen Einschnitt in der Geschichte der Rhetorik. Sie verliert ihren wissenschaftlichen Einfluss in Hochschule und Schule, die ihr gewidmeten Lehrstühle werden bald von den Germanisten und Historikern, Philosophen und sogar Naturwissenschaftlern besetzt, und die Literatur im weitesten Verständnis (von der Poesie bis zur wissenschaftlichen Abhandlung, von der Parlamentsrede bis zu Drama und Roman) löst sich von ihrem rhetorischen Begriff, wird Gegenstand anderer, problem- und sachbezogener Disziplinen, denen die Wirkungsintention und Formkultur der geschrieben oder gesprochenen Rede entweder gleichgültig oder nur als isoliertes Phänomen der Stilanalyse zugänglich ist« (Ueding / Steinbrink 1986, 134).

Man kann in der Homiletik sehr schön sehen, wie auch hier unter der Abkehr vom Rhetorischen wieder der Inhalt gegen die Form ausgespielt wird. In der »Homiletik« von Alexander Schweizer aus dem Jahre 1848 heißt es dezidiert, dass die »homiletische Form durch den Stoff selbst« (Schweizer 1848, 105) bestimmt sein müsse und deshalb keiner eigenständigen rhetorischen Reflexion bedürfe. Damit aber wird das Rhetorische zum Sekundären, Nachträglichen, auf das man allenfalls auch verzichten kann.

(5) Dass man auf das Rhetorische nicht nur verzichten *könne*, vielmehr *müsse*, das hat dann die *Dialektische Theologie* der Homiletik ins Stammbuch geschrieben. Eduard Thurneysens Essay aus dem Jahre 1921 über die »Aufgabe der Predigt« hat dieses theologische Verdikt über die Rhetorik unüberbietbar zum Ausdruck gebracht. Wo zwischen »Wort Gottes« und »Menschenwort« ein »vollständig und grundsätzlich inkommensurable[s] Verhältnis« (Thurneysen 1921, 106) besteht, können alle menschlichen Bemühungen um die Sprache nur als unerlaubte Selbstbemächtigung des Menschen verstanden werden. Deshalb lautet für Thurneysen die erste homiletische Grundregel: »keine Beredsamkeit!« (111).

Es ist deutlich erkennbar, dass Thurneysen mit seinen homiletischen Überlegungen aus dem Jahre 1921 in der geistesgeschichtlichen Traditionslinie einer Rhetorikkritik steht, wie sie sich im 19. Jahrhundert definitiv durchgesetzt hat. Dies zeigen nicht zuletzt die Gegensätze, die Thurneysen in seiner Argumentation konstruiert: »Man spüre es, dass der Prediger nicht in eigener Sache redet. Darum rede er auch nicht wie ein Advokat, der eine gefährdete Position zu retten, oder wie ein Kaufherr, der für seine Ware Reklame zu machen sucht. Unsere allzu lauten, allzu beredten Gottes- und Christusanpreisungen, unser aufdringliches Haschen nach immer neuen Gelegenheiten und immer größeren Lokalen, sie an den Mann zu bringen, sind Kapuzinerweisheit und glatter Verrat an der Sache. […] *Der Prediger ist, wenn er ist, was er sein soll, nicht Agitator und nicht Krämer.* Er ist Zeuge vor Gericht, der eine Aussage macht (was sollen da alle rednerischen Künste!), er redet nicht aus eigenem Antriebe, sondern in Auftrag« (111 f.). Die Gegensätze, die Thurneysen hier benennt, sind für sein Verständnis des Rhetorischen aufschlussreich: Rhetorisch ist die Orientierung an der Wirkung, theologisch-homiletisch ist die Orientierung am Inhalt. Rhetorisch ist das Reden in eigenem Auftrag, theologisch-homiletische Rede ist Sprechen in Gottes Auftrag.

Rudolf Bohren hat in seiner Homiletik in explizitem Anschluss an Thurneysen die Kritik an der Rhetorik erneuert und noch verschärft. Dies fällt umso mehr ins Gewicht, als die ganze Homiletik Bohrens getragen ist von einem durchgehenden Gespräch mit den Künsten, insbesondre der Literatur. Bohren ist sich bewusst, dass der Form-Inhalts-Zusammenhang für das Predigtgeschehen konstitutiv ist: »Eine Trennung in die Was- und Wie-Frage verführt zu unerlaubter Vereinfachung. Verzichtet man in der Homiletik auf die Formfrage und fragt nur nach dem Was der Predigt, wird diese doketisch spätestens in dem Moment, wo sich die überkommene Form verbraucht hat und nicht mehr dem Inhalt ent-spricht. Abstrahiert eine Predigtlehre vom Inhalt, um sich dem Rhetorischen zuzuwenden, in Absehung von dem, *was* zu verkündigen ist, verliert sie den Inhalt an ein fremdes Gesetz« (Bohren 1986, 57). Das Rhetorische unterläuft– so die Argumentation Bohrens – den Form-Inhalts-Zusammenhang geradezu. Das Rhetorische steht für die inhaltsneutrale sprachliche Form. Dieses Verständnis der Rhetorik bestimmt auch den Stellenwert, den Bohren der Rhetorik für die Homiletik einräumt.

Wie für Thurneysen ist für Bohren das Rhetorische ein illegitimes Bemächtigungsgeschehen: »Das Predigen kann deshalb nie zu einem Kommunikationsprozess werden, den wir beherrschen; denn sonst würde Gott verfügbar und der Glaube machbar. Zwischen einer ›neuen wissenschaftlichen Rhetorik‹ und dem Predigen besteht eine unaufhebbare Differenz in der Macht des Geistes selbst. Ich kann den Satz des Paulus ›Der Glaube kommt aus der Predigt‹ (vgl. Röm 10,17) nicht ersetzen durch den Satz: ›Der Glaube kommt aus der Überredung‹« (154 f.). Bohrens homiletische Rhetorikkritik ist in seinem theologischen Denken nicht randständig. Sie steht im Zentrum seiner Theologie des Geistes, die vom Dritten Glaubensartikel ihren Ausgang nimmt. Bohren ordnet die Rhetorik zu Recht dem Bereich des Empirischen zu. Nun ignoriert Bohren das Recht der Empirie nicht einfach, für ihn ist jedoch entscheidend, von wo die (Praktische) Theologie ihren Ausgang nimmt. Und er widerspricht dem von ihm konstatierten Konsens, dass die Praktische Theologie ihren Ausgang von der Empirie zu nehmen habe. Es ist kein Zufall, dass in Bohrens argumentatorischem Arsenal all die antirhetorischen Topoi wieder auftauchen, die bereits Thurneysens Rhetorikkritik bestimmt haben: »Nach meinem Urteil, entspricht der sich anbahnende Konsens [sc. dass die Praktische Theologie von der Empirie ihren Ausgang zu nehmen habe] haargenau der Entwicklung, die die Kirche in ihrer Predigt im letzten Dezennium nahm. Das Evangelium wird als Ware vermarktet, nachdem man das theologische und exegetische Gewissen zum Schweigen brachte. Eine Homiletik, die empirisch einsetzt, wird den Geist der Empirie vermitteln: den landesüblichen Geist eines religiösen Merkantilismus« (555).

(6) Bohren reagiert bereits auf die *empirische Wende der Praktischen Theologie* im Übergang von den 60er- zu den 70er-Jahren des vergangenen Jahrhunderts. Diese empirische Wende brachte in der Homiletik eine Rehabilitation der Rhetorik mit sich, der sich Bohren zu verweigern sucht. Wie die homiletische Rhetorikkritik in Thurneysens Essay aus dem Jahre 1921 ihr Schlüsseldokument hat, so findet die Rehabilitation der Rhetorik ihren paradigmatischen Ausdruck in einer Rede, die der Tübinger Rhetorikprofessor Walter

Jens im Jahre 1976 vor dem Deutschen Pfarrertag gehalten hat. Jens blickt in dieser Rede auf den rhetorisch-homiletischen Neuaufbruch (→ 4.1.3) bereits zurück. Dies zeigen zahlreiche implizite und explizite Bezugnahmen. Umso mehr fällt ins Gewicht, dass die Organisatoren des Deutschen Pfarrertags nicht einen internen Protagonisten dieser homiletischen Richtung eingeladen haben. Offensichtlich haben sie sich von der externen Stimme des renommierten Tübinger Rhetorikprofessors ein größeres Echo versprochen. Dies war erkennbar der Fall. Durch die Rede von Walter Jens wurde das Thema der Bedeutung der Rhetorik von einem akademischen Expertendiskurs zu einem öffentlich diskutierten Thema der Predigerinnen und Prediger selbst. Man kann in dieser Hinsicht die Wirkung der Rede von Jens mit derjenigen des Essays von Eduard Thurneysen vergleichen, der seinerseits auf eine Rede vor Pfarrern zurückgeht.

Jens erweist sich in seiner Rede nicht nur als rhetorischer Experte, sondern auch als exzellenter Kenner der homiletischen Tradition. Hier zeigt sich noch einmal, wie sehr die Homiletik in der abendländischen Geschichte mit der Rhetorik verbunden war. Man kann offensichtlich kein Rhetorik-Experte sein ohne Kenntnisse der Geschichte der christlichen Predigt und der Homiletik.

Jens setzt in seiner Rede einen bewusst protestantischen Akzent, was der Bedeutung der Predigt für den Protestantismus zweifellos entspricht. Er hebt an bei der Hochschätzung der Predigt sowohl bei Luther als auch bei Karl Barth: »Die evangelische Dogmatik, daran gibt's nichts zu deuten, wurde von Predigern entworfen – und nicht von Vertretern der Systematik: von Kanzelrednern und nicht von Kultus-Verwaltern« (Jens 1976, 720). Mit der Hochschätzung der Predigt handelt sich die protestantische Theologie – so Jens – jedoch ein spezifisches Problem ein. Auf der einen Seite steht der Anspruch, dass in der Predigt Gott selbst die Menschen anspreche, und auf der anderen Seite die Einsicht, dass es Menschen sind, die die Predigt konzipieren und auf der Kanzel vortragen. Die Spannung zwischen Gotteswort und Menschenwort stellt eine Spannung dar, die in der Geschichte der Homiletik immer wieder einseitig zugunsten einer Prävalenz des göttlichen Wortes und eines Verlusts des Menschlich-Handwerklichen der Predigt aufgelöst wurde. Das Resultat ist, »dass mystische Verzückung an die Stelle nüchterner Beschreibung« (721) tritt. Wo dies geschieht, wird die Predigt zu einem merkwürdigen Phantomgeschehen. Jens beschreibt dieses Phantomgeschehen so bissig wie ironisch, wobei wörtliche Bezugnahmen auf Eduard Thurneysen und Karl Barth unverkennbar sind. Der Prediger »beleuchtet das Leben von Gott her, höhlt die Wirklichkeit aus, das Humane und die Sozietät, da sie keine Wirklichkeit sei, gibt Zeugnis von der ganz anderen Welt, leugnet Vermittlungen zwischen Himmel und Erde, zeigt die Distanz, trennt, statt zu verbinden, verweigert die erwartete Hilfe – nur wo Gräber sind, sagt er, ist Auferstehung –, verzichtet auf Mission und Pädagogik, auf Erbauung und irdischen Trost: Lebenshilfe mögen andere geben, die sich auf Ratschläge besser verstehen – er sei kein Dorfweiser, sondern ein Prediger, der christozentrisch und nicht anthropozentrisch sprechend, nur eine einzige Aufgabe habe: Den zu verkünden, der durch ihn spricht. Das allein sei seines Amtes« (721). Gewiss – dies ist eine Karikatur, aber eine Karikatur, die das Original sehr genau kennt.

Gegenüber aller theologischen Überhöhung der Predigt ruft Jens den realen Vorgang des Entstehens einer Predigt in Erinnerung. Was geschieht dort? Es wird »dort, in der Nacht zum Sonntag eine Rede geschrieben. Eine Rede, nichts weiter. Ein Manuskript: formuliert von einem Pfarrer, für den das Predigen eine Tätigkeit unter anderen ist – und kein Hauptamt« (721). Diese nüchterne Beschreibung ist auf dem Pfarrertag – das berichten Teilnehmende – offensichtlich auf große Resonanz gestoßen. Wo der Entstehensprozess einer Predigt derart nüchtern als das Entstehen einer Rede beschrieben wird, rückt auch die Rhetorik wieder ins Blickfeld der Homiletik. Allerdings redet Jens keinesfalls einer inhaltsneutralen instrumentellen Rhetorik das Wort, sondern er klagt den »Entwurf einer evangelischen *rhetorica nova*« (722) ein.

Jens ermutigt die Pfarrerinnen und Pfarrer zu einem »Aufstand der Praxis« gegen eine praxisfeindliche theologische Überfrachtung des Predigtgeschehens. Ein solcher Aufstand der Praxis führt zu der nüchternen Einsicht der Notwendigkeit einer evangelischen rhetorica nova, »dass die Sprache von der Welt als die Sprache von Gott nur eine weltliche Sprache sein kann – eine Sprache, deren Form weder eine quantité négligeable noch ein Zufalls-Plus ist, das, genauso gut wegfallen könnte, sondern die Prämisse, die über das Verständnis des Inhalts befindet« (725). Sprache und Inhalt der Predigt sind für Jens getragen durch ein »Pathos der Präzision«, das heißt dem genauen Nachspüren der Gehalte eines biblischen Textes wie der Gegenwart in Gestalt einer diesem Spürprozess entsprechenden Sprache. In dieser Hinsicht kann Jens sogar am Schluss seiner Rede dem Essay von Eduard Thurneysen seine Referenz erweisen: »Der Prediger ist weder ein Krämer noch ein Reklameagent. Er spricht nicht, mit Worten disziplinierend, als Agitator, sondern er bezieht, in einem Akt des Lautdenkens, die Gemeinde in seinen Denkvorgang ein. Er ist also das Gegenteil eines Propagandisten: Wenn er von Gott spricht, dann in Frageform. Wenn er ihn nennt, dann setzt er Seinen Namen in Anführungszeichen. Wenn er die Wirklichkeit beschwört: dann als eine Realität, die Gott, der Herr, fragwürdig macht« (725).

4.1.3 Konzeptionalisierungen: »Rhetorik und Homiletik«

Homiletische Neuaufbrüche zeichnen sich in der Regel dadurch aus, dass sie mit einem nicht unerheblichen argumentativen Aufwand die neu eingenommene Position artikulieren und die Frontlinien scharf ziehen. Deshalb stehen am Anfang solcher Neuaufbrüche in der Regel kurze programmatische Äußerungen, die sich dann sehr schnell zu Konzepten verdichten. In einer zweiten

Phase werden dann diese Konzepte in gewisser Weise bereits wieder histori-siert, indem sie differenziert werden. Dabei werden oft auch Interessenkon-vergenzen deutlich zwischen diesen Konzepten und denjenigen Konzepten, von denen sie sich abgrenzen wollten. Dieser Vorgang lässt sich auch bei der Wiederentdeckung der Bedeutung des Rhetorischen für das homiletische Kommunikationsgeschehen erkennen. Der programmatische Aufbruch, der sich dann zu Konzepten verdichten sollte, ist mit den Namen von Manfred Josuttis, Jörg Rothermundt und Gert Otto verbunden.

(1) *Manfred Josuttis – »Homiletik und Rhetorik«*: Im Jahre 1968 hält Manfred Josuttis vor dem Arbeitskreis »Göttinger Predigtmeditationen« in der Evan-gelischen Akademie Arnoldshain einen Vortrag mit dem Titel »Homiletik und Rhetorik«. Die Göttinger Predigtmeditationen, einst von Hans Joachim Iwand begründet, waren stark geprägt von den homiletischen Einflüssen der Dialektischen Theologie. Das Thema »Rhetorik und Homiletik« stand mit Sicherheit nicht auf deren interner Agenda. Insofern hat Josuttis seine Über-legungen in gewisser Weise in der Höhle des Löwen vorgetragen.

In seinem programmatischen Vortrag geht Josuttis von einer These aus, die sowohl systematisch-theologisch als auch phänomenologisch-historisch grundiert ist. Die Reformation hat großen Wert darauf gelegt, die Predigt als Verkündigung im öffentlichen Raum zu konzipieren (→ 2.4). Predigt sollte weder Glaubensausdruck einer besonderen Gruppe noch eines spezifischen Milieus sein, sondern sollte »allem Volk« gelten. Die Predigt sollte weiterhin kein Geheim- oder Spezialwissen voraussetzen, um verstanden werden zu können, sondern sie sollte mittels der allgemeinen Vernunft und eines all-gemeinen Sprachvermögens in ihrem Inhalt erschlossen werden können. Die Predigt war mithin ein exemplarischer Fall von öffentlicher Rede. Und des-halb muss nach Josuttis die »Verkündigung des Wortes« in Gestalt der Predigt als »ein Stück Sprache im Akt öffentlicher Rede« konzipiert werden (Josuttis 1985, 12).

Wenn dies nicht ein abstraktes Postulat bleiben soll, dann muss die Predigt als ein solches »Stück Sprache im Akt öffentlicher Rede« auch empirisch iden-tifizierbar sein. Josuttis zeigt, dass eine solche Identifikation nicht allein über ein einziges Kriterium geschehen kann. Weder die Person auf der Kanzel, noch der Ort, noch der Inhalt allein machen ein »Stück Sprache« zu einer »Predigt«. Es muss nicht unbedingt ein Pfarrer oder eine Pfarrerin sein, die predigen. Eine Predigt muss nicht unbedingt in einer Kirche, ja nicht einmal in einem gottesdienstlichen und liturgischen Rahmen gehalten werden. Josut-tis führt für diese These Paul Schneider an, der »im Konzentrationslager, be-gleitet vom Fluchen der SS-Mannschaften und vom Schmerzensschrei der Mithäftlinge, gepredigt« (12) habe. Und schließlich macht auch der Inhalt allein keine Predigt aus. Über biblische Texte und religiöse Gehalte kann auch im akademischen oder pädagogischen Kontext gesprochen werden.

Es sind also weder die Form allein, noch der Inhalt allein, die die Predigt zu einer Predigt machen. Predigt konstituiert sich – so die These von Josuttis – durch ein spezifisches Zusammenspiel von formalen und inhaltlichen Aspekten. Predigt ist nur als Zusammenhang von Form und Inhalt empirisch zu identifizieren: »Obwohl die Predigt mit anderen Gattungen kirchlicher Rede den Inhalt in mancher Hinsicht gemeinsam hat und sich von diesen, oberflächlich gesehen, durch die besondere Form der Darbietung unterscheidet, besteht sie doch nicht einfach in der Summierung eines bestimmten Inhalts und einer bestimmten Form, von denen dieser vorgegeben ist und jene als Einkleidung benutzt wird. Als das Stück Sprache im Akt öffentlicher Rede, das die Predigt darstellt, ist sie vielmehr nur durch das *Ineinander von Form und Inhalt* zu charakterisieren. Das heißt aber: wenn die Predigt sich von anderen Akten öffentlicher Rede durch ihren Inhalt und von anderen Akten kirchlicher Rede durch ihre Form unterscheidet, wenn aber auch in der Predigt durch die unterschiedliche Form dieser Rede ein anderer, spezifischer Inhalt zur Sprache kommt, dann ist das Besondere der Predigt, wie in der Sprache überhaupt, bestimmt durch die Form und fassbar in der Form [...] Die Sprache in ihrer Verklammerung von Inhalt und Form ist für die Predigt als Verkündigung des Wortes Gottes konstitutiv« (12 f.).

Josuttis zeigt, dass dieser Form-Inhalts-Zusammenhang der Predigt im Verlauf der Geschichte der protestantischen Homiletik immer wieder unterlaufen worden ist. Entweder wurde postuliert, die Exegese führe konsequent zur Predigt, oder es wurde darauf vertraut, die in den reformatorischen Bekenntnissen konzentrierte Lehre wirke im Hintergrund mit als regulative Steuerung des Entstehensprozesses einer Predigt. Damit bekommt die Homiletik jedoch ein Übergewicht in der Dimension des Inhaltlichen und sie blendet die Frage der Sprachform auf unverantwortliche Weise aus. Die Predigt ist hier mehr als ein Inhaltsgeschehen und weniger als ein Sprachgeschehen reflektiert. Die homiletische Aufgabe besteht nach Josuttis jedoch darin, »an der *Sprache des Textes in der Sprache der Lehre die Sprache der Verkündigung zu verantworten*« (20). Genau dies ist die traditionelle Aufgabe der Rhetorik, nämlich einen Inhalt in seinem Zusammenhang mit seiner Sprachform zu reflektieren. Und darum »ist die Rhetorik ein notwendiger Bestandteil der Homiletik« (21).

Mit seiner Begründung der homiletischen Notwendigkeit der rhetorischen Reflexion aus dem Form-Inhalts-Zusammenhang bekommt das Programm »Homiletik und Rhetorik« bei Josuttis sein besonderes Profil. Er ist weniger an bestimmten Sprachformen und Gestaltungsregeln interessiert als daran, wie sich bestimmte inhaltliche Konzepte der Predigt sprachlich realisieren.

So untersucht er, wie Feindbilder in der Predigt sprachlich konstruiert sind und wirken (87-114). Er zeigt auf, wie Predigerinnen und Prediger in ihrer Eigenansicht und wie Bilder ihrer Hörerinnen und Hörer in der Predigt präsent sind (115-141). Und er analysiert helfende und überfordernde Idealbilder in der Predigt (142-165). Am intensivsten bewährt hat sich der homiletisch-rhetorische Ansatz bei Josuttis darin, wie er die der lutherischen Theologie und insbesondre der lutherischen Homiletik zugrunde liegende Unterscheidung von Gesetz und Evangelium durch rhetorische Analysen differenziert hat. In einer umfangreichen Studie zum Thema »Gesetzlichkeit in der Predigt der Gegenwart« (Josuttis 1995, 94-181) rekonstruiert er die sprachlichen Strategien, die die reformatorische Unterscheidung von Gesetz und Evangelium unterlaufen, und somit zur »Gesetzlichkeit« der Predigt führen.

(2) *Jörg Rothermundt – »Der Heilige Geist und die Rhetorik«*: Einen spannungsreichen Zugang zum Thema Homiletik und Rhetorik wählt Jörg Rothermundt in seiner im Jahre 1984 erschienen Monographie »Der Heilige Geist und die Rhetorik«. Bereits der Untertitel »Theologische Grundlinien einer empirischen Homiletik« signalisiert, dass auch das Buch Rothermundts im Kontext der empirischen Wende der Homiletik angesiedelt ist. Rothermundt lehrte zu dieser Zeit am Predigerseminar der Evangelischen Landeskirche in Württemberg. Diese Kirche ist stark vom Pietismus sowohl hinsichtlich der Gemeindeglieder wie auch eines großen Teiles der PfarrerInnenschaft geprägt. Deshalb ist Rothermundts Ansatz durch einen *Ansatz der Vermittlung* gekennzeichnet. Er möchte vermitteln zwischen empirischen und traditionell (evangelikal-)theologischen Fragestellungen.

Deshalb wählt Rothermundt als theoretischen Ausgangspunkt seiner Überlegungen die Spannung zwischen dem allen methodischen Bemühungen vorausliegendenden und überholenden »Heiligen Geist« (→ 3.3.4.4) und dem rhetorischen Methodenarsenal. Rothermundt bezieht sich damit auf einen traditionellen dogmatischen Topos, der auch in der evangelikal-pietistischen Theologie zentral ist.

Zunächst beschreibt Rothermundt die Spannung zwischen »Rhetorik« und »heiligem Geist« auf ebenso anschauliche wie drastische Weise: »Sie sind ein ungleiches Paar, die Rhetorik und der Heilige Geist, mindestens auf den ersten Blick und nach den gängigen Vorstellungen. Rhetorik hat es mit Form zu tun, mit geschliffener Sprache, gekonntem Aufbau, mit Wortwitz und Wortspiel, wohl auch mit altväterlichem Formelwerk von der captatio benevolentiae bis zur Chrie. Beim Heiligen Geist dagegen geht es um Spontaneität, alle Grenzen durchbrechende Kraft, brausenden Sturm, züngelnde Flamme, um eine Begeisterung, die keine festen Formen duldet, die formlos sein muss, will sie lebendig bleiben. Rhetorik ist zugleich Methode, die gelehrt und erlernt werden kann, in der die

Wirkung der Sprache auf den Hörer genau berechnet wird, wo Form und Inhalt, Zweck und Mittel klug aufeinander abgestimmt, und dann bewusst eingesetzt werden kann. Der Heilige Geist dagegen ist die Unberechenbarkeit selbst; Wind, der bläst, wo er will, den man wohl sausen hört, aber nicht weiß, woher und wohin, denn er wirkt eben ›ubi et quando visum est deo‹, und wer wollte da berechnen?« (Rothermundt 1984, 13). Bei soviel Rhetorik der Spannung und des Gegensatzes weiß die Leserin natürlich längst, dass es der Verfasser dabei nicht belassen möchte. Und so macht Rothermundt denn auch sofort die Gegenrechung auf: »Wer etwas vom Heiligen Geist hält, hält nichts von der Rhetorik und umgekehrt. Ich würde mich nicht wundern, wenn der Leser beim Anblick des Titels ›Der Heilige Geist und die Rhetorik‹ zunächst einmal den Kopf schüttelt und sich nicht vorstellen kann, wie beides unter einen Hut kommen und dabei wesentliches für die Predigt herauskommen soll. Ich hoffe aber, dass die ungewohnte Zusammenstellung den Leser ein wenig neugierig macht, und kann hier vorerst nur versichern, dass die Zuordnung wirklich ernst gemeint ist« (14).

Das Vermittlungsinteresse Rothermundts wird nicht zuletzt daran deutlich, wie er das Gespräch mit anderen Entwürfen homiletischer Theorie führt. Er grenzt sich nämlich ab gegen Entwürfe, die die Spannung zwischen Homiletik und Rhetorik, zwischen Heiligem Geist und sprachlicher Methodik eher verstärken als abmildern. Gert Otto steht dabei für den antipneumatologischen Rhetoriker und Rudolf Bohren für den antirhetorischen Pneumatiker. Diese Alternative gilt es nach Rothermundt zu überwinden. Ein wichtiges Moment dabei ist für Rothermundt die Entdeckung der »Pluralität des Geistes und der Verkündigung« (43-71). Es gibt in der neutestamentlichen Überlieferung und der dogmatischen Tradition weder ein einliniges Verständnis von Geist, noch ein einheitliches Verständnis von Verkündigung, wobei sich diese Vielfalt in einer genau beschreibbaren (auch *rhetorisch* beschreibbaren) Vielfalt der Sprachgestalten Ausdruck verleiht. An dieser Vielfalt muss heute theologisch-homiletisch reflektiert weitergearbeitet werden. Dazu bedarf es der menschlichen Kreativität, nicht zuletzt auch der sprachlichen Kreativität. In der Kreativität treffen für Rothermundt beide zusammen, der Heilige Geist und die Rhetorik. Göttliche und menschliche Kreativität sind für ihn keine Gegensätze, sondern müssen aufeinander bezogen werden, wobei er die Fromel des chalzodenensischen Glaubensbekenntnisses von »unvermischt und ungetrennt« in Anspruch nimmt. Predigen ist für Rothermundt ein »kreativer Akt«, in dem sowohl göttliche Kreativität wie auch menschliche Kreativität am Werk sind, ohne dass dabei ihre Unterschiedenheit verloren ginge. Eine homiletische Rhetorik ist für Rothermundt eine Rhetorik der Differenz, die gerade als Rhetorik der Differenz Brücken zu bilden vermag: »Der Mensch, vom Schöpfer zu seinem Ebenbild geschaffen, besitzt die Fähigkeit, schöpferisch tätig zu werden. Wenn er diese Fähigkeit nicht in narzisstischer Autonomie missbraucht, sondern sich öffnet für das Wirken des Geistes, erfüllt er den Willen des Schöpfers. In der theonomen Reziprozität, dem vom Geist regierten wechselseitigen Zusammenspiel von Gott und Mensch, kommt die Kreativität des Menschen zu ihrer Entfaltung. Der Mensch ist dabei nicht nur passiv, sondern auch aktiv. Der Geist, den er empfängt, setzt ihn ans Werk. Der Prediger darf sich etwas zutrauen. Er darf und soll seine Kreativität nicht nur zulassen, sondern fördern. Es wäre eine falsche Bescheidenheit, nur auf den Geist zu warten. Das Entstehen einer Predigt will als kreativer Prozess verstanden sein, damit sich der Prediger darauf einstellen kann und dem Wirken des Geistes nicht im Wege steht« (144).

(3) *Gert Otto – »Predigt als Rede«*: In der neueren homiletischen Diskussion hat sich Gert Otto am intensivsten dem Zusammenhang von Rhetorik und Homiletik gewidmet. In zahlreichen Aufsätzen und mehreren Monographien, die sich thematisch zum Teil überschneiden, hat er eine Verhältnisbestimmung zwischen Homiletik und Rhetorik versucht. Mehr als Josuttis und Rothermundt ist Otto an der konkreten sprachlich-rhetorischen Gestaltung der Predigt interessiert. Deshalb hat er intensiver als Josuttis und Rothermundt die vielfältige Theoriegeschichte der Rhetorik für die Homiletik erschlossen und rezipiert. Für viele ist deshalb das Programm »Rhetorik und Homiletik« vor allem mit dem Namen von Gert Otto verbunden.

Dabei sind die Grundlinien seiner rhetorischen Homiletik bereits in der ersten Monographie erkennbar, die im Jahre 1976 unter dem Titel »Predigt als Rede. Über die Wechselwirkungen von Homiletik und Rhetorik« erschienen ist. Dort formuliert Otto in sieben Thesen sein rhetorisches Verständnis der Predigt.

Kennzeichen einer rhetorischen Predigt
(nach Gert Otto)

1. Die Predigt ist eine Rede
2. Tendenziell will die Predigt einen Dialog eröffnen
3. Die Sprache bietet viele Möglichkeiten
4. Gottesdienst (Ritual) nötigt zur Predigt
5. Der Prediger spricht zu Menschen in Situationen
6. Die Predigt ist eine unter anderen Mitteilungsformen
7. Viele Wege führen zur Predigt (nicht nur die Exegese)

Diese Thesen klingen zunächst einmal recht banal. Wie so oft in wissenschaftlichen Zusammenhängen birgt das auf den ersten Blick so banal Klingende weitreichende Implikationen, Voraussetzungen und Konsequenzen, die sich erst dem zweiten analytischen Blick erschließen. Reformuliert man die einfachen Thesen Gert Ottos etwas ausführlicher, indem man deren Implikationen benennt, dann wird ein reflektiertes Konzept rhetorischer Predigt erkennbar.

Wenn gesagt wird, dass die Predigt eine Rede sei (1), dann wird sie in den weiteren Horizont einer sprachlichen Gattung eingerückt. Die Predigt tritt in Beziehung zu anderen Formen menschlicher Rede. Sie verliert dadurch nicht ihre Besonderheit, jedoch wird ihr der Mythos genommen, den nicht zuletzt die Dialektische Theologie gepflegt hat, die Predigt sei eine Gattung *sui generis*, die mit keiner anderen menschlichen Sprachmöglichkeit korreliert werden könnte. Einer der frühen Aufsätze Gert Ottos zur rhetorisch-homiletischen Problematik trägt den bezeichnenden Titel »Wider den ›Mythos‹ der Verkündigung« (Theologia Practica 7 [1972], 316-324). Wenn die Predigt als Untergattung der Gattung »Rede« verstanden werden kann, dann ist auch die Wissenschaft, die diese Gattung kritisch reflektiert, die Rhetorik, homiletisch von Belang.

Reden können in ihrer internen Struktur höchst verschieden sein. Reden können agitieren, Reden können informieren, Reden können an unsere Emotionen appellieren. Wenn gesagt wird, dass die Predigt tendenziell einen Dialog eröffnen will (2), dann ist damit eine strukturelle Dimension der Predigt evoziert, die ihr ein bestimmtes Profil verleiht. Die Hörerinnen und Hörer der Predigt müssen vom Prediger, der Predigerin als Menschen mit einer eigenen Stimme respektiert werden. Predigende müssen in der Predigt ein Gespräch mit den Hörenden führen. Die Hörerinnen und Hörer sollen die Möglichkeit haben, ihren eigenen Fragen und Einwänden auch angesichts der gehörten Predigt standzuhalten. Daran entscheidet sich die interne dialogische Struktur der Predigt. Nicht dass die Predigt ein Monolog auf der Kanzel ist (das ist sie zweifellos!), ist entscheidend, sondern ob sie in ihrer internen Struktur zur dialogischen Kommunikation einlädt oder eine solche verhindert.

Die These von den vielen Möglichkeiten der Sprache (3) erinnert daran, dass verschiedene sprachliche Operationen und Strategien die Wirkung einer Rede bestimmen. Dass eine Predigt agitatorisch ist, entscheidet sich nicht am Willen des Redners (viele Agitatoren versagen kläglich), und dass eine Predigt dialogisch ist, entscheidet sich auch nicht am Willen der Predigerin (viele Prediger, die sich dialogisch verstehen, werden von den HörerInnen als höchst autoritär erlebt). Die Wirkung einer Rede entscheidet sich an ihrem sprachlichen Vorgehen. An dieser Stelle ist der Form-Inhalts-Zusammenhang unter rhetorischem Aspekt am intensivsten benannt. Liebe kann nicht befohlen werden; Güte kann nicht herausgeschrieen werden; Dialog kann nicht eingeklagt werden. Um Liebe muss liebevoll geworben werden; Güte bedarf der Sanftheit des Sprachgefühls; zum Dialog muss befähigt werden.

Die These, dass der Gottesdienst als Ritual zur Predigt nötigt (4), möchte der falschen Alternative von rituellen und sprachlichen Vollzügen wehren.

Obwohl Gert Otto selbst sich Fragen der Liturgie nicht besonders eindringlich gewidmet hat, spricht er mit seinem Verständnis der Predigt dem Liturgischen (→ 5.1.1) ein unhintergehbares Eigenrecht zu. Die Predigt ist für Otto in dem Sinne »Gelegenheitsrede«, als sie eine Rede bei Gelegenheit des Gottesdienstes ist. Ritual und Wort schließen sich nicht aus, sondern bedingen sich gegenseitig. Im besten Falle bestärken sie sich gegenseitig.

An der Predigt schreiben und reden nicht nur die Predigenden und Hörenden mit, sondern die Situation (5) schreibt an der Predigt mit, ob dies nun von den Beteiligten erkannt ist oder nicht. Ein dramatisches Ereignis (wie etwa der Amoklauf in einer Schule) beeinflusst das, was als Predigt gehört wird, ob nun der Prediger, die Predigerin auf das Geschehen in der Predigt eingehen oder nicht. Predigten an Wahlsonntagen werden anders gehört als an anderen Sonntagen. Eine Predigt am Heiligen Abend ist mit keiner anderen Predigt des Kirchenjahrs vergleichbar. Dieses Mitschreiben der Situation an der Predigt engt die Predigenden in gewisser Weise ein, wie es Ihnen zugleich spezifische Räume der Gestaltung der Predigt eröffnet. Situationen sind immer ambivalent und können in der Predigt gestaltend reflektiert werden.

Predigerinnen und Prediger überfordern sich heillos, wenn sie meinen, von ihrer Predigt hänge das Seelenheil ihrer Gemeinde ab. Da kann es ungemein entlastend wirken, wenn erkannt ist, dass die Predigt eine Mitteilungsform unter anderen ist (6). In der Predigt muss nicht alles gesagt sein. In der Stunde des Gottesdienstes entscheidet sich nicht die ganze folgende Woche. Pfarrer und Pfarrerinnen wirken in anderen Kontexten (im Unterricht, in der Seelsorge, im alltäglichen Gespräch am Gartenzaun) genauso »bedeutsam« wie auf der Kanzel. Und die Menschen, die den Gottesdienst besuchen, erleben auch außerhalb des Kirchenraumes »bedeutsame« Situationen menschlicher Kommunikation. Diese Erkenntnis lädt zu einer Predigt ein, die sich bescheidet. In dieser ihrer Bescheidung dürfte ihre eigentliche Wirksamkeit bestehen.

Die These, dass viele Wege zur Predigt führen (7), findet ihr Profil vor dem Hintergrund eines Predigtverständnisses, das einen exklusiven Weg von der Exegese zur Predigt proklamierte, wie dies im Kontext der Skopusmethode (→ 3.3.3.2) weithin der Fall war. Gert Otto weist dabei dem biblischen Text einen eindeutigen Ort zu, der ihm heftigen Widerspruch eingetragen hat: »Biblische Texte sind *Material*, das bei der Bewältigung der Predigtaufgabe helfen kann. Es gibt notwendigerweise anderes Material. Deswegen wird man sinnvollerweise am biblischen Material nicht vorbeigehen; man wird es vielmehr in großer Freiheit benutzen.« (Otto 1976, 29). Otto hat diese These später sogar noch verschärft, indem er formulierte: »Predigt schmilzt den Bibeltext ein, schmilzt ihn um in Wort, Vorstellung, Problematik, Leben gegenwärtiger Situation« (Otto, 1982, 40). Man hat in diesen Sätzen eine Entmächtigung des biblischen Textes gesehen, und es mag nicht ausgeschlossen sein, dass diese Sätze von manchen Leserinnen und Lesern so rezipiert wurden. Man kann darin aber auch das Gegenteil erkennen – nämlich die These, dass die biblischen Texte unsere gegenwärtige Situationen erhellen können, wenn wir sprachlich kreativ mit ihnen umgehen. Die These Ottos vom Text als Material zielt auf das Gleiche wie das Verständnis des »offenen Textes«. Nicht der Text an sich, sondern der gelesene, der gehörte, der anverwandelte Text spricht zu uns. Zu solchen Anverwandlungen sind nur solche befähigt, die den Text auf vielfältige Weise erproben, konfrontieren, erneuern. In dieser Hinsicht kann dann mit Sicherheit gelten: Viele Wege führen zur Predigt (nicht nur die Exegese).

4.1.4 Rhetorische Predigt

Im homiletischen Diskurs um die Rhetorik dominieren eindeutig die programmatischen Ausführungen. In diesem Diskurs war viel Schlachtenlärm zu hören und Pulverdampf zu sehen. Dies ließ die Frage nach dem konkreten Ertrag der Rhetorik für den Entstehensprozess einer Predigt oft etwas in den Hintergrund treten. Umso mehr stellt sich, nachdem die Rhetorik als legitime Perspektive der Homiletik heute breit akzeptiert ist, die Frage, was denn nun der konkrete Beitrag der Rhetorik für den Prediger, die Predigerin sei.

In einer Hinsicht wird man von der Rhetorik stets enttäuscht sein, wenn man von ihr Tipps und Tricks für die effiziente Gestaltung einer Rede erwartet. Sicher gibt die Rhetorik auch handwerkliche Hinweise und Ratschläge, sie erschöpft sich darin jedoch nicht. Die Rhetorik ist weitaus mehr ein Geflecht von Gesichtspunkten und Perspektiven um den gesamten Zusammenhang der Entstehung einer Rede hermeneutisch zu erschließen.

Dies bedeutet zugleich, dass Predigerinnen und Prediger mit den von der Rhetorik bereit gestellten Reflexionshorizonten eigenständig umgehen sollten. Jeder Redner, jede Rednerin muss sich gleichsam seine/ihre eigene Rhetorik erarbeiten. Dazu kann das »System« der antiken Rhetorik – das seinerseits eine summierende Abstraktion aus einer Fülle antiker rhetorischer Entwürfe und Lehrbücher ist – als eine Art Landkarte zur rhetorischen Selbsterkundung dienen.

Übersicht über das »System« der antiken Rhetorik		
Problemhorizont	**Lateinischer Fachterminus**	**Griechischer Fachterminus**
A. Voraussetzungen für eine(n) gute(n) RednerIn:	**praesuppositiones**	**hyposchéseis**
a) Naturanlage	natura	phýsis
b) Ausbildung (Wissen, Kunstlehre)	doctrina (scientia, ars)	paideía (epistéme; téchne)
c) Erfahrung (Übung)	usus (exercitatio)	empeiría (meléte)
B. Arbeitsmethoden	**res (rationes)**	**méthodoi**
a) Unterricht	ars	téchne
b) Nachahmung	imitatio	mímesis
c) Übung	exercitatio	áskesis
C. Arten der Rede	**genera causarum**	**géneton lógōn**
a) Gerichtsrede	genus iudiciale	génos dikanikón
b) Staatsrede	genus deliberativum	génos demegorikón
c) Gelegenheitsrede (Festrede)	genus demonstrativum	génos epideiktikón
D. Arbeitsstadien	**officia oratoris**	**érga tou rhétoros**
a) Auffinden der Haupt-Gesichtspunkte	inventio	heúresis
b) Stoffgliederung	dispositio	táxis
c) Darstellung	elocutio	léxis
d) Memorieren	memoria	mnéme
e) Vortrag	pronuntatio (actio)	hypókrisis
E. Beweisgründe	**probationes**	**písteis**
a) unmittelbare Beweise	pr. inartificiales	písteis átchnoi
b) ›künstliche‹ Beweise	pr. artificiales	písteis éntechnoi

F. Redeteile	partes orationis	mére tou lógou
a) Einleitung	exordium	prooímion
b) Erzählung des Hergangs	narratio	diégis
c) Präzisierung des Sachverhalts	divisio (partitio)	prothésis
d) Beweisführung	argumentatio	pístis
e) Schluß	conclusio	epílogos

G. Stilqualitäten	virtutes dicendi	aretaì tes léxeos
a) Sprachrichtigkeit	latinitas (puritas)	hellenismós
b) Deutlichkeit	perspicuitas	saphénaia
c) Angemessenheit	aptum	prépon
d) Redeschmuck	ornatus	kósmos
e) Kürze	brevitas	syntomía

H. Stilarten	genera elocutionis	charaktères tés léxeos
a) schlichter Stil	genus subtile	charaktères ischnós
b) mittlerer Stil	genus medium (mixtum)	charaktères mésos
c) erhabener Stil	genus grande (sublime)	charaktères megalo-prepès

(A) Die antike Rhetorik unterscheidet drei Voraussetzungen für einen guten Redner, eine gute Rednerin. Dabei spielt zunächst einmal eine gewisse »natürliche« Veranlagung oder Begabung eine Rolle. Wir wissen aus eigenen Erfahrungen, dass das Reden der einen leichter fällt als dem anderen. So wie der eine musikalisch geübter ist, so ist die andere technisch begabter. Dies kann auf der einen Seite Predigende entlasten. Sie müssen nicht beredter sein als sie können. Der Nachbarpfarrer oder die vorgesetzte Dekanin haben es da vielleicht leichter. Predigen unter einem überfordernden Leistungsdruck ist stets kontraproduktiv. Entlastend kann die Einsicht in die eigenen Grenzen jedoch nur dort sein, wo wir unsere Grenzen erkundet haben. Dies geschieht mittels der Ausbildung und Erfahrung.

(B) Jede Begabung bedarf einer methodischen Schulung und Übung. Noch der genialste Schriftsteller muss die Regeln der Grammatik kennen (um sie auch souverän hinter sich lassen zu können). Noch die virtuoseste Pianistin bedarf des täglichen Übens. Dazu möchten die universitäre und kirchliche

Ausbildung verhelfen. Allerdings hat man Predigen nicht einfach »gelernt«. Man kann die Predigtschule nicht einfach abhaken. Das Predigen lernt man nicht zuletzt durch das Predigen. Insofern sind Supervisionen und homiletische Weiterbildungsangebote auch noch für erfahrene Predigende nützlich. Für alle diese Stadien des Predigtlernens gilt jedoch: Predigen ist eine Kunst (→ 1.5). Und eine Kunst zu lernen, ist wiederum eine Kunst. Die wichtigste Komponente dieser Kunst des Predigenlernens besteht darin, Zwang und Verbissenheit zu vermeiden. Das sicherste Indiz für eine gelingende Kunst des Predigtlernens besteht darin, dass diese Kunst Freude bereitet.

(C) Redesituationen können sehr verschieden sein. Eine Rede im Parlament ist etwas anderes als ein Vortrag in einer Evangelischen Akademie, und eine Rede im Familienkreis auf den 80. Geburtstag der Großmutter ist wiederum etwas anderes. Die antike Rhetorik hat sich darum bemüht, in die Vielfalt der Redesituationen eine gewisse Ordnung zu bringen. Sie hat drei Redegattungen identifiziert: Das *genus iudiciale*, das *genus deliberativum* und das *genus demonstrativum*. Diese drei Gattungen spiegeln in gewisser Weise die antike rhetorische Welt wider. Die Rede vor dem Gericht, die Rede in der Polis und die Prunk- und Preisrede etwa auf Sieger im olympischen Wettbewerb. Unsere Situation heute ist von dieser antiken Welt deutlich unterschieden. Gleichwohl können auch wir mittels dieser drei Gattungen bestimmte Redesituationen identifizieren: Es gibt Reden, die ihren Schwerpunkt in der logischen Stringenz haben *(genus iudiciale)*. Es gibt Reden, die eher kommunikativ abwägen *(genus deliberativum)*. Und es gibt Reden, die mehr auf die emotionale Gestimmtheit der Menschen abzielen *(genus demonstrativum)*. Dabei wird deutlich, dass die Predigt keinem dieser drei Genera eindeutig zuzuordnen ist. Wahrscheinlich wird jede einzelne Predigt je eigene Schwerpunkte haben. Predigerinnen und Prediger sollten aber reflektieren, welcher Schwerpunkt in der jeweiligen Predigt dem, was angesprochen werden soll, am ehesten angemessen ist.

(D) Die antike Rhetorik hat den Entstehensprozess einer Rede in starkem Maße schematisiert. Ob die reale Praxis dem entsprochen hat, erscheint fraglich. Es ist anzunehmen, dass auch die antike Praxis sehr viel pluralistischer war, als die schematischen Darstellungen der Lehrbücher nahe legen. RednerInnen werden den Entstehungsprozess ihrer Rede immer den gegebenen Umständen anpassen. Dies gilt auch für den Entstehensprozess einer Predigt. Nicht ein festgeschriebener linearer Verlauf garantiert eine gute Predigt. Eine gute Predigt zu konzipieren, ist eher ein zirkulares Geschehen. Es ist allerdings von Bedeutung, dass in diesem zirkularen Geschehen bestimmte Stationen Berücksichtigung finden. Dabei kann das antike Schema durchaus hilfreich sein: Wie komme ich zum Predigteinfall? Wie wähle ich aus meinen Einfällen aus? Wie gliedere ich das Ausgewählte? Jeder Prediger und jede Predigerin wird hier im Laufe der Zeit den eigenen Stil der Predigtvorbereitung finden und entwickeln. Dabei dürfte es nützlich sein, in angemessenen Abständen den eigenen Stil der Predigtvorbereitung einer kritischen Außenschau zu unterziehen. Auch dabei können die Schemata der Rhetoriktradition hilfreich sein.

(E) Eine Rede möchte überzeugen. Deshalb war es für die antike Rhetorik eine wichtige Frage, wodurch eine Rede ihre Plausibilität gewinnt. Stark orientiert an der Praxis der antiken Gerichtsrede und der Rede in der Beratungsversammlung der Polis wurden unmittelbare und künstliche Beweise unterschieden. Ein unmittelbarer Beweis in diesem Verständnis ist zum Beispiel der Satz »Holz geht im Wasser nicht unter«, weil er der Erfahrung unmittelbar einleuchtet. Ein künstlicher Beweis ist die Konstruktion eines zwingenden zeitlichen Ablaufes oder einer logischen Folge. Predigten können natürlich nicht in diesem Sinne mit Beweisen arbeiten. Gott lässt sich nicht beweisen. Allerdings wohnt auch der Predigt eine ihr eigene Plausibilitätsstruktur inne, wobei die Unterscheidungen der antiken Rhetorik darin durchaus wiederzufinden sind. Auch im Bereich der religiösen Sprache, gibt es so etwas wie »unmittelbare und künstliche Beweise«. Die Liedstrophe aus dem berühmten Abendlied von Matthias Claudius »Seht ihr den Mond dort stehen? / Er ist nur halb zu sehen / und ist doch rund und schön« enthält einen unmittelbaren Erfahrungsbeweis. Demgegenüber wäre die Argumentation des in der antiken Rhetorik wohl bewanderten Paulus in 1. Korinther 12 ein eindrückliches Beispiel für einen »künstlichen Beweis«. Paulus folgt dort einem in der Antike oft anzutreffenden Schema. Aus dem biologischen Bereich, nämlich der organischen Einheit des Körpers, wird ein Funktionsmodell auf den Bereich des sozialen Zusammenlebens übertragen und in eine bestimmte Verhaltenskonstellation (hier der Umgang mit den Charismen) eingezeichnet. Die Tatsache, dass solche Vergleiche in vielen Predigten nicht überzeugen oder als unangemessen und »schief« empfunden werden, zeigt, dass Predigerinnen und Prediger für solche »empfindlichen« Teile einer Predigt große gedankliche und gestalterische Sorgfalt entwickeln sollten.

(F) Eine Stoffgliederung allein ergibt noch keine Rede. Die Frage, wie ein Stoff sprachlich zur Darstellung kommt, hat die antike Rhetorik deshalb ausführlich behandelt. Vieles, was in den antiken Lehrbüchern zu finden ist, ist den Predigerinnen und Predigern aus dem Deutschunterricht am Gymnasium vertraut. Wenn dort gelehrt wurde, wie ein Besinnungsaufsatz zu erarbeiten und gliedern ist, dann steht ein solcher Unterricht ganz in der antiken rhetorischen Tradition. Dass die Frage des sprachlichen Aufbaus einer Predigt nicht allein eine äußerliche Technik ist, sondern die inhaltliche Struktur der Predigt kennzeichnet, ist von der Homiletik immer wieder thematisch gemacht worden. Dabei sind der Predigtanfang oder der Predigtschluss besonders sensible Teile der Predigt. Wenn ein renommierter Lehrer der Homiletik in seinem Seminar zu sagen pflegte »Ich merke bereits am ersten Satz einer Predigt, ob sie etwas taugt«, so mag diese Aussage zwar stark überspitzt sein, gleichwohl ist in diesen Satz eine homiletische Erfahrungsweisheit eingeschrieben. Und wenn viele Hörerinnen und Hörer oft denken, wann kommt der Prediger /die Predigerin endlich zum Schluss, dann zeigt sich auch darin, dass der rechte Zeitpunkt und die rechte Gestaltung des Predigtschlusses eine hohe Kunst ist.

Manfred Josuttis hat sich mit der Frage des Predigtanfangs und des Predigtschlusses in seinen homiletischen Veröffentlichungen immer wieder beschäftigt. Er zeigt, dass der Predigtanfang das Ganze der Predigt immer schon bestimmt und damit in gewisser Weise vorwegnimmt. Ob ich mit dem Text beginne oder der Schilderung einer historischen Situation, oder ob ich anfangs eine gewisse Stimmung anspreche oder ein Problem formuliere – egal, wie ich anfange, dieser Anfang nimmt mich in Beschlag und bestimmt meinen weiteren Predigtweg. Ähnliches kann für den Predigtschluss gelten. Der Schluss qualifiziert das Ganze der Predigt noch einmal – im Guten wie im Schlechten. Josuttis kann sogar mittels der Thematisierung der Frage des Predigtschlusses eine kleine Pastoralethik der Person des Predigers / der Predigerin entwickeln, in der theologische, anthropologische und lebensweisheitliche Aspekte sich gegenseitig umgreifen: »Die Kunst eine Predigt aufhören zu können, hat deshalb jenseits aller rhetorischen Formprobleme mit der Fähigkeit einer Person zu tun, glauben zu können und sterben zu können. Am Ende der Predigt geht es auch um das Ende des Predigers. In Freiheit aufhören zu können, setzt die Lebenshaltung eines doppelten Vertrauens voraus. Es muss nicht alles heute gesagt werden, und es muss nicht alles durch mich gesagt werden. Und Glauben heißt ja, in psychologischer Terminologie ausgedrückt: Die eigenen Über-Ich-Instanzen und die eigenen Allmachtsphantasien sind relativiert. Wer im Namen Gottes zu reden beginnt, kann seine Rede um Gottes willen auch mit gutem Gewissen beenden. In den seltenen Augenblicken homiletischen Glücks stellt sich dann auch ein Gefühl der Zufriedenheit ein, das man nicht als illusionär oder hybrid diskreditieren sollte. Ich habe alles gesagt, was ich sagen wollte, sagen konnte, sagen musste. Der Prediger, der von der Kanzel kommt, hat die Sündenvergebung nicht nötig, hat Luther behauptet. Und keine Mahlzeit ausser dem Hochzeits- und Leichenschmaus schmeckt dem richtigen Pfarrer so wie das Mittagessen am Sonntag« (Josuttis 1985, 202 f.).

(G) Die Sprache einer Rede ist nicht nur logisch-kognitiv strukturiert, sondern ist auch durch eine emotional-ästhetische Dimension bestimmt. Das Ineinander dieser beiden Strukturmomente einer Rede bedenkt die antike Rhetorik unter dem Oberbegriff der Stilqualität einer Rede. Dass eine Predigt verstanden werden muss, ist eine homiletische Binsenweisheit. Wie stellt sich jedoch Verstehen ein? Zunächst muss die Predigt akustisch verstanden werden. Der Prediger oder die Predigerin muss über ein gewisses Mindestmaß an Sprachkenntnissen und Sprachgebrauch verfügen. Die logisch-argumentative Abfolge der Predigt muss nachvollziehbar sein. Dadurch allein ist jedoch ein Verstehen der Predigt noch nicht verbürgt. Eine Predigt muss auch *emotional* verstanden werden. Predigerinnen und Prediger müssen in ihrer Sprache den Gefühlswelten entsprechen, die sie jeweils mit ihrer Predigt intonieren wollen. Die »Aussage«, dass Gott Liebe ist, kann weder befohlen noch hinausgeschrieen werden. Trost kann nicht durch Argumente vermittelt werden. Ein zentraler rhetorischer Topos der Antike war deshalb das Kriterium des *aptum*, der Angemessenheit. Im *aptum* ist der Zusammenhang von Inhalt und Form rhetorisch am intensivsten bedacht. Dabei ist dieses Aptum historisch wandelbar und variabel. Jeder Prediger, jede Predigerin wird das *aptum* seiner / ihrer Predigt jeweils aufs Neue zu finden, auszutarieren und zu gestalten haben.

(H) Wenn das *aptum* als die Mitte des Wirkungsmomentes einer Rede gelten kann, dann ist die Frage nach dem Stil und damit eine rhetorische Lehre von den Stilarten auch nicht die äußerliche Frage einer sprachlichen Ausschmückung oder eines ästhetischen Zierrats. Wenn der französische Gelehrte George Louis Leclerc du Buffon in seiner Antrittsvorlesung vor der Academie Française den Satz prägte »Le style c'est l'homme« (Der Stil ist der Mensch), dann ist damit der untrennbare Zusammenhang von Stil und anthropologischer Weltsicht sowie existentiellem Habitus benannt. Stilfragen sind deshalb in der Predigt sorgfältig zu reflektieren.

Der Romanist Erich Auerbach hat gezeigt, wie sich im Wandel des Sprachstils eine geistesgeschichtliche Wende von allergrößter Reichweite anbahnte. Die antike Rhetorik unterschied streng zwischen schlichtem, mittlerem und erhabenem Stil. Diese Stilarten durften auf keinen Fall miteinander vermischt werden. Ein König konnte nur im erhabenen Stil sprechen, ein Bauer nur im schlichten Stil. Das Gleiche galt für die Gattungen des Theaters. Der Satire und der Komödie war der niedere Stil angemessen, während in der Tragödie nur der hohe Stil seine Anwendung finden konnte. Insofern bildete sich durch diese Stillehre in der Sprache die hierarchische Ordnung der antiken Welt ab. Diese stabile Welt der Stiltrennung wurde vom Christentum gleichsam von innen her aufgebrochen: »Der eigentliche Mittelpunkt der christlichen Lehre, Inkarnation und Passion, war […] mit dem Stiltrennungsprinzip ganz unvereinbar. Christus war nicht als ein Held und ein König, sondern als ein Mensch niedrigster sozialer Stufe erschienen; seine ersten Schüler waren Fischer und Handwerker, er bewegte sich zwischen der alltäglichen Umwelt des kleinen Volks in Palästina, sprach mit Zöllnern und Dirnen, mit Armen und Kranken und Kindern; und jede seiner Handlungen und Worte war nichtsdestoweniger von höchster und tiefster Würde, bedeutender als alles, was je sonst geschah; der Stil, in dem es erzählt wurde, besaß gar keine oder doch nur eine sehr geringe Redekultur im antiken Sinne, es war ›sermo piscatorius‹, und trotzdem überaus ergreifend und wirksamer als das höchste tragische Kunstwerk; und das Ergreifendste an jenen Erzählungen war die Passion. Dass der König der Könige wie ein gemeiner Verbrecher verhöhnt, bespieen, gepeitscht und ans Kreuz geschlagen wurde – diese Erzählung vernichtet, sobald sie das Bewusstsein der Menschen beherrscht, die Ästhetik der Stiltrennung vollkommen; sie erzeugt einen neuen hohen Stil, der das Alltägliche keineswegs verschmäht, und der das sinnlich Realistische, ja das Hässliche, Unwürdige, körperlich Niedrige in sich aufnimmt; oder, wenn man es lieber umgekehrt ausdrücken will, es entsteht ein neuer ›sermo humilis‹, ein niederer Stil, wie er eigentlich nur für Komödie und Satire anwendbar wäre, der aber nun weit über seinen ursprünglichen Bereich ins Tiefste und Höchste, ins Erhabene und Ewige übergreift« (Auerbach 1982, 73 f.).

Die Erinnerung an den großen Romanisten Erich Auerbach mag aus guten Gründen dieses Kapitel über die Rhetorik beschließen. Seine Forschungen über die »Dargestellte Wirklichkeit in der abendländischen Literatur« zeigen, wie die Rhetorik selbst an der Genese unseres Wirklichkeitsverständnisses beteiligt ist. Rhetorische Operationen sind niemals nur äußerliche sprachliche Arrangements, sondern mittels dieser Operationen entsteht für uns Wirklichkeit. Das Christentum ist auf seine Weise an dieser rhetorischen Genese unseres Wirklichkeitsverständnisses beteiligt. Die christliche Weltsicht hat die Rhetorik nicht nur adaptiert, sondern sie hat sie in diesem Adaptionsprozess nicht unerheblich verändert. Auf diese Weise hat sich das Christentum selbst in die Geschichte der Rhetorik eingeschrieben.

Weiterführende Literatur

Th. Erne, Rhetorik und Religion. Studien zur praktischen Theologie des Alltags, Gütersloh 2002
M. Thiede, Geistliche Beredsamkeit. Reflexionen zur Predigtkunst, Stuttgart 2004

4.2 Narrativität und Predigt

Es ist eine der grundlegendsten Aufgaben christlicher Predigt, Gottesgeschichte und Menschengeschichten miteinander zu verschränken (→ 3.3.1.3). Beide müssen erzählt werden. Die Gottesgeschichte muss erzählt werden. Und die Menschengeschichten müssen erzählt werden. Nur so bleiben sie im Gedächtnis der Menschheit. Nur so können sie vor Erstarrung bewahrt werden. Geschichten werden aber nicht nur erzählt. Über Geschichten wird auch nachgedacht. Geschichten regen zum Denken an. Wahrscheinlich gilt auch für Geschichten das, was Immanuel Kant in Paragraph 49 seiner »Kritik der Urteilskraft« von einer ästhetischen Idee gesagt hat: Geschichten geben viel zu denken, ohne dass ihnen doch irgendein bestimmter Gedanke oder Begriff je ganz adäquat sein kann. Deshalb kehrt das Denken immer wieder in Geschichten ein. Das Denken nährt sich von Geschichten, die es nicht aufzehren kann. Es gehört zum Kernbestand der abendländischen Philosophie, diesen Zusammenhang zu thematisieren (Thomä 1998).

Das Erzählen ist in der Predigt auf doppelte Weise präsent. In Predigten kann erzählt werden, und es wird in Predigten viel erzählt. Weil die Predigt aber stets auf die Gottesgeschichte und Menschengeschichten bezogen ist, sind in der Predigt auch Geschichten präsent, wenn in ihr begrifflich reflektiert wird. Erzählen ist deshalb nicht nur eine Frage der Sprachform der Predigt und schon gar nicht allein die Frage nach ihrer erzählerischen Attraktivität oder Effizienz. Christliche Predigt hat vielmehr eine durchgehende narrative Grundierung, auch wenn in ihr nicht immer explizit erzählt wird. Dies verbindet sie mit anderen Äußerungen der menschlichen Kultur. Diese Verbindung kann in ihrer homiletischen Bedeutsamkeit kaum hoch genug veranschlagt werden. Predigerinnen und Prediger sollten diese Verbindung in ihrer eigenen Predigtkultur hegen und pflegen. Auch die christliche Predigt ist ein wichtiger Bestandteil jener narrativen Kultur, in der die Menschheit sich selbst zum Gegenstand ihrer Nachdenklichkeit macht.

4.2.1   Narration und Conditio humana

Bereits in den ersten Zeugnissen der menschlichen Kultur treffen wir auf Geschichten. Wenn wir vor den Bildern in der Höhle von Lascaux stehen, die vor ungefähr 15000 Jahren vor unserer Zeitrechnung entstanden sind, dann erkennen wir, dass auf diesen Bildern nicht einfach nur Tiere und Symbole dargestellt sind. Diese Bilder erzählen vom menschlichen Leben, von den Gefährdungen des Lebens ebenso wie von Momenten des Glücks und des Erfolgs. Menschen, die solche Bilder malen und ansehen konnten, waren mit Sicherheit Menschen, die sich gegenseitig Geschichten erzählt haben, auch wenn diese Geschichten im flüchtigen Medium des gesprochenen Wortes nicht dauerhaft überliefert werden konnten. Die Bilder von Lascaux erzählen uns elementare Lebens-Geschichten.

Dass Geschichten unser menschliches Leben bestimmen, darauf verweist bereits unsere Alltagssprache. Nicht umsonst sprechen wir von der menschlichen Lebens*geschichte*, wenn wir von einem bestimmten menschlichen Leben sprechen. Lebensgeschichte, das ist mehr als der Zeitraum zwischen Geburt und Tod eines Menschen. Die Humanwissenschaften unterscheiden gerne zwischen Lebenslauf und Lebensgeschichte. Der Lebenslauf eines Menschen, das sind die äußeren Daten eines chronologischen Ablaufs. Die Lebensgeschichte, das ist das, was ein Mensch als sein eigenes Leben wahrnimmt. Lebensgeschichte ist gedeutetes, interpretiertes Leben. Alkman, der Poet des 7. vorchristlichen Jahrhunderts aus Sparta, spricht von des Menschen Neigung, das »Geflecht des Tages zu Ende zu weben« (vgl. dazu Thomä 1998, 20). Und das narrative Gewebe eines einzelnen Tages geht über in das narrative Geflecht eines ganzen Menschenlebens. Nur ein solch narrativ gewobenes und gedeutetes Leben kann zu einem »eigenen« Leben werden. Individualität entsteht im narrativen Prozess. Das Individuum wird *in* seinen Geschichten erkennbar.

Hennig Luther hat auf die *theologische Dimension* der Lebensgeschichte aufmerksam gemacht. Lebensgeschichte vollzieht sich nicht in einem neutralen narrativen Raum. Dieser Raum ist immer schon von Geschichten besetzt. Auch die Bibel und die christliche Überlieferung stellt einen solchen Geschichten-Raum dar. Und in diesem Geschichtenraum entfaltet sich Lebensgeschichte – so die These Luthers – als *Fragment* in der Spannung von *Schmerz und Sehnsucht*: »Wir sind immer zugleich auch gleichsam Ruinen unserer Vergangenheit, Fragmente zerbrochener Hoffnungen, verronnener Lebenswünsche, verworfener Möglichkeiten, vertaner und verspielter Chancen. Wir sind Ruinen aufgrund unseres Versagens und unserer Schuld ebenso wie aufgrund zugefügter Verletzungen und erlittener und widerfahrender Verluste und Niederlagen. Dies ist der *Schmerz* des Fragments. Andererseits ist jede erreichte Stufe unserer Ich-Entwicklung immer nur ein Fragment aus Zukunft. Das Fragment trägt den Keim der Zeit in sich. Sein Wesen ist *Sehnsucht*. Es ist auf Zukunft aus. In ihm herrscht Mangel, das Fehlen der ihn vollendenden Gestaltung. Die Differenz, die das Fragment von seiner möglichen Vollendung trennt, wirkt nicht nur negativ, sondern verweist positiv nach vorn« (Luther 1992, 168). Diese Sätze benennen auch die Koordinaten einer narrativ grundierten Predigt.

Weiterführende Literatur

W. Drechsel, Lebensgeschichte und Lebens-Geschichten, Gütersloh 2002
W. Sparn (Hg.), Wer schreibt meine Lebensgeschichten? Biographie, Autobiographie, Hagiographie und ihre Entstehenszusammenhänge, Gütersloh 1990

Religion spielt in der narrativen Selbstvergewisserung der Menschheit eine herausragende Rolle. Die sich im Verlauf der geschichtlichen Entwicklung einstellende kulturelle Ausdifferenzierung hat vor allem den Religionen die Aufgabe der Selbstauslegung der existentiellen Grunderfahrungen anvertraut. Später haben sich die Künste und Medien (→ 4.5.1) daran beteiligt. Kulturelle Gemeinsamkeiten und Differenzen lassen sich daran erkennen, wie die Religionen diese Aufgabe der Selbstauslegung jeweils historisch realisiert haben. Die jüdisch-christliche Tradition hat dabei das narrative Element besonders stark gemacht und in Anspruch genommen.

Es fällt bereits bei einer oberflächlichen Lektüre auf, dass die Bibel – etwa im Gegenüber zum Koran – ein Erzählbuch ist. Dies hat mit den spezifischen Erfahrungen der Menschen mit dem biblischen Gott zu tun (→ 3.3.1.3). Deshalb blieb die Reflexion auf die Dimension des Narrativen der christlichen Theologie auch nicht äußerlich. Wer über einen Gott nachdenkt, der sich auf die Lebensgeschichten der Menschen einlässt, muss auch über die Form nachdenken, in der diese Erfahrungen ausgedrückt und tradiert werden. Der narrative Gehalt der biblischen Textwelten nötigt zu einem grundsätzlichen theologischen Nachdenken über die Dimension des Narrativen.

(1) Die *exegetische Forschung* hat im Zusammenhang mit der rhetorischen und ästhetischen Wende in der Theologie den narrativen Strukturen der biblischen Texte intensiv nachgespürt. Dabei ist das Bemühen erkennbar, das Narrative diesen Texten nicht gleichsam programmatisch überzustülpen, sondern es in den Texten selbst aufzuspüren und in seinen Funktionen zu erkennen.

Dabei kommt der neueren Gleichnisforschung eine besondere Bedeutung zu. Das im Jahre 1985 erschienene Buch von Wolfgang Harnisch »Die Gleichniserzählungen Jesu« führen den Begriff bereits explizit im Titel. Harnisch identifiziert die Gleichnisse Jesu als *verdichtete Form der Erzählung*: »Die Gleichniserzählung selbst hat den Charakter eines Fragments. Sie schildert nur einen Ausschnitt aus der alltäglich begegnenden Wirklichkeit, und dies auf eigentümliche Weise. Denn indem sie jeden Hintergrund ausspart und die mannigfachen Schattierungen realer Daseinsverhältnisse zugunsten einer Polarisierung der Figuren abblendet, erzeugt sie eine Atmosphäre des Irrealen, eben die einer erzählten Welt« (Harnisch 1985, 35). Von dieser erzählerischen Struktur der Gleichnisse Jesu geht eine eigentümliche Wirkung auf die Hörerinnen und Hörer aus: »Ob es nun um eine von Personen oder Dingen bestimmte Ereignisfolge geht, immer wieder ist die Dramaturgie der Komposition darauf abgestellt, die Spannung der erzählerischen Bewegung auf die Schlusswendung zu konzentrieren. Erst vom Ende her gewinnt auch das

Detail an Aussagekraft. Der Hörer ist förmlich gehalten, das Erzählte noch einmal vor sich abrollen zu lassen, um auf diese Weise zu entdecken, was sich ihm mit der Geschichte als ganzer zu verstehen gibt« (41). Harnisch konstatiert hier einen engen Zusammenhang zwischen der narrativen Struktur der Gleichnisse und einer bestimmten Rezeptionsanmutung, die von dieser Struktur ausgeht. Ein Text mit einer solchen narrativen Struktur ist mithin ein »offener Text« (→ 3.3.3.2), der von dem/der RezipientIn weiterzuschreiben ist.

In der exegetischen Literatur wird auf diesen Zusammenhang von Narrativität und angemuteter Rezeption immer wieder verwiesen. In exemplarischer Weise hat dies Dagmar Oppel am Beispiel der beiden Wundererzählungen in Markus 5,21-43 (Die Heilung der blutflüssigen Frau und die Totenauferweckung der Tochter des Jairus) aufgezeigt (Oppel 1995). Die Erzählstruktur der Markus-Perikope präfiguriert deren weitere Rezeption in der patristischen Aufnahme und Auslegung der Perikope. Die ursprüngliche Narration regt die nachfolgende Rezeption ebenso an wie sie sie zugleich steuert. Narrationen verbinden also differente historische Welten, ohne deren Eigensinn zu beschneiden: »Als erzählte Welt angenommen, kann der Text den Leser nun seinerseits in die Beziehungen innerhalb dieser Welt hineinnehmen, ihm sowohl Identifikation als auch Ablehnung ermöglichen. Indem der Leser mit der wechselnden Situation der differenziert gezeichneten Charaktere mitgeht, ist er selbst in ihre Beziehungen und Entscheidungsprozesse integriert, ohne dabei seine angestammte historische Welt zu verlassen« (Oppel 1995, 260).

Diese exegetischen Erkenntnisse beschreiben in struktureller Hinsicht auch den homiletischen Prozess. In der Predigt sollen die narrativen Strukturen der biblischen Texte so nachgezeichnet werden, dass sie die eigenen Narrationen der Hörerinnen und Hörer stimulieren, aber auch steuern. Die Predigerinnen und Prediger können sich ihrerseits von diesen narrativen Strukturen des Textes zu eigenen Predigteinfällen anregen lassen. Auf diese Weise dient die Exegese in der Predigtarbeit nicht nur der (dogmatischen) Selbstkontrolle, sondern ihr wohnt auch ein unverkennbar kreatives Element inne (Grözinger 2001).

In diesen Zusammenhang gehört auch der Tatbestand, dass der große Anwalt der Hörerinnen und Hörer der Predigt Ernst Lange (→ 2.7) an der bleibenden Bedeutung der Exegese für den Predigtprozess festgehalten hat: »Denn der Text ist authentisches Zeugnis von einem Vorgang, um dessen Wiederholung [sic!] sich die Predigt zu bemühen hat: vom Relevantwerden der Christusverheißung für eine spezifische Situation. Und indem der Prediger diesem Vorgang mit historisch-kritischen Mitteln ›nachgeht‹, sieht und versteht er das Evangelium in actu, die Verheißung im glauben-weckenden Angriff auf das Dasein konkreter Menschen. Da jeder Text geschichtliche Tiefe hat und mehrere Stadien der Traditionsgeschichte erkennen lässt, verfolgt er gleichsam den ›Vogel im Flug‹, kommt er dem Evangelium auf seine geschichtliche Spur von Situation zu Situation und versteht die Struktur und die Intention seiner ›Zeitigungen‹, seiner Fleisch- und Wortwerdungen« (Lange 1982, 64). Wenn wir im Bild von Ernst Lange bleiben, können wir sagen: Der narrative Grundzug der gesamten biblischen Gottesgeschichte und die narrativen Strukturen der biblischen Einzeltexte zeichnen dem Vogel gleichsam die Bahn seines Fluges vor. Jede Predigt zeichnet ihrerseits eine solche Flugbahn, auf der dann die Hörerinnen und Hörer der Predigt ihre individuellen Bahnen ziehen können.

(2) Für eine reformatorische *Systematische Theologie* kann es kein rein formaler Tatbestand sein, dass in den biblischen Texten narrative Strukturen in so markanter Weise auszumachen sind. Die narrative Struktur der Texte ist für Eberhard Jüngel Ausdruck einer »Selbstbewegung Gottes« (Jüngel 1978, 411), die der menschlichen Sprache nicht äußerlich bleibt, sondern sich in die Sprache als »sprachliche Bewegung« (411) selbst einschreibt. Diese Selbstbewegung Gottes wird in der Weise konkret, dass sich Gott auf die menschlichen Lebensgeschichten einlässt, er gleichsam an der Geschichtlichkeit unserer Individualität partizipiert. Deshalb kann diese Selbstbewegung Gottes nur als ein geschichtliches Geschehen begriffen werden, auch wenn Gott in diesem Geschehen nicht aufgeht. Und das heißt: *Die Selbstbewegung Gottes muss erzählt werden.* Deshalb wird für Jüngel das Erzählen zu einer *nota ecclesiae*: »Man wird es deshalb gar nicht hoch genug veranschlagen können, dass in der christlichen Kirche – als creatura verbi und als congretatio sanctorum, in qua evangelium pure docetur – eine *Institution des Erzählens* existiert, die selber (als Kirche) dadurch und nur dadurch erhalten wird, dass sie jene gefährliche Geschichte Gottes weitererzählt. Die Kirche wird nun dadurch erhalten, dass sie dieses Erzählen erhält« (426). Narrative Predigt ist für eine so verstandene Kirche deshalb nicht (nur) eine Sache der sprachlichen Attraktivität, sondern eine unersetzbare Sprachgestalt der Gottes-Rede.

In großer theologischer Nähe zu Jüngel haben Dietrich Ritschl und Hugh O. Jones ein theologisches »Story-Konzept« erarbeitet. Bereits der von Ritschl und Jones in die deutsche Theologie eingeführte angelsächsische Begriff lässt das theologische Profil ihres Ansatzes erkennen. Die zur Verfügung stehenden beiden deutschen Begriffe werden ihrem Anliegen offensichtlich nicht gerecht. Der Begriff der »Geschichte« ist für sie ontologisch zu aufgeladen, während der Begriff der »Erzählung« als literaturwissenschaftlicher Terminus theologisch noch zu unterbestimmt ist. *Story* – das meint eben jene Verschmelzung von Gottesgeschichte und menschlicher Lebensgeschichte in einem sprachlichen Prozess, der zugleich eine Lebenssituation hermeneutisch erschließt. Ritschl beschreibt diesen Vorgang mit den beiden Begriffen »Anlass« und »Wiedererkennen«. Aufgrund eines bestimmten Anlasses (der Geburt eines Kindes, einer Krankheit oder einer beginnenden Liebesbeziehung) sehe ich die alten Geschichten, die ich kenne, in einem neuen Licht. Die »alten« *stories* werden zu meinen *stories* und damit zu »neuen« *stories*, ohne dabei ihre Verbindung zu den alten *stories* zu verlieren. Ich erkenne die alten *stories* als neue wieder. Dieses Einholen der alten *stories* in eine individuelle Lebensgeschichte aufgrund eines konkreten Anlasses wird von Ritschl als ein eminent identitätsbildender Vorgang beschrieben, der zugleich einen Akt der Vergemeinschaftung darstellt: »Wer einen anderen Menschen oder eine Gruppe verstehen will, muss lernen, wie man stories hört und muss sich bemühen, hinter Definitionen, Credos, apodiktischen Sätzen und dergl. stories zu entdecken« (Ritschl / Jones 1976, 29). Teilnehmen am Leben anderer ist deshalb immer auch ein Partizipieren an den Geschichten anderer: »Die Entstehung von Partnerschaft ist in der Tat ein Zusammenfließen von stories, wenn auch nur für kurze Zeit, etwa beim gemeinsamen Erlebnis einer Reise, eines Festes. Dieses Phänomen ist von großer Bedeutung beim Verstehen inter-subjektiver Wirklichkeit, ja, von sozialer Wirklichkeit überhaupt [...] An dieser Stelle sind auch wesentliche theologische Konzepte festzumachen: das Zusammenfließen der individuellen life-story mit der story der christlichen Kommunität überhaupt (letztlich mit der ›story Gottes‹) sowie die Möglichkeit der stellvertretenden Ergänzung oder des zu-Ende-Lebens der story eines anderen oder einer Gruppe (Beispiele: Solidarität als absichtliches Eintreten in die story anderer, etwa Gedemütigter; ›gut stehen‹ für andere; Mit-Übernahme von Schuld etc. – alles auch zentrale Themen der Christologie« (30 f.).

Wenn Predigerinnen und Prediger mit ihren HörerInnen eine Partnerschaft eingehen wollen – und das Bild der Partnerinnenschaft ist nicht das schlechteste für das homiletische Gesamtgeschehen –, dann müssen sie in mehrfacher Hinsicht eine narrative PartnerInnenschaft eingehen. Sie müssen die biblischen Gottesgeschichten kennen und sie müssen etwas von den Lebensgeschichten ihrer Hörerinnen und Hörer wissen, und sie müssen zugleich ihrer eigenen Lebensgeschichte authentisch verbunden bleiben. Eine solche narrative PartnerInnenschaft ist ein kreativer Prozess, der an allen beteiligten Geschichten weiterschreibt, ohne dabei deren authentische Originalität zu verletzen.

(3) Wer erzählt, tut etwas – nämlich Erzählen. Erzählen ist immer auch ein Handeln. Und umgekehrt ist Handeln nicht selten durch Erzählungen motiviert und geleitet. Insofern ist die Frage nach dem Narrativen nicht nur eine Frage der Exegese und Dogmatik, sondern auch der *Ethik*. Ethische Appelle in der Predigt sind misslich. Zum einen wissen wir aus der empirischen Predigtforschung, dass solche ethischen oder moralischen Appelle an den Menschen vorbeigehen. Sie gehören in der Regel zu den Teilen der Predigt, die gemäß

dem homiletischen Kommunikationsmodell von Karl-Wilhelm Dahm (→ 3.1) sehr leicht abgefiltert oder umgedeutet werden. Im schlimmsten Fall löst der ethische Appell das gegenteilige Verhalten des von den Predigenden Intendierten aus. Zum anderen hat die reformatorische Rechtfertigungslehre der Ethik ihren Müssens-Charakters genommen. Verhalten im Kontext des »guten Lebens« ist nicht das, was getan werden *muss*, wohl aber getan werden *darf*. Insofern widersprechen ethische Appelle der Grundintention der Rechtfertigungslehre. Gleichwohl soll die Predigt nicht ohne ethischen Gehalt bleiben. Jede gute Predigt hat auch ethische Implikationen. Allerdings sind diese nicht einfach in konkrete Handlungsanweisungen oder gar Forderungen zu überführen. Paulus versteht im galatischen Konflikt, wo es um richtungsweisende ethische Grundentscheidungen geht, das »ethische Leben« als ein Leben, das »im Geist wandelt« (Galater 5, 25). Die Früchte des Geistes sind für ihn Liebe, Freude, Friede, Geduld, Freundlichkeit, Güte, Treue (Galater 5, 22). Diese aber lassen sich nicht in ethische Appelle verwandeln. Es sind eher Tugenden, Visionen des guten Lebens. Solche Tugenden und Visionen lassen sich nicht befehlen, man kann aber vom Leben in der Obhut solcher Tugenden erzählen. Das, was christliche Ethik ist, lässt sich nicht an bestimmten zeitlosen Inhalten festmachen. Paulus kann schlicht davon sprechen, dass ethisches Handeln all das ist, was »zum Guten dient« (1. Korinther 10, 23). Dieses Gute kann nicht in Prinzipien überführt werden, wohl aber kann man von Menschen erzählen, die ein Verhalten zeigen, das dem »Guten dient«. So beruht die gesamte christliche Ethik auf einer grandiosen Grundlegungsgeschichte, die bis auf den heutigen Tag die Menschen in ihren Bann zieht – die *Geschichte vom Barmherzigen Samariter* (Lukas 10,30-37). Auf diese Grundlegungsgeschichte wird sich eine ethische Predigt immer wieder zurückbeziehen, sie wird sie nacherzählen, an ihr weitererzählen und in andere Geschichten hineinerzählen. Eine derart narrativ grundierte Ethik ist deshalb »nicht vorschreibend, sondern anbietend« (Mieth, 2000, 79), was etwas ganz Anderes ist als eine unverbindliche Predigt. Geschichten vom »glückenden Leben« und auch dem Wissen um die Schwierigkeiten und Widerstände gegen ein solches glückendes Leben haben eine weitaus größere Überzeugungskraft und Wirkungsbreite als jeder noch so gut gemeinte ethische Appell oder Ratschlag.

Weiterführende Literatur

K. Wenzel, Zur Narrativität des Theologischen. Prolegomena zu einer narrativen Texttheorie in soteriologischer Hinsicht, Frankfurt 1997

G. Schneider-Flume / D. Hiller (Hg.), Dogmatik erzählen? Die Bedeutung des Erzählens für eine biblisch orientierte Dogmatik, Neukirchen-Vluyn 2005

Theologinnen und Theologen neigen, wenn sie auf das Erzählen zu sprechen kommen, nicht selten zu einem gewissen theologischen Überschwang. Dies tun sie mit guten Gründen. Der im vorigen Unterkapitel benannte Zusammenhang von biblischer Gottes-Rede und Narrativität nährt diesen Überschwang. Man wähnt sich mit dem Narrativen im Allerheiligsten theologischen Sprachvermögens. Dieser theologische Überschwang ist nicht einfach zu tadeln, wohl aber ist die kritische Frage zu stellen, ob die theologische Rede von der Narrativität den damit bezeichneten Phänomenen auch gerecht wird oder ob ihnen lediglich eine theologische Übertheorie ohne Bodenhaftung übergestülpt wird. Deshalb tut es nicht zuletzt dem homiletischen Nachdenken über Narrativität gut, wenn es durch literaturwissenschaftliche und sprachwissenschaftliche Überlegungen gleichsam geerdet wird. Dies soll in diesem Kapitel geschehen.

(1) Wer erzählt, wählt nicht nur eine bestimmte äußere Form, die uns unsere Sprache zur Verfügung stellt, sondern bestimmt damit zugleich den Inhalt des Erzählten. Was für die Sprache insgesamt gilt, gilt für das Erzählen in besonderer Weise. Sprache kleidet nicht einen vorab feststehenden Inhalt in ein Gewand, sondern Sprache ›erschafft‹ einen bestimmten Inhalt. Wer erzählt, trifft – sei dies bewusst oder nicht reflektiert – bestimmte Entscheidungen. Wir müssen immer zwischen bestimmten Optionen erzählerischer Strategien auswählen.

Die erste solcher den Erzählinhalt konstituierender Optionen ist die *Perspektive, aus der heraus erzählt wird*. Die Literaturwissenschaft spricht in diesem Zusammenhang vom »point of view«. Jede eingenommene Perspektive geht von einem bestimmten Verständnis der Wirklichkeit aus und »konstruiert« damit die erzählte »Wirklichkeit«.

Erzählperspektiven

▷ Allwissendes Erzählen
▷ Individuelles Erzählen
▷ Versubjektivierung des Erzählens
▷ Verzicht auf zentrierende Perspektive

Die erste Möglichkeit ist die des *allwissenden Erzählers*, der eine Geschichte in ihrer Gesamtheit überblickt und beurteilen kann. Goethes Roman *Die Wahlverwandtschaften* oder die *Buddenbrooks* von Thomas Mann sind in dieser Perspektive geschrieben. Implizit ist mit einer solchen Erzählweise vorausgesetzt, dass die Wirklichkeit so strukturiert ist, dass sie von einem Einzelnen überblickt und beschrieben werden kann.

Deshalb ist diese Darstellungsweise auch in dem Augenblick in eine Krise geraten, in dem die Wirklichkeit als Ganze fragwürdig, labyrinthisch oder rätselhaft erscheint. Thomas Mann selbst hat deshalb in seinem Roman »Doktor Faustus« die Position des Erzählers anders als in »Buddenbrooks« konzipiert, indem er bewusst zwischen die »Wirklichkeit« und den LeserInnen, denen diese Wirklichkeit erzählt wird, einen *individuellen* »*Erzähler*«, der uns in seiner Biographie vorgestellt wird, schiebt. Damit wird klar: Alles, was im Roman erzählt wird, geschieht aus der Position dieses Erzählers. Wir erleben im Roman nicht die »Wirklichkeit« selbst, sondern die »Sicht« der Wirklichkeit eines bestimmten Erzählers. Die Wirklichkeit selbst – so macht Thomas Mann deutlich – ist davon noch einmal zu unterscheiden. Und zugleich wissen wir, dass dieser Erzähler seinerseits wiederum von Thomas Mann »erzählt« wird. Wirklichkeit erscheint also durch die Kunstform des doppelten Erzählers auf vielfältige Weise gebrochen, was die ausdrückliche Intention Thomas Manns ist.

Radikaler noch als in der Kunstform des doppelten Erzählers erscheint die *Versubjektivierung der Erzählposition* in Marcel Prousts Roman »Auf der Suche nach der verlorenen Zeit«. Hier entsteht die ganze Welt des Romans aus der subjektiven Erinnerung, die einer zufälligen Konstellation entspringt. Zugleich erhebt Proust den Anspruch, dass allein im Medium äußerster Subjektivität »objektiv« über die Welt gesprochen werden kann.

Als äußerste Zuspitzung dieser Grundtendenz des modernen Romans, die Person eines allwissenden Erzählers zu problematisieren, kann der *Verzicht auf eine zentrierende Perspektive* überhaupt gelten. Herausragendes Beispiel hierfür ist der Roman »Ulysses« von James Joyce. Hier wird der zufällige Tagesablauf eines Normalbürgers geschildert. Alles was er erlebt, wird in seiner Zufälligkeit und Banalität geschildert, wobei der Roman zugleich hochdiffizil konstruiert ist. Joyce möchte mit diesem Roman den seiner Ansicht nach ideologischen Mythos der »Persönlichkeit« destruieren. Zugleich stellt diese Destruktion auch einen Protest gegen die Tendenzen innerhalb der modernen Lebenswelt dar, die die Entwicklung einer autarken Persönlichkeit verhindern. Gerade in seiner Radikalität erhebt Joyce den Anspruch, die Wahrheit über die Wirklichkeit zu erzählen.

Alle diese erzählerischen Perspektiven können auch in einer Predigt präsent sein. Wir können in der Predigt eine biblische Geschichte aus der Perspektive eines allwissenden Erzählers nacherzählen, ebenso können wir auf diese Weise ein Erlebnis (etwa die Begegnung mit einem obdachlosen Menschen, die eine überraschende Wendung nimmt) erzählen. Wir können aber auch eine bestimmte Person als ErzählerIn auftreten lassen. So können wir in der Predigt etwa die Perikope von Zachäus auf dem Baum aus der Perspektive eines Menschen erzählen, der durch Zachäus um sein Vermögen gebracht wurde. Wir können aber dieselbe Geschichte auch aus der Perspektive des Zachäus selbst erzählen. Wir können die individuelle Perspektive noch verstärken hin zur Versubjektivierung des Erzählens, wenn wir etwa eine Krankheitsgeschichte aus der Perspektive eines Menschen mit großen Schmerzen erzählen. Wie sieht die Welt aus, wenn ich Schmerzen habe, Trauer trage, durch Liebe überwältigt werde? Am schwierigsten auf eine Predigt zu übertragen ist wohl das Erzählmodell des »Ulysses«. Dazu bedarf es schon eines elaborierten ästhetischen Bewusstseins und sprachlichen Vermögens. Aber es scheint nicht ausgeschlossen, dies zu tun.

Wer erzählt, übernimmt eine hohe Verantwortung. Denn ästhetisch gilt zunächst: Wir können beim Erzählen alles machen. In gewisser Weise kann eine Erzählerin, ein Erzähler eine ganze Welt erschaffen. Die Ästhetik der Renaissance hat den gefährlichen Gedanken hervorgebracht, ein Künstler sei ein *alter deus,* ein zweiter Gott. Wir können in der Tat Personen auftreten und sie wieder verschwinden lassen, wir können sogar Menschen sterben lassen. Wir können ihnen ins Herz sehen und ihr Innerstes zum Äußeren machen. Wir können sie zu Heldinnen machen oder zu Schurken.

Isolde Meinhard hat anhand ausführlicher Analysen von Predigten zur Perikope von Jesus und der samaritanischen Frau am Brunnen (Johannes 4, 1-42) gezeigt, dass sich Predigende in der Tat als Arrangeure erzählter Personenauftritte mit all ihren Implikationen betätigen. Die Analyse solcher narrativer Verfahren führt in weitreichende homiletische Zusammenhänge und Problemstellungen hinein: »Die Untersuchung der narrativen Subjektivität macht eine differenzierte Textbeschreibung möglich. Die Beobachtungen zur Sprache, etwa die Konsequenzen von Nominalisierungen und Verneinungen, gehören zum klassischen Repertoire ideologiekritischer Untersuchungen. Theologisch interessant ist, dass Predigten durch Nominalisierungen Mächte aufbauen, denen gegenüber menschliche Figuren hilflos sind und Gottes Eingreifen erwartet wird. Die Beobachtungen zum Sprechen als Handlung sind ein typisch erzähltheoretisches Element und setzen die sprachlichen Ebenen mit denen der Fokussierung und der Geschichte in Beziehung. Der Akt des Sprechens bringt eine Figur (auch den/die Predigende) z. B. in eine dominante Position gegenüber anderen, nicht durch Befehle, sondern durch die Anzahl der Sprechakte oder durch ihren Erfolg. Der Sprechmodus steht in kongruenter oder dissonanter Beziehung zur Rolle einer Figur, die dadurch glaubhaft oder unglaubwürdig und im Ensemble schwach wird. Stimmenvielfalt fordert die Untersuchung nach der dominanten Stimme und nach der Rolle der Predigenden heraus [...] Hier geschieht die Gestaltung von Welt und Weltbild« (Meinhard, 163 f.).

Die Analysen Meinhards unterstreichen die homiletische Verantwortlichkeit der Predigenden nachdrücklich. Gerade weil in einer guten Erzählung die gewählten erzählerischen Strategien nicht mehr erkennbar sind und in gewisser

Hinsicht auch nicht erkannt werden sollen, müssen sich Predigerinnen und Prediger gewissenhaft Rechenschaft darüber ablegen, was sie wollen und was sie tun, wenn sie in der Predigt erzählen. Wir müssen in gewisser Hinsicht die Verantwortung für die Personen übernehmen, die wir in unserer Predigt auftreten lassen. Sie sind gleichsam zu unseren Personen geworden, sie haben sich in unsere Obhut begeben und haben das Recht darauf, von uns als erzählte Personen in ihrem Eigensinn wahrgenommen zu werden. Es gibt kein Erzählen – auch in der Predigt nicht – ohne Respekt und narrative Sorgfalt.

Es stellt sich nicht zuletzt die Frage, ob es für das Predigen auch eine Grenze der Erzählperspektive gibt. So hat etwa Gerd Theißen in seiner breit angelegten Jesus-Erzählung »Der Schatten des Galiläers« (Theißen 1986) ganz darauf verzichtet, Jesus als Person in seinen Erzählungen auftreten zu lassen. Noch der Titel des Buches reflektiert diese narrative Grundentscheidung: Jesus steht immer am Rande und gleichwohl im Zentrum der Erzählungen. Es ist seine Wirkung auf die Menschen, sein *Schatten*, den er auf ihr Leben wirft, der erzählt wird. Gleichwohl übernimmt Theißen gerade mit diesem narrativen Verfahren auch die Verantwortung für sein Bild des historischen Jesus, das er mittels seiner Erzählungen zeichnet. Und er reflektiert diese Verantwortung ausführlich in den theoretisch angelegten Briefen an einen fiktiven Kollegen Kratzinger, die – auch dies ein narratives Verfahren – zwischen die einzelnen Erzählungen eingeschaltet werden.

Die narrative Grundentscheidung Theißens stellt uns vor die Frage, ob es auch in der Predigt narrative Grenzen gibt, die nicht überschritten werden sollten (vgl. dazu auch Tschirch 1997, 44 f.). Abstrakt ist diese Frage nicht zu entscheiden, weil sich die Legitimität des Erzählens nur an seiner jeweils konkreten Sprachgestalt entscheidet. Besondere Vorsicht ist aber dort geboten, wo es um das Erzählen aus der Perspektive Gottes geht. Die meisten Prediger und Predigerinnen verzichten deshalb auch auf diese Erzählperspektive. Und dies mit guten Gründen. Ist es nicht eine theologische Anmaßung, die Welt aus der Perspektive Gottes heraus zu erzählen? Andererseits tun das die biblischen Schriften an nicht wenigen Stellen. Und bei allem Respekt und aller Unterschiedenheit der Predigenden von den biblischen Autoren, warum sollten wir von ihren erzählerischen Verfahren nicht lernen? Jeder Prediger, jede Predigerin wird hier in eigener homiletischer Verantwortung seine / ihre Entscheidung zu treffen haben. Ein Erzählen aus der Perspektive Gottes heraus steigert aber noch einmal die theologisch-homiletischen Ansprüche, die an ein Erzählen in der Predigt zu stellen sind.

(2) Neben dem Spiel mit den Perspektiven, aus denen heraus erzählt werden kann, stellt das *Spiel mit der Zeit* (Paul Ricoeur) ein konstitutives Moment des Erzählens dar. Das Erzählen verwickelt uns in eine spezifische Zeiterfahrung.

Während wir eine Erzählung hören, verstreicht unsere Lebenszeit. Und wenn wir eine Erzählung auf der Kanzel hören, verstreicht auch die Lebenszeit des Predigers, der Predigerin. Wir können aber auch Erzählungen (etwa beim Lesen eines Buches) vernehmen, bei denen die Lebenszeit der ersten ErzählerInnen bereits abgelaufen ist. Wir können eine Erzählung in 15 Minuten hören, die einen Zeitraum von mehreren Jahren einschließt. Und wir können einen Roman lesen (wie James Joyce's »Ulysses«), dessen Lektüre uns mehrere Tage kostet und der doch als Erzählung nur den Zeitraum eines Tages umfasst. Das Erzählen bringt – in verschiedener Weise – die Zeit ins Schwingen. Das Erzählen kann uns die Zeit verkürzen, und es kann die Zeit verlängern. Wir können die Zeitverlängerung oder Zeitverkürzung als hilfreich oder weniger hilfreich erfahren. Auf diese Weise erfahren wir Zeit in ihrer qualitativen Dimension. Die Zeit der Erzählung ist nicht einfach »objektive« oder »leere« Zeit. Die Zeit der Erzählung ist »gefüllte« Zeit.

Dieses Spiel mit der Zeit kann auch noch einmal selbst als narratives Verfahren entfaltet werden. Die kleine Erzählung *Unverhofftes Wiedersehen* von Johann Peter Hebel ist dafür ein eindrückliches Beispiel. Eine junge Frau verliert kurz vor der Heirat den geliebten Mann durch ein Bergwerksunglück. Nach fünfzig Jahren finden Bergleute den beinahe unversehrten Körper des Mannes wieder, und die Frau kann den Geliebten noch einmal so erblicken, wie sie ihn zum letzten Mal vor fünfzig Jahren gesehen hat. Ein wesentliches Element der Wirkung der Geschichte sind die fünfzig Jahre, die zwischen dem Verlust und dem Wiedersehen liegen. Und deshalb sagt Johann Peter Hebel in seiner Erzählung auch nicht einfach »nach fünfzig Jahren«, sondern er sagt Folgendes:

»Unterdessen wurde die Stadt Lissabon in Portugal durch ein Erbeben zerstört, und der Siebenjährige Krieg ging vorüber, und Kaiser Franz der Erste starb, und der Jesuitenorden wurde aufgehoben und Polen geteilt, und die Kaiserin Maria Theresia starb, und der Struensee wurde hingerichtet, Amerika wurde frei, und die vereinigte französische und spanische Macht konnte Gibraltar nicht erobern. Die Türken schlossen den General Stein in der Veteraner Höhle in Ungarn ein, und der Kaiser Joseph starb auch. Der König Gustav von Schweden eroberte russisch Finnland, und die Französische Revolution und der lange Krieg fing an, und der Kaiser Leopold der Zweite ging auch ins Grab. Napoleon eroberte Preußen, und die Engländer bombardierten Kopenhagen, und die Ackerleute säeten und schnitten. Der Müller mahlte, und die Schmiede hämmerten, und die Bergleute gruben nach Metalladern in ihrer unterirdischen Werkstatt. Als aber die Bergleute in Falun im Jahr 1809 etwas vor oder nach Johannis zwischen zwei Schachten eine Öffnung durchgraben wollten, gute dreihundert Ellen tief unter dem Boden, gruben sie aus dem Schutt und Vitriolwasser den Leichnam eines Jünglings heraus, der ganz mit Eisenvitriol durchdrungen, sonst aber unverwest und unverändert war; also dass man seine Gesichtszüge und sein Alter noch völlig erkennen konnte, als wenn er erst vor einer Stunde gestorben, oder ein wenig eingeschlafen wäre an der Arbeit.«

Diese Passage ist ein schönes Beispiel, wie die Zeit im Erzählen zur qualitativen Zeit werden kann. Durch das Aufzählen vieler Ereignisse, die in diesem Zeitraum geschahen, wird das »Wunder« des über fünfzig Jahre erhaltenen Körpers noch sinnenhafter. Aber auch der Zeitraum selbst wird zu einem »gefüllten« Zeitraum, zu einem »Lebensraum« gewissermaßen, der alle Facetten der *Conditio humana* aufscheinen lässt. Hebel erweist sich hier als ein Meister des Erzählens.

Die Erfahrung der Zeit ist der Predigt nicht äußerlich, sondern zielt auf das Selbstverständnis der Predigt. Wenn die Predigt Gottesgeschichte und Menschengeschichte ineinander ver-sprechen soll, dann geht es auch um die Teilhabe der Menschen an der Zeit Gottes. Gottes Zeit als »erfüllte Menschenzeit« anzusagen, ist eine der wesentlichen Aufgaben der Predigt. Dagmar Kreitzscheck hat gezeigt, dass das Erzählen in der Predigt ein wesentliches gestalterisches Element sein kann, um diese spezifische Zeiterfahrung mittels der Sprache zugänglich zu machen: »Was der Predigthörer rezipiert, wenn er eine Predigterzählung hört, ist nie nur der ›Sinn‹ dieser Erzählung oder die Meinung des Erzählers, sondern durch diesen Sinn hindurch auch der Wirklichkeitsbezug dieser Erzählung, die Erfahrung, die die Erzählung zur Sprache bringt, letztlich die Welt – und zwar eine Welt und ihre *Zeitlichkeit*, die diese Erzählung entfaltet. Wir befinden uns beim predigenden Erzählen in einem hermeneutischen Zirkel, in dem die Begegnung mit Gott entsteht aus einem gemeinsamen Spiel des Textes, des Predigers, des Hörers, ihrer gemeinsamen Welt, Tradition und Erfahrung, ihrer je verschiedenen subjektiven Erlebnisse ihres Alltags, und dazu zählen die Begegnungen mit Gott und ihr Glaube. Die Erzählung gestaltet die Gottesbegegnung sprachlich und zeitlich« (Kreitzscheck 2004, 287 f.).

4.2.4 »Erzählende Predigt«

Wenn von der Narrativität der Predigt die Rede ist, müssen wir zwei Dimensionen von Narrativität unterschieden: eine *explizite* und eine *implizite* Narrativität.

(1) Von einer *impliziten Narrativität* kann dort gesprochen werden, wo der Zusammenhang von Gottesgeschichte und Menschengeschichten in einer Predigt in den Blick gerät. In dieser Hinsicht werden die meisten Predigten eine implizite Narrativität aufweisen. Prediger und Predigerinnen beziehen sich in ihrer Predigten auf biblische Texte, die selbst erzählen oder – wenn sie keine explizite Narrativität aufweisen – auf die Gottesgeschichte bezogen sind. Und Predigende sind in ihren Predigten immer auch auf Menschen-

geschichten bezogen, sei es auf ihre eigene Lebensgeschichte und/oder die Lebensgeschichte von Menschen in der Vergangenheit und der Gegenwart. Und insofern sie als Predigende immer auch Ihre HörerInnen erfinden (→ 3.3.1.2), sind sie sogar auch auf zukünftige menschliche Lebensgeschichte bezogen. Auf diese Weise ist jede gute Predigt durch ein narratives Geflecht gekennzeichnet, auch wenn in ihr nicht explizit »erzählt« wird.

Deshalb müssen Predigende über die Strukturen des Narrativen nachdenken, auch dann, wenn sie in ihrer Predigt nicht im expliziten Sinne erzählen. Denn die hermeneutischen Funktionen des Narrativen sind immer dort am Werk, wo die Predigt auf Geschichten bezogen ist. Insofern bestimmen die oben dargestellten Funktionen des Erzählens jede Predigt. Aus welcher Perspektive wird ein bestimmter Tatbestand in der Predigt wahrgenommen? Welche Personen und Erfahrungen finden in der Predigt Rücksicht? Welches Tempo der Darstellung hat meine Predigt? Schreite ich schnell von Gedanke zu Gedanke? Verweile ich bei einem einzigen Gedanken? Gibt es Ritardandos und Wiederholungen?

(2) Von einer *expliziten Narrativität* der Predigt können wir dort sprechen, wo eine Predigt die Form einer Erzählung annimmt oder zumindest erzählerische Anteile enthält. Deshalb gibt es neben den hermeneutischen Überlegungen zur Narrativität der Predigt auch die Frage nach dem »Handwerk« einer erzählenden Predigt. Wie macht man das – *in der Predigt erzählen*?

Walter Neidhart hat im religionspädagogischen Zusammenhang so etwas wie eine kleine Handwerkslehre des theologischen Erzählens entwickelt (Neidhart / Eggenberger 1990, 56-84).

Regeln der Erzählkunst
(nach Walter Neidhart)

▷ Einleitungen
▷ Anschaulichkeit
▷ Schildern und Erklären
▷ Rückblenden und Einschübe
▷ Reden
▷ Handlungsablauf
▷ Wiederholungen
▷ Der Akt des Erzählens
▷ Erzählung und Gespräch

Betrachtet man die Ausführungen Neidharts zur Erzählkunst genauer, so fällt auf, dass sie eine Mischung aus Handwerk und Hermeneutik des Erzählens darstellen. Offensichtlich kann beides nicht voneinander getrennt werden. Es gibt keine Tipps zum theologischen Erzählen, ohne Reflexion auf deren hermeneutische Implikationen. Insofern steuert die Theologie, die einer Predigt zugrunde liegt, das jeweilige Erzählen in der Predigt. Eine evangelikal geprägte Predigerin wird eine Wundergeschichte in der Predigt mit großer Wahrscheinlichkeit anders erzählen als eine Predigerin, die die Erkenntnisse der historisch-kritischen Forschung in ihre Predigt integrieren will. Umso wichtiger ist für alle Predigenden die homiletische Selbstreflexion darüber, was und wie und warum sie in der Predigt erzählen.

Einleitungen setzen den Bezugsrahmen von Erzählungen. Sie haben die Aufgabe »den Helden und das Thema der Geschichte mit dem Hörer zusammenzubringen« (Neidhart / Eggenberger 1990, 56). Die Predigenden können in der Art und Weise, wie sie die Einleitung ihrer Predigterzählung gestalten, den gesamten weiteren Verlauf akzentuieren.

Die *Anschaulichkeit* der Erzählung steuert die Aufmerksamkeit der Hörenden. Wer nicht anschaulich zu erzählen vermag, sollte besser ganz auf das Erzählen verzichten. Eine begrifflich reflektierte Predigt ist allemal besser, als eine unanschauliche Predigterzählung. Wichtig ist, dass die Anschaulichkeit »stimmt«. Wenn Pflanzen erwähnt werden, dann müssen sie auf dem Schauplatz des Erzählten auch anzutreffen sein. Anschaulichkeit kann auf vielfältige Weise erzeugt werden: Ein Erzähler tritt auf; ein ausführlicher Brief wird verlesen; Ein Bild wird beschrieben.

Auch in erzählenden Predigten müssen bestimmte Sachverhalte *erklärt* werden. Zum Beispiel: Warum muss der Geheilte zum Priester gehen? Solche Erklärungen können ihrerseits durch Personen, die auftreten, abgegeben werden. Aber auch der Prediger, die Predigerin können als »allwissende« ErzählerIn an der einen oder anderen Stelle erklären. Erklärungen können auch durch *Rückblenden und nichterzählende Einschübe* realisiert werden.

Besondere Sorgfalt sollte man bei der Gestaltung *direkter Reden* in der erzählten Geschichte walten lassen. Indirekte Rede sollte vermieden werden. Der Tonfall muss stimmen. Direkte Rede nicht durch Erklärungen unterbrechen.

Durch ihr Tempo wird eine Geschichte entscheidend bestimmt. Deshalb können wichtige Handlungsstränge auch *verlangsamt* werden. Dies kann durch das Erzählen von Details oder Nebenereignissen geschehen. Aber auch bewusste Wiederholungen sind möglich. Zum Beispiel kann ein bestimmtes Verhalten Jesu von mehreren Personen aus verschiedenen Perspektiven heraus erzählt werden. Die Predigenden signalisieren damit, dass ihnen dieser Teil der Geschichte besonders wichtig ist.

Wie eine Geschichte erzählt wird, entscheidet darüber, wie eine Geschichte gehört wird. Ein Prediger, eine Predigerin muss ihre HörerInnen spüren lassen, dass sie diese Geschichte gerne erzählt und nicht nur, um ein möglichst geschicktes Sprachverfahren zu realisieren. Sie müssen als engagierte ErzählerInnen im *Akt des Erzählens* präsent sein. Ein wichtiges Kriterium ist, ob Predigende in sich die Nötigung spüren: Dies kann ich eigentlich nur erzählen. Als rhetorischer Trick kann eine Predigterzählung nur misslingen.

Walter Neidhart legt in seiner Erzähltheorie großen Wert auf eine *Kombination von Erzählen und Gespräch.* Es ist dabei deutlich, dass der primäre Hintergrund seiner Erzähltheorie die Situation des Unterrichts ist. Davon ist die gottesdienstliche Situation unterschieden. Zwar kann hier und da zu einem Nachgespräch über eine erzählende Predigt eingeladen werden, doch kann dies aus pragmatischen Gründen in der Regel nicht der Fall sein. Allerdings kann eine erzählende Predigt Bezug nehmen auf bestimmte Elemente des Gottesdienstes wie Lieder und Gebete. Umgekehrt können Lieder ihrerseits auf bestimmte Elemente der erzählten Predigt verweisen.

(3) Das Erzählen ist wie das Predigen insgesamt keine Technik, sondern eine *Kunst* (→ 1.5). Deshalb kann das Erzählen auch nicht mechanisch erlernt werden. Das Handwerk des Erzählens bedarf der konkreten Einübung ebenso wie der regelmäßigen Ausübung. Ein wesentliches Element der Kunst des Erzählens ist die Wahrnehmung anderen Erzählens. Deshalb ist es wichtig, dass Predigende, die in ihrer Predigt erzählen wollen, sich in der erzählenden Literatur auskennen. Lernen kann man auch von den Versuchen anderer PredigerInnen, erzählend zu predigen. Jede Kunst muss sich am konkreten Beispiel bewähren und ist deshalb auch nur am konkreten Beispiel einzuüben.

Von Axel Denecke ist eine bemerkenswerte explizit narrative Predigt veröffentlicht (Knigge 1988, 12-16). Er erzählt dort nicht nur, sondern reflektiert erzählend noch einmal über das Erzählen in der Predigt. Die Predigt wurde vor der »Arbeitsgemeinschaft für Homiletik« in Goslar gehalten. Insofern ist es sicher keine »typische« Sonntagspredigt und wäre als solche wohl auch nicht ganz angemessen. Gleichwohl kann man an dieser Predigt wegen ihrer narrativen Selbstreflexivität viel über das erzählende Predigen lernen.
Der Predigt liegt die Geschichte von Jakobs Traum von der Himmelsleiter zugrunde (Genesis 28-12-26). Die Predigt ist in sieben Abschnitte (I-VII) gegliedert.
Abschnitt I beginnt mit folgenden Sätzen: »*Es beginnt mit einer biblischen Geschichte, wie so oft. Es war einmal der Jakob. Der hatte einen Traum, und er träumte, eine Leiter sei auf die Erde gestellt, die mit der Spitze an den Himmel rührte, und die Engel Gottes stiegen daran auf und nieder.*« Der Prediger thematisiert die Dimension des Narrativen bereits im ersten Satz. Der Nachsatz »wie so oft« signalisiert, dass hier eine grundsätzliche Dimension des Theologischen angesprochen ist: Gott und Menschen *in Geschichten*. Mit dem zweiten Satz »Es war einmal …« gewinnt er Anschluss an die großen abendländischen Erzähltraditionen. Auch ich beginne mit: »Es war einmal …« Der Beginn stellt uns das zentrale Bild der Perikope vor Augen – die Himmelsleiter. Die gewählten Worte lehnen sich eng an den biblischen Wortlaut an. Der Prediger signalisiert damit, dass sein narratives Verfahren nicht im Gegensatz zur Texttreue steht. Gerade in der Erzählung ist der Bibeltext präsent.
Abschnitt II rückt den Prediger als Erzähler ins Blickfeld: »*Diese Geschichte vom Traum des Jakob arbeitet in mir schon seit langer Zeit […] Ich denke weiter: Es gibt viele Träume in der Bibel […] Habe ich denn schon einmal von Gott geträumt?*« Der Prediger macht seine subjektive Erzählperspektive deutlich. Er wird zugleich

als Erzähler kenntlich, der eine eigene Geschichte mit dieser Geschichte hat, und er lädt damit ein zur Reflexion auf die Erfahrungen der Hörerinnen und Hörer mit dieser Geschichte.

Abschnitt III stellt eine Kurz-Ansprache vor, die der Prediger im Rundfunk über diese Predigt gehalten hat. Diese Andacht wird im vollen Wortlaut vorgetragen. Der Prediger erzählt von einem homiletischen Weg, den er gegangen ist. Er präsentiert auf narrative Weise ein Kunst-Stück aus der eigenen homiletischen Werkstatt.

Im unmittelbaren Anschluss an die vorgetragene Rundfunkandacht, die selbst keinen expliziten narrativen Charakter hat, beginnt der Prediger in Abschnitt IV wieder zu erzählen: »*Und nun geschah das Verwunderliche. Die Erzählung vom Traum lief weiter. Es war so, als habe ich einen Stein ins Wasser geworfen und nun schlug er Wellen. Eine nach der anderen, immer neue. Ich hörte Erzählungen und Träume von andere Menschen, die mich anriefen oder mir schrieben.*« Die Predigt erzählt exemplarisch von fünf Menschen mit ihren jeweiligen Erfahrungsgeschichten. Sie erzählt damit sogleich von der Wirkung einer implizit narrativen Predigt. Die Hörerinnen und Hörer erzählen an der biblischen Geschichte, die der Predigt zugrunde liegt, auf vielfältige Weise weiter.

Abschnitt V eröffnet das direkte Gespräch mit den Hörerinnen und Hörern der Predigt: »*Und nun stehe ich hier und erzähle das alles weiter. Warum? [...] Ich kann es Ihnen erzählt haben, um von einem der kleinen Erfolge meiner Predigtarbeit zu berichten [...] Ich kann das alles erzählt haben, um ein Exempel für das Weiterlaufen von Erzählungen zu geben [...] Ich habe es Ihnen erzählt, um Sie zu reizen und Sie einzuladen, sich in diese Gemeinschaft, die Gott mit Jakob in Gang gesetzt hat, hineinnehmen zu lassen, damit wir selbst beginnen zu erzählen, weiterzuerzählen.*« Selbstreflexivität, die in eine Einladung ausmündet. Der Prediger »erfindet« seine HörerInnen als aktiv Teilhabende am »Erzählbuch Gottes«.

Und deshalb schreitet Abschnitt VI fort mit einer Reihe direkter Anreden: »*Haben Sie schon mal von Gott geträumt? Sag, hast Du schon mal von Gott geträumt? War's ein schöner, war's ein schmerzlicher Traum? Hat sich Gott Dir so gezeigt?*« Eine Einladung, in die eigenen Geschichten mit dieser Geschichte einzusteigen. Diese Einladung wird sofort verstärkt: »*Willst Du es erzählen? Das würde ich gern hören.*« Der Prediger bringt sich noch einmal ins Spiel. Nicht mehr als der Erzähler, dem andere zuhören, sondern als einer, der die Geschichten von anderen gerne hören möchte.

Der Schluss der Predigt in Abschnitt VII weitet noch einmal den Horizont: Der Grund der homiletischen Theorie narrativer Predigt wird erkennbar – erzählende Predigt nicht als äußerliches sprachliches Verfahren, sondern begründet in der Geschichte selbst, die Gott mit den Menschen begonnen hat und zum Abschluss bringen möchte. »*Abgeschlossen, fertig, vollkommen ist die Predigt erst in Gott. Diese Geschichte, die mit dem Traum des Jakob begonnen hat, diesem Traum von der Himmelsleiter, dem Traum, dass Himmel und Erde sich berührten, dass Gott und Mensch sich begegnen. Erst in Gott, dort aber wirklich, findet die Geschichte ihr Ende, kommt sie zur Ruhe, so wie Gott am Sabbath, dem siebenten Tag, ruhte.*«

4.3 Poetik der Predigt

Die Predigt müsse – so Martin Luther homiletisch nicht gerade unbescheiden – eine »*Lingua nova*« (Beutel 1991, 204), eine »*nova Sprach*« (Gehring 1999, 38-54) sprechen. Lässt sich dieses homiletische Postulat Luthers näher entfalten? Wie sähe sie aus, eine solche »neue Sprache der Predigt«? Worin bestünde das »Neue« dieser Sprache gegenüber dem vertrauten »Alten« der Sprache? Welcher Sprache bedarf die Predigt als Gottes-Rede?

4.3.1 Gottesrede als metaphorische Rede

Bei der Suche nach einer angemessenen Sprache der Predigt als Gottes-Rede dürfte aufschlussreich sein, wie die Bibel selbst von Gott spricht. »Der HERR ist mein Hirte« – so lautet eine der markantesten Stellen der biblischen Gottesrede in Psalm 23. Nun stellt sich kein Mensch, der diese Worte hört, vor, dass Gott mit einem Schlapphut hinter einer Schafherde her durch die Lüneburger Heide, die Bündner Berge oder die Auvergne stapft. Offensichtlich nehmen wir diese Worte ganz unwillkürlich auf einer Sprachebene wahr, die anders als eine fotografische Abbildung funktioniert. So unbestritten dieser Sachverhalt für die Rede von Gott als einem »guten Hirten« sein dürfte, so umstritten ist dieser Sachverhalt bei anderen Aussagen über Gott. Was heißt es, dass Gott Jesus von den Toten »auferweckt« hat? Was meint die Rede vom »leeren Grab«? Wie verhält sich hier die Sprache zu dem benannten Sachverhalt?

Umstritten ist auch, ob und wie die Rede von Gott als dem guten Hirten in andere sprachliche Bilder zu über-setzen ist. »Ein feste Burg ist unser Gott, eine gute Wehr und Waffen« – so hat Martin Luther gedichtet, und so wurde es im Protestantismus über Jahrhunderte hinweg gesungen. Doch nicht wenige stoßen sich heute an der Militanz dieser Worte. Deshalb gibt es neue Versuche, über Gott zu sprechen: »HERR, deine Liebe ist wie Gras und Ufer, wie Wind und Weite und wie ein Zuhaus«. Es ist unverkennbar, dass hier ein anderer Ton in der Sprache angestimmt wird, als in der Rede von Gott als »gute Wehr und Waffen«. Doch erscheint diese neue Gottes-Rede vielen als eine verharmlosende, verniedlichende und verkitschende Sprache. Wie also über Gott reden?

Beide Arten und Weisen der Gottes-Rede, sei es von der »Wehr und Waffen« oder von »Gras und Ufer« nehmen ein bestimmtes Vermögen der menschlichen Sprache in Anspruch. Beide Versionen der Gottesrede werden von uns auf bestimmte Weise de-codiert. Diejenigen, die das Lutherlied singen, stellen sich unter Gott mit Sicherheit niemanden vor, der einen Dolch oder eine Pistole besitzt, und diejenigen, die das Lied von Gras und Ufer singen, identifizieren Gott nicht mit einem Grasbüschel oder dem Sand, der durch die Hand rinnt. Sprachwissenschaftlich wurde diese Art und Weise des Sprechens als metaphorische Rede identifiziert.

Was aber ist metaphorische Rede und wie funktioniert sie? Auch hier geraten wir in Kontroversen, die das abendländische Sprachdenken von Anfang an bis auf den heutigen Tag begleiten. Die Diskussion um die Bedeutung des Metaphorischen gibt uns einen instruktiven Einblick in das Werden des abendländischen Wirklichkeitsverständnisses insgesamt. Die Diskussionen, die sich an der Sprachform der Metapher festmachen, sind keine Fußnote abendländischen Denkens, sondern führen in dessen Zentrum.

(1) Wie so oft führt uns auch die Kontroverse um die Metapher zurück in die antike Philosophie. Aristoteles handelt in seiner »Poetik« über die Metapher und gibt damit der nachfolgenden Diskussion eine entscheidende Weichenstellung. Ist metaphorische Rede ein poetisches *surplus* der Sprache, auf das man notfalls verzichten kann? Oder stellt die metaphorische Rede eine menschliche Äußerungsform dar, die unhintergehbar ist und die auch für die Erkenntnistheorie und die Ontologie von Bedeutung ist? Die Tatsache, dass Aristoteles über die Metapher in seiner *Poetik* handelt, hat zumindest das metaphorische Sprechen unter den Verdacht der ausgreifenden und ausschmückenden, aber auch minder präzisen Rede gestellt, der dann gerne die präzise begriffliche Sprache entgegengestellt wird.

Aristoteles gibt in seiner Poetik folgende Definition: »Eine Metapher ist die Übertragung eines Wortes, das eigentlich eine andere Bedeutung hat, entweder von der Gattung auf die Art oder von der Art auf die Gattung oder von einer Art auf die andere oder durch Analogie.« (Poetik 1457b).

Metaphorische Rede ist für Aristoteles dadurch gekennzeichnet, dass sie einen Eingriff in gewohnte Sprachkonventionen darstellt. Metaphorische Rede verwandelt durch den Vorgang der »Übertragung« den Sinngehalt der Worte und lässt so neuen Sinn entstehen. Das heißt, metaphorische Rede ist verwandelnde Rede. Wie allerdings dieser Verwandlungscharakter metaphorischer Rede genauer zu kennzeichnen und zu bewerten ist, dies wurde und wird höchst kontrovers diskutiert.

(2) Das aristotelische Verständnis der Metapher legt nahe, dass es sich um einen Austausch einzelner Wörter handelt. Ein Substantiv oder ein Verb wird gegen ein anderes ausgetauscht. Diesem engeren Verständnis metaphorischer Rede hat Paul Ricoeur widersprochen (Ricoeur 1986). Er vertritt die These, dass die Leistung metaphorischer Rede nur dann angemessen in den Blick gerät, wenn das Ganze des Sprachzusammenhanges in den Blick gerät, inner-

halb dessen eine metaphorische Übertragung am Werk ist. Metaphorische Rede tauscht nicht einfach einzelne Worte aus, sondern konstituiert einen neuen sprachlichen Zusammenhang. Die Metapher ist nach Ricoeur *sprachschöpferisch* und *sinnschöpferisch* zugleich.

Man kann die These Ricoeurs am Beispiel eines Gedichts verdeutlichen. Ein Gedicht ist durch eine signifikante Metapherndichte gekennzeichnet. Insofern kann ein Gedicht über die Wirkung von Metaphern besondere Auskunft geben. Als Beispiel soll die erste Strophe eines bekannten Gedichts von Johann Wolfgang von Goethe dienen:

> Und frische Nahrung, neues Blut
> Saug ich aus freier Welt;
> Wie ist Natur so hold so gut,
> Die Welle wieget unsern Kahn
> Die mich am Busen hält!
> Im Rudertakt hinauf,
> Und Berge, wolkig himmelan,
> Begegnen unserm Lauf.

Dieser Text ist voll von Metaphern. Was aber bewirken die Metaphern? Bleiben sie im Text wirklich auf das Nomen bezogen. Ist der Text nur metaphorisch etwa in den Worten »Blut« oder »Busen«? Jeder, der über Sprachgefühl verfügt, wird merken, dass eine solche exklusive Verortung der Metapher allein in einzelnen Worten ihre Wirkung nur unzureichend beschreibt. Im Grunde ist das gesamte Gedicht Goethes metaphorisch, wenn auch nicht alle Worte als Metaphern zu klassifizieren sind. Und darauf spitzt sich die These Ricoeurs zu. Zwar bestehen für ihn Metaphern durchaus in und aus einzelnen Worten, aber sie qualifizieren einen Text insgesamt. Weg von den Nomen, hin zum Text – mit diesen Worten lässt sich der Neuansatz Ricoeurs gegenüber der Metapherntheorie des Aristoteles präzis umschreiben.

(3) Damit ist zugleich ein bestimmtes Verständnis metaphorischer Rede abgewiesen. Metaphorische Rede wird nicht selten verstanden als eine bestimmte rhetorische Gestalt des Sprechens. Metaphorische Rede ist in dieser Perspektive ausschmückende, bildhafte Rede, *indirekte* Rede mithin, der dann gerne die begrifflich geprägte, *direkte* Rede entgegengestellt wird. Mit dieser Entgegenstellung ist meist auch eine Bewertung der jeweiligen Sprachform verbunden. Die begriffliche Redeweise gilt als präzis und exakt, während das metaphorische Sprechen als blumig und ungefähr gilt.

Wenn man jedoch die These Ricoeurs teilt, dass die metaphorische Rede sprachschöpferisch und sinnschöpferisch zugleich ist, dann muss die metaphorische Rede anders bewertet werden. Metaphorische Rede wäre dann nicht länger indirekte Rede, die das *bildhaft* sagt, was auch *begrifflich* gesagt werden könnte. *Das metaphorische Sprechen ist selbst eine bestimmte Art und Weise direkter Rede.* Denn wenn metaphorische Rede sinnschöpferisch ist, dann ist dieser Sinn an diese Art und Weise des Sprechens gebunden. Würde er in eine andere Form des Sprechens übertragen, ginge dieser Sinn verloren. In metaphorischer Rede kommt nicht das zur Sprache, was auch anders gesagt werden könnte, sondern in der metaphorischen Rede kommt Sinn zum Ausdruck, der nur so zur Sprache kommen kann.

(4) Warum finden wir in der biblischen Gottesrede eine so signifikante Metapherndichte, wie sie auch poetische Texte kennzeichnet? Gibt es eine Affinität der Gottesrede hin zur metaphorischen Rede? Oder anders gefragt: Muss eine »theologische Wahrheit« als eine »metaphorische Wahrheit« verstanden werden?

Eberhard Jüngel hat sich in seinem theologischen Denken diesen Fragen auf besondere Weise angenommen. Er nimmt dabei von einer näheren Bestimmung der religiösen Sprache seinen Ausgang: »Religiöse Rede spricht der Wirklichkeit notwendigerweise mehr zu, als das jeweils Wirkliche aufzuweisen hat und als Wirklichkeit überhaupt aufzuweisen vermag. Die Sprache des christlichen Glaubens teilt – bei aller Entgegensetzung – diese Eigenart religiöser Rede, die nur dann wahre religiöse Sprache ist, wenn sie, ohne am Wirklichen vorbeizureden, über es hinausgeht. Über das Wirkliche hinausgehend geht sie auf Wirklichkeit ein« (Jüngel 1980, 103). Alle Wirklichkeit hat für Jüngel einen Überschuss, der in der Sprache artikuliert werden kann. Allerdings ist die konkrete Gestalt dieses Überschusses zwischen den Religionen umstritten. Diese *Umstrittenheit* begründet die *Vielfalt* der Religionen. Zugleich ist damit die christliche Theologie herausgefordert, die Besonderheit ihrer Rede über die Wirklichkeit verständlich darzustellen und zu formulieren, wobei der christliche Glaube durch eine »Differenz« konstituiert wird: »Die Wahrheit dessen, was der Glaube zu sagen hat, erweist sich also nicht zuletzt daran, dass die Sprache des Glaubens nicht einfach mit der Wirklichkeit übereinstimmt« (104). Diese Differenz gewinnt in der Metapher sprachliche Gestalt und kommt dort zugleich als deren Wahrheit zum Vorschein. »Wer von einem Wirklichen etwas aussagt, was dieses wirklich nicht ist, lügt gleichwohl nicht, wenn er metaphorisch redet. Achill ist ein Löwe und Jesus ist Gottes Sohn – beide Sätze haben bei aller Unvergleichbarkeit doch eine hermeneutische Gemeinsamkeit. Sie widersprechen – jeder auf seine Weise – der Wirklichkeit und sind doch – jeder auf seine Weise – wahr« (105). Von daher kommt Jüngel zu der hermeneutisch weitreichenden These, dass die Sprache des Glaubens durch und durch metaphorisch bestimmt ist.

Die Sprache des christlichen Glaubens partizipiert an der allgemeinen metaphorischen Struktur der Sprache, gestaltet innerhalb dieser Struktur die Sprache jedoch auf eine besondere und unverwechselbare Weise. Es geht um die Unterscheidung Gottes und der Welt und zugleich darum, diesen von der

Welt unterschiedenen Gott als einen zur Welt kommenden Gott (Inkarnation!) sprachlich konkret werden zu lassen. Karl Barth (→ 2.6) hat diesen Sachverhalt in einem Vortrag aus dem Jahre 1922 über »Das Wort Gottes als Aufgabe der Theologie« als theologische Grundaporie in geradezu klassisch gewordenen Sätzen formuliert: »Wir sollen als Theologen von Gott reden. Wir sind aber Menschen und können als solche nicht von Gott reden. Wir sollen Beides, *unser Sollen und unser Nicht-Können*, wissen und eben damit Gott die Ehre gebe.« (Barth 1929, 158). Im Licht der sprachlichen Leistung der Metapher erscheint diese von Barth formulierte theologische Grundaporie in einem neuen, weniger aporetischen Licht. Denn die Metapher ist Ausdruck menschlicher Sprache und hat die menschliche Welt und ihre Vorstellungen zur Voraussetzung. Zugleich jedoch markiert die Metapher immer einen Überschuss gegenüber der Wirklichkeit, weil sie Wirklichkeit in ein neues Licht rückt. Damit kann die Sprachform der Metapher Unterschiedenheit und Bezogenheit in einem ausdrücken. Sie wird damit zur theologischen Sprachform par excellence. Gottesrede – auch die Gottesrede der Predigt – ist durch und durch metaphorisch.

Weiterführende Literatur

S. *Gärtner,* Gottesrede in (post-)moderner Gesellschaft. Grundlagen einer praktisch-theologischen Sprachlehre, Paderborn 2000

A. *Haverkamp* (Hg.), Theorie der Metapher, Darmstadt 1983

H. *Weder* (Hg.), Die Sprache der Bilder. Gleichnis und Metapher in Literatur und Theologie, Gütersloh 1989

4.3.2 *Sprachwelten des Alltags*

(1) Die metaphorische Gottesrede der Predigt teilt sich den Raum der Sprache mit einer Vielzahl von Sprachwelten und Sprachspielen. Was kann als eine Sprachwelt, als ein Sprachspiel angesprochen werden? Mit einem zunächst recht banal klingenden Satz hat Ludwig Wittgenstein dem sprachphilosophischen Denken einen innovatorischen Impuls gegeben. Dieser Satz lautet: »Die Bedeutung eines Wortes ist sein Gebrauch in der Sprache« (Wittgenstein 1984, 262). Dieser Satz hat weitreichende Implikationen für das Verständnis der Sprache und der sprachlichen Kommunikation. Er besagt, dass ein je konkreter Sprachvollzug eine Binnenlogik hat, innerhalb deren sich sprachliche Bedeutung konstituiert. Unser Sprechen kann nicht von außerhalb in seinem Sinngehalt entschlüsselt werden, sondern man muss sich in den jeweiligen Sprachzusammenhang hineinbegeben, um den

Sprachsinn zu ergründen. Deshalb führt Wittgenstein den Begriff der Sprachspiels ein:

»Das Wort ›Sprach*spiel*‹ soll hier hervorheben, dass das Sprechen der Sprache ein Teil ist einer Tätigkeit, oder einer Lebensform.
Führe dir die Mannigfaltigkeit der Sprachspiele an diesen Beispielen, und anderen, vor Augen:

> Befehlen, und nach Befehlen handeln –
> Beschreiben eines Gegenstands nach dem Ansehen, oder nach Messungen –
> Herstellen eines Gegenstands nach einer Beschreibung (Zeichnung) –
> Berichten eines Hergangs –
> Über den Hergang Vermutungen anstellen –
> Eine Hypothese aufstellen und prüfen –
> Darstellen der Ergebnisse eines Experiments durch Tabellen und Diagramme –
> Eine Geschichte erfinden; und lesen –
> Theater spielen –
> Reigen singen –
> Rätsel raten –
> Einen Witz machen; erzählen –
> Ein angewandtes Rechenexempel lösen –
> Aus einer Sprache in die andere übersetzen –
> Bitten, Danken, Fluchen, Grüßen, Beten.« (250)

Diese Sprachspiele lassen sich nicht hintergehen, sie lassen sich nicht auf ein einheitliches logisches oder sprachliches Muster zurückführen, sondern gewinnen ihre Plausibilität allein in ihrem praktischen Binnenvollzug. Sprachspiele sind im Grunde von außen her gar nicht kritisierbar, man kann nur versuchen, die Logik ihres immanenten Vollzugs zu ergründen.

Es ist deutlich, dass die Gattung »Predigt« als ein solches Sprachspiel im Sinne Wittgensteins anzusehen ist. Um eine Predigt zu verstehen, um ihren intentionalen Sinn zu ergründen, muss ich mich auf dieses Sprachspiel einlassen. Ich muss – mich darauf einlassend – die Regeln und Vollzüge dieses Sprachspiels zu rekonstruieren versuchen. Und im Vollzug dieser Rekonstruktion werde ich dann verstehen, was eine Predigt ist und wie sie »funktioniert«.

Zugleich sehen wir: Das Sprachspiel Predigt ist *ein* Sprachspiel *neben vielen anderen*. Und das Sprachspiel Predigt erschließt sich nicht zuletzt dadurch, dass wir es zu anderen Sprachspielen in Beziehung setzen. Dies ist dann nicht mehr nur ein immanenter sprachtheoretischer Zusammenhang, sondern wir betreten damit die Pragmatik unseres alltäglichen Sprechens.

(2) Unser alltägliches Sprechen ist durch eine Vielzahl von Sprachwelten und damit verbundenen Sprachspielen gekennzeichnet. Dieses Ineinander und Miteinander von Sprachspielen ist ein hochkomplexes Geflecht, das gleichwohl im Alltag auf relativ unkomplizierte Weise schlicht »funktioniert«.

Rhetorik

Der Literaturwissenschaftler Johannes Anderegg hat ein eindrückliches Bild dieser Sprachwelten und Sprachspiele gezeichnet: »Es gibt sie nicht, *die* Sprache des Alltags, sowenig es *eine* ›normale‹ Sprache gibt. Unser Sprachgebrauch im Alltag ist vielgestaltig, und was wir als normal und gewöhnlich zu bezeichnen pflegen, reicht vom Einwortsatz am Postschalter bis zum gewandten Sprachgeplauder oder zur fachlichen Diskussion im Kollegenkreis. Auch, ja gerade ein völlig unspektakulärer Tagesverlauf zeigt, in welch unterschiedlicher Weise wir im Alltag von der Sprache Gebrauch machen. Ein unverwechselbarer Familienton bestimmt das Frühstücksgespräch im Familienkreis. Ganz anderer Art sind die wenigen Worte, die wir beim Verlassen des Hauses mit dem Nachbarn zu wechseln pflegen. In einer alltäglichen Kommunikationssituation befinde ich mich auch, wenn ich darnach, auf der Fahrt zur Arbeit, die Rundfunkansprache über mich ergehen lasse. Und wenn ich anschließend, an meinem Arbeitsort, das durchaus alltägliche Gespräch mit Kollegen und Mitarbeitern aufnehme, sind Redegegenstand und Redeweise einmal mehr durchaus verschieden von dem, was in den bereits genannten Situationen üblich ist. Übrigens drängen sich im Bereich der Arbeitswelt weitere Differenzierungen auf. Das Gespräch der Kollegen hat einen anderen Charakter als das Gespräch mit Vorgesetzten oder mit Mitarbeitern: Die Hierarchie ist nicht ohne Einfluss auf unseren Sprachgebrauch. Andere sprachliche Möglichkeiten und Notwendigkeiten zeigen sich in der Freizeit. Stammtischrunden- und Vereinsgespräche haben ihren eigenen, unverwechselbaren Charakter, und schließlich – die Beispielreihe ist freilich keineswegs vollständig – wäre wohl auch an das intime Gespräch zu zweit zu erinnern, das wiederum seine Besonderheiten hat, seine eigene Thematik, seinen eigenen Wortschatz und seine spezifische Dialogizität« (Anderegg 1998, 366).

Wir können davon ausgehen, dass die Menschen heute im Umgang mit diesen pluralen Sprachwelten geübt sind. Man kann dies bereits bei einer Gruppe junger Menschen beobachten, die unter sich den Gruppenjargon sprechen und, wenn sie dem Pfarrer auf der Straße oder der Nachbarin begegnen, ohne große Probleme in das dem Gegenüber entsprechende Sprachspiel wechseln. Die Menschen der Postmoderne sind sprachspielbewandert und beherrschen die Übergänge von einem ins andere Sprachspiel in der Regel problemlos. Die einzige Voraussetzung ist, dass die Welten der jeweiligen Sprachspiele ihnen einigermaßen vertraut sind. Diese Vielsprachigkeit ist für die Situation der Hörerinnen und Hörer der Predigt nicht zu unterschätzten. Die Predigt kann diese Sprachspielkompetenz voraussetzen und in Anspruch nehmen.

(3) Wenn die Predigt als ein eigenes Sprachspiel anzusprechen ist, dann stellt sich die Frage, welche Sprache diesem Sprachspiel angemessen ist. Zunächst einmal legt sich auf diese Frage die Antwort nahe, das Sprachspiel der Predigt bediene sich der religiösen Sprache. Wie aber lässt sich religiöse Sprache identifizieren? Woran erkennen wir, dass wir auf ein religiöses Sprachspiel treffen? Eine Identifizierung religiöser Sprache wird nur mehrdimensional geschehen

können. Der Satz »Christen und Christinnen glauben daran, dass Gott die Welt geschaffen hat« ist nicht ohne weiteres als ein Satz religiöser Sprache anzusprechen, obwohl das Wort »Gott« ein eindeutig religiöser Begriff ist. Aber dieser Satz könnte auch in einem Lexikon oder einer religionswissenschaftlichen Beschreibung stehen und wäre als solcher eher dem Sprachspiel »Wissenschaft« zuzuordnen als dem Sprachspiel »Religion«. Ganz anders verhält es sich mit dem Satz »Das geknickte Rohr wird er nicht zerbrechen, und den glimmenden Docht wird er nicht auslöschen«. Obwohl dieser Satz keinen einzigen »religiösen« Begriff enthält, identifizieren wir diesen Satz dennoch als religiösen Satz. Wir tun dies, weil wir diesen Satz einem bestimmten Kontext zuordnen. Ingolf Dalferth hat deshalb folgende These vertreten: »Religiosität als Eigenschaft von Rede ist nicht im Rahmen einer Sprachtheorie explizierbar und als besondere linguistisch beschreibbare Eigenschaft von Äußerungen zu begreifen« (Dalferth 1974, 309). *Sprache identifizieren wir nur dann als religiös, wenn wir sie einer »religiösen Situation« zuordnen können.* Religiöse Sprache ist das Sprachspiel, das in einer bestimmten religiösen Situation am Werk ist.

Allerdings bringt der Begriff der »religiösen Situation« weitere Probleme mit sich. Denn wie lässt sich eine religiöse Situation ihrerseits bestimmen? Dalferth äußert sich dazu folgendermaßen: »Eine Situation ist religiös strukturiert, wenn sie als Realisierung eines religiösen Verhaltens- oder Interaktionsmusters beschrieben werden kann. Als solche kann sie insbesondere dann beschrieben werden, wenn sich zeigen lässt, dass und wie in, mit und unter der Realisierung bestimmter instruktiver Sprechhandlungsmuster religiöse Muster, Strukturen und Formen realisiert werden. Aber nicht nur solche sprachlich konstituierten, sondern alle Situationen sind religiös, die dadurch strukturiert und geprägt sind, dass sie Aktualisierungen religiöser Muster darstellen. Rede lässt sich von ihrer Situation her somit genau dann als religiös erweisen, wenn diese Situation zugleich als Äußerungssituation und damit als Realisierung spezifischer Sprachmuster *und* als religiöse Situation und damit als Aktualisierung charakteristisch religiöser Sachmuster beschrieben werden kann [...] Religiöse Rede gibt es somit nicht ohne religiöse Situation; Situationen sind immer dann religiös, wenn sie religiös strukturiert sind; religiöse Strukturen weisen sie auf, wenn sie als Realisationssituationen der Muster einer Religion beschrieben werden können.« (359) Es ist unverkennbar, dass Dalferth hier in gewisser Weise zirkulär argumentiert: Religiöse Sprache ist der religiösen Situation zuzuordnen, die sich wiederum aus religiöser Sprache heraus konstituiert. Dabei gehen wir im Grunde davon aus, dass wir immer schon wissen, was Religion ist. Wahrscheinlich wird man diesem Zirkelschluss nie ganz entrinnen können. Wir gehen aus von eminenten religiösen Phänomenen wie Gebet, Gottesdienst, etc. und lassen uns darin bei der Identifikation anderer religiöser Situationen leiten.

(4) Lassen sich Verwandtschaften erkennen zwischen religiösen Sprachspielen und anderen Sprachspielen, an denen sich dann auch die Predigt als eminen-

tes religiöses Sprachspiel orientieren könnte? Johannes Anderegg hat versucht, solche Grundformen der Sprache, die Verwandtschaftsverhältnisse begründen können, zu identifizieren. Er unterscheidet den *instrumentellen* vom *medialen* Sprachgebrauch. Damit ist eher ein *Umgang mit Sprache* im Blick, als dass damit bereits ein einzelnes bestimmtes Sprachspiel identifiziert wäre. Der instrumentelle Sprachgebrauch herrscht in Alltagssituationen vor: »›Alltagssprache‹ meint einen Bereich von Sprache, der seine Ordnung hat und der in Ordnung ist, meint das Gewohnte und das Gewöhnliche. Im Alltag gebrauchen wir die Sprache, ohne uns auf sie zu besinnen, hier gibt sie uns keine Probleme auf, hier ist sie uns selbstverständlich. Selbstverständliches aber ist uns keiner besonderen Aufmerksamkeit wert, und als Gegenstand des Nachdenkens drängt es sich gewiss nicht auf« (Anderegg 1985, 36). Mit dieser Charakterisierung ist nicht etwa eine Abwertung der Alltagssprache verbunden, sondern es geht darum, die spezifische Leistung der Alltagssprache in den Blick zu bekommen.

> Die Alltagssprache sichert uns die Routine des Alltags. Wir müssen uns nicht stets sprachlich versichern, was wir meinen, wenn wir die Sprache in Anspruch nehmen. Die Sprache ist ein unverzichtbares Instrument zur Routinisierung unseres Alltags: »Im Alltag werden wir der konstitutiven Dimension von Sprache nicht gewahr, weil wir die Sprache nicht eigentlich konstituierend gebrauchen, sondern auf bereits vollzogene Konstituierungen bestätigend Bezug nehmen, weil die Welten, auf die wir uns beziehen, uns als Konventionen schon vertraut sind. Ähnliches lässt sich von den alltäglichen kommunikativen Beziehungen sagen: Sie müssen nicht erst sprachlich entworfen werden; bezugnehmend auf konventionell vertraute Beziehungserwartungen lässt sich mit geringem Aufwand diese oder jene Möglichkeit realisieren. Im Rahmen jener Wahrnehmungshorizonte, die uns zur Konvention geworden sind, verfügen wir in der Tat über ein Repertoire von Zeichen und über einen Code, der ihre Verwendung regelt. So gesehen ist die Sprache im Alltag das, was das reduktive Kommunikationsmodell ihr zu sein gestattet: *ein Instrument* zur Bezeichnung von Gegebenem« (43).

Ganz anders verhält es sich demgegenüber bei dem, was Anderegg den *medialen Sprachgebrauch* nennt. Es ist einsichtig, dass wir uns nicht ausschließlich auf eingespielte Sinn- und Deutungshorizonte verlassen können. Wir würden sonst hoffnungslos verkrusten, der geschichtliche Wandel bliebe uns unbegriffen, die Wirklichkeit würde uns entgleiten. Sinn muss deshalb immer wieder neu gefunden werden, damit sich in gewandelten Situationen neu eingespielte Sinnhorizonte bewähren können. Und hier verfahren wir anders mit der Sprache als im Alltag. Anderegg schreibt hierzu: »Im Prozess der Sinnbildung nähern wir uns dem, was wir als Sinn (-zusammenhang) erstreben. Wenn der instrumentelle Sprachgebrauch bezeichnend und bezugnehmend die Gegebenheit dessen setzt, wovon er spricht, so lässt der Sprachgebrauch, der uns Sinnbildung ermöglicht, der *mediale Sprachgebrauch* also, das, worum es geht, als etwas erfahren, das *in erprobendem Begreifen und Konstituieren* prozesshaft gebildet werden muss« (51).

Dies ist die originäre Leistung *poetischer* Sprache. Poetische Sprache ist also nicht dadurch definiert, dass sie andere Worte als die Alltagssprache verwendet oder andere Grammatikregeln befolgt, sondern dass sie *anders auf die Wirklichkeit bezogen* ist als die Alltagssprache. Gleichwohl lässt sich dieser andere Bezug auf die Wirklichkeit an der Sprache selbst ablesen: »Konstitutiv für den medialen Sprachgebrauch ist sein spezifischer Zeichencharakter, der sich erst im Prozess der Sinnbildung erweist und den deshalb nur derjenige identifizieren kann, der sich auf die Zeichen- und Sinnbildung einlässt, und das heißt: der sich auf das Verwandeln schon eingelassen hat« (58).

(5) Da auch die Predigt Prozesse der Sinnbildung anregen möchte, legt es sich nahe, dass die Sprache der Predigt die Sprache der Poesie »spricht«. In gewisser Weise ist das auch nicht falsch. Predigten werden immer wieder Elemente poetischer Sprache in sich aufnehmen (→ 4.3.4). Und immer wieder wird die Sprache der Predigt mit der Sprache der Poesie identifiziert (vgl. zur differenzierten Zuordnung von Poesie und Predigt: Otto 1976, 53-57). Allerdings wird man mit solch einer bruchlosen Identifizierung der Predigtsprache mit der poetischen Sprache weder der Predigt noch den Werken der Poesie gerecht. Predigerinnen und Prediger sind in der Regel keine DichterInnen. Und sie wären heillos überfordert, wenn man dies von ihnen forderte. Die Predigt kann Gedichte enthalten, ist aber selbst kein Gedicht. Die Predigt kann poetische Prosa in sich aufnehmen, wird damit aber noch nicht durchgängig selbst zur poetischen Prosa.

Deshalb hat Johannes Anderegg – neben dem instrumentellen und medialen Sprachgebrauch – einen dritten Umgangsmodus mit der Sprache namhaft gemacht, den er das *tentative Sprechen* nennt. Das tentative Sprechen steht sicher näher am medialen als am instrumentellen Sprachgebrauch, ohne damit zur artifiziellen poetischen Sprache zu werden:

> »Wenn ich einem Freund oder einer Freundin erklären will, weshalb mich die Verse von Kohelet bewegen, rede ich nicht so, dass sich die Lektüre des Kohelet erübrigt. Ich versuche so zu reden, dass sich unser beider Aufmerksamkeit auf den Text richtet, und ich versuche mitzuteilen, was mir in diesem Text zum Zeichen wird und inwiefern mir etwas zum Zeichen wird […] Es ist ein vorsichtiges und ein vorläufiges Reden, das uns in der Erwartung zum Text zurückkehren lässt, er mache bisher nicht Wahrgenommenes wahrnehmbar. Nichts von dem, was so beredet wird, lässt sich schwarz auf weiß, als Resultat nach Hause nehmen. Es ist ein Reden der Annäherung, das sich nachzeichnend und nachtastend, immer wieder selbst in Frage stellt: ein tentatives Reden. […] Das tentative Reden

bewegt sich zwischen poetischer Sprache und Sprache des Alltags gewissermaßen auf schmalem Grat. Aus dem Alltäglichen sich lösend, ist es Annäherung an die besondere Zeichenhaftigkeit, an die Metaphorik poetischer Sprache, und es ist dabei immer in der Gefahr, die Metaphorik, um die es hier geht, zu reproduzieren oder aber zurückzufallen in die alltagssprachlichen Konventionen. Tentativ ist dieses Sprechen aber auch unter dem Aspekt des Dialogischen: Es zielt auf Verständigung über das, was nicht selbstverständlich ist, aber seine Verständlichkeit ist nicht, wie beim alltäglichen Sprachgebrauch von vornherein gegeben. Auch in bezug auf den oder die Gesprächspartner ist das tentative Reden nicht mehr als Annäherung – aber auch nicht weniger« (Anderegg 1998, 377 f.).

Die Predigt als Gottesrede wird sich mit guten Gründen als solch tentative Rede verstehen können. Das Hineinlesen der Gottesgeschichte in die menschlichen Lebensgeschichten bedarf einer solchen vorsichtigen und zugleich genauen Sprache. Eine Sprache, die auf das Einverständnis der Hörenden zielt, dieses Einverständnis jedoch weder erzwingt noch einklagt, sondern gleichsam erbittet. Tentative Rede ist immer auch bittende Rede.

4.3.3 »Fiktionale Welten«

Eine Predigt, die die Gottesgeschichte in die menschlichen Lebensgeschichten hinein liest, bringt Geschichten miteinander in Beziehung. Sie stellt Konstellationen zwischen Geschichten her. Solche Konstellationen können ganz verschieden aussehen: Ein Mann, der in einer überraschenden Begegnung das große Glück seines Lebens findet, wird zum Kaufmann, der die kostbare Perle in seinem Acker findet. Eine Frau, die mit einer unheilbaren Krankheit konfrontiert wird, fängt an, mit Hiob zu klagen. Den imperialen Auseinandersetzungen seiner und unserer Tage setzt Jesaja sein Bild von den Wölfen entgegen, die mit den Lämmern friedlich zusammen sind. Solche Konstellationen liegen nicht einfach zu Tage. Sie bilden unsere Wirklichkeit auch nicht einfach ab. Solche Konstellationen werden durch die Predigt erst geschaffen. Das ist ihre Aufgabe. Und es zeichnet die homiletische Verantwortung einer Predigerin und eines Predigers aus, solche Konstellationen zu (er-)finden.

(1) Als sprachlicher Vollzug ist das Herstellen solcher Konstellationen als Konstruktion zu beschreiben. Wir stellen mittels der Sprache solche homiletisch reflektierten Konstellationen her. Literaturwissenschaftlich werden solche sprachlich hergestellten Konstellationen mit dem Begriff der Fiktion gekennzeichnet. Insofern besteht jede gute Predigt immer auch aus *fiktionalen Welten*. Wenn die Predigt die Wirklichkeit nicht immer nur sprachlich ver-

doppeln möchte, wenn in der Predigt Neues aufscheinen soll, dann wird die Predigt ohne solche fiktionale Welten nicht auskommen können.

Allerdings ist der Begriff der Fiktion oder des Fiktiven nicht unproblematisch und führt nicht selten zu Missverständnissen. Im Englischen beschreibt der Begriff der *fiction* im Gegensatz zur *non-fiction* eine Gattung des Geschriebenen. Einer *fiction* kommt – in welchem Ausmaß auch immer – eine »literarische« Komponente zu im Gegensatz zur rein begrifflich-beschreibenden Spracherzeugnissen. Im Deutschen ist der Begriff mehr philosophisch befrachtet, was seiner Begriffsschärfe mit Sicherheit nicht zugute kommt. Zunächst meint der Begriff – abgeleitet vom lateinischen *fingere* – nichts anderes als die Tätigkeit des Bildens, Dichtens, Vorstellens und Entwerfens. In diesem Sinne bindet sich der Begriff dann eng an literarisch-poetische Erzeugnisse. Die Literatur ist der primäre Ort der Fiktion. Fiktion ist demgemäß ein bestimmtes sprachliches Verfahren, Wirklichkeit zu konstruieren, eine »Transgression des Wirklichen«, wie Wolfgang Iser dies genannt hat (Iser 1991).

Als eine solche Transgression des Wirklichen gerät die Fiktion dann immer wieder unter einen bestimmten Verdacht. Dieser Verdacht lautet folgendermaßen: Fiktion – das ist der schöne Schein im besten Fall, Gaukelspiel im minderen Fall, Lüge im schlechtesten Fall. Wer diesen Verdacht äußert, der versteht den Begriff Fiktion als eine direkte Aussage über den ontologischen Status der in einer Fiktion enthaltenen Bild- und Sprachwelten. Fiktion hat damit einen minderen Wirklichkeitsgehalt als die sogenannten *hard facts*. Und nicht selten gerät die Fiktion in einen radikalen Gegensatz zur Wirklichkeit. Fiktion kann in diesem Zusammenhang sogar zum Gegenbegriff von Wirklichkeit werden. Dieser Verdacht ist auch innerhalb der Theologie häufig anzutreffen, und die Konsequenz, die daraus gezogen wird, ist eindeutig: Fiktionen haben in der Theologie keinen Platz, weil sie den Realitätsgehalt theologischer Rede nur schmälern würden. Es ist kein Zufall, dass sowohl die *Theologische Realenzyklopädie* wie auch das *Evangelische Kirchenlexikon* keinen Artikel zum Begriff der Fiktion enthalten.

Allerdings ist im Zusammenhang der ästhetischen Wende in der Theologie an dieser Stelle ein Umbruch zu verzeichnen. Durch die Rezeption der ästhetischen und literaturwissenschaftlichen Forschung bekommt der Begriff der Fiktion wieder seine klare Bedeutung als ein bestimmtes sprachliches Verfahren und erfährt dadurch eine erhöhte Aufmerksamkeit durch die Theologie. Und es ist wiederum kein Zufall, dass in der neuesten Auflage von *Religion in Geschichte und Gegenwart* ein eigener Artikel zum Begriff der Fiktion zu finden ist.

Bereits die Bibel ist ein Buch fiktionaler Welten. Sie ist aus klar benennbaren theologischen Gründen (→ 3.3.1.3) in hohem Ausmaß ein Erzählbuch. Wer aber erzählt, der schafft Fiktionen. Die Bibelwissenschaften haben den fiktionalen Charakter weiter Passagen der Bibel erkannt und in ihrer theologischen Bedeutsamkeit exegetisch analysiert.

In diesem Zusammenhang hat Manfred Oeming einen instruktiven Aufsatz zur Bedeutung literarischer Funktionen für die alttestamentliche Geschichtsschreibung veröffentlicht (Oeming 1984). Er hat dabei neun Funktionen fiktionaler Transgression des Wirklichen rekonstruiert:

1. Fiktionen wollen die verborgene Gegenwart Gottes in einem historischen Geschehen benennen. Fiktionen wollen Situationen in ihrer Wahrheit ansichtig machen, sie wollen falsche Fiktionen entlarven und Situationen theologisch qualifizieren (vgl. dazu etwa Gen 50,20; 2. Sam 12,7).

2. Dies impliziert, dass Fiktionen einen *kerygmatisch-konfessorischen Charakter* haben.

3. Fiktionen können Einzelereignisse in einen *heilsgeschichtlichen Zusammenhang* rücken. Eine bloße positivistische Beschreibung eines Einzelereignisses ohne fiktive Elemente könnte dies nicht leisten.

4. Fiktionen können einen *normativ-programmatischen Charakter* besitzen. Sie zeigen, wie Geschichte nach dem Willen Gottes verlaufen sollte. Insofern haftet Fiktionen auch ein kritisches Moment gegenüber dem tatsächlichen Verlauf historischer Ereignisse an.

5. Fiktionen können einen *paradigmatisch-typischen Charakter* besitzen. Sie zeichnen idealtypische Verhaltensweisen und Konstellationen.

6. Eng mit dem paradigmatischen Charakter des Fiktiven verbunden ist deren *applikative Funktion*. Fiktionen wollen zeigen, dass uns die Geschichte etwas »lehren« kann.

7. Fiktionen in der Hebräischen Bibel können aber durchaus auch einen im engeren Sinne *historischen Charakter* haben, indem sie von Ereignissen berichten, die zwar so historisch wohl nicht geschehen sind, die aber durchaus Rückschlüsse auf historische Ereignisse zulassen, etwa auf historische Ereignisse, die einen bestimmten Erzähler veranlassen, Vergangenheit so und nicht anders zu erzählen.

8. Fiktionen können religiöse Traditionen sichern und legitimieren. Insofern kommt ihnen auch ein *ätiologischer Charakter* zu.

9. Fiktionen können ursprünglich selbständig tradierte Überlieferungselemente miteinander verbinden (z. B. durch Genealogien und Itinerare). Das heißt Fiktionen können auch einen *unierenden Charakter* besitzen.

(2) Angesichts dieser recht heterogenen Funktionen fiktionaler Welten stellt sich die Frage, wie fiktionale Welten in der Predigt beschaffen sein müssen. Wie sähe eine homiletische Kriteriologie einer Transgression des Wirklichen durch fiktionale Welten aus? Eine solche Kriteriologie lässt sich durch den Blick auf die biblische Überlieferung selbst erkennen. Blicken wir auf die biblische Überlieferung so ist unverkennbar, dass wir dort bevorzugt auf Fiktionen stoßen, die den Anspruch erheben, wirklichkeitserschließende Fiktionen zu sein. Theologische Interpretation hat diesen Anspruch aufzunehmen und unter heutigen Bedingungen plausibel auszulegen. Allerdings ist dieser Anspruch nicht unumstritten. Ein Religionskritiker etwa wird die biblischen

Fiktionen eher als wirklichkeitsverschleiernd bezeichnen. Der Streit um die lebensweltliche Bedeutung der biblischen Tradition wird nicht zuletzt im Streit um den Status der in der Bibel enthaltenen fiktionalen Welten geführt werden müssen. Wenn wir von den in der Bibel enthaltenen fiktionalen Welten sprechen, dann eröffnet sich uns damit ein breites Spektrum des kanonischen Textkörpers. Dieses Spektrum reicht von den Väter- und Exodusgeschichten über die prophetischen Visionen und Zeichenhandlungen bis hin zu der den Kanon abschließenden Bildreden der Johannesapokalypse.

Innerhalb dieses Spannungsbogens biblischer fiktionaler Welten kommt den Gleichnissen Jesu aus zwei Gründen eine besondere Bedeutung zu. Zum einen gelangen wir, wie viel oder wenig wir vom historischen Jesus ansonsten auch wissen mögen, mit den Gleichnissen an den innersten Kern der Verkündigung der historischen Gestalt Jesu von Nazareth heran. Zum anderen hat die Gleichnisforschung spätestens seit Adolf Jülicher die Gleichnisse als pointiert ästhetische Gebilde begriffen und beschrieben, wie sehr sich die Grundannahmen der Gleichnisforschung seit Jülicher auch verändert haben mögen. Die neuere Gleichnisforschung hat präzis herausgestellt, wie sehr der theologische Gehalt der Gleichnisse Jesu mit deren fiktionaler Form zusammenhängt. Wolfgang Harnisch, einer der Protagonisten der neueren Gleichnisforschung, hat diesen Zusammenhang so benannt: »Die besondere Eigenart dieser Sprachformen [sc. der Gleichnisse] im Gegenüber zur Allegorie zeigt sich daran, dass sie *autonomen Charakter* besitzen. Es handelt sich um Geschichten, die aus sich selbst und für sich selbst sprechen« (Harnisch 1985, 62).

Von daher werden wir nun aber erwarten dürfen, dass wir anhand der Beschreibung der in den Gleichnissen Jesu enthaltenen fiktionalen Welten, Kriterien erheben können, die einen theologisch verantwortlichen Umgang mit den fiktionalen Welten insgesamt leiten können. Dabei sind vor allem drei Kriterien erkennbar:

- Die Gleichnisse Jesu erschließen die Wirklichkeit in der Weise, dass sie diese *Wirklichkeit in ihrer wahren Beschaffenheit aufdecken.* Offensichtlich ist es so, dass sich uns die Wirklichkeit nicht aus sich selbst erschließt. Wirklichkeit ist immer umstrittene Wirklichkeit. Sie bedarf der Deutung. Die fiktionalen Welten der Gleichnisse Jesu nehmen als autonome ästhetische Gebilde eine Außenperspektive auf die Wirklichkeit ein, deren einzelne Elemente zugleich dieser Wirklichkeit entnommen sind. Dass es Hirten gibt und Schafe, weiß ich aus meiner Wirklichkeit. Und dass Schafe sich verirren können, sagt mir mein gesunder Menschenverstand. Dass ich mich aber in dieser meiner vertrauten Welt so wohnlich fühlen darf, wie das verirrte und vom Hirten auf den Armen getragene Schaf, das sagt mir nicht die Wirklichkeit aus sich selbst heraus, sondern das sagt mir die fiktionale Welt dieses einen bestimmten Gleichnisses Jesu.

- Die Gleichnisse Jesu erschließen zweitens die Wirklichkeit in der Weise, dass sie dieser Wirklichkeit etwas *Heilsames hinzufügen.* Sie verweisen auf ein Mehr, das wiederum nicht aus dieser Wirklichkeit selbst erwächst, sondern dieser Wirklichkeit von außen zugesprochen wird. In diesem Zu-Sprechen wird diese Wirklichkeit verwandelt und eine neue Wirklichkeit konstituiert. Eberhard Jüngel hat diesen Zusammenhang am Beispiel des Gleichnisses vom Schatz im Acker so formuliert: »Der zur Welt kommende Gott [...] bedient sich des Selbstverständlichen dieser Welt so, dass er sich als der ihm gegenüber Selbstverständlichere erweist. Dass man für den Mehrwert eines im Acker gefundenen Schatzes alles hingibt, um diesen Mehrwert zu erwerben, ist selbstverständlich. Diese Selbstverständlichkeit erscheint aber in einem völlig neuen Licht, wenn sie als Gleichnis für die sich finden lassende Gottesherrschaft zur Sprache kommt. Denn das rückt ja auch den Schatz im Acker in die Reihe dessen ein, demgegenüber der zu findende beziehungsweise gefundene Gott der Mehrwert ist« (Jüngel 1978, 390).
- Aus diesem in den fiktionalen Welten der Gleichnisse Jesu enthaltenen Mehrwert entspringt deren drittes Kennzeichen. Diese fiktionalen Welten sehen die Rezipienten und die Rezipientinnen nicht als bloß empfangende konsumierende Gegenüber, sondern nehmen diese als höchst Aktive in Anspruch: »Der Hörer, dem Jesu Erzählung als eine ihn treffende Anrede widerfährt, soll sich im Akt der Rezeption zu einem Glauben ermutigen lassen, der das sprachlich Eröffnete als eine ihm extra se ipsum zukommende, verdankte und damit auf *Gott* verweisende Möglichkeit wahrnimmt, zu einem Glauben also, *der die Sphäre des Möglichen mit der Gottesherrschaft identifiziert.* Dies besagt: Das Wort der Parabel vollendet sich im Hörer, sofern ihm dort ein Glauben korrespondiert, der entdeckt, dass durch die im Medium einer narrativen Fiktion nahegebrachte Möglichkeit Gott auf sich aufmerksam macht« (Harnisch 1985, 167).

Eine Predigt, die in die Sprachschule der Gleichnisse Jesu geht, kann dort also folgende drei Kriterien für den Umgang mit fiktionalen Welten in der Predigt erkennen:

Kriterien für den Umgang
mit fiktionalen Welten in der Predigt

▷ das Kriterium der Wirklichkeitserschließung
▷ das Kriterium des in der Sphäre des Möglichen erschlossenen Mehrwerts gegenüber der Wirklichkeit
▷ das Kriterium der aktiven Teilnahme aller am Rezeptionsprozess Beteiligten

---

Diese homiletische Kriteriologie für den Umgang mit fiktionalen Welten in der Predigt *begrenzt* nicht nur einen Sprachraum der Transgression des Wirklichen in der Predigt, sondern *eröffnet* zugleich einen Sprachraum für Predigerinnen und Prediger. Die fiktionalen Welten der Predigt liegen nicht offen zu Tage, sondern bedürfen der sensiblen Wahrnehmung und der innovatorischen Phantasie der Predigenden. Die Vorbereitung einer Predigt ist immer auch eine Erkundungsreise in fiktionale Welten, die Predigerinnen und Prediger im Verlauf dieser Reise nicht nur entdecken, sondern selbst erschaffen.

Weiterführende Literatur

W. Iser, Das Fiktive und das Imaginäre. Perspektiven literarischer Anthropologie, Frankfurt 1991

F. Zipfel, Fiktion, Fiktivität, Fiktionalität, Berlin 2001

4.3.4   Poesie in der Predigtarbeit

Die Sprache der Predigt wird sich nicht auf eine Dimension reduzieren lassen, sondern ist durch eine Vielschichtigkeit gekennzeichnet. Eine Predigt wird in der Regel auch begrifflich-abstrahierende Passagen enthalten. Sie wird als Gottes-Rede durch Metaphern bestimmt sein. Und in ihr werden fiktionale Welten präsent sein. Sowohl die Metapher wie auch die sprachliche Fiktion sind durch die Nähe zur poetischen Sprache gekennzeichnet. Insofern gerät die Predigt ihrerseits in eine Nähe zur Poesie, ohne dass die Predigt damit selbst zur Poesie werden müsste. Wir können aber von einer Poetik der Predigt sprechen und bringen damit ihre Nähe zur Poesie zum Ausdruck. Diese Nähe der Predigt zur Poesie ist in einer Predigt auf vielschichtige Weise präsent.

(1) Poesie kann in der Predigt als *explizite Aufnahme poetischer Texte* präsent sein. In einer Predigt kann ein Gedicht zitiert werden, es kann eine Erzählung in Auszügen vorgelesen oder auch nacherzählt werden, etc.

> Gert Otto hat vier Funktionen der Aufnahme literarischer Texte in die Predigt namhaft gemacht (Otto 1987, 118-128). 1. Literatur als *Denkhilfe*: Die bekannte Geschichte über Blinde, die durch Tasten einen Elefanten beschreiben und nur das »sehen«, was sie mit der Hand ertasten, kann zum Nachdenken über die Bedeutung und den Vollzug des Sehens anregen. 2. Literatur als *Sprachhilfe*: In einer Predigt wird anhand von Römer 8,26 »Sprachlosigkeit« thematisiert. Wie kann man mittels Sprache über Sprachlosigkeit reden? Ein Gedicht von Johannes Bobrowski tritt dem Prediger als entliehene Sprache an die Seite (»Sprache / abgehetzt / mit dem müden Mund / auf dem endlosen Weg / zum Haus des Nachbarn«). 3. Dichtung kann *Bilder* bereitstellen: Ein Text von Manès Sperber stellt uns in knappen eindrücklichen Sätzen vor Augen, was eine Brücke alles sein kann. 4. Literatur kann Predigende zur *eigenen Übernahme von literarischen Formen* anregen. So lässt sich ein Prediger durch den Brief von Matthias Claudius an seinen Sohn Johannes dazu anregen, einen exemplarischen Brief an den eigenen

Sohn zu schreiben. 5. Literatur vermittelt *Authentizität*: Predigende müssen immer wieder prekäre Dinge ansprechen, die sie nicht selbst erlebt und durchgestanden haben. Dann wird die Sprache oft oberflächlich oder hohl. Hier kann Literatur helfen, authentische Sprache zu gewinnen.

Allerdings ist die Aufnahme poetischer Texte in die Predigt eine hohe Kunst des Zitierens, die weder unreflektiert noch ohne Übung gepflegt werden kann. Wer poetische Texte in seine/ihre Predigt aufnimmt, lädt gleichsam einen Sprach-Gast in die Predigt ein. Gäste jedoch wollen auf rechte Weise willkommen geheißen werden.

Zunächst einmal sollten wir wissen, dass wir uns mit einem guten poetischen Text einen *starken Gast* in die Predigt einladen. In der Regel werden Dichterinnen und Dichter über eine größere Sprachkraft verfügen als Predigende. Dies hat so seine gute Ordnung. Allerdings müssen wir mit unserer Predigtsprache in gewisser Weise der Sprache der Dichtung standhalten, was etwas anderes ist als es mit ihr aufzunehmen. Gäste lieben in der Regel ein gepflegtes Interieur. Einem Sprach-Gast sollten wir in unserer Predigt auch ein gepflegtes sprachliches Interieur bereit stellen. Das heißt: Wir sollten – in den Grenzen unserer Möglichkeiten! – der Sprache unserer Predigt die gleiche Sorgfalt angedeihen lassen, wie dies etwa bei einem Gedicht der Fall ist. Wir müssen damit nicht zu DichterInnen werden. In der Liebe und Sorgfalt zur Sprache jedoch sollten wir ihnen ähnlich werden. Wer nach der Lesung eines Gedichtes von Paul Celan in der Predigt in einem schnoddrigen Ton fortfährt, der dort ohnehin nicht angemessen ist, wird mit dieser Predigt scheitern.

Gästen begegnet man mit Respekt. Respekt gegenüber einem poetischen Text bedeutet unter anderem, dass wir ihm in unserer Predigt genügend Raum lassen. Das Zitieren eines Gedichtes kann nicht beiläufig oder nur am Rande geschehen. Wer ein Gedicht nur als Zierrat oder zum sprachlichen Aufpäppeln einer ansonsten sprachlich sorglos verfassten Predigt verwendet, der hat es schon missbraucht.

Gästen hört man zu. Ein zitierter poetischer Text muss in der Predigt seine eigene Stimme erheben können. Insofern holen wir uns auch immer einen Konkurrenten in die Predigt, wenn wir einen poetischen Text aufnehmen. Der zitierte Text soll nicht nur das illustrieren, was wir ohnehin schon gesagt haben. Er soll nicht einfach das »schöner« oder »eindrücklicher« sagen, was bereits gesagt wurde. Nur als eine authentische Stimme mit ihrem Eigenrecht ist die Aufnahme poetischer Texte homiletisch legitim.

Gäste werden begrüßt und verabschiedet. In einer Predigt, die poetische Texte aufnimmt, sind die Übergänge vom Predigtkontext zum Zitat stets heikel. An welcher Stelle soll ein poetischer Text aufgenommen werden? Wie führen wir ihn ein? Wie finden wir aus dem Zitat zu der weiteren Predigt zurück? Gerade die reflektierten Übergänge von der eigenen Sprache zum fremden

Sprachgast kann die Wirkung eines poetischen Textes in der Predigt noch einmal verstärken.

(2) Poesie kann für die Predigt auch dann relevant werden, wenn sie in der Predigt nicht explizit zitiert oder erwähnt wird. Bei der Durchsicht der verschiedenen Predigtvorbereitungsliteratur (→ 4.5.3) wie den *Predigtstudien* und den *Göttinger Predigtmeditationen* fällt auf, in welch hohem Maße dort poetische und literarische Texte präsent sind. Offensichtlich haben sie für den *Prozess der Predigtvorbereitung* einen hohen anregenden Stellenwert. In gewisser Weise wird dafür das gelten können, was Gert Otto für die Verwendung poetischer Texte in der Predigt gesagt hat. Und es können dort auch die gleichen »Unglücke« geschehen, wie bei der direkten Verwendung literarischer Texte in der Predigt. Eine vordergründige Verzweckung von Poesie und Literatur ist dem Prozess der Predigtvorbereitung weitaus mehr schädlich als förderlich.

Elisabeth Grözinger hat die Verwendung von Dichtung im Prozess der Predigtvorbereitung anhand der Jahrgänge 1968-1984 der *Predigtstudien* detailliert untersucht. Zum einen fällt auf, in welch intensiver Weise poetische und literarische Texte herangezogen werden. Auf der anderen Seite ist der hermeneutische Gewinn uneinheitlich. Neben oberflächlicher Kenntnisnahme findet sich eine hoch reflektierte Auseinandersetzung mit der Poesie. Grözinger resümiert das Ergebnis ihrer Untersuchung: »Allerdings scheint der ›Dialog‹ mit Dichtung, der in manchen Predigtstudien schon eingeübt wird, noch entwicklungsbedürftig und -fähig, denn vielfach fehlt es auch dort, wo sich Anzeichen für eine differenzierte und produktive Rezeption von Literatur finden, an einer direkten und intensiven Reflexion des rezipierten Textes und damit der Voraussetzung für einen umfassenden ›Dialog‹ mit Literatur in der Predigtvorbereitung. Dies mag z. T. darauf zurückzuführen sein, dass in den ›Predigtstudien‹ schlicht kein Platz für eine umfangreiche Reflexion der rezipierten Dichtung vorhanden ist. Es mag aber seinen Grund auch darin haben, dass den Predigern durch die bisherige Diskussion zum Verhältnis von Theologie und Literatur die Bedeutung des Eigengewichts von Literatur und mithin die Bedeutung der ›Sperrigkeit‹ von Literatur nicht in ausreichendem Maß bewusst geworden ist« (Grözinger 1992, 367).

(3) Predigerinnen und Prediger bewegen sich wie ihre Hörerinnen und Hörer in verschiedenen Sprachwelten (→ 4.3.2). Wie diese Sprachwelten aussehen, in denen sie sich bewegen, mag vor dem Hintergrund der vielfältigen Lebensgeschichten verschieden sein. In welchen Sprachwelten sich die Predigenden auch bewegen mögen, es wird für sie auf jeden Fall nützlich sein, wenn sie sich in den Sprach- und Symbolwelten des Poetischen bewegen. Wobei ausdrücklich betont sei, dass sich das Poetische nicht auf die Hochkultur beschränkt. Poesie begegnet nicht nur bei Shakespeare und Celan, sondern auch in einem guten Comic oder im Film. Die Bedeutung der sogenannten populären Kul-

tur ist in den verschiedensten Bereichen der Praktischen Theologie zunehmend erkannt und für praktisch-theologische Reflexionsprozesse und Handlungszusammenhänge fruchtbar gemacht worden (Bubmann / Tischer 1992; Gutmann 1998; Fechtner 2005). Aber auch die Poesie der Hochkultur wird für die Predigt mit Sicherheit ihre Bedeutung behalten. Wenn sich Predigerinnen und Prediger – ohne Verzweckung und Zwang – in einer oder mehreren dieser Sprachwelten der Poesie bewegen, dann befinden sie sich in einem unverzichtbaren Wahrnehmungsbereich. Es gehört zu den Privilegien des homiletischen Berufes, dass auch ein Kinobesuch oder der Weg ins Museum oder in die Disco »berufsrelevant« sind.

(4) Die Predigt siedelt sich in verschiedenen Sprach*welten* mit den damit verbundenen verschiedenen Sprach*formen* an. Die Predigt ist nicht auf die eine gültige Sprachform festzulegen. Gleichwohl macht die Frage Sinn, ob es so etwas wie einen gemeinsamen Grundzug, eine gemeinsame Tonlage gibt, die für alle Predigten gelten könnte. Ich habe bereits früher die These vertreten, dass diese gemeinsame Tonlage, die alle Predigten bestimmen sollte, die *Anmutung* ist (Grözinger 2004, 215-244). Was meint *anmutende Predigt*? Der deutsche Begriff der Anmutung hat keine Entsprechung in der frankophonen und angelsächsischen Sprachwelt. Er ist ein genuin germanischer Begriff. Zugleich führt der Begriff an einen Zusammenhang heran, der so wiederum nur im frankophonen und angelsächsischen Sprachraum besteht. In den Begriff *grace* ist eine doppelte Bedeutungslinie eingezeichnet – *grace* als theologischer Begriff und *grace* als ästhetischer Begriff. Im Deutschen verwenden wir dafür zwei Begriffe. Gnade als theologischer Begriff, und der ästhetische Begriff heißt im Deutschen »Grazie« oder auch »Anmut«. Anmutung heißt also: Etwas kommt in seiner Anmut auf mich zu und bewegt, berührt oder streift mich in meiner Gefühls- und Wahrnehmungswelt.

Die Sprache der Anmutung steht zwischen einer Sprache der Behauptung und einer Sprache der Unverbindlichkeit. Die Sprache der Behauptung stellt Ist-Sätze auf. Etwas ist so und nicht anders. Und ich kann mit Argumenten und Gründen diesen Ist-Sätzen zustimmen oder widersprechen. Der Sprache der Unverbindlichkeit hingegen fehlt jegliche verpflichtende Dimension, sei es in logisch-kognitiver oder in existentieller Hinsicht. Und genau in der Mitte zwischen Behauptung und Unverbindlichkeit siedelt sich die Predigt an, wie im übrigen auch jedes künstlerische Bildwerk oder die Musik.

Die Sprache der Anmutung formuliert das Geschenk der Gnade Gottes als Anmutung. Als solch anmutende Predigt kann sie die Dramatik unserer lebensgeschichtlichen Ambivalenzen aufbrechen und – sei's auch nur für einen kurzen Augenblick – in ein neues Licht rücken. Es ist das Licht, das von der Gnade Gottes auf unsere oft so gnadenlose Welt fällt. Die Welt bricht sich im

Licht der Gnade Gottes auf vielfältige Weise. Deshalb ist die Sprache der Anmutung eine Sprache im Plural. Sie stellt lebensweltliche Übergänge her, wo sonst die Blockaden herrschen. Sie schlägt dort Schneisen, wo uns der lebensweltliche Dschungel zu ersticken droht.

Der Schriftsteller Milan Kundera hat von der »unerträglichen Leichtigkeit des Seins« gesprochen. Predigt der Gnade bringt demgegenüber eine erträgliche, ja eine wohltuende Leichtigkeit des Seins ins Spiel, nämlich jene Leichtigkeit des Seins, die im Licht der Gnade Gottes entstehen kann.

(5) Was anmutende Predigt meint, lässt sich noch besser als in einer theoretischen Beschreibung an einem konkreten Beispiel zeigen. Eberhard Jüngel lässt eine Predigt über den Jakobskampf am Jabbok (Genesis 32,23-32) mit folgenden Worten ausklingen:

> »[…] Jakob wurde gesegnet. Am Ende unserer Geschichte ist er, der sich einst den Segen seines irdischen Vaters auf so zweifelhafte Weise erschlichen hatte, erneut, vielmehr *wirklich gesegnet*. Denn nun ist er von seinem himmlischen Vater gesegnet. Man sieht nicht viel davon. Man sieht nur, dass Jakob hinkt. Aber der hinkende Jakob ist nun wirklich gesegnet. Er war es wohl bereits in dem Moment, als der zunächst so stumme Gott ihn beim Namen rief, bei seinem neuen Namen rief und ihm damit eine neue Identität zusprach: *Du sollst nicht mehr Jakob heißen, sondern Israel, denn Du hast mit Gott und mit Menschen gekämpft und hast gewonnen.* Ein neuer Name! Eine neue Identität! Ein erwählter Mensch, Erzvater eines erwählten Volkes! Darin wird *Gottes* Handschrift offenbar.
>
> Gewiss, Israel, der Gesegnete, wird *hinkend* seines Weges ziehen. Und eben damit sich selbst und alle Welt daran erinnern, dass er einst Jakob war, der mit seinem Bruder und mit Gott Verfeindete. Israel wird *hinkend* seine Wege gehen und eben damit sich selbst und alle Welt daran erinnern, dass der Segen Gottes einen Fluch überwinden musste.
>
> Doch wer so wie Israel in den Morgen hineinhinkt, liebe Gemeinde, der hat den Fluch *hinter sich*. Der ist dem Fluch der bösen Tat, dass sie fortzeugend Böses muss gebären, endgültig entronnen. Er geht zwar hinkend, aber frei davon. Er hat Zukunft. Ja wer so wie Israel in den Morgen hineinhinkt, *dem geht die Sonne auf.* Und ihm entsteht aus trüben, undurchdringlichen Nebeln eine verjüngte Welt: taufrisch, so frisch, dass man die klaren Profile und leuchtenden Farben des Schöpfungsmorgens zu erkennen meint.
>
> Und wir beginnen zu ahnen, dass es einen Sonnenaufgang gibt, dem keine Finsternis mehr folgt. Amen« (Jüngel 1989, 24).

Die Sprache dieser Sätze enthält kein einziges Argument. Sie stellt uns vielmehr ein Bild vor Augen. Es ist die Schlussszene der Predigt über den Kampf des Jakob am Jabbok. Man könnte die Probe aufs Exempel machen: Jede Hörerin, jeder Hörer dieser Predigt würde – mehr oder weniger kunstfertig, je nach Talent – ein Bild malen können, das auf dieser sprachlichen Schluss-Sequenz der Predigt beruht. Gegen dieses Sprach-Bild kann man im Grunde keine Gegenbeweise anführen, man müsste allenfalls ein anderes, alternatives Sprachgemälde zeichnen. Darin besteht die Anmutung dieses Sprachbildes. Es mutet uns ein Bild an und lädt uns damit ein, uns auf dieses Bild einzulassen.

Dieses Sprachbild ist nun in der Weise gezeichnet, dass es klare Konturen setzt. Es ist ein *bestimmtes* Bild, das hier gezeichnet wird. Ein Bild, das auf einer der archaischsten und dynamischsten Einzelgeschichten der biblischen Gottesgeschichte beruht. Insofern sind diese Geschichte und das auf dieser Geschichte beruhende Sprachgemälde alles andere als zufällig. Hier werden wir ansichtig, mit wem wir es zu tun haben, wenn wir uns auf den biblischen Gott einlassen. Diese Bestimmtheit begegnet uns jedoch nicht in der Sprache der Behauptung und des theologischen Arguments, sondern als szenisch-anmutendes Bild.

Dieses szenische Bild hat es in sich. Im Grunde ist eine ganze christliche Dogmatik in dieses Bild eingezeichnet. Ich nenne einige solcher Elemente: Gott wird erkennbar, indem er zu uns spricht (Offenbarungstheologie). Gott gibt dem Jakob einen neuen Namen und eine neue Identität (Erwählungslehre). Der Gesegnete hinkt; er ist hinkend und frei (*simul iustus et peccator* – das zentrale Element der reformatorischen Rechtfertigungslehre). Die Sonne geht auf (eine zentrale Christus-Symbolik der christlichen Ikonographie in Bild und Sprache). Der neue Tag ist wie eine neue Schöpfung (1. Glaubensartikel samt Luthers Erklärung). Die Ahnung, dass es einen Sonnenaufgang gibt, dem keine Finsternis mehr folgt (Eschatologie). Mit großer Wahrscheinlichkeit ist diese Aufzählung nicht einmal vollständig. Weitere Hörerinnen und Hörer könnten noch mehr wahrnehmen. Das Überzeugende an diesem Stück Predigt ist, dass die theologischen Aussagen den Phänomenen nicht einfach aufgeklebt werden. Sie schwingen in den Phänomen quasi mit, ohne sie zu einem bloßen Gleichnis zu reduzieren. Es geht um die wirkliche Sonne, es geht um ein wirkliches körperliches Gebrechen. An diesem Sprachbild wird nicht etwas Theologisches andemonstriert, sondern dieses Bild wird transparent für theologische Einsichten. Insofern haftet diesem Bild etwas durchaus »Objektives« an. Es ist damit alles andere als zufällig. Der Prediger weiß genau, warum er dieses Bild zeichnet und kein anderes. Es ist *sein* Bild – sein in eigener theologischer und homiletischer Verantwortung gezeichnetes Bild.

Aber dieses Bild wird offen für die eigenen Interpretationen der Hörerinnen und Hörer. Damit wird es zur sprachlichen Anmutung Wir können in dieses Sprachbild mit unseren eigenen Erfahrungen, mit unserer eigenen Lebensgeschichte eintreten. Und wir können uns in diesem Bild bewegen. Wir können am Hinken des Jakob teilnehmen und damit unseres eigenen Hinkens ansichtig werden. Wir können uns an der aufgehenden Sonne freuen und uns unserer eigenen Erlösungsbedürftigkeit erinnern. Wir können aber auch die trüben Nebel wahrnehmen, und Situationen eigener Orientierungslosigkeit erstehen vor unserem inneren Auge. Dies alles können wir tun. Wir müssen es aber nicht. Wohl die wenigsten unter den Hörerinnen und Hörern werden alle theologischen Motive erkennen, die in dieses Bild eingezeichnet sind. Die Predigt hat nicht erst ihr Ziel erreicht, wenn möglichst alle Facetten dieses Bildes entschlüsselt sind. Sondern diese Predigt hat dann ihr Ziel erreicht, wenn sich Menschen mit ihrer individuellen Lebensgeschichte an einer oder mehreren Stellen in diesem Bild einfinden können und dieses Sich-Einfinden als lebensdienlich erfahren. Ein solches Sich-Einfinden mutet uns das Sprachbild an, das diese Predigt zeichnet. Insofern macht dieses Sprachbild etwas mit uns. Sein Geheimnis ist die Verlockung einer sprachlichen Anmut, die – wie es der alte Empedokles in einem Fragment sagt – den »Zwang hasst« und gleichwohl alles andere als ein postmodernes *anything goes* intoniert.

4.4 Differenzsensibilität

Predigen geschieht heute in der Situation einer unhintergehbaren Pluralität (→ 1.2.1). Ob wir die Gesellschaftsformationen unseres mitteleuropäischen Kontexts nun mit den Begriffen der Multikulturalität oder Multireligiosität bezeichnen wollen oder nicht, unbestreitbar ist, dass wir in unserem Alltag ständig auf kulturelle und religiöse Unterschiedenheiten treffen. Moscheen kommen neben christlichen Kirchen zu stehen. Islamische Mädchen wollen oder sollen vom Schwimmunterricht befreit werden. In den einen Kirchen gibt es Pfarrerinnen und Pfarrer, in anderen Kirchen nur männliche Priester. Unser Alltag konfrontiert uns auf Schritt und Tritt mit kulturellen und religiösen Differenzen. Wie eine Gesellschaft mit diesen Differenzen umgeht, bestimmt zugleich das Maß an zugelassener Pluralität. Offene Gesellschaften müssen lernen, mit Differenzen umzugehen.

Es ist nicht zuletzt die Sprache, die Differenzen markiert. Mittels der Sprache werden Differenzen benannt. Sie können durch Sprache vermindert oder gesteigert werden. Nicht immer ist dies ein zu Tage liegender Vorgang. Die meisten durch Sprache markierten oder konstruierten Differenzen entstehen eher unreflektiert, was die Wirkung von Sprache in diesem Zusammenhang noch steigert. Wer an einer offenen, plural verfassten Gesellschaft interessiert ist, tut gut daran, die Wirkung von Sprache bei der Setzung von Differenzen sorgfältig zu bedenken. Dies gilt nicht zuletzt für die Predigt. Auch die Predigt partizipiert an dieser differenzmarkierenden und differenzgenerierenden Wirkung von Sprache. Und da es sich in der Predigt für die Hörerinnen und

Hörer um ein sinnstiftendes Sprachgeschehen handelt, sind die dort gesetzten Differenzen umso bedeutender. Die in der Sprache der Predigt gesetzten Differenzen verbinden sich mit grundlegenden Symbolen und Sprachmustern der Bildung von Lebenssinn. Predigerinnen und Prediger tragen somit eine große Verantwortung für die Differenzen, die sie mit ihrer Predigtsprache markieren oder konstruieren.

4.4.1 Diversity

Bei der Beschreibung der Differenzen, auf die wir im Kontext einer pluralistisch verfassten Gesellschaft treffen, hat in den letzten Jahren der Begriff der *Diversity* eine bemerkenswerte Karriere gemacht. Der Begriff der *Diversity* – Differenz, Unterschied, Verschiedenheit, Buntheit – scheint im besonderen Masse dafür geeignet, den pluralisierenden Grundzug einer Gesellschaft sowie die einzelnen Phänomene und Bereiche dieser Pluralisierung zu beschreiben. Diversity ist selbst vielfältig.

> Die Begriffsvielfalt der Varianten von *Diversity* unterstreicht die Bedeutung des Grundbegriffs als Karrierebegriff und seine Fähigkeit, die verschiedensten Bereiche aufzuschlüsseln. Wir treffen u. a. auf »Cultural-Diversity«, »Age-Diversity«, »(Dis)abled-Diversity«, »Managing Diversity«, »Leading-Diversity«, »Living-Diversity«, »Communication-Diversity«, »Religious-Diversity«, »Gender-Diversity«, »Ethnic-Diversity«, »Sexual-Diversity«. Blickt man auf diese – keineswegs vollständige – Liste der begrifflichen Ausdifferenzierung von Diversity, dann wird zugleich deutlich, dass damit Bereiche benannt werden, die in jeder Predigt thematisch werden können. Diversity ist kein Randthema der Predigt, sondern im Lichte der neueren Diskussion um Diversity wird deutlich, dass es in der Predigt zentral immer auch um Thematisierung von Diversity geht.

Bei dem Umgang mit Differenzen ist zunächst einmal eine weitreichende Unterscheidung in den Blick zu nehmen. Die Frage nämlich, ob Differenzen gut sind oder schlecht, ist nicht einfach mit Ja oder Nein zu beantworten. Wir werden Differenzen, die es zu bewahren gilt, zu unterscheiden haben von Differenzen, für die es gute Gründe gibt, sie zu überwinden oder sie hinter uns zu lassen. Der Begriff der Differenz ist in seiner Wertigkeit nicht eindeutig. Es gibt produktive und destruktive Differenzen. Die Unterscheidung zwischen »White«, »Black« und »Coloured« zur Zeit des südafrikanischen Apartheitsregimes ist sicher ein herausragendes Exempel einer destruktiven Differenz. Ebenso dürfte es ein Zeichen destruktiver Differenzen sein, wenn in einer Gesellschaft die Kluft zwischen Armen und Reichen immer größer wird. Das sind Beispiele für Differenzen, die es zu überwinden gilt. Und dann gibt es Differenzen ganz anderer Art. Dass es in der Kirche junge und alte Menschen gibt, ist sicher ein Zeichen einer produktiven Differenz. Ebenso die Vielfalt von Parteien in einer parlamentarischen Demokratie. Schließlich können Differenzen in sich ambivalent sein. Die Differenz zwischen Mann und Frau ist mit Sicherheit als Lebensgewinn anzusprechen, gleichwohl hat diese Differenz immer wieder ein kulturelles Gesicht gefunden, das eindeutig destruktive Züge trägt. Dieser Umstand verweist uns darauf, dass Differenzen gestaltet werden müssen. Differenzen sind immer auch Ausdruck einer sie tragenden Kultur, und an dem, wie diese Kulturen bestimmte Differenzen gestalten, wird es sich erweisen, ob es sich um produktive oder destruktive Differenzen handelt. Dabei ist es umstritten, wie bestimmte Differenzen zu beurteilen sind. In den 30er-Jahren des vergangenen Jahrhunderts war es zwischen den totalitär und den demokratisch gesonnenen politischen Bewegungen umstritten, wie die durch politische Parteien markierten Differenzen zu beurteilen sind. Die Frage nach der Gender-Differenz hinsichtlich gleichgeschlechtlicher Orientierungen ist heute in den Kirchen immer noch umstritten.

Den Differenzen ist nur mit einem seinerseits differenzierten Denken gerecht zu werden. *Diversity* kann nicht einfach konstatiert werden, sondern bedarf einer Theorie der *Diversity*. Vielleicht müssen wir noch genauer sagen: *Diversity* bedarf der Theorien von Diversity.

Ein eindrückliches Konzept von Diversity hat der kanadische Philosoph Charles Taylor vorgelegt. Er begreift die Wahrnehmung und das Gestalten von Differenzen als eine der wichtigsten Herausforderungen, vor denen pluralistisch verfasste Gesellschaften gegenwärtig stehen. Taylor unterscheidet dabei eine *Politik des Universalismus* von einer *Politik der Differenz*. Der Politik des Universalismus geht es um die Gleichheit der Rechte und Chancen, also um das, was wir im europäischen Kontext den klassischen republikanischen Liberalismus nennen. Diese Politik des Universalismus hat in der Politik der Differenz eine ebenso attraktive wie folgenreiche Herausforderung gewonnen: »Während die Politik der allgemeinen Würde auf etwas Universelles zielt, auf etwas, das für alle gleich ist, auf ein identisches Paket von Rechten und Freiheiten, verlangt die Politik der Differenz, die unverwechselbare Identität eines Individuums oder einer Gruppe anzuerkennen, ihre Besonderheit gegenüber allen anderen« (Taylor 1993, 28). Dieses Prinzip der Authentizität einer Kultur kann immer wieder in eine Konkurrenz geraten mit dem Prinzip der Universalität bestimmter Rechte und Freiheiten. Zum Beispiel: Die Stellung der Frau im Islam oder in bestimmten fundamentalistischen christlichen Gruppen mit der Gleichberechtigung von Mann und Frau; Oder die Tradition des Spanischen Tierkampfs mit den Prinzipien des Tierschutzes; Etc. Pluralistische Gesellschaften müssen immer wieder zwischen einer Politik des Universalismus und einer Politik der Differenz eine Balance herstellen – soweit dies möglich ist. Gänzlich werden sich beide Politiken sicher nicht ausbalancieren lassen. Es wird immer wieder Konflikte zwischen beiden geben. Der gegenwärtige europäische Streit um das Tragen des islamischen Kopftuches ist Ausdruck dieses notwendigen und andauernden Konflikts. Gleichwohl bedarf es in solchen Konflikten eines sorgfältigen Austarierens der notwendigen Entscheidungen. In diesem Zusammenhang plädiert Taylor mit zwei erhellenden Begriffen für eine gerechte Balance zwischen *Differenz-Blindheit* und *Differenz-Aufmerksamkeit*. Dass alle Menschen vor dem Gesetz Gleichheit beanspruchen können, ist Ausdruck einer produktiven Differenzblindheit, die jedoch nicht aus dem Augen verlieren darf, dass dieselben Menschen eben nicht gleich sind, sondern durch Differenzen in ihrer kulturellen Prägung, ihrer religiösen Praxis, ihrer sexuellen Orientierung verschieden, d. h. different sind.

Der Begriff der *Diversity* zielt nun auf jene von Charles Taylor namhaft gemachte Balance von Differenz-Blindheit und Differenz-Aufmerksamkeit. *Theorien der Diversity* sind vor allem an dem produktiven Potential der Differenz-Aufmerksamkeit interessiert, ohne dabei zu leugnen, dass jede demokratisch verfasste Gesellschaft in bestimmten Bereichen auch der Differenz-Blindheit bedarf. Auf jeden Fall zeichnet sich in den letzten beiden Jahrzehnten eine Neubewertung der Notwendigkeit von Diversity und Differenz ab, die bis in die philosophischen Grundsatzkontroversen hineinreicht. Die bereits skizzierte Kontroverse zwischen Hans-Georg Gadamer und Jacques Derrida um die Bewertung hermeneutischen (Text-)Verstehens und die Philosophie von Emmanuel Levinas rücken die Begriffe der Differenz und des Anderen in das Zentrum des philosophischen Nachdenkens (→ 3.3.4.2).

Theorien der *Diversity* setzen auf das produktive Potential der Differenz-Aufmerksamkeit. Differenz-Aufmerksamkeit ist jedoch, wie die Kulturgeschichte zeigt, nicht angeboren. Differenz-Aufmerksamkeit muss erlernt werden. Differenz-Aufmerksamkeit wird dadurch ihrerseits zu einem kulturellen Projekt, das die nordamerikanische Philosophin Susan Wolf so beschrieben hat: »Die Politik der Anerkennung [sc. der vielfältigen kulturellen Diversity] drängt uns nicht nur, Anstrengungen zu unternehmen, um den Anderen aktiver und zutreffender zu erkennen und anzuerkennen – jene Menschen und Kulturen anzuerkennen, die neben uns die Welt bevölkern –, sie drängt uns auch, diejenigen genauer und weniger selektiv wahrzunehmen, die die Städte, Bibliotheken und Schulen, die wir unsere eigenen nennen, mit uns teilen« (Wolf 1993, 92 f.).

Das Plädoyer für eine kulturelle Sensibilität der Differenz-Aufmerksamkeit sollte auch von Predigerinnen und Predigern gehört werden. Predigt zielt auf (religiöse) Identitätsbildung. Identität bildet sich jedoch – wie fragmentarisch auch immer – in der Unterscheidung aus: Ich erkenne mich in meiner Unterschiedenheit von Anderen und Anderem, wobei diese Anderen und dieses Andere immer auch den Prozess meiner Identitätsbildung mitbestimmen. Die Anderen und das Andere schreiben an meiner Lebensgeschichte mit. Das eigene Leben kann nur im differenzierenden Austausch »erfunden« werden (→ 1.2.4). Konkrete Identität bildet sich dadurch aus, welche Differenzen ich wahrnehme und wie ich sie markiere. Predigt schreibt also nicht zuletzt dadurch an der Lebensgeschichte ihrer Hörerinnen und Hörer mit, welche Differenzen in ihr markiert, wie Diversity in ihr zur Sprache kommt. Der Predigt wird ein hilfreicher Beitrag zu dieser Identitätsbildung umso eher möglich sein, je stärker sie ihre eigene Differenzsensibilität ausbildet und kultiviert (→ 4.4.4).

4.4.2 Paradigma: Gendersensible Sprache

(1) Was eine differenzsensible Sprache sein könnte und/oder sein sollte, fokussiert sich immer wieder in der Frage nach einer *gendersensiblen Sprache*. Hier haben sich in den letzten Jahren tiefgreifende Veränderungen vollzogen. Zugleich sind hier unzählige ideologische Schlachten geschlagen worden. Die Auseinandersetzungen um eine gendersensible Sprache bilden auf eine instruktive Weise die politischen und kulturellen Konstellationen unserer näheren Vergangenheit und unserer Gegenwart ab. Auch Kirche und Theologie sind in diesen Kontext einbezogen.

> Bei der Beschäftigung mit den Aspekten einer differenzsensiblen Sprache ist der Blick auf die Geschichte aufschlussreich. An welchem Bereich die Probleme einer differenzsensiblen Sprache erhoben und diskutiert werden, ist nämlich alles andere als selbstverständlich. Steht gegenwärtig die gendersensible Sprache im Mittelpunkt der Diskussion, so wurde im Kontext der neo-marxistischen sozialwissenschaftlichen Konzepte der späten 60er- und 70er-Jahre des vergangenen Jahrhunderts die Differenzsensibilität von Sprache an den *sozialen* Unterschieden festgemacht. In den Studien des Soziolinguisten Basil Bernstein erscheint sprachliche Differenz als *soziale Differenz*: »Verschiedene Sprachformen oder Sprachcodes symbolisieren die Form der sozialen Beziehung, bestimmen die Natur der sprachlichen Auseinandersetzungen und schaffen für die Sprecher verschiedene Bedeutungs- und Verhältnisordnungen. Die Erfahrung der Sprecher wird dann umgeformt durch das, was in der Sprachform als bedeutend oder relevant herausgehoben wird. Dies ist ein soziologisches Argument, weil die Sprachform als Folge der jeweiligen Gesellschaftsform betrachtet wird, oder um es allgemeiner auszudrücken, weil sie eine Form der Sozialstruktur ist« (Bernstein 1974, 266). Dabei unterscheidet Bernstein einen elaborierten von einem restringierten Code: »Elaborierte Codes sind weniger an eine gegebene oder lokale Struktur gebunden, und es besteht die Möglichkeit, dass sie sich im Prinzip wandeln. Im Falle der elaborierten Codes ist die Sprache von der sie evozierenden Sozialstruktur befreit und wird autonom […] Restringierte Codes sind stärker an die lokale Sozialstruktur gebunden, und ein Wandel in den Prinzipien ist nur beschränkt möglich« (270). Der elaborierte Code ist also wesentlich »beweglicher«, abstraktionsfähiger, jedoch auch distanzierter, während der restringierte Code in seinen

Möglichkeiten eingeschränkt, jedoch näher an den Erfahrungen, emotionaler ist. Differenzsensibilität bedeutet in diesem Kontext, die Chancen und Grenzen dieser beiden Codes wahrzunehmen und in sprachlicher Praxis, den Umgang mit den jeweiligen Codes zu »optimieren«.

Für den homiletischen Kontext hat Horst Albrecht mit seiner Studie »Arbeiter und Symbol. Soziale Homiletik im Zeitalter des Fernsehens« aus dem Jahre 1982 die *soziale Differenz in der Sprache* thematisiert. Er konstatiert für seine Gegenwart ein Defizit der Homiletik an Differenzsensibilität hinsichtlich sozialer Unterschiede in der Sprache: »In der Homiletik hat sich anscheinend die Meinung durchgesetzt, man könne die soziale Frage ignorieren. So reduziert sich beispielsweise im neuen ›Praktisch Theologischen Handbuch‹ die ›Grundfrage der Homiletik‹, da die Predigt ›selbstverständlich von Zuhörern in Zeit und Raum stattfindet‹, auf Teilfragen: ›Wer soll was wie predigen?‹, von einem ›Wem‹ ist kaum die Rede. Dagegen konstatiert das etwa gleichzeitig in der DDR erschienene ›Handbuch der Praktischen Theologie‹ eine ›doppelte dialogische Grundbestimmung‹ der Predigt: ›Gott und Mensch, Zeuge und Hörer‹, zu letzterem ›gehört die jeweilige gesellschaftliche Situation‹« (Albrecht 1982, 12 f.). Diese Sätze sind unter *theoriegeschichtlichem* Aspekt höchst aufschlussreich. Energisch wird – sicher zu Recht! – eine Differenzsensibilität hinsichtlich sozial bedingter Unterschiede eingeklagt, während dieselben Sätze jegliche Differenzsensibilität hinsichtlich von Gender erkennbar vermissen lassen.

(2) Dass die Sprache im genderwissenschaftlichen Diskurs besondere Beachtung findet, kann kaum verwundern. *Die Sprache ist zum einen Ausdruck gesellschaftlich-kultureller Wirklichkeit, wie sie andererseits diese Wirklichkeit mit hervorbringt und gestaltet.* Sprachliche Prozesse laufen auf der einen Seite unwillkürlich und unreflektiert ab und lassen sich auf der anderen Seite theoretisch reflektieren und beeinflussen. Sprache ist immer auch ein Austragungsort, an dem gegensätzliche Intereressen oft konfliktreich aufeinander treffen.

Beide feministischen Grundansätze, der eher essentialistische Ansatz sowie der konstruktivistische Ansatz (→ 3.3.2.3), thematisieren je auf ihre Weise die Funktion von Sprache. Der essentialistische Ansatz ist daran interessiert, dass Frauen in der Sprache *erkennbar und präsent* sind. Der konstruktivistische Ansatz thematisiert eher, wie Geschlecht mittels Sprache *markiert und generiert* wird. Beide Ansätze verfolgen dabei eine *analytische* und eine *konstruktive* Perspektive.

Analytisch wird nach der Präsenz und Generierung von Geschlecht im praktischen Vollzug der Sprache gefragt. Als prägnante Genderdifferenz fällt die heute weitgehend überwundene Unterscheidung von »Frau« und »Fräulein« auf, eine Unterscheidung die im Bereich der Bezeichnung von Männern keine Entsprechung hat. Das Beispiel zeigt, wie durch eine markante sprachliche Differenz eine ganze Distinktionskultur mit weitreichenden Folgen sowohl im öffentlichen wie im privaten Bereich generiert werden kann. Eine wesentliche Aufgabe der Sprachanalyse ist die qualitative Bestimmung von

diskriminierender (»Blondine«) und nicht-diskriminierender (»Bundeskanz-
lerin«) Genderdifferenz in der Sprache.

Aufgrund der analytischen Erkenntnis der sprachlichen Genderforschung
lassen sich dann auch Perspektiven für einen diskriminierenden Umgang mit
der Genderdifferenz in der Sprache entwickeln. Hierfür hat sich der Begriff
der »inklusiven« Sprache eingebürgert. (Zwischenfrage: Ist der an dieser Stelle
von mir verwendete Begriff »eingebürgert« nun diskriminierend oder nicht?
Müsste ich nicht eher »eingebürgerInnert« sagen? Oder dasselbe noch einmal
ganz anders? Die Antworten darauf werden wohl verschieden ausfallen und
zeigen damit an, wie diffizil der zu erörternde Sachverhalt ist.)

Weiterführende Literatur

M. Hellinger, Kontrastive Feministische Linguistik. Mechanismen sprachlicher Diskriminierung im Deutschen und Englischen, Ismaning 1990

(3) Die allgemeine Diskussion um eine gendersensible Sprache wurde und
wird in der Theologie und insbesondere in der Praktischen Theologie breit
rezipiert. Dabei dürfte es kein Zufall sein, dass die Frage nach einer gendersensiblen Sprache vor allem im *Kontext von Homiletik und Liturgik* thematisch wurde. Die Predigt und der Gottesdienst sind offensichtlich der Ort,
wo theoretische Reflexionen und praktische Erfahrungen gendersensibler
Sprache eine besonders anregende Koalition eingehen.

a) Für die homiletische Reflexion auf eine gendersensible Sprache erscheint
die *historische Dimension* unerlässlich. Zum einen kommt die (Ver-)Formung
der Sprache durch eine durch Männersicht und Männerinteressen geprägte
Kultur in ihrer weitreichenden Bedeutung erst vor dem Hintergrund ihrer
langen Geschichte richtig in den Blick. Zum anderen bewahrt der Blick in
die Geschichte davor, der bloßen Aktualität eines modischen Themas zu er-
liegen. Die Historisierung des Problems einer gendersensiblen Sprache im
Kontext des Christentums relativiert das Problem nicht, sondern verleiht
ihm erst seine aktuelle Brisanz. Es ist kein Zufall, dass eine in Genderfragen
so ausgewogen argumentierende Praktische Theologin wie Isolde Karle in ihren Arbeiten immer wieder kleine historische Untersuchungen und Reminis-
zenzen einarbeitet.

Am Beispiel lutherischer Liturgie kann die Dominanz von männergeprägter
Sprache exemplarisch deutlich werden: »Die traditionellen Gebete in lutherischen Agenden zum Beispiel sprechen Gott beinahe ausnahmslos als Vater an.
Auch in den geistlichen Liedern wird meist auf männliche Erfahrungen Bezug
genommen und die Welt aus einer rein männlichen Perspektive beobachtet und

interpretiert. So dichtet Martin Luther in seinem berühmten Lied ›Ein feste Burg ist unser Gott‹ in der vierten Strophe: ›Nehmen sie den Leib, Gut, Ehr, Kind und Weib: lass fahren dahin, sie haben's kein Gewinn.‹ Ganz selbstverständlich und völlig fraglos geht Luther in der Ständegesellschaft davon aus, dass der Mann als Hausherr der Betroffene ist, dem gegebenenfalls alles, was ihm lieb und teuer ist, genommen werden kann. Dass auch die Frau Mann und Kind verlieren kann, taucht nicht im Vorstellungshorizont auf« (Karle 1998, 126). Diese Sprachformung strahlt dann auch in den Lutherischen Katechismus hinein aus, der über Jahrhunderte hinweg als wirkungskräftiges pädagogisches Instrument die Weltsicht der Christenmenschen prägte: »In der Erklärung zum ersten Glaubensartikel heißt es: ›Ich glaube, dass mich Gott geschaffen hat samt allen Kreaturen, mir Leib und Seele, Augen, Ohren und alle Glieder, Vernunft und alle Sinne gegeben hat und noch erhält.‹ Bis dahin vermutet man, dass dieses ›Ich‹ exemplarisch für alle von Gott geschaffenen Menschen, also für Frauen und Männer, steht. Ganz sicher entspräche das auch der Absicht Martin Luthers. Aber dann fährt Luther fort: ›[…] dazu Kleider und Schuh, Essen und Trinken, Haus und Hof, Weib und Kind, Acker, Vieh und alle Güter […]‹ Es ist ganz offensichtlich, dass das sprechende ›Ich‹ nur ein Mann sein kann, ein Mann, der Haus und Hof, Familie und Gesinde vorsteht. Der Androzentrismus besteht nicht zuletzt darin, dass diese partikulär-männliche Sichtweise zu Luthers Zeit überhaupt nicht wahrgenommen und reflektiert wird. In der ständischen Gesellschaft war es so selbstverständlich, dass der Mann der repräsentative Mensch war, dass diese Art Asymmetrien kaum auffielen oder bewusst beobachtet und kommuniziert wurden. Frauen und Männer galten nicht als Individuen, sondern als Personengruppen, die eine ganz bestimmte soziale Stellung in einer hierarchisch gegliederten Gesellschaft innehatten« (126 f.).

Diese Sätze zeigen, dass Karle ihre historischen Exkurse in aktuell-praktischer Absicht unternimmt. In einer Gesellschaft, die dem einzelnen Menschen eine ganz anders geartete Bedeutung einräumt, wird eine Sprache, der jede gendersensible Dimension fehlt, auch im Kontext der Predigt und des Gottesdienstes nicht mehr akzeptiert. Eine solche Sprache stellt eine Barriere dar, die den Zugang zu den Inhalten schlicht verstellt: »In ihrer Beobachtung geschärft durch die Individualisierungsprozesse der letzten Jahrzehnte nehmen Frauen die gängigen Asymmetrien und Androzentrismen in der Sprache in Kirche und Gottesdienst nun wahr und ärgern sich. Die Versicherungen, dass bei den Brüdern die Schwestern mitgemeint seien und Gottvater nun wirklich kein Geschlecht habe, überzeugen nicht mehr. Viele Frauen fühlen sich nicht mehr mitgemeint, wenn im Gottesdienst nach wie vor eine androzentrische Sprache als für alle gültige Sprache verwendet und naiv gebraucht wird. Viele, vor allem jüngere Frauen, fühlen sich durch eine solche Männersprache abgewertet, benachteiligt und ausgeschlossen. Und sie thematisieren diese von ihnen wahrgenommene Schieflage. Doch nicht nur Frauen empören sich über androzentrische Sprachstile und -inhalte, auch Männer empfinden sie zunehmend als störend und unangemessen« (129). Eine gendersensible Sprache, Predigt und Liturgie werden damit zu einem prioritären Projekt zeitgenössischer Homiletik und Liturgik. In der gegenwärtigen Diskussion lassen sich drei Kennzeichen einer solch notwendigen gendersensiblen Sprache erkennen: Es geht um *Inklusivität* der Sprache; es geht um die gleichberechtigte *Präsenz* von Männern und Frauen in der Sprache; und es geht um die *Transzendierung naiver genderbezogener* Metaphorik und Symbolik.

(b) Dass für die Predigt und den Gottesdienst eine *inklusive Sprache* angemessen ist, wird heute kaum noch ernsthaft bestritten. Kontroverser wird die Debatte dann, wenn es um die Frage geht, wie eine solche inklusive Sprache beschaffen sein sollte. Inklusivität ist nicht nur eine rhetorische Verfahrenstechnik zur »Herstellung« von Gendergleichheit. Inklusivität ist weitaus mehr ein hermeneutischer Reflexionshorizont von Sprache: »›Inklusivität‹ meint jedoch noch sehr viel mehr als nur ein additives Hinzufügen weiblicher Gottesnamen in die Gebetssprache, meint mehr als ein nachträgliches Abändern der krassesten Fälle in der Choralsprache unseres Gesangbuchs. ›Inklusivität‹ als grundlegendes Kriterium jeder liturgischen Revisionsarbeit meint vom Erfahrungshintergrund der Frauen her, die traditionelle Spaltung im Gottesbild und das hierarchische Geschlechterverhältnis zu überwinden und zu einer gerechten Sprache als der Voraussetzung für gerechte Gemeinschaft von Frauen und Männern (und Kindern) in der Kirche zu kommen« (Jost / Schweiger 1996, 40 f.).

Für den Umgang mit inklusiver Sprache lassen sich einige – sicher nicht vollständige, aber gleichwohl hilfreiche – Regeln formulieren:

▷ Das sprachliche Genus von Personenbezeichnungen soll entsprechend dem Geschlecht der genannten Person(en) verwendet werden: also *Predigerin*, wenn eine Frau gemeint ist. *Predigerin und Prediger*, wenn Männer und Frauen gemeint sind, etc.

▷ Frauen sollen in der Sprache erkennbar werden: also von *Jüngerinnen* Jesu sprechen, wenn wir wissen, dass auch Frauen im Gefolge Jesu waren, auch wenn die Bibel selbst diesen Terminus nicht kennt.

▷ Feminine Endungen sollen auch dort verwendet werden, wo dies zu sprachlichen Neologismen führt: Also Bankkauf*frau* als Analogon zum Bankkauf*mann*.

▷ Ebenso sind Neologismen für bisher typische Frauenbezeichnungen zu erfinden, was nicht immer einfach ist: zum Beispiel das männliche Pendant zu Hebamme – *Hebämmerich* (wohl eher nicht?!), *Geburtshelfer, Geburtsassistent?*

▷ Sprachmuster atypisch verwenden: der Geburtshelfer, die Pilotin.
▷ Abwechslung im Genus: die Predigerin und der Hörer
▷ Zur Vereinfachung können sprachliche Kürzel verwendet werden, wie das große Binnen-I.

Bereits die wenigen Beispiele zeigen, dass die Anforderungen an eine inklusive Sprache höchst anspruchsvoll sind. Und es wird auch nicht immer zu konsensfähigen Lösungen kommen. Dies gilt insbesondere für Sprachen wie das Deutsche, wo die Genderdifferenz in der Sprachstruktur sehr deutlich markiert ist. Das Englische bereitet hier weniger Probleme. Dort ist es wesentlich einfacher, inklusiv zu sprechen. Im Deutschen wird uns eine inklusive Sprache immer wieder zum Stolpern bringen. Aber dies ist ein wohl notwendiges, hilfreiches Stolpern. Die jahrhundertelange Diskriminierung von Frauen hat sich auch in unsere Sprache eingeschrieben und lässt sich nicht mit einigen wenigen sprachlichen Operationen überwinden. Der Schriftsteller Adolf Muschg hat von einer »Wunde in der Sprache« gesprochen. Diese »Wunde in der Sprache«, die auf jahrhundertelange alltägliche Verwundungen verweist, wird noch lange klaffen. Aus dieser Tatsache sollte aber kein Freibrief für weiterhin während sprachliche Unbekümmertheit abgeleitet werden. Wunden müssen gepflegt werden, damit sie dann doch vielleicht eines Tages heilen können. Ein wesentliches Mittel dieser Pflege ist die Sensibilität für Differenzen in der Sprache, sowohl für heilsame wie für destruktive Differenzen. Kein sprachlicher Rigorismus in der einen oder anderen Richtung hilft hier weiter. Hier wird jede und jeder ihren / seinen eigenen Stil finden müssen. Ich selbst verhalte mich hinsichtlich der sprachlichen Genderdifferenz etwas anarchistisch und verpflichte mich keinem bestimmten sprachlichen Lösungsvorschlag. Unsere Wege in der Sprache werden dann von den Betroffenen am ehesten akzeptiert werden können, wenn sie spüren, dass wir an dieser Stelle sensibel sind und die Anstrengung zu sprachlicher Reflexion und Einübung in neue Praxis nicht umgehen.

c) *Gendersensible Sprache macht Menschen präsent* – und zwar unabhängig von den durch Gender markierten gesellschaftlichen und kulturellen Hierarchien. Der Kirchenpräsident der Evangelischen Kirche in Hessen und Nassau stellt in diesem Zusammenhang schlicht fest: »Frauen sind weder Bürger noch Rechtsanwälte noch Brüder. Wenn sie sich angesprochen fühlen und das gemeinsame Leben verantwortlich mitgestalten sollen, wollen sie in ihrem Frau-Sein sprachlich gewürdigt werden« (zit. n. Kuhlmann 2005, 10). Dies heißt zunächst einmal: Es geht um die Präsenz der Frauen in der Sprache – als *Bürgerinnen*, als *Rechtsanwältinnen*, als *Schwestern*. Aber es geht um noch mehr. Es geht darum, in historischer Rekonstruktion Frauen sichtbar zu machen, die – aus welchen Gründen auch immer – sprachlich unsichtbar gemacht wurden: Es geht um die *Jüngerinnen* und *Prophetinnen*; es geht um den Gott der Väter und *Mütter*. Gendersensible Sprache bringt sich damit immer auch in einen Gegensatz zur überlieferten Sprache. Aber sie ist damit zugleich näher an den wirklichen Verhältnissen jenseits ihrer sprachlichen Genderverformung dran. Es wird natürlich immer ein vorsichtiges Abwägen sein, wie Gender in der Sprache präsent gemacht werden kann. Macht es Sinn, von »Pharisäerinnen« zu sprechen, wenn zum Beispiel der pharisäische Lebensalltag ohne Frauen, die in den Speiseregeln kundig waren, nicht denkbar ist? Oder gibt es bessere sprachliche Möglichkeiten, Frauen im pharisäischen Lebensalltag sichtbar zu machen als durch den Begriff der »Pharisäerin«, der ja ein Begriff ist, der eine Genderdifferenz, die die pharisäische Lebensweise kennzeichnete, auch wieder unsichtbar zu machen droht?

d) Die Liturgiewissenschaftlerin Teresa Berger hat die These vertreten, dass sich die Sprache der Frauen im Kontext von Predigt und Liturgie durch einen spezifischen Umgang mit Symbolen auszeichnet, der als eine *Transzendierung vordergründiger Bedeutungen* beschrieben werden kann: »Frauenliturgien sind geprägt von einer intensiven Vorliebe für Symbole: Wasser, Öl, Brot, Blumen, Kerzen, Tücher, Erde, Wein, Milch und Honig, Zweige, Asche, Früchte, ja auch Äpfel kommen in viel größerem Maße zur Geltung als in traditionellen Gottesdiensten« (Berger 1999, 25). An dieser Aufzählung fällt zunächst einmal auf, dass es sich um Natursymbole handelt oder doch zumindest um Symbole kultureller Produktion, die dem Naturablauf sehr nahe stehen. Dies ist sicher ein möglicher Weg, Genderhierarchien zu umgehen oder zu unterlaufen. Allerdings legt sich auch ein Einwand nahe. Nimmt diese Auswahl der Symbole dem christlichen Gottesbild und der damit verbundenen religiösen Erfahrung seinen personalen Charakter? In diesem personalen Charakter der Gottesbeziehung und der damit verbundenen religiösen Erfahrung war die sprachliche Genderversuchung zumindest angelegt. Personale Erfahrungen lassen sich in Personenmetaphern am dichtesten ausdrücken. Zugleich jedoch ist in Personenmetaphern immer auch ein unhintergehbarer Anteil an Gender eingeschrieben, was dann zu Genderhierarchien oder Genderblindheiten führen kann. Allerdings zeigt sich, dass personale Beziehung auch in anderen Symbolen ausgedrückt werden kann, als in direkten Personensymbolen und -metaphern. Dies zeigt eine weitere Auflistung, die Teresa Berger vornimmt: »Frauen bringen bewusst auch ihren soziokulturellen Kontext mit all seinen Symbolen in die Liturgie ein: von Familienphotos, bunten Stoffen und Garnen über Taschenspiegel, Kinderspielzeug und Seidenschals bis hin zu Gewürzen, Gefäßen und Handarbeiten« (25). Es ist deutlich, dass diese Symbole einen weitaus stärkeren personalen Charakter haben, als dies bei Natursymbolen der Fall sein dürfte. Zugleich sind diese Symbole genderoffener als direkte Personensymbole und Personenmetaphern. Sie verweisen eher auf soziale Geflechte und kommunikative Bezüge. Insofern transzendieren sie ein vordergründiges Gender(miss-)verständnis. Und insofern sind sie auch geeigneter, Gendersensibilität zum Ausdruck zu bringen. Gerade die Poetik und Spiritualität der Sprache von Predigt und Liturgie kann der Gendersensibiliät dienen: »Frauen, die jahrhundertelang liturgisch sprachlos waren, finden Gefallen an vielen Worten vor Gott. Dabei ist die Sprache der Frauenliturgien nicht die Sprache theologischer und dogmatischer Korrektheit. Frauenliturgien sprechen die poetische Sprache der Sehnsüchte, Träume, Schmerzen und Hoffnungen von Frauen heute, und sie nehmen sich Zeit dafür, diese Sehnsüchte, Träume, Schmerzen und Hoffungen in immer wieder neuen und unterschiedlichen Worten zur Sprache zu bringen« (28).

Die Erkenntnisse und Erfahrungen, die Frauen im Zusammenhang mit Frauenliturgien machen, koppeln diese nicht von der Tradition der Sprache in Predigt und Liturgie ab. Dass die poetische Sprache der Sprache der Predigt nahe steht, ist ein alter homiletischer Topos (→ 4.3.4). Dass damit jedoch auch die Gendersensibilität der Predigtsprache gewinnen kann, ist eine Erkenntnis, die wir der neueren genderhomiletischen Diskussion verdanken.

Weiterführende Literatur

R. Jost / U. Schweiger (Hg.), Feministische Impulse für den Gottesdienst, Stuttgart / Berlin / Köln 1996

A. P. Mathews, Preaching That Speaks to Women, Grand Rapids 2003

4.4.3 Die Sprache der Bibel

Predigt hat es mit Textwelten zu tun (→ 3.3.3.1). Für die reformatorische Predigt ist die Bibel eine unhintergehbare Textwelt. Nun ist ausgerechnet diese Textwelt geprägt von einer anthropozentrischen Sprache. Und unter dem Eindruck des Völkermords an jüdischen Menschen wurde die Theologie antijudaistischer Sentenzen in der Bibel selbst und vor allem in der christlichen Rezeptionsgeschichte der Bibel gewahr. Die Sprache der Bibel war in vielen Fällen das Einfallstor für Exklusionen vielfältiger Art. Protestantische Theologie kann dieses Problem nicht auf die leichte Schulter nehmen und es etwa mit dem – richtigen! – Hinweis auf die historische Entstehenssituation der biblischen Texte relativieren. Die Bibel ist für den Gottesdienst und die Predigt nicht nur ein historisches Dokument, sondern ein Buch mit autoritativem Anspruch, ein »heiliges Buch« mithin. Mit guten Gründen schlagen Predigerinnen und Prediger auf der Kanzel als erstes die »Heilige Schrift« auf. Ist die Sprache dieser Heiligen Schrift der Predigerinnen und Prediger nun differenzsensibel oder nicht? Wie kann eine Differenzsensibilität der Schrift »hörbar« gemacht werden?

Dem Projekt einer Kenntlichkeit der Differenzsensibilität der biblischen Sprache soll die im Jahre 2006 der Öffentlichkeit vorgelegte »BIBEL in *gerechter* Sprache« dienen. Die Frauen und Männer, die an diesem Projekt beteiligt waren, wollten die Bibel so ins Deutsche übertragen, dass dadurch die Differenzsensibilität der biblischen Sprache gestärkt würde. Diese Bibelübersetzung ist auf heftigsten Widerspruch gestoßen. Von »God, lost in translation« bis hin zur Charakterisierung als einem »Dokument des sich aushöhlenden Protestantismus« gingen die Verdikte. Nun wird man sicher nicht alle Einzelentscheidungen bei der vorliegenden Übersetzung als geglückt oder schlechthin gültig bezeichnen können. Pauschale Verdikte werden dem Unternehmen ebenso wenig gerecht wie dessen pauschale Verteidigung. Für den homiletischen Kontext ist dieses Projekt jedoch ebenso aufschlussreich wie anregend, weil sich an ihm die Chancen, aber auch die möglichen Gefahren differenzsensibler Sprache zeigen lassen.

(1) Eine entscheidende Weichenstellung für eine Beurteilung der BIBEL in *gerechter* Sprache besteht darin, *welchen Lektürezugang und welche Lektüreformen* man für die Bibel wählt. Der entscheidende Vorwurf der Kritik lautet, dass die Übersetzung nicht den Standards der historisch-kritischen Bibelforschung gerecht wird.

Gerd Theißen hat drei Lektüreformen der Bibel unterschieden (Theißen 1994, 57-73). Die erste ist die wissenschaftliche Zugangsweise, die *subtilitas intelligendi*. Sie ist geprägt durch eine strenge Methodologie. Zugleich rückt sie die Texte in eine historische Distanz. Sie macht sie zum Gegenstand der rekonstruierenden historisch-kritischen Forschung. Daneben ist eine zweite Lektüreform erkennbar, die als engagierte Lektüre oder als *subtilitas applicandi* gekennzeichnet werden kann. Interessanterweise rechnet Theißen sowohl die befreiungstheologische Lektüre dazu, aber auch die Bibellektüre der frühen Dialektischen Theologie und den kerygmatheologischen Ansatz der existentialen Interpretation bei Rudolf Bultmann. Schließlich gibt es noch eine anwendungsorientierte Bibellektüre, die *subtilitas explicandi*. Hierbei handelt es sich um Formen der Bibellektüre, die die RezipientInnen auf direkte Weise in die Lektüre der Bibel verwickeln wollen, wie eine literarische Verfremdung oder das Bibliodrama. Keine dieser drei Lektüreformen kann – so Theißen – den Anspruch erheben, den alleinigen Zugang zum biblischen Text zu eröffnen. Voraussetzung einer legitimen Lektüre der Bibel ist allein, dass Leserinnen und Leser der Bibel sich über die Voraussetzungen ihrer jeweiligen Lektüre Rechenschaft ablegen.

Die Kontroverse um die BIBEL in *gerechter* Sprache ist auch ein Streit um deren richtige Lektüreform. Es ist deutlich, dass das Projekt der BIBEL in *gerechter* Sprache der *subtilitas applicandi* am nächsten steht, während die Kritiker vornehmlich eine fehlende *subtilitas intellegendi* einklagen. Die Sprache der Predigt wird sich immer aller drei Lektüreformen bedienen, wobei diese in jeder Predigt verschieden gewichtet sein werden. Und insofern werden PredigerInnen von der BIBEL in *gerechter* Sprache immer auch wichtige Anregungen erwarten können.

(2) Die Kritiker des Projekts haben den ÜbersetzerInnen vorgeworfen, dass die Selbstbezeichnung BIBEL in *gerechter* Sprache eine Anmaßung sei, weil sie andere Übersetzungen damit als ungerecht brandmarke. Gibt es das, eine Übersetzung, die »gerecht« ist? Und was hieße »gerecht« übersetzen? Diese Frage ist auch homiletisch relevant, da ja jede Predigt in gewisser Weise den biblischen Text in die Lebenswelt der HörerInnen »übersetzt«. Walter Benjamin hat davon gesprochen, dass eine gute Übersetzung nicht eine wörtliche Übertragung sei. Wörtliche Übertragungen sind ohnehin eine Schimäre, weil kein Wort einer Sprache dem Wort einer anderen Sprache völlig entspricht. Für Benjamin zeichnet sich eine gute Übersetzung dadurch aus, dass »in ihr das Echo des Originals erweckt wird« (Kuhlmann 2005, 54). Wie sähe ein »gerechtes« Echo des biblischen Originals aus? Jürgen Ebach hat versucht, genau darüber Rechenschaft abzulegen. Er vertritt die These, »dass nur ein Gerechtigkeitskonzept in den dynamischen, fragilen und immer wieder fraglichen und frag-*mentalen* Vorgang des Über*setzens* und Über*setzens* eintreten kann, welches selbst dynamisch und vor allem selbst relational begriffen ist. Eine solche Gerechtigkeit wird als Sachgerechtigkeit nur dann zu verstehen sein, wenn sie sich in die Sachen selbst verstrickt weiß und keinen vorgeblich objektiven Standort über den Dingen beansprucht. Sie wird Gerechtigkeit vor allem in den Beziehungen von Menschen sein wollen und dabei, wenn sie sich an biblischer Gerechtigkeit bemisst, parteilich und mit offenen Augen den und dem Schwachen, Stumm-Gemachten, Entrechteten – in Erinnerung und Praxis – zum Recht verhelfen« (Kuhlmann 2005, 59).

Es wird in diesen Worten noch einmal deutlich, dass sich der Gerechtigkeitsbegriff, dem sich die ÜbersetzerInnen der BIBEL in *gerechter* Sprache verpflichtet wissen, vor allem der Lektüreform der subtilitas applicandi verpflichtet fühlt, der ihrerseits eine Differenzsensibilität inhärent ist.

(3) Differenzsensibilität und die Frage nach der Inklusivität der Sprache sind *keine exklusiven Erscheinungen moderner oder postmoderner Hermeneutiken.* Die Auseinandersetzungen um die BIBEL in *gerechter* Sprache haben den Blick dafür geschärft, dass bereits in Antike und Mittelalter über die Präsenz von Gender in der Sprache intensiv nachgedacht wurde (Kuhlmann 2005, 27-30).

Im rabbinischen Diskurs über die Auslegung einzelner Stellen der Thora wird immer wieder die Frage erörtert, ob bei bestimmten Thoravorschriften, die sich grammatikalisch nur an Männern orientieren, auch die Frauen eingeschlossen sind, wobei die Rabbiner zu durchaus verschiedenen Ergebnissen kommen können. Rabbinische Textauslegung bedarf offensichtlich einer Hermeneutik der Genderaufmerksamkeit, um den Texten selbst gerecht werden zu können. Ähnliches ist von den differenzierten Diskussionen der Scholastik zu sagen. Differenzsensibilität ist also kein ausschließlich externes Kriterium, sondern die Schrift selbst verlangt nach einer differenzsensiblen Lektüre. *Differenzsensibilität ist ein internes Kriterium der Schrift zu ihrem rechten Verständnis.*

(4) Die Kritiker des Projekts BIBEL in *gerechter* Sprache bringen immer wieder den Einwand vor, dass über dem Eifer der engagierten Textlektüre der *historisch-kritische Zugang zu den Texten* verloren gehe. Gendergerechtigkeit mache blind für die tatsächlichen historischen Verhältnisse. Dass bei manchen Übersetzungsentscheidungen historische Sachverhalte verzerrt wurden, kann und sollte deshalb auch nicht bestritten werden. Sehr wohl bestritten werden kann aber die These, dass Gendergerechtigkeit historisch blind mache. Im Gegenteil kann gezeigt werden, dass Differenzsensibilität den historischen Blick zu schärfen vermag. Dazu hat Leonhard Ragaz bereits in einem in den Jahren 1937/38 gehaltenen und im Jahre 1941 veröffentlichten Vortrag zum Thema »Falsche Übersetzungen der Bibel in welt- und reichsgeschichtlicher Bedeutung« bemerkenswerte Überlegungen vorgetragen. Ragaz monierte in diesem Vortrag exakt das, was die heutigen Kritiker gegen die BIBEL in *gerechter* Sprache einwenden, dass nämlich gegenwärtige Interessen die Übersetzungsentscheidungen beeinflussen. Dabei zeigt Ragaz, dass gerade dies an vielen Stellen der Luther-Übersetzung und der Zürcher Bibelübersetzung der Fall ist. So werde etwa mit der Übersetzung »Gebt dem Kaiser, was des Kaisers ist« (Matthäus 22,31) suggeriert, dass auch die heutigen Kaiser auf solchen Tribut Anspruch hätten. Deshalb plädiert Ragaz für die »historisierende« Übersetzung »Gebt dem Caesar, was des Caesars« ist. Die von Ragaz bevorzugte Übersetzung ist differenzsensibel und historisch genau zugleich. Das Gleiche gelte für biblische Stellen, wo es um soziale Hierarchien gehe. Immer wieder neigten die traditionellen Übersetzungen dazu, soziale Hierarchien sprachlich als naturwüchsig darzustellen (etwa wenn von »Knechten und Mägden« die Rede ist und nicht von »Sklaven und Sklavinnen«) und sie unterliefen damit die Einsicht in das historische Gewordensein solcher Hierarchien. Auch hier zeigt sich, dass eine differenzsensible Sprache nicht eine Feindin, sondern eine intime Freundin eines genauen historischen Blickes ist. Predigerinnen und Prediger sollten diesen Zusammenhang genau beachten.

(5) Am heftigsten hat sich die Debatte um das Projekt BIBEL in *gerechter* Sprache an der Frage nach der *Übersetzung des Gottesnamens* entzündet. Wie ist das Tetragramm JHWH am angemessensten in die deutsche Sprache einzuschreiben? Die ÜbersetzerInnen haben sich darauf geeinigt, immer wenn von GOTT die Rede ist, den dafür verwendeten Begriff mit einem grauen Hintergrund zu hinterlegen. Der Name GOTT kann dann sehr verschieden übersetzt werden: mit ha-makom, der Ewige, Er – Sie, die Ewige, Adonaj. Überall dort, wo im fortlaufenden Text der Name Gottes erscheint, der dann mit einem bestimmten Wort übersetzt wird, erscheint oberhalb des gesamten Textes ein Textband, auf dem mögliche Varianten des Gottesnamens genannt werden. Ein sicher sehr ungewöhnliches Verfahren, das aber mit großer Aufmerksamkeit der LeserInnen rechnen kann.

Ingolf Dalferth hat dieses Vorgehen heftig kritisiert: »Alle Bestimmtheit im Reden von Gott wird so gezielt vermieden. Und diese bestimmtheitsvernichtende Überführung der Gottesbezeichnungen in sprachliche Beliebigkeit und Unbestimmtheit bleibt nicht auf die Übersetzung alttestamentlicher Texte beschränkt, sondern wird bis zur letzten Seite des Neuen Testaments fortgesetzt. Begründet wird diese textwidrige und ahistorische Praxis mit dem Hinweis, Gott sei ›in allen Teilen der Bibel derselbe bzw. dieselbe‹. Aber es kommt einer theologischen Bankrotterklärung gleich, daraus zu folgern, Gott könne in allen Teilen der Bibel auch auf dieselbe Weise bezeichnet werden; oder es sei beliebig, wie in den einzelnen Teilen von, über und zu Gott gesprochen werde; oder man könne diese Texte verstehen, ohne die Spuren der Konflikte zu beachten, in denen in den biblischen Traditionen in unzähligen Anläufen um die angemessene Bezeichnung und das rechte Verständnis Gottes gerungen wurde« (Dalferth 2006, 65).

Die Pointe der Kritik Dalferths besteht darin, dass er dem Projekt BIBEL in *gerechter* Sprache vorwirft, Sprache und damit theologische Perspektiven zu entdifferenzieren. Er klagt also eine mangelnde Differenzsensibilität ein. Um gerade diese Differenzsensibilität geht es den ÜbersetzerInnen. Und zwar geht es um die fundamentale Differenz zwischen Gott und Mensch, die gleichwohl in menschlicher Sprache zu markieren ist. Diese Differenz bestimmte bekanntlich auch das homiletische Credo der Dialektischen Theologie (→ 2.6). Wahrscheinlich wird an dieser Stelle der Streit so unerbittlich ausgetragen, weil sich die KontrahentInnen im Ziel der Differenzsensibilität einig sind, in der Frage, wie dieses Ziel in der menschlichen Sprache erreicht werden kann, jedoch kontroverse Wege vorschlagen. Dalferth möchte die Differenzsensibilität im eindeutigen Begriff, im eindeutigen Namen realisieren. Dem hat Jürgen Ebach entschieden widersprochen. Er diskutiert die verschiedenen Möglichkeiten der ÜBERSETZUNG des Gottesnamens in menschliche Sprache und kommt zu dem Ergebnis: »Keine der bisher üblichen Widergaben des Gottesnamens löst also das vielschichtige und aus theologischen Gründen prinzipiell unlösbare Problem. Der Gottesname ist unübersetzbar. Es bleibt also beim Versuch – nicht der Quadratur des Kreises, doch des sehr ähnlichen Vorhabens der unmöglichen Möglichkeit. Es käme darauf an, den Eigennamen Gottes als Eigennamen erkennbar zu halten, ihn nicht auszusprechen und doch etwas sprechen zu können und schließlich der Suggestion der exklusiven Männlichkeit Gottes entschieden zu wehren« (Kuhlmann 2005, 157).

Es ist kein Zufall, dass diese Sätze Ebachs an das Pathos der Dialektischen Theologie erinnern. Wer die Differenzsensibilität bei der Rede von Gott einklagt – und durch eine solche Differenzsensibilität muss jede gute Predigt gekennzeichnet sein! –, der gerät innerhalb der Grenzen menschlichen Denkens und menschlicher Sprache an die Schwelle der Paradoxie. Jede homiletische Differenzsensibilität muss sich dieser Paradoxie aussetzen, welche Wege der sprachlichen Realisation er oder sie dann auch immer geht. Wer sich dieser Paradoxie verweigert, hat aufgehört, vom biblischen GOTT zu *reden*.

4.4.4 Differenzsensible Predigt

Mit Bedacht wurde dieses Kapitel mit dem Begriff der Differenzsensibilität überschrieben und nicht der Begriff der Gendersensibilität gewählt, obwohl dieser Begriff in der homiletischen Diskussion weitaus präsenter ist als der Begriff der Differenzsensibilität. Gendersensibilität ist gegenwärtig mit Sicherheit eines der wichtigsten Bewährungsfelder von Differenzsensibilität, jedoch nicht das einzige.

(1) Eine differenzsensible Predigt sollte sich nicht auf einen Aspekt beschränken, wie wichtig dieser Aspekt auch sein mag. *Differenzsensibilität ist prinzipiell nicht teilbar.*

Dass sich in bestimmten historischen Situationen Differenzsensibilität in bestimmter Weise konkretisieren – und das heißt beschränken – muss, ist evident. So haben sich die MitarbeiterInnen an der BIBEL in *gerechter* Sprache vor allem auf zwei prioritäre Differenzsensibilitäten verständigt: nämlich auf (1) die Rücksichtnahme auf die jüdischen Beteiligten am jüdisch-christlichen Dialog und auf (2) eine nicht-diskriminierende inklusive Sprache. Vor dem Hintergrund der deutschen Geschichte ist die erste Differenzsensibilität sofort einsichtig, ebenso wie die Betonung der inklusiven Sprache, die auf die Sensibilität gegenüber den von der kirchlichen Tradition lange diskriminierten Frauen zielt. Durch die Fokussierung auf diese beiden Aspekte von Differenzsensibilität bekommt das Projekt BIBEL in *gerechter* Sprache zweifellos sein besonderes theologisches und sprachliches Profil und damit seine spezifische Erkennbarkeit, die die Rezeption des ganzen

Vorhabens entscheidend beeinflussen wird. Gleichwohl kann die Frage gestellt werden, ob dem Projekt diese Beschränkung nur gut tut, oder ob eine Weitung der Differenzsensibilität weitere spannende Perspektiven (und damit verbunden zweifellos auch Probleme) eröffnet hätte. Es kann durchaus sein, dass auch in diesem ambitionierten Projekt in der Zukunft blinde Flecken an Differenzsensibilität zu entdecken sind.

Predigerinnen und Prediger sollten sich in ihrer Predigtpraxis nicht ausschließlich einer Form von Differenzsensibilität verpflichten. Sie tun damit ihrem homiletischen Engagement keinen guten Dienst. Wenn es richtig ist, dass Differenzsensibilität prinzipiell nicht teilbar ist, dann schadet es der Glaubwürdigkeit einer Predigerin / eines Predigers, wenn in seinen / ihren Predigten nur ein Aspekt von Differenzsensibilität präsent ist. Geradezu desaströs ist es für eine Predigt, die Differenzsensibilität an einem Punkt einzuklagen, wenn sie in anderen Bereichen diese Differenzsensibilität vermissen lässt. Eine Predigt, die sich konsequent der inklusiven Sprache bedient und zugleich von antijudaistischen sprachlichen Klischees geradezu strotzt, ist eine Farce. Predigerinnen und Prediger, die mit guten Gründen für sich in Anspruch nehmen, differenzsensibel zu sein, sollten dies als ein gleichsam offenes, nie abzuschließendes homiletisches Projekt verstehen.

(2) Differenzsensibilität, so sehr sie in der Sprache konkret wird, ist gleichwohl kein technisch-instrumentelles Sprachverfahren. Differenzsensibilität beginnt bei unseren Wahrnehmungen und geht über die Reflexion dieser Wahrnehmungen über in sprachliche Darstellung nach außen. Dies heißt: Predigende bedürfen einer *sprachlichen Hermeneutik der Differenzsensibilität*.

Elisabeth Schüssler-Fiorenza hat vier sprachliche Konkretionen einer solchen Hermeneutik der Differenzsensibilität benannt (Schüssler-Fiorenza 2004, 251-254):

> **Sprach-Wege von Differenzsensibilität**
> (nach Elisabeth Schüssler-Fiorenza)
>
> ▷ Via affirmativa
> ▷ Via negativa
> ▷ Via eminentiae
> ▷ Via practica

Die *via affirmativa* spricht in klar umrissenen sprachlichen Bildern und Begriffen: Gott ist der gute Hirte; das Gottesreich ist transzendent; etc. Diese Sprache verleiht der Predigt eine große Klarheit, wie sie etwa auch Ingolf Dalferth einklagt. Zugleich muss diese Sprache aber deutlich machen, dass das *sprachliche Bild* und/oder der *Begriff* das damit Gemeinte nie definitiv ausdrücken kann. Die *via affirmativa* muss immer auch ihre eigenen Begrenzungen markieren.

Die *via negativa* betont, dass Gott alle menschlichen Erfahrungen und damit auch die Möglichkeiten der menschlichen Sprache übersteigt. Sie betont, dass wir eigentlich nur bestimmt sagen können, wie Gott nicht ist. Er ist nicht wie ein irdischer König; Er ist kein Hirte mit Schlapphut. Als kritische Funktion ist eine solche Sprache für die Predigt unerlässlich. Eine Predigt, die jedoch nur den Weg der *via negativa* beschreitet, wird die Hörenden recht unbefriedigt mit den Negationen allein lassen.

Die *via eminentiae* betont, dass jede sprachliche Bemühung einen Überschuss hat, der sich nicht an eine sprachliche Affirmation oder Negation zurückbinden lässt. Die Gleichnisse Jesu sind als Ausdruck dieser via eminentiae zu begreifen. Sie reden in präziser Weise von Gott, sie arbeiten mit Bildern und Erfahrungen der menschlichen Lebenswelt und sie machen zugleich deutlich, dass die in einem bestimmten Gleichnis arrangierten sprachlichen Bilder über ihre ursprüngliche Bedeutung hinausweisen. Als sprachliche Kunstwerke benennen die Gleichnisse Jesu auf transzendierende Weise die vorfindliche Wirklichkeit. Insofern können die Gleichnisse Jesu auch als Sprachschule der *via eminentiae* gelten.

Die *via practica* schließlich lässt Sprache in tätige Spiritualität ausmünden. Deshalb kann die Predigt auch nie isoliert betrachtet werden. Sie ist vom Ganzen des Gottesdienstes her definiert (→ 5.1.1). Die Predigt steht in einem liturgisch-spirituellen Kontext, der über die Zeit der Predigt und des Gottesdienstes hinausreicht. Letztlich zielt die Predigt auf eine recht verstandene *via practica*, die sich in dem vollendet, was die Hörerinnen und Hörer der Predigt wahrnehmen und welche Konsequenzen sie aus dem Wahrgenommenen zielen. Die Predigt als rezeptionsästhetisches Geschehen vollendet sich in der *via practica*.

Predigerinnen und Prediger werden sich wohl nicht nur einer dieser von Elisabeth Schüssler-Fiorenza benannten sprachlich-hermeneutischen Vorgehensweisen verpflichten. In gewisser Weise wird jede Predigt in unterschiedlicher Gewichtung durch diese vier Wege geprägt sein.

(3) Differenzsensibilität in der Predigt lässt sich letztlich nicht in ein strategisches Programm überführen. Differenzsensibilität hat es weitaus mehr mit einer *Haltung* von Predigerinnen und Predigern zu tun. Differenzsensible Predigten werden von PredigerInnen gehalten, die sich in ihrem Leben der Differenzsensibilität zu öffnen vermögen. Für die differenzsensible Predigt gilt in besonderem Masse das Wort von Georges-Louis Leclerc de Buffon. In seinem Vortrag vor der Academie Française mit dem Titel »Discours de style« hat er den Satz geprägt: »Le style est l'homme même« (»Der Mensch – das ist

sein Stil« – oder auch umgekehrt; »Sein Stil – das ist der Mensch selbst«). Die Hörerinnen und Hörer spüren, ob ihrem Prediger, ihrer Predigerin Differenzsensibilität ein Anliegen ist oder nicht. Differenzsensibilität als äußere Attitüde ist mit Sicherheit kontraproduktiv. Deshalb wird jede Predigerin und jeder Prediger auch einen eigenen Sprachstil finden müssen, um der Differenzsensibilität gerecht zu werden. Hier dürfte eine äußerliche Begrifflichkeit von *political correctness* und/oder *theological correctness* eher schädlich sein. Es wird hier und da mit Sicherheit bei allen Predigenden sprachliche Abstürze geben. Sprachlich sind wir Predigenden hinsichtlich der Differenzsensibilität alle Lernende. Und Lernende haben das Recht auf Fehler. Eine Sprache der Differenzsensibilität ist für Predigende mit Sicherheit ein lebenslanges Lernprojekt.

Letztlich hat es eine differenzsensible Predigt mit einer Kunst des Lebens zu tun. Differenzsensible Predigt ist Teil der Lebenskunst der Predigenden. Und deshalb bedarf die differenzsensible Predigt einer Ästhetik der Lebenskunst. Der Stadtsoziologe und Flaneur Richard Sennett hat das Motto einer solchen Lebenskunst kurz so formuliert: »Unterschiede sind nicht dazu da, dass man sie überwindet« (Sennett 1991, 192). Dabei wäre dieser Satz Sennetts selber noch einmal zu differenzieren. Ein wichtiger Bestandteil der Lebenskunst besteht darin, zu unterscheiden zwischen Unterschieden, die überwunden werden sollen, weil sie unser Leben einschränken, und Unterschieden, die nicht überwunden werden sollen, weil sie unser Leben bereichern. Eine differenzsensible Predigt könnte zur Kultivierung einer solchen Lebenskunst viel beitragen.

4.5 Predigt in der Mediengesellschaft

Wir leben heute in einer Mediengesellschaft. Dies zu sagen, ist eine Platitude. Der Begriff ist in aller Munde. Die mit diesem Begriff beschriebenen Phänomene sind präsent. Wie so oft bei populären Begriffen und Sacherverhalten beginnen die Schwierigkeiten mit dem zweiten Blick. Was meinen wir, wenn wir von der Mediengesellschaft sprechen? Was ist das überhaupt – ein *Medium*? Und wie sind Theologie und Kirche in der Mediengesellschaft zu verorten? Antworten auf diese Fragen, werden wir nur durch einen differenzierenden Blick auf die Phänomene der Mediengesellschaft gewinnen können.

Die Vielschichtigkeit der Phänomene, die wir unter dem Begriff der Mediengesellschaft zu fassen versuchen, lässt sich nicht auf *einen* theoretischen Zugang oder *eine* wissenschaftliche Perspektivierung vereinheitlichen. Das homiletische Interesse an der Mediengesellschaft lässt sich nur in der Wahrnehmung der Vielschichtigkeit der medialen Welten unserer Gegenwart konkretisieren.

Bereits der Begriff *Medium* ist in sich vielschichtig und schillernd. Wörtlich bedeutet *medium* zunächst nichts anderes als »sich in der Mitte befindend«, ein »Zwischen-Raum« zwischen zwei Bereichen. Das Medium vermittelt also, es stellt eine Verbindung her. In diesem Sinne wird der Begriff gegenwärtig in den verschiedensten Zusammenhängen verwendet. In der Musikwissenschaft kann das Medium ein Instrument sein, das zwischen der auf dem Notenpapier notierten Melodie und dem Ohr der Hörenden vermittelt. Das Buch als Medium vermittelt zwischen dem Roman und dem Auge der Lesenden. In gewisser Weise können sogar Menschen selbst zum Medium werden, wie dies in den vielfältigen parapsychologischen Szenerien anzutreffen ist. In der Regel jedoch zielt der Begriff des Mediums auf eine nichtpersonale Vermittlungsinstanz ab, die gleichwohl »Personalität« transportieren kann. Die Vielfalt der Medientheorien unserer Gegenwart versucht, Voraussetzungen und Konsequenzen medialer Kommunikation zu reflektieren. (Einen ersten kurzen Einblick in die Vielfalt der medialen Welten und der damit verbundenen Begrifflichkeit und den theoretischen Ansätze gibt Gehring 2002, 78-87). Gegenwärtig findet in der wissenschaftlichen Diskussion vor allem der Aspekt der massenmedialen Kommunikation besondere Aufmerksamkeit. Dies gilt auch für die Homiletik.

(1) Das Thema der medialen Kommunikation und vor allem der Massenmedien hatte in der deutschsprachigen Theologie zunächst nicht die gleiche Aufmerksamkeit gefunden wie im angelsächsischen Bereich, wo das Thema seit Jahrzehnten zum selbstverständlichen Reflexionsbereich der Theologie gehört (vgl. dazu exemplarisch Hoover 2006). Dies hat seinen Grund mit darin, dass die mittel- und nordeuropäische Theologie in besonderer Weise der deutschsprachigen geisteswissenschaftlichen Traditionen verpflichtet war, in denen die Begriffe der »Unmittelbarkeit« und der »Persönlichkeit« besonders hoch bewertet wurden. Die Mediengesellschaft steht dabei im Verdacht der Zerstörung einer unmittelbaren, direkten und persönlichen Kommunikation. Medien behindern in dieser Sicht Kommunikation eher, als dass sie sie befördern. Auf diese Weise können die Massenmedien nur in der Perspektive einer *Verfallsgeschichte* wahrgenommen werden. Und dies gilt in besonderer Weise für den theologischen Diskurs.

Exemplarisch für eine solche verfallsgeschichtliche Perspektive kann das Buch von Horst Albrecht »Die Religion der Massenmedien« stehen. Auf der einen Seite kommt diesem Buch das Verdienst zu, dass es sich als eines der ersten deutschsprachigen praktisch-theologischen Publikationen umfassend und systematisch mit den Massenmedien auseinandersetzt. Auf der anderen Seite wird in diesem Buch eine durchgängige kulturpessimistische Verfallsszenerie gezeichnet. Dies kündigt sich bereits im ersten Kapitel an, in dem ein »Verlust an Unmittelbarkeit« und eine »Pseudoreligiosität« durch massenmediale Kommunikation beklagt wird (Albrecht 1993, 9-16). Eine »Medientheologie«, wie sie Albrecht in diesem Buch versucht, kann sich nur als dezidierte Kulturkritik an der Mediengesellschaft artikulieren. Medial vermittelte Religion erscheint als »Triviale Religion«, als »Remythisierung von Welt« und »Reinfantilisierung von Menschen« sowie als »Kommerzialisierung von Religion« (134-139). Es soll nicht bestritten werden, dass Albrecht mit seiner Kritik wichtige Aspekte bestimmter Erscheinungsformen von Massenkommunikation im Blick hat. Jedoch greift eine praktisch-theologische Medientheorie, die sich auf diese Perspektive beschränkt, eindeutig zu kurz. Ebenso greift eine Medientheologie zu kurz, die den – unbestreitbaren! – Faktor ökonomischer Interessen in einseitiger Weise betont (Fuchs 1989). Dass in der Mediengesellschaft ökonomische Interessen im Spiel sind, ist offenkundig. Dass aber die Mediengesellschaft dadurch mehr bestimmt ist als gegenwärtige Reorganisationsformen kirchlicher (Kommunikations-)Strukturen, müsste erst noch gezeigt werden.

Es ist nicht ausgeschlossen, dass von einem Defizit-Modell medialer Kommunikation positive Impulse für eine theologische und religiöse Medienpraxis ausgehen können. Dies geschieht in der Regel in der Weise, dass kirchliches Engagement in der Mediengesellschaft als eine Behebungspraxis gewisser Mängel und als eine Ausgleichs-Praxis gewisser Defizite konzipiert wird. In diesem Sinne hat Thomas H. Böhm den anregenden Entwurf einer theologischen Hermeneutik der Mediengesellschaft vorgelegt. Kirchliches Engagement in der Mediengesellschaft versteht sich dann als »partielles« oder »vertieftes« und somit »verantwortetes Mittun« (Böhm 2005, 314). Aber auch bei einem solchen Ansatz sind die Bewertungen klar: Das *positive* Engagement vollzieht sich vor einer *defizitären* Kulisse der Mediengesellschaft.

Besonderer Kritikpunkt dieses Ansatzes von Medientheologie ist das Insistieren auf der sogenannten direkten Kommunikation, die gerne unter dem Begriff der *face-to-face-Kommunikation* gefasst wird. So ist für Reinhard Preul »christliches Zeugnis« als »Gestalt eines Lebenszeugnisses« nur als »leibhafte face-to-face-Kommunikation« vorstellbar (Preul / Schmidt-Rost 2000, 12). Eine solche These gewinnt ihre Plausibilität nur vor dem Hintergrund eines bestimmten Verständnisses von Glaubenskommunikation: »Religion [...] existiert primär nicht in Gestalt von Texten, Riten, Liedern etc., sondern in Gestalt von Personen, die sie leben. Gibt es solche Personen nicht mehr, dann ist die Religion selber ausgestorben, auch wenn sie einen noch so großen Schatz von überliefertem Material in Form von Texten, Liedern, Agenden,

Bildern und Bauwerken hinterlässt. Daraus folgt, dass das eigentliche und ursprüngliche Medium religiöser Kommunikation die menschliche Person in ihrer Leibhaftigkeit ist, sofern sie ihren Glauben so oder so zu erkennen gibt« (11 f.). Nun kann sicher nicht ernsthaft bestritten werden, dass religiöse Kommunikation immer auch personale, leibhafte Kommunikation ist. Sehr wohl hinterfragt werden kann jedoch der Gegensatz, der hier aufgebaut wird zwischen personaler, leibhafter Kommunikation und Texten, Riten und Liedern. Denn die personale Kommunikation vollzieht sich ständig als Kommunikation von Texten, Bildern, Liedern und als Kommunikation in rituellen Zusammenhängen. Dies gilt in besonderem Maße für die religiöse Kommunikation. Es gibt keine reine personale Kommunikation, sondern gerade die *personale, leibhafte Kommunikation ist stets medial vermittelt*. Wer die personale, leibhafte Kommunikation gegen deren mediale Vermittlung ausspielt, sitzt einer romantischen Fiktion von »authentischer« Kommunikation auf, die es in der realen Welt nicht gibt.

(2) Es ist unverkennbar, dass unter dem Eindruck der ästhetisch-phänomenologischen Wende in der Praktischen Theologie der medialen Kommunikation und den Massenmedien eine sehr viel breitere Wahrnehmung und damit verbunden eine differenziertere Bewertung zuteil wird. Mediale Kommunikation wird nun nicht mehr länger gegen eine »authentische« religiöse face-to-face-Kommunikation ausgespielt. Vielmehr wird gefragt, *wie mediale und nicht zuletzt massenmedial vermittelte Kommunikationsprozesse die jeweilige Struktur personaler religiöser Kommunikation verändern und bestimmen.* Leitend ist dabei ein Begriff von (religiöser) Kommunikation, der den Gegensatz von Medialität und Personalität hinter sich gelassen hat. Die Mediengesellschaft prägt unsere Sicht des Wirklichen und unserer Selbstwahrnehmung. Unser Wirklichkeitsverständnis ist immer medial bestimmt. So gewinnt etwa Wilhelm Gräb dadurch, wie er diese Zusammenhänge fokussiert, einen kritischen Begriff sowohl medialer Kommunikation wie der Mediengesellschaft selbst: »Was öffentlich ist, was alle angeht, worüber man spricht, was wirklich ist, das wird in der Mediengesellschaft durch die Medien bestimmt. Ob etwas *Realität* hat, das entscheidet sich danach, ob es darüber Gedrucktes zu lesen gibt, ob es darüber elektronisch zu empfangende Bilder gibt. Natürlich findet immer noch personale, interpersonale Kommunikation auch in leibhafter Kopräsenz statt. Es braucht sie allein schon zur Vorbereitung und Nachbereitung dessen, was gedruckt und gesendet wird. Aber eben genau darin bereits zeigt sich, was allgemein gilt: Es schließt alle leibhaft gebundene, personale Kommunikation an die Medien und die durch sie bewirkte *Unterbrechung* der Interaktion unter Anwesenden an« (Gräb 2002, 142).

Es dürfte deutlich sein, dass ein solches Verständnis medialer Kommunikation und der Mediengesellschaft auf eine kritische Begrifflichkeit nicht ver-

Rhetorik

zichten kann, sondern diese geradezu erfordert. Allerdings geschieht diese kritische Wahrnehmung und theoretische Reflexion nicht vor dem Hintergrund einer düster-defizitären Kulisse der Mediengesellschaft, sondern indem sie die medial-kommunikativen Strukturen und Prozesse der Mediengesellschaft phänomenologisch nachzeichnet. Erst mittels einer solchen vorurteilsfreien Phänomenologie medialer Kommunikationsprozesse lässt sich eine Kriteriologie für gelingende mediale Kommunikation entwickeln.

In der gegenwärtigen (praktisch-)theologischen Diskussion um die Bedeutung der Medien und der Mediengesellschaft lassen sich zwei thematische Schwerpunkte erkennen, die aber untergründig miteinander verbunden sind, nämlich die Frage nach der Präsenz von Religion in den Medien und die – umstrittene! – These, dass die Medien selbst die Funktion von Religion(en) übernehmen.

(3) *Religion hat eine Affinität zu den Medien.* Diese These hat vor allem der Medientheoretiker Jochen Hörisch vertreten. Historisch lasse sich feststellen, dass »Religionen, Missionen und Konfessionen an der Spitze des Medienfortschritts anzutreffen waren und sind« (Hörisch 2005, 142). So überraschend die These zunächst klingen mag, so kann sie durch genauere historische Studien durchaus bewährt werden. Das frühe Christentum hat sich mit dem Übergang von der schweren Schriftrolle zum leichteren Buchkodex ein neues Medium angeeignet, das entscheidend zur Verbreitung und auch zur Attraktivität des Christentums beigetragen hat. Die Reformation hat in den Flugschriften ein notwendig »schnelles« Medium gefunden, das ihre Durchschlagskraft wesentlich begünstigte. Neben diesen historischen Zusammenhängen hat Hörisch eine weitere Affinität der christlichen Religion zum Medium konstatiert. In der Mitte des Christentums steht das Abendmahl als ein Medium *par excellence.* Laut Hörisch gibt es drei grundlegende Medien: das Abendmahl, das Geld und die neuen Medien. Alle drei vermitteln auf eine fundamentale Weise zwischen Mensch und Wirklichkeit (Hörisch 1992). Diese These Hörischs ist nicht ohne Widerspruch geblieben. Gleichwohl sollte Beachtung finden, dass ein – nichttheologischer! – Medienwissenschaftler in seiner Medientheorie einem der christlichen Zentralsymbole eine derart wichtige Rolle einräumt.

Weniger spektakulär als die weit ausgreifenden Thesen von Hörisch sind die vielfältigen Versuche, die Präsenz von Religion in der Mediengesellschaft zu beschreiben. Die beiden Medien, die dabei am meisten Beachtung finden, sind der Film und das Fernsehen. Daneben findet das Internet gegenwärtig ein wachsendes Interesse (Haese 2006).

Für das *Fernsehen* hat Elisabeth Hurth eine instruktive kleine Studie vorgelegt (Hurth, 2001). Sie zeigt, wie dieses Medium Religion in sich aufnimmt und damit zugleich verändert. Die PfarrerInnen-Serien machen diesen Beruf ähnlich dem des Detektivs zur Unterhaltungskulisse, die gleichwohl diesen Beruf und die an ihn gestellten Ansprüche nicht banalisiert. Die Talkshows lassen sich ohne große begriffliche und sachliche Überdehnung als öffentliche Beichtveranstaltungen begreifen. In historischen und kulturellen Sendungen ist Religion ein unübersehbares Thema (geworden). Aber auch die Kirchen sind mit ihren religiösen Angeboten im Fernsehen (und Radio) präsent. Die Radio- und Fernsehgottesdienste sind für viele Menschen ein wichtiges Bindeglied zwischen persönlicher Frömmigkeit und kirchlich-institutioneller Religion und den damit verbundenen Traditionen geworden.

Der *Film* ist der große Geschichtenerzähler der Mediengesellschaft. Insofern übernimmt der Film die wichtige Funktion der narrativen Selbstvergewisserung der Menschheit (→ 4.2.1). Und deshalb kann es auch nicht überraschen, dass religiöse Themen, Symbole und Rituale in den Filmen der Gegenwart in reichlichem Maß präsent sind (Laube 2002).

Das *Internet* erweist sich zunehmend als geeignet – im Gegensatz zu Radio und Fernsehen – für interaktive Kommunikation. So werden Angebote der Internetseelsorge verstärkt von den Menschen wahrgenommen und genutzt.

Alle Thesen zum Ort der Religion in den Medien können gegenwärtig auf ein reiches Angebot empirischer und kulturwissenschaftlich-hermeneutischer Forschung zurückgreifen. Alle Positionen, die eingenommen werden, können ihre Plausibilität nur noch dadurch gewinnen, dass sie dieses reiche Material dezidiert zur Kenntnis nehmen und reflektieren.

(4) *Die Medien werden selbst zu Religion(en).* Dieser – umstrittenen! – These wird von vielen (Praktischen) Theologinnen eine hohe Plausibilität zugeschrieben. Mit dieser These ist gemeint, dass die Massenmedien nicht allein dadurch »religionshaltig« sind, dass in ihnen Religion thematisch wird, sondern dass sie in ihrer Struktur so beschaffen sind, dass sie selber religiöse Funktionen übernehmen. Diese These ist natürlich nur plausibel vor dem Hintergrund eines funktionalen Religionsbegriffs, der auch dort von »Religion« spricht, wo außerhalb der traditionell-institutionalisierten Räume von Religion ein Verhalten erkennbar wird, das mit religiösem Verhalten in gewisser Hinsicht Strukturähnlichkeiten aufweist. So ist etwa von der »Religion des Fußballs« (Kretzschmar / Grevel 2006) gesprochen wurde. Das Rituelle in den Fußballstadien, das Entstehen eines Gemeinschaftsgefühls, das Verwenden von Symbolen und Liedern – all das kann den Fußball mit »Religion« vergleichbar machen.

Die umfassendste Studie zu der These von den Medien als Religion hat Günter Thomas vorgelegt. In dieser Studie fragt er nach der religiösen Funktion

Rhetorik

des Fernsehens. Seine Untersuchungen möchten den Blick eröffnen auf ein prägnantes Beispiel der »Transformation von Religion in der Kultur der Moderne« (Thomas 1998, 13). Aufgrund ausführlicher Analysen von Inhalten, Darstellungsweisen, aber auch dem Rezeptionsverhalten der KonsumentInnen kommt Thomas zu der weitreichen These vom Fernsehen als einem *Medium impliziter Religion*: »Die Institution Fernsehen ist in ihrer Einheit aus Produktion, Präsentation und Rezeption als eine in sich differenzierte, in vielfältige Einzelrituale fein gegliederte, endlos rituell-liturgische Ordnung dieser Gesellschaften zu betrachten, die auch Funktionen und Merkmale von Religion übernommen hat. Als eine implizite, d. h. sich nicht selbst als solche verstehende ›Religion‹ ist das Fernsehen ein stark ritualisiertes Symbolsystem, das die Kulturen funktional ausdifferenzierter Gesellschaften mit einer umgreifenden Kosmologie versorgt. In der Form eines ewigen liturgischen Stromes begleitet es den Alltag der Menschen, ermöglicht ein Verlassen der alltäglichen Zeit und einen Eintritt in eigene rituell vorgeformte Erlebnisräume« (17 f.).

(5) Der prekäre Ort der Religion in der Mediengesellschaft und vor allem die brisante These, dass Medien selbst die Funktion von Religion(en) übernehmen können und damit zu direkten Konkurrenten der Kirchen werden, nötigt zu einem kritischen Umgang mit der gegenwärtig Medienpraxis. Um den legitimen Ort von religiöser und kirchlicher Praxis in der Mediengesellschaft zu bestimmen, bedarf es einer *praktisch-theologischen Kriteriologie für den Umgang mit den Medien*. Dies gilt insbesondre, wenn die These von Hörisch zutrifft, dass »die christliche Religion die medienfreundlichste unter den per se medienfreundlichen Buch- und Offenbarungsreligionen ist« (Hörisch 2005, 141). (Medien-)Freundschaft braucht immer auch Regeln und Konventionen, um sich auf Dauer zu erhalten.

Wenn Hörisch auf das Abendmahl als mediale Mitte des Christentums verweist, dann ist damit zugleich der Hinweis gegeben, dass eine (praktisch-)theologische Kriteriologie für den Umgang mit Medien sich nicht allein an einer externen Begründungsbasis zu orientieren braucht, sondern dass es gleichsam christentumsinterne Kriterien für eine solche Kriteriologie geben kann. In der jüdisch-christlichen Tradition gibt es einen Reflexionshorizont, der für eine solche Kriteriologie ebenso geeignet wie anregend ist, nämlich das Bilderverbot, wie es insbesondre im Dekalog seine sprachliche Form gefunden hat.

Allein die Tatsache, dass ein herausragendes Medium, wie es das Bild darstellt, in den Dekalog mit einem eigenen Gebot Eingang gefunden hat, darf für eine theologische Medientheorie höchste Aufmerksamkeit beanspruchen. Nun hat sich – anders als das im Judentum der Fall ist – im Christentum eine höchst kontroverse Interpretation wie ein ebenso kontroverser Umgang mit dem biblischen Bilderverbot herausgebildet. Die Tatsache, dass es – wie neuere alttestamentliche Forschungen zeigen – im antiken Israel eine weitaus größere Fülle an Bildern und bildlichen Darstellungen im Alltag wie in den exponierten Kulturäußerungen gegeben hat, als bisher angenommen, legt es nahe, im biblischen Bilderverbot nicht nur schlicht ein generelles Verbot von Bildern zu sehen. Vielmehr möchte das Bilderverbot die Bilder nicht einfach *verbieten*, sondern den Umgang mit den Bildern *regeln* (Grözinger 1987, 89-104). Die konkrete Praxis im Lichte des Bilderverbots ist im Verlauf der Christentumsgeschichte höchst kontrovers geregelt worden. Es gibt wohl keine andere historische Religionsformation, in der das Spektrum im Umgang mit den Bildern vom radikalen und gewalttätigen Ikonoklasmus bis hin zur frommen Idolatrie so breit ausgebildet ist.

Für unseren Zusammenhang ist die Wende bedeutsam, die Luther der theologischen Diskussion um das Bilderverbot gegeben hat. Für Luther entscheidet sich die Legitimität der Bilder nicht an der theologischen Bewertung ihres *ontologischen Gehalts*, wie dies in der Kontroverse des byzantinischen Bilderstreits der Fall war. Die Legitimität der Bilder entscheidet sich für ihn an der *Wirkung*, die sie im Betrachter, der Betrachterin auslösen. Luther gibt dem Bilderstreit damit eine rezeptionsästhetische Wende. Dabei ist für ihn – vor dem Hintergrund eigener biographischer Erfahrung! – das Kriterium für die Bewertung der Wirkung von Bildern eindeutig und klar: Bilder sind dann illegitim, wenn sie im Menschen Ängste auslösen, ihn auf seine Vorfindlichkeit fixieren und damit gleichsam einen Macht-Raum darstellen, aus dem es kein Entrinnen gibt. Im Grunde denkt Luther an dieser Stelle sehr viel radikaler als sein Kontrahent im Bilderstreit Andreas Karlstadt. Deshalb ist es für Luther auch nicht damit getan, die Bilder einfach aus den Kirchen zu entfernen. Durch ein solch äußerliches Verfahren sind die falschen Bilder im Herzen noch lange nicht entfernt. Wo die Bilder jedoch einen Freiheitsraum eröffnen, dort sind sie legitim und sollen nicht bekämpft werden. Damit hat Luther ein eindeutiges Kriterium im Umgang mit den Bildern entwickelt, das auf einen Umgang mit den Medien generell hin ausgeweitet werden kann: Medien sollen mentale Freiheitsräume eröffnen, in denen sich die Individualität eines Menschen entfalten und zur Darstellung kommen kann.

Dieses Kriterium der Freiheitsermöglichung ist auf der einen Seite eindeutig, auf der anderen Seite bedarf es jedoch weiterer Präzisierung. Eine solche Präzisierung hat Hans-Ulrich Gehring in seinen Reflexionen zur Praxis der Seelsorge in der Mediengesellschaft (Gehring 2002, 158-159) versucht. Er tut dies in der Weise, dass er nach notwendigen Kompetenzen im Umgang mit den Medien fragt, wobei als Hintergrund das Grundkriterium Luthers der Freiheitseröffnung erkennbar ist. Gehring hat in diesem Zusammenhang vier Kompetenzen im Umgang mit den Medien namhaft gemacht

> **Kompetenzen im Umgang mit Medien**
> (nach Hans-Ulrich Gehring)
> ▷ Ideologiekritische Kompetenz
> ▷ Theologische Kompetenz
> ▷ Psychologische Kompetenz
> ▷ Kasuelle Kompetenz

Gehring hat diese Kriteriologie für die Praxis der Seelsorge entwickelt. Sie lässt sich jedoch erweitern auf den Umgang mit den Medien in einem weiteren Zusammenhang kirchlicher Praxis. Insofern ist diese Kriteriologie auch für die Homiletik bedeutsam.

Die *ideologiekritische Kompetenz* soll »Reichweite, Recht und Wirkungsweisen verschiedener Medien kriteriell beurteilen, ihre Individuum und Gesellschaft formierende Kraft erkennen und den Zusammenhang von Medium und Botschaft allgemein wie situativ reflektieren« (Gehring 2002, 158). Die *theologische Kompetenz* soll die christentumsimmanenten Kriterien (wie zum Beispiel das Bilderverbot) in den kritischen Diskurs der Mediengesellschaft einbringen. *Psychologische Kompetenz* reflektiert die individuelle Betroffenheit im Zusammenhang mit einer konkreten medial bestimmten Situation. *Kasuelle Kompetenz* schließlich versucht, konkrete Praxiszusammenhänge wahrzunehmen und zu identifizieren, in denen bestimmte Weisen medialer Kommunikation hilfreich beziehungsweise behindernd sein können.

Weiterführende Literatur

W. Nethöfel, Theologische Hermeneutik. Vom Mythos zu den Medien, Neukirchen-Vluyn 1992
A. Schilson, Medienreligion. Zur religiösen Signatur der Gegenwart, Tübingen / Basel 1997

4.5.2   Die Kirche des Wortes in der Mediengesellschaft

Unsere Mediengesellschaft ist in einem starken Maße von Bildern bestimmt. Bilder sind allgegenwärtig – in der Werbung, im Fernsehen, in den öffentlichen und privaten Gebäuden, bei wissenschaftlichen Vorträgen, die zunehmend medial-visuell gestaltet werden, und auch in den Kirchen bis in die vormals radikal bilderleeren reformierten Kirchen hinein. Gerade auch reformierte Gottesdienste – zumindest in der Schweiz – werden zunehmend durch Bilder und Symbole angereichert. Die Kulturwissenschaft hat für diesen Wandel den Begriff des *iconic turn* geprägt. Der Kunsthistoriker Gottfried Boehm, der diesen Begriff geprägt hat, wollte damit die Abkehr von einer primär an Sprache und Schrift orientierten Kulturwissenschaft namhaft machen. Der Begriff des *iconic turn* geht dabei von der impliziten These aus, dass das Bild das kulturelle Leitmedium unserer Gegenwart geworden ist.

Damit ist die protestantische Theologie und insbesondre eine protestantische Homiletik vor eine spezifische Problematik gestellt. Der Protestantismus ist ja ein sehr enges kulturelles Bündnis mit den Kulturformen der Schriftlichkeit und der Mündlichkeit eingegangen. Die Bindung an die *Schriftlichkeit* der biblischen Überlieferung und die aktualisierende Erneuerung des alten Schriftwortes in der *Mündlichkeit* der Predigt stellen gleichsam des Herzstück sowohl protestantischer Theologie wie auch protestantischer Frömmigkeit – in all ihrer Vielfalt! – dar. Was bedeutet der *iconic turn* für den Protestantismus? Die protestantischen Kirchen verstehen sich aus guten theologischen Gründen als »Kirche des Wortes«. Welchen Ort soll die Kirche des Wortes in der bildgeprägten Mediengesellschaft unserer Gegenwart einnehmen?

Einem theologischen Kurzschluss, dem man immer wieder begegnet, ist in diesem Zusammenhang entschieden zu widersprechen. Dieser Kurzschluss besteht in der These, dass die Kirche des Wortes sich exklusiv an die Sprache und vor allem das mündliche Wort zu binden habe. In dieser These ist eine weitere These impliziert, dass nämlich die theologische Bestimmung der Kirche als Kirche des Worts auf deren mediale Präsenz ziele. Kurz gesagt: Die Kirche des Wortes *redet* – und nichts anderes. Diesem theologischen Kurzschluss hat Eilert Herms in einem konzisen und instruktiven Aufsatz mit dem Titel »Die Sprache der Bilder und die Kirche des Wortes« begründet widersprochen. Er formuliert dort die klare These: »Die Rede von der ›Kirche des Wortes‹ trifft in erster Linie nicht eine Feststellung über das Medium, sondern über den Grund und den Gegenstand der Glaubenskommunikation […] Der Ausdruck ›Kirche des Wortes‹ ist nichts anderes als die zwar nicht völlig präzise, aber handliche Formulierung der reformatorischen Einsicht in das Wesen der Kirche als ›creatura verbi divini‹. Das heißt: Die Kirche ist ihrem Wesen nach Geschöpf des Wortes Gottes« (Herms 1992, 223).

Damit ist dem Missverständnis gewehrt, die Rede von der Kirche des Wortes schreibe ihr die Sprache als privilegierte oder gar exklusive Kommunikationsform vor. Wenn dem so wäre, so würde die Kirche in der Tat in der Mediengesellschaft merkwürdig ortlos werden, der *iconic turn* ginge an ihr vorüber und würde sie zum überwundenen medialen Relikt machen. Wird allerdings das theologische Missverständnis von der Kirche des Wortes als Qualifizierung ihrer medialen Vermittlungsform überwunden, dann eröffnet dieselbe Formulierung von der Kirche des Wortes einen reichen medialen Raum der Glaubenskommunikation. Kirche des Wortes, die sich als *creatura verbi* versteht, möchte gerade diese Erfahrungsgeschichte den Menschen vermitteln. Sie möchte die Menschen in eine Erfahrungsgeschichte mit hinein nehmen, die Gottesgeschichte *und* Menschengeschichte umgreift und sie als Einheit erfahrbar macht (→ 3.3.1.3). Herms hat für dieses kirchliche Interesse den instruktiven Begriff der »szenischen Erinnerung« geprägt. Szenische Erinnerung weist ein in eine bestimme Sphäre der Wirklichkeit: »Diese Sphäre, in der das Verhältnis zwischen dem Glauben und seinem Gegenstand durch das Wirken des Geistes gestiftet, erhalten und entwickelt werden kann, ist es, die wir hier als ›Medium‹ ansprechen, in dem Offenbarung geschieht und dem Glauben seinen Gegenstand gibt« (226). Eine so verstandene Sphäre szenischer Erinnerung kann sich den verschiedensten Medien öffnen, sie ist offen für Bilder wie für Sprache gleichermaßen. Die Kirche des Wortes ist der multimediale Ort, in dem die szenische Erinnerung an die Einheit von Gottesgeschichte und Menschengeschichte stets neu konkret werden kann: »Dass sich die Gemeinschaft der Glaubenden als ›Kirche des Wortes‹ versteht, heißt also nicht, dass in ihr nur Worte gesprochen werden, sondern nur, dass *alle in ihr und von ihr hervorgebrachten Bilder* – alle Bilder also, in denen sie sich darstellt – ›Wort‹ sind. Sie sind solche Artikulationen individueller Erinnerung, in denen Autor und Betrachter, Sprecher und Hörer sich gegenseitig affirmieren als zu systematischer Kommunikation fähige, füreinander erkennbare und gemeinschaftsfähige Subjekte, die einander dazu bestimmt wissen, dass sie der *Geist Gottes selber* durch die Sprache der Bilder *einzeln* in *alle* Wahrheit führt« (244 f.).

Jochen Cornelius-Bundschuh hat sich demselben Zusammenhang wie Herms, nämlich der theologischen Bestimmung der Kirche als »Kirche des Worts« und deren medialen Vermittlungsformen, in einer längeren Untersuchung gewidmet. Für den homiletischen Kontext ist diese Untersuchung insofern besonders aufschlussreich, weil Cornelius-Bundschuhs Untersuchung einen instruktiven Durchgang durch die jüngere Geschichte protestantischer Homiletik von Ernst Lange bis Wilfried Engemann darstellt. Dabei stellt er einen gravierenden Bedeutungswandel in der Begrifflichkeit von der Kirche als »Kirche des Wortes« dar, der die jüngere protestantische Homiletik bestimmt: »Die Homiletik hat sich in der zweiten Hälfte des 20. Jahrhunderts von einem *dogmatisch bestimmten Verständnis* [Hervorhebung durch AG] der Rede von der ›ecclesia creatura verbi‹ verabschiedet« (Cornelius-Bundschuh 2001, 153). Gleichwohl ist das Thema der Kirche des Wortes nicht einfach verschwunden, sondern es hat die Ebene gewechselt. Es wurde von einer dogmatischen Bestimmung der Kirche zu einer empirischen Beschreibung des menschlichen Kommunikationszusammenhanges Predigt als sprachlicher Kommunikation. Der theologische Kurzschluss von der Rede als der Kirche des Wortes auf die Medialität der Predigt wurde in dieser Phase homiletischer Reflexion gängig. Cornelius-Bundschuh zeigt nun, dass durch diesen Bedeutungswandel die Predigt nur noch als defizitärer Modus menschlicher Kommunikation thematisch wurde, gegen den man zwar homiletisch tapfer ankämpfte, den man aber gleichwohl seinen Überlegungen zugrunde legte. Die Rede von der Kirche des Wortes wurde zur homiletischen Problemanzeige: »Aus einem dogmatischen ist ein empirischer Satz geworden, der vor allem die Beschränktheiten des Mediums Predigt und der durch die Predigt angesprochenen Gemeinde vor Augen führt« (153).

Cornelius-Bundschuh möchte dadurch, dass er den dogmatischen Gehalt des Satzes wiedergewinnt, die Chancen der Predigt neu erkunden, indem er den genannten theologischen Kurzschluss vermeidet. Das homiletische Interesse am *dogmatischen* Gehalt der Formel von der Kirche des Wortes soll den Chancen der *empirischen* Predigt gelten. Dabei ist es kein Zufall, dass Cornelius-Bundschuh sich an Luther orientiert. Sein Verständnis der Predigt (→ 2.4) kann den Bildern ihr Recht lassen und gleichwohl der Sprache ihr besonderes Profil verleihen. Luther plädiert für die Sprache als Medium nicht dadurch, dass er die Bilder in ihrer Wirkung schmälert, sondern dass er das Vermögen der Sprache besonders profiliert: »Auch ein Bild kann belehren, kann trösten und erfreuen; selbst das reformatorische Bildprogramm, zu dessen wesentlichen Funktionen die Poimenik gehört, ist aber in Luthers Verständnis nicht aus sich selbst heraus mächtig wie das Wort [...] Wer predigt, hat keine Möglichkeit, weiter als bis zum Ohr zu kommen; wer hört, ist gegenüber dem, der spricht, frei. Doch ob und dass das Wort durchs Ohr den Weg in die Herzen findet, die Gläubigen ergreift, das liegt im Blick auf das Wort Gottes für Luther, anders als bei Bildern, letztlich und ausschließlich in der Macht des Wortes« (219). Bei Luther wie bei Cornelius-Bundschuh ist also das entscheidende Kriterium für die Medialität religiöser Kommunikationsformen, ob sie einen Freiheitsraum eröffnen oder nicht.

Wenn der theologische Kurzschluss von der Bestimmung der Kirche als »Kirche des Worts« als eine Aussage über eine exklusive Medialität der Sprache ausgeschlossen wird, dann – oder besser: erst dann – kann über das Recht und den rechten Ort des Wortes, und damit der Predigt, in der Mediengesellschaft Auskunft gegeben werden.

Zunächst einmal ist einem gegenwärtig weit verbreiteten depressiven Ressentiment entgegenzutreten. Dieses Ressentiment lautet in etwa so: Mit der Predigt als sprachlicher Kommunikation geraten wir in einer bildgeprägten Mediengesellschaft immer weiter ins Hintertreffen. Die Menschen sind in ihren Rezeptionsgewohnheiten derart auf Bilder eingespielt, dass eine Predigt die Menschen kaum mehr erreicht. Dieser These sind zwei Argumente entgegenzustellen. Zum einen besuchen Sonntag für Sonntag in unseren mitteleuropäischen Breiten Millionen von Menschen die Gottesdienste. Und wir wissen aus empirischen Umfragen, dass sie in diesen Gottesdiensten eine Predigt erwarten. Die Predigt ist gerade in der Vielfalt der Mediengesellschaft ein herausragendes Erkennungszeichen eines protestantischen Gottesdienstes. Zum Anderen suggeriert diese These, ein Leitmedium mache andere mediale Kommunikationsformen überflüssig. Nun zeigen aber alle medien-historischen Studien, dass mediale Revolutionen vorgängige Medien nicht überflüssig machen, sondern ihnen lediglich einen neuen Ort zuweisen. So hat man in den Anfangsjahren des Fernsehens die These vertreten, dass das Fernsehen das Kino überflüssig machen werde. Und es war auch zu beobachten, dass zunächst die Zahl derer, die ein Kino besuchten, zurückging. Dann aber hat das Kino wieder einen großen Boom erlebt, weil es ganz offensichtlich ein anderes Gemeinschaftsgefühl vermittelt, als dies die Bildkommunikation im Wohnzimmer zu tun vermag. Das Internet wird sicher dem Medium Buch Konkurrenz machen, es gibt aber gegenwärtig keinerlei Anzeichen dafür, dass das Medium Buch verschwinden wird.

Predigerinnen und Prediger sollten sich sehr wohl bewusst machen, dass sie mit ihrem Wort auf der Kanzel inmitten einer bildgeprägten Mediengesellschaft stehen. Sie sollten allerdings daraus nicht den Schluss ziehen, dass ihr Wort nicht gehört wird. Das Wort auf der Kanzel hat seine eigene Schnelligkeit – oder sagen wir besser: Langsamkeit. Das Wort auf der Kanzel hat – hoffentlich – seine eigene Nachdenklichkeit, die anderen Nachdenklichkeiten in und außerhalb der Kirche an die Seite und Borniertheiten innerhalb und außerhalb der Kirche entgegentreten kann. Das Wort auf der Kanzel hat – und dies vor allem! – inmitten eines liturgischen Geschehens seine eigene Atmosphäre und Würde. Der Blick auf die Mediengesellschaft sollte uns also nicht dazu verleiten, unsere Erwartungen an das Medium Predigt zu minimieren, sondern dieses Medium selbst zu profilieren. Ihr mediales Profil in der Mediengesellschaft wird die Predigt dadurch gewinnen, dass sie einen Raum der Nachdenklichkeit und Freiheit eröffnet. Die Freiheit eines Christenmenschen ist das Ziel aller Kommunikation einer Kirche des Worts in der Mediengesellschaft

4.5.3 Die Predigt in den Medien

Im homiletischen Diskurs um die Predigt ist eine Perspektive weit verbreitet, die die theologischen Argumente zum Verhältnis von protestantischer Predigt und Medien inhaltlich präfiguriert. Diese Perspektive kann so beschrieben werden: Protestantische Predigt ist in ihrem Kern Wort-Predigt. Insofern muss sie zu den Medien in einer kritischen Distanz verharren. Begibt sie sich in ein allzu enges Verhältnis zu den Medien, so verliert sie ihr ursprüngliches Profil. An dieser Perspektive ist sicher richtig, dass protestantische Homiletik die Mediengesellschaft unserer Gegenwart in ihrer Wirkung auf die mediale Präsenz der Predigt kritisch zu reflektieren hat. Gleichzeitig suggeriert diese Perspektive und die damit verbundenen Argumente ein Verständnis evangelischer Predigt, das es allenfalls als theologisches Konstrukt geben kann jedoch nicht in der empirischen Praxis des Predigens. Es gibt keine »reine« Predigt, die dann allenfalls durch ihre mediale Gestalt in ihrer Reinheit verwässert würde. Die Predigt ist immer medial. Es gibt keine Predigt ohne mediale Präsenz und Gestalt. Und insofern ist die Frage nach den Medien und der Predigt kein von der Mediengesellschaft dem homiletischen Diskurs gleichsam von außen aufgedrängtes Thema, sondern eine dem homiletischen Diskurs inhärente Thematik.

(1) *Viva Vox Evangelii – Die Predigt auf der Kanzel*: Dass die Medienthematik der protestantischen Predigt inhärent ist, lässt sich bereits an der Urszene protestantischer Predigt zeigen: nämlich dem Prediger, der Predigerin auf der Kanzel. Diese protestantische Urszene hat ihre ikonographische Verdichtung gefunden in der Predella des berühmten Wittenberger Cranachaltars in der Kirche St. Marien. Der Altar entstand in ummittelbarer zeitlicher Nähe zu den ersten grundlegenden theologischen, kirchlichen und politischen Veränderungen der Reformationszeit.

Über dieser Predella findet sich als zentrales Mittelbild des Altars eine Abendmahlsszene, an dessen linker Seite sich ein Bild anschließt mit einer Taufszene, auf der Philipp Melanchthon als Taufender zu sehen ist. Rechts findet sich eine Darstellung von Johannes Bugenhagen, der die Beichte abnimmt. Bereits die drei oberen Bilder zeigen das Christentum als mediale Praxis: Die beiden protestantischen Sakramente mit ihren sinnhaft-medialen (Re-)Präsentationen und die Beichte – sprechakttheoretisch betrachtet (→ 5.1.2) – als lossprechendes Handeln. Unter diesen drei Bildern medialer Praxis und zugleich als Predella in eine zweite Mitte gerückt, findet sich die berühmte Szene mit Luther als Prediger.

Das Bild ist klar in drei ikonographische Einheiten unterteilt. Auf der linken Seite die Predigthörenden in aufmerksam geöffneter Körperhaltung: die mediale Haltung des Hörens. Auf der rechten Seite Luther als Prediger. Klar gezeichnet im Gestus: die mediale Haltung des Rhetors. In der Mitte Christus am Kreuz mit der klaffenden Wunde, aus der Blut fließt: das Medium des

Abendmahls. In mehrfacher Hinsicht ist dieses Bild also durch mediale Haltungen und mediale Vermittlungen bestimmt.

Noch deutlicher wird diese Urszene protestantischer Predigt, wenn wir die Betrachtung auf die rechte Bildhälfte konzentrieren:

Luther als Prediger, die *viva vox evangelii* – Das Bild zeigt uns, dass diese *viva vox evangelii* nicht medienabstinent ist, sondern durch mediale Haltungen und Präsentationen bestimmt ist: Der Prediger steht auf der Kanzel. Protestantischer Gottesdienst weist der Predigt einen besonderen Ort zu und hebt sie so als mediales Geschehen von den anderen medialen Vollzügen des Gottesdienstes ab und wohl auch aus diesen heraus. Der Prediger trägt einen Talar, die Berufskleidung des Gelehrten, und markiert durch das Medium der Kleidung den kognitiv-theologischen Charakter protestantischer Predigt. Auf der Kanzel liegt die Bibel – das Medium Buch also. Predigt ist auf ein bestimmtes Medium bezogen. Die Hand des Predigers weist auf den Christus am Kreuz und damit auf den eigentlichen Mittler im Predigtgeschehen. Es ist Gott selbst, der uns in der Predigt das Wort gibt und erschließt. Dichter kann man protestantische Predigt als mediales Geschehen wohl kaum zeichnen. Reformatorische Predigt ist – gerade in ihrer mündlichen Gestalt als *viva vox evangelii*! – nicht medienabstinent, sondern in spezifischer Weise medienaffin.

(2) Neben der jeweils aktuellen mündlichen Performanz (→ 5.1) der Predigt auf der Kanzel ist das *Buch* zum wichtigen Medium der Tradierung und der

Gestaltung von Predigt geworden. Spätestens im Mittelalter hat sich die schriftliche Gattung der Predigtsammlungen fest etabliert. Predigten etwa von Bernhard von Clairvaux und Johannes Tauler waren in Buchform weit verbreitet. Die Reformation hat die Gattung der *Predigtsammlungen* auch im Raum protestantischer Frömmigkeit fest etabliert. Der Pietismus hat Predigten vor allem unter dem Aspekt der Erbauung in Buchform herausgegeben. Bis auf den heutigen Tag veröffentlichen nicht zuletzt auch universitäre Theologen gerne eigene Predigten in Buchform. Ganz offensichtlich gehört es zum Profil protestantischer PredigerInnen, ihre Predigttätigkeit in Buchform zu dokumentieren. Die Zeitschrift *Pastoralblätter* veröffentlicht aktuelle Predigten zur Perikopenordnung in regelmäßigem Erscheinen.

Eine weitere wichtige Gattung im Medium Buch ist die *Predigtvorbereitungsliteratur*. Predigtpostillen als Sammlung vorbildlicher Predigten haben bereits in der Reformationszeit den Predigern zur Vorbereitung der eigenen Predigten gedient. Im Zusammenhang mit der Wort-Gottes-Theologie (→ 2.6) und ihrer Betonung des Textbezugs hat sich eine spezielle Form von Predigtvorbereitungsliteratur herausgebildet in einer Mischung von Exegese, systematisch-theologischer Reflexion und konkreten Anregungen zu Inhalt und Gestalt der Predigt. Am wirkungskräftigsten sind die durch Hans Joachim Iwand begründeten und lange Jahre von ihm herausgegeben *Göttinger Predigtmeditationen (GPM)* geworden. Sie bieten in besonderer Weise die Verbindung exegetischer Erkenntnisse und dogmatischer Reflexion. Die *GPM* dokumentieren auf eindrückliche Weise das homiletische Konzept »von der Exegese zur Predigt«. Im Zusammenhang mit der empirischen Wende ist den *GPM* durch die unter anderem durch Ernst Lange (→ 2.7) begründeten *Predigtstudien* eine beachtliche Konkurrenz erwachsen. Die Predigtstudien überführen die berühmte homiletische Formel Langes »Der Hörer ist das Thema der Predigt« in einen Weg hin zur Predigt. Dadurch, dass jeweils zwei VerfasserInnen an einem Predigttext mit ihren Überlegungen arbeiten, wird die dialogische Struktur des Predigtvorbreitungsprozesses besonders betont. Dem landeskirchlichen Pietismus verbunden fühlen sich die seit 1962 erscheinenden *Calwer Predighilfen*, die seit 1978 unter dem Titel *Neue Calwer Predighilfen* erscheinen. Alle drei in regelmäßiger Buchform erscheinenden Predighilfen orientieren sich an der jeweils in Geltung stehenden Perikopenordnung. Die Tradition der Perikopenpredigt scheint dieser Buchgattung besonders entgegenzukommen. Deshalb kommt dieser Gattung in der reformierten Schweiz, die diese strenge Bindung an die Perikopenordnung so nicht kennt, nicht die Bedeutung und Verbreitung zu wie in Deutschland.

Gegenwärtig ist die Tendenz zu beobachten, dass die Gattung Predigtvorbereitungsliteratur in Buchform ins Internet auswandert und damit ihr Profil verändert.

(3) Konnte sich die Predigt und Homiletik mit dem traditionellen Medium Buch problemlos anfreunden, vollzog sich die homiletische Annäherung an die im 20. Jahrhundert entstehenden Massenmedien unter heftigen Kontroversen. Bereits in der Weimarer Republik gab es um das neue Massenmedium *Radio* eine homiletische Kontroverse. So untersagte etwa das Breslauer Oberkonsistorium Rundfunkpredigten mit dem Argument, damit würden die Menschen nur als »passive Empfänger« angesprochen und somit werde einer »gottesdienstlichen Passivität« Vorschub geleistet (Schieder 2000, 123). Wie immer man diese Aussage bewertet, das Oberkonsistorium hatte offensichtlich genau erkannt, dass die Predigt nicht medienneutral ist, sondern die Medialität der Predigt deren Rezeption nicht unwesentlich beeinflusst. Diese Erkenntnis konnte homiletisch positiv gewendet werden, indem eine spezifische Rundfunkhomiletik gefordert wurde: »Der Senderaum ist keine Kanzel« (124). Insofern stellte sich im neuen Medium die homiletische Herausforderung in der Frage nach der Gestalt einer Predigt, die den Produktions- und den Rezeptionsbedingungen des Radios angemessen ist. Diese homiletische Diskussion wurde durch die nationalsozialistische Diktatur zunächst einmal unterbrochen, weil die Nationalsozialisten das neue und offensichtlich so wirksame Massenmedium ganz ihrer eigenen Propaganda unterstellten (Schieder 1995). Die Frage nach der Predigt im Radio stellte sich dann nach dem Zweiten Weltkrieg auf neue, dringliche Weise. Die westlichen Besatzungsmächte nutzten das Radio bewusst als Medium einer Demokratisierung Deutschlands, und die Kirchen standen vor der Herausforderung, sich an dem neuen Konzept eines demokratisch verfassten Radios zu beteiligen. Durch die Präsenz der Kirchen in den Kontrollorganen des Radios hatten sie bereits eine Verantwortung für das Radio übernommen, und so war eine Präsenz von Predigt und Gottesdienst im Radio nur noch graduell umstritten, jedoch nicht grundsätzlich bestritten. Homiletisch lässt sich dieser Konsens so formulieren: Eine Präsenz der Predigt im Radio ist dann legitim, wenn sie durch eine reflektierte Rundfunkhomiletik begleitet wird. Grundzüge einer solchen Rundfunkhomiletik hat Christoph Müller exemplarisch formuliert. Seine Rundfunkhomiletik reicht jedoch weit über den Bereich des Mediums Radio hinaus. In den Konturen einer Rundfunkhomiletik zeichnet sich für Müller eine das Medium übersteigende Herausforderung zu einer »pluralen Hermeneutik« (Müller 2000, 136) einer verständigungsorientierten Predigt ab.

(4) Sehr viel kontroverser und auch leidenschaftlicher verlief die Debatte um die Präsenz der Predigt im *Fernsehen* (Thomé 1991). Da das Radio ein sprach- und wortzentriertes Medium ist, konnte sich eine protestantische Theologie noch einigermaßen mit einer Rundfunkhomiletik anfreunden. Im Medium Fernsehen ist nun das Bild dominant – und mit dem Bild hat der Protestantis-

mus seine Schwierigkeiten (→ 4.5.1). Gleichwohl ist es den Kirchen gelungen durch das »Wort zum Sonntag« einen Klassiker der Predigt im Medium Fernsehen zu kreieren (Ayass 1997), der die Akzeptanz von Gottesdienst- und Predigtübertragungen im Fernsehen gefördert hat. Die Anforderungen an eine Fernsehhomiletik sind gegenüber denen, die an eine Rundfunkhomiletik zu stellen sind, noch komplexer und anspruchsvoller (Albrecht 1974).

(5) Am offensten und dynamischsten ist gegenwärtig die Präsenz der Predigt im *Internet*. Gibt man bei Google das Stichwort »Predigt« ein, erhält man eine unüberschaubare Flut von Treffern. Wir treffen auf Websites aller theologischen und (frei-)kirchlichen Richtungen und Schattierungen. Gemeinden und PfarrerInnen stellen Predigten ins Internet. Predigende tauschen in Web-Foren Gedanken über die Predigt des kommenden Sonntags aus. Etablierte und freie Institute präsentieren ihre homiletischen Forschungen. Dabei mischen sich seriöse und weniger seriöse Websites in einer bunten Gemengelage, wobei sich das Seriöse vom Nichtseriösen nicht immer trennscharf unterscheiden lässt. Wie bei allen Internetrecherchen kommt es auch hier auf Übung und vor allem auf das Gespür an, diejenigen Websites zu erkennen, die einem wirklich nützen. Aus der Fülle des Angebots sollen hier exemplarisch vier Websites kurz vorgestellt werden, die einen guten Einstieg in die www-Welt der Predigt ermöglichen:

Die *Göttinger Predigten im Internet* (www.predigten.uni-goettingen.de) werden redaktionell von Ulrich Nembach, Johannes Neukirch, Christoph Dinkel und Isolde Karle betreut. Die Website bietet ein Predigtarchiv, homiletische Reflexionen, sowie wertvolle Links, die eine gezielte weitere Internetrecherche ermöglichen. Die an der Universität Heidelberg angesiedelte Predigtforschungsstelle (www.predigtforschung.uni-hd.de) gibt Einblick in ihr Predigtarchiv und bietet ein Internetforum für Predigende an. Die Internationale *Societas Homiletica* ist ein weltweiter Zusammenschluss von Forschenden und Lehrenden der Homiletik. Ihre Website (www.societashomiletica.com) bietet Informationen zu den Kongressen und zu Publikationen der Societas. Eher auf den nordamerikanischen Kontinent konzentriert, aber auch anderen Forschenden im internationalen Bereich zugänglich, ist die *Academy of Homiletics*. Ihre Website (www.homiletics.org) bietet einen vorzüglichen Einblick in die Themen und Kontroversen der angelsächsischen Homiletik.

4.5.4 Medien in der Predigt

Die Predigt ist nicht nur in den Medien präsent. Umgekehrt strahlen Medien und die damit verbundenen ästhetischen Rezeptionsweisen in die Predigt zurück, so dass wir nicht nur von einer Präsenz der Predigt in den Medien sprechen können, sondern auch von einer Präsenz der Medien in der Predigt.

(1) Die Präsenz von Medien in der Predigt ist liturgiegeschichtlich gesehen nichts Neues, nur wurde diese Präsenz in der Regel nicht als Medienpräsenz wahrgenommen. Wenn der Prediger oder die Predigerin auf der Kanzel die Bibel aufschlägt und den Predigttext liest, ist dies das homiletisch stärkste Zeichen einer Medienpräsenz. Mit dem Aufschlagen der Bibel wird die Autorität präsent, aus der die Predigt sich ableitet. Dass es sich hierbei um eine elementare Medienpräsenz handelt, wird in den Fällen deutlich, in denen diese Präsenz anders realisiert wird. Wenn ein Prediger auf der Kanzel den Predigttext aus einem Zettel abliest oder ein abgewetztes Ringbuch in der Hand hält, wird der Symbolwert der Medienpräsenz Bibel in der Predigt wesentlich geschmälert. Das *Buch* ist in der Regel in der Predigt noch auf andere und vielfältigere Weise präsent, als dies mit der Bibel auf der Kanzel der Fall ist. Wenn die Predigerin sagt: »Kürzlich habe ich in einem Kriminalroman gelesen …«, dann stellt auch dies eine Medienpräsenz in der Predigt dar, ebenso wenn der Prediger einen Gedichtband auf die Kanzel mitbringt und daraus ein Gedicht verliest. Die Beispiele zeigen, dass auch der Umgang mit der Präsenz des Mediums Buch in der Predigt, die in der Regel gar nicht als besondere Medienpräsenz wahrgenommen wird, homiletisch reflektiert und gestaltet zu werden verlangt.

(2) Galten bis an die Schwelle der Neuzeit hin *Bilder* in den Kirchen als die *Biblia Pauperum*, die einem des Lesens unkundigen Publikum das Bibel-Buch in Bildern vor Augen stellten – als eine *kollektive Bildpredigt* gewissermaßen –, so haben die neueren Reproduktionstechniken die Möglichkeiten einer Bildpredigt vervielfältigt und gewissermaßen individualisiert. Transportable Diaprojektoren und Labtops mit Beamern können Bilder in hoher technischer Qualität an jeden Ort bringen. Gute Farbfotokopien erlauben es, jedem Predigthörer, jeder Predigthörerin ein Bild in die Hand zu geben. Aus diesen Möglichkeiten hat sich die Gattung der *Bildpredigt* herausgebildet (Schmidt / Schwebel 1989; Dannowski 2006). Die Präsenz der Bilder in der Predigt verlangt, wie jede Medienpräsenz in der Predigt, eine reflektierte Gestaltung. Das Bild macht eine Predigt nicht einfach nur attraktiver. Das Bild illustriert auch nicht nur einfach verdoppelnd und unterstreichend das mittels der Sprache Gesagte. Das Bild in der Predigt macht die Predigt zu einer eigenständigen Gattung, die sowohl nach einer Bilddidaktik wie Bildhomiletik verlangt (Block / Ratzmann 2005).

(3) Gehört die Bildpredigt inzwischen zu den eingespielten Formen von Predigt, so ist die Gattung der Filmgottesdienste und der Filmpredigten eine relativ junge Erscheinung und die homiletische Reflexion auf die Präsenz des Mediums *Film* in der Predigt steckt noch in den Anfängen. Eine der wenigen Veröffentlichungen im deutschsprachigen Raum zu diesem Thema stammt von Inge Kirsner und Hans-Ulrich Gehring. Wie sehr die Präsenz des Mediums Film die Predigt als Gattung tangiert, machen die theoretischen Überlegungen von Kirsner und Gehring deutlich. Der Film ist für sie nicht ein Medium, das der Predigt an die Seite tritt, sondern der Film tritt gleichsam in die Predigt ein: »Die *Predigt*, nicht ein anderes liturgisches Element, ist der bevorzugte Ort, an dem Filmbilder gezeigt und in kritische Konstellation gebracht werden« (Kirsner / Gehring 2005, 21), wobei die Predigt den »*autonomen künstlerischen Anspruch* eines Kinofilms« (21) gleichermaßen zu wahren wie ihm standzuhalten hat.

(4) Wenn wir – wie dies in der Geschichte der Medientheorie der Fall war und ist – auch die menschlichen Körper als Medien begreifen können, so stellt die Gattung des *Bibliodrama* eine interessante homiletische Medienpräsenz dar. Im Bibliodrama geht es um eine körperbezogene Verwicklung in biblische Texträume (Panitz 1995; Martin 2001), die durch eine körperpräsentische Darstellung hermeneutisch erschlossen werden. Die Durchführung eines Bibliodramas ist von seiner Konzeption her in einem Gottesdienst nicht möglich, sondern bedarf des geschützten Raumes einer Kleingruppe und eines entsprechenden Zeitfensters sowie einer fachlichen Ausbildung derer, die ein Bibliodrama leiten. Aus dem Bibliodrama heraus hat sich der *Bibliolog* entwickelt, der durchaus innerhalb eines gottesdienstlichen Rahmens stattfinden kann. Der Bibliolog ist zunächst im jüdischen Kontext von Peter Pitzele begründet worden (Pitzele 1998) und wurde im deutschsprachigen Raum vor allem durch Uta Pohl-Patalong konzeptionell weiterentwickelt (Pohl-Patalong 2005). Im Gegensatz zum Bibliodrama werden biblische Texte nicht durch theatralische Körperpräsenz erschlossen, sondern durch den direkten Dialog der Anwesenden, wobei das Element der Imagination eine besondere Rolle spielt. Die Teilnehmenden versetzen sich – angeregt durch Fragen der leitenden Person – in einzelne Rollen und Perspektiven eines erzählerischen Zusammenhanges, der durch die verbalen Beiträge der Teilnehmenden auf neue Weise rekonstruiert wird. Dadurch kann der Bibliolog gut in einen Gottesdienst integriert werden. In der Regel wird er die Predigt ersetzen, er kann jedoch auch einer vorgängigen Predigt an die Seite treten, oder eine nachfolgende Predigt nimmt bestimmte Passagen des Bibliologs auf.

(5) Auf eine ganz andere Weise hat Johanna Haberer eine mögliche Medienpräsenz in der Predigt namhaft gemacht, in dem sie ein spezifisches *Medienwissen* als Schule für PredigerInnen in Anspruch nimmt. Predigerinnen und Prediger sollten – so ihre These – in die Schule des Journalismus gehen. Dort können sie lernen, wie die Menschen in der Mediengesellschaft, denen die Medien zum alltäglichen »Lebensmittel« (Haberer 2004, 9) geworden sind, angesprochen werden müssen. Von den Journalistinnen und Journalisten können Predigende einen demütigen, bescheidenen und zugleich wirkungsvollen sprachlichen Umgang mit der Wirklichkeit lernen. Haberer geht es darum, »in dieser pluralen Gesellschaft, in der die Medien differenzierte Kommunikationsangebote machen, von der Zunft [sc. des Journalismus] zu lernen, die mit Wahrnehmung und Sprache insofern demütig umgeht, als sie sie immer nur als Teil des Ganzen versteht und die eigene Darstellung als eine Perspektive unter vielen. So kann man auch Gott zur Sprache bringen: demütig und in der Gewissheit, dass jeder Sonntag nur einen Teil der ganzen Wahrheit zutage fördern kann« (31).

Weiterführende Literatur:

R. Preul / R. Schmidt-Rost (Hg.), Kirche und Medien, Gütersloh 2000

5. Performanz der Predigt

Der Begriff der *Performanz* gehört nicht zum traditionellen Bestand des homiletischen Diskurses. Blickt man jedoch auf die Sachverhalte, die mit diesem Begriff reflektiert werden sollen, dann zeigt sich sehr schnell, dass vieles davon in den historisch angestammten Reflexionshorizont der Homiletik gehört. Die gegenwärtige breite Verwendung des Begriffs Performanz verdankt sich einer neueren Entwicklung in den Kulturwissenschaften.

Für solche grundlegenden Wandlungen in einer Wissenschaft hat sich der Begriff des *turn* – der Wende oder Wendung – eingebürgert. So könnten wir etwa statt von der empirischen Wende in der Praktischen Theologie vom *empirical turn* in der Praktischen Theologie sprechen. Der große Einfluss der Sprachphilosophie Wittgensteins wurde mit dem Begriff des *linguistic turn* bedacht. Und auch der Begriff des *iconic turn* ist uns bereits begegnet (→ 4.5.2). Gegenwärtig sind besonders die Kulturwissenschaften von rasch aufeinander folgenden wissenschaftlichen *turns* bestimmt. Man kann darin sicher auch eine bestimmte akademische Blasiertheit und modische Anpassung erkennen. Doch griffe man mit dieser Charakterisierung zu kurz. Die rasch aufeinander folgenden und zum Teil ineinander greifenden *turns* in den Kulturwissenschaften sind nicht zuletzt eine Reaktion auf die sich unter den Bedingungen der Globalisierung immer schneller wandelnden kulturellen Verhältnisse unserer Gegenwart. Die Kulturwissenschaftlerin Doris Bachmann-Medick verortet den schnellen Wechsel der diversen *turns* in den Kulturwissenschaften in der Abwendung von der durch die Theorie der Postmoderne namhaft gemachten einzig gültigen »Meistererzählung« hin zur Vielfalt der wissenschaftlichen Ansätze und Perspektiven: »Dagegen kann eine andere Geschichte der Kulturwissenschaften gedacht und dargestellt werden, die gerade die Vielzahl der *cultural turns* zum Leitfaden nimmt. Erst die unterschiedlichen ›Wenden‹, die sich etwa seit den 1970er Jahren im Schlepptau des *linguistic turn* herausgebildet haben, legen ein ausdifferenziertes, höchst dynamisches Spannungsfeld der kulturwissenschaftlichen Forschung frei. Erst sie haben Blickrichtungen geändert und neue Fokussierungen eingeführt. Damit haben sie durch alle Disziplinen hindurch bisher unbearbeitete Forschungsfelder quer zu den Disziplinen erschlossen und den etablierten Theorien- und Methodenkanon durch gezielte Forschungsanstöße aufgebrochen. Die Rede ist von bahnbrechenden Neuorientierungen, die zuerst im Feld der Kulturanthropologie ausgebildet wurden wie der *interpretive turn*, der *performative turn* und der *reflexive turn* und die dann im Wechsel der Leitdisziplinen einen *postcolonial turn* ebenso wie einen *spatial turn* und einen *iconic turn / pictorial turn* hervorgebracht haben – neuerdings auch einen *translational turn*« (Bachmann-Medick 2006, 7 f.).

Der Begriff der Performanz und die damit verbundenen neuen Perspektiven haben die Homiletik der jüngsten Zeit nachhaltig angeregt und zu einer Fülle innovativer Veröffentlichungen geführt. Dies zeigt, wie sehr die Homiletik von den theoretischen Innovationen in anderen Wissenschaften zehrt. Zugleich unterstreicht dies noch einmal die Tatsache, dass die Homiletik nur als eine Wissenschaft in interdisziplinärer Perspektive betrieben werden kann.

Weiterführende Literatur:

E. Fischer-Lichte, Ästhetik des Performativen, Frankfurt 2004

5.1 Predigt als Darstellung

Warum ist der *performatic turn* für die Homiletik so anregend und innovativ? Worauf zielt der *performatic turn* in der Homiletik?

Der *performatic turn* in den Kulturwissenschaften lenkt die Aufmerksamkeit auf den Tatbestand, dass Menschen in ihren Handlungen *szenisch* agieren. Handeln vollzieht sich an einem bestimmten Ort, zwischen bestimmten Menschen, in bestimmten Formen und mit bestimmten Intentionen. Paradigma dafür ist das Theater. Im Theater fokussieren sich die Grundbedingungen des menschlichen Handelns. Diese Erkenntnis wurde in den verschiedensten wissenschaftlichen Kontexten fruchtbar gemacht. Der amerikanische Soziologe Erving Goffman hat in seinem Buch »The presentation of self in everyday life«, das in der deutschen Übersetzung den bezeichnenden Titel »Wir alle spielen Theater« trägt (Goffman 1983), gezeigt, dass sich soziales Handeln immer in bestimmen Rollen vollzieht. Die Pointe dieser These besteht darin, dass ein Handeln in Rollen nicht allein Handlungsmöglichkeiten begrenzt (das tut es mit Sicherheit auch), sondern weitaus mehr Spielräume des Handelns eröffnet. Richard Sennett hat diese These noch weiter profiliert. Sozialer Austausch ist für ihn an einen Schutzraum gebunden. Menschen begegnen sich nicht gleichsam »nackt«, sondern immer eingekleidet in bestimmte Rollen. Wenn in einer Gesellschaft die Forderung nach Authentizität alle sozialen Begegnungsformen überlagert – und er sieht diesen Trend gegenwärtig –, dann erschwert dies die soziale Kommunikation, wenn sie nicht sogar völlig verhindert wird. Sennett spricht deshalb von der »Tyrannei der Intimität«, die einen Verfall und schließlich das Ende des öffentlichen Lebens bedeute. Eine demokratische, plural verfasste Gesellschaft brauche Menschen, die sich wie im Theater in einer Dialektik von Rolleneinnahme und Rollendistanz begegnen (Sennett 1983). Das soziale Leben ist in einem ganz unspektakulären Sinne ein alltägliches soziales Drama, das zur Aufführung kommt. Die Rituale des Alltags, aber auch die Rituale der außergewöhnlichen Ereignisse wie Geburt oder Tod, folgen einer genau zu beschreibenden Dramaturgie, die es den Menschen ermöglicht, eine stets kontingente Wirklichkeit in ihr Leben zu integrieren. Victor Turner hat gezeigt, dass dies ein luzider Vorgang von Schwellenerkundungen und Schwellenüberschreitungen ist, der gar nicht ohne eine rituelle Dramaturgie zu bewältigen wäre (Turner 1989). Der *performatic turn* eröffnete nicht nur einen neuen Blick auf die Struktur sozialer Kommunikation, er war seinerseits von bestimmten kulturellen Kommunikationsformen angeregt. Im Gefolge der kulturellen Wende, die mit der sogenannten Studentenbewegung ab Mitte der 1960er Jahre verbunden war, begann das etablierte Theater zu experimentieren. Zum Teil wanderte das Theater aus in die suburbs der großen Metropolen. Straßentheater, Happenings, experimentelle Sequenzen in den verschiedensten Kontexten sensibilisierten die Menschen aufs Neue für die Bedeutung des Theatralischen, des Dramatischen und der Inszenierungen. Der *performatic turn* ist ein eindrückliches Beispiel für den engen Zusammenhang von wissenschaftlichen Entwicklungen und der sie umgebenden Alltagskulturen.

In der (Praktischen) Theologie ist der *performatic turn* auf eine beachtliche Resonanz gestoßen. Dafür sind vor allem zwei Gründe maßgeblich. Zum einen erinnerte man sich daran, dass die Theatermetaphorik in der Theologie schon immer zu Hause gewesen ist. Bereits die altkirchliche Trinitätslehre operierte mit dem Begriff der drei göttlichen »Personen«. Der lateinische Begriff *persona* geht seinerseits auf den griechischen Begriff des *prosôpon* zurück, der ursprünglich die im Theater getragene Maske bedeutete. Das trinitarische Kommunikationsgeschehen ließ sich mit diesen Begriffen offensichtlich sachgerecht in der Sprache zur Darstellung bringen. (Notabene: Der gerade verwendete Ausdruck »zur Darstellung bringen« zeigt, dass auch für den Bereich der Sprache der *performatic turn* seine Bedeutung hat.) Auch die Beziehung zwischen Gott und den Menschen ließ sich trefflich mit der Theatermetaphorik beschreiben. Der Begriff des »Welttheaters« hat vom Mittelalter bis hin zu Hugo von Hofmannsthal den Blick auf die Weltverhältnisse anzuregen vermocht. Auch Luther kann das menschliche Handeln – theologisch betrachtet – als ein »Spiel Gottes« begreifen. Der *performatic turn* war also in der Theologie avant lettre schon immer heimisch. Wichtiger jedoch für die bereitwillige Rezeption des *performatic turn* in der Praktischen Theologie war die Tatsache, dass sich viele Praxisfelder und die sich dort stellenden Probleme im Lichte des *performatic turn* auf eine erhellende Weise reformulieren und rekonstruieren ließen. Dabei kam dem *Gottesdienst* und der *Predigt* eine herausragende Bedeutung zu.

Die Predigt erscheint als ein Teil im »Drama ›Gottesdienst‹« (Schilson / Hake 1998). Die Predigerin, der Prediger stehen in diesem Drama an einem bestimmten Ort. Sie nehmen als Predigende eine bestimmte Rolle und Aufgabe wahr, und die an demselben Drama beteiligten Gottesdienstbesucher/innen sind von dem »kleinen Drama auf der Kanzel« in Anspruch genommen. *Predigt ist ein Akt der Darstellung im Gesamt-Drama Gottesdienst.* Die Wirkung und Absicht der Predigt ist nur angemessen zu beschreiben, wenn sie in den Koordinaten dieses Gesamt-Dramas wahrgenommen wird.

Gegen ein solches Verständnis der Predigt wurden im Kontext protestantischer Theologie immer wieder Einwände erhoben. Meldet sich mit dieser Aufnahme des *performatic turn* nicht eine heimliche Rekatholisierung des Gottesdienstverständnisses an und damit verbunden eine Abwertung der Predigt? Die katholische Theologie hat in der Tat – wie etwa die Arbeiten Hans Urs von Balthasars zeigen – mit einer »dramatischen Theologie« und einem Verständnis des Gottesdienstes als dramatisches Geschehen keine Schwierigkeiten. Damit wird jedoch der Begriff und vor allem die damit verbundene Perspektive auf das gottesdienstliche Geschehen für protestantische Theologie nicht unbrauchbar. Römisch-katholische, orthodoxe und protestantische Theolog(inn)en teilen sich in vielfältiger Weise ihre Begriffswelten. Die Legitimät des *performatic turn* für eine protestantische Liturgie und Homiletik wird sich daran erweisen, ob sich in dieser Begrifflichkeit und in dieser Perspektive das protestantische Verständnis von Gottesdienst und Predigt darstellen lässt oder nicht. Dass dies möglich ist, haben zwei neuere Veröffentlichungen überzeugend gezeigt. Ursula Roth hat in ihrer Monographie »Die Theatralität des Gottesdienstes« die These erhärtet, dass »die Einsicht in die strukturellen Parallelen, die beide [sc. Gottesdienst und Theater] miteinander verbinden, zu einem prägnanten Verständnis des Gottesdienstes, seines Wesens, seiner Struktur und seiner Beteiligungsmuster, beizutragen« vermag (Roth 2006, 293). Und David Plüss hat gezeigt, dass sich gerade das Profil eines reformierten Gottesdienstes mit Schweizer Prägung in der Begrifflichkeit und Perspektivität des *performatic turn* als kommunikatives Gesamtgeschehen auf höchst präzise und distinktive Weise nachzeichnen lässt (Plüss 2007).

In diesem Zusammenhang sei auch noch einmal an die Darstellung der Predella des Wittenberger Cranachaltars erinnert (→ 4.5.3). Hier findet ein besonderer Moment im Gesamtgeschehen des Gottesdienstes seine Darstellung – der Moment der Predigt. Der Prediger hat im liturgischen Geschehen einen Ortswechsel vorgenommen. Er steht auf der Kanzel, schlägt die Bibel auf und beginnt zu predigen. Die Hörenden sind ihm in der Geste des aufmerksamen Hörens verbunden. Das Kruzifix in der Mitte steht für die räumliche und symbolische Mitte des gottesdienstlichen Gesamtgeschehens. Genauer kann man das, was im reformatorischen Verständnis Predigt sein und bewirken soll, nicht darstellen. Die Predella des Wittenberger Cranachaltars

Performanz der Predigt

ist die adäquate Darstellung protestantischer Predigt im Lichte sowohl des *iconic* wie des *performatic turn*.

Weiterführende Literatur

A. *Bieler*, Das bewegte Wort. Auf dem Weg zu einer performativen Homiletik. In: Pastoraltheologie 95 (2006), 268-283

5.1.1 Predigt als Teil des Gottesdienstes

Predigerinnen und Prediger wie auch die GottesdienstbesucherInnen spüren im Verlauf eines Gottesdienstes auf eine ganz selbstverständliche Art und Weise, dass die Predigt ihre Wirkung in einem Ganzen entfaltet. Die Predigt kann nicht vom übrigen liturgischen Geschehen isoliert werden. Kommt vor der Predigt ein Lied zu stehen, das die Gemeinde nur mit Mühe singen kann, braucht es einiges an Anstrengung von Seiten des/der Predigenden um die HörerInnen der Predigt zu ermutigen, sich auf die Predigt einzulassen. Ebenso kann nach einer Predigt mit einer melancholischen Stimmung schwerlich ein Freudenlied intoniert werden. Wenn sich ein Gottesdienstbesucher über das Eingangsgebet geärgert hat, wird dies auch auf sein Hören der Predigt Wirkung ausstrahlen. Auch im Nachhinein ist das Hören der Predigt veränderlich. Wenn Predigende etwa im Fürbittengebet das nachzuholen versuchen, was sie meinen in der Predigt nicht gesagt zu haben, so kann das nachträglich die ganze Predigt kaputt machen. Umgekehrt gilt, dass eine sorgfältig gestaltete Gesamtliturgie die Wirkung der Predigt nur erhöhen kann. So hat manche Liturgie eine nicht gerade strahlende Predigt auf eine gute Weise hörbar gemacht. Die Erkenntnis, dass die Wirkung der Predigt nur im Ganzen des Gottesdienstes zum Zuge kommt, hat in der universitären Ausbildung die Konsequenz, dass immer weniger traditionelle, rein homiletische Seminare angeboten werden, sondern an deren Stelle zunehmend Liturgisch-Homiletische Seminare treten. Aber auch dort, wo das Seminar noch als ein Homiletisches Seminar durchgeführt wird, werden in der Regel Fragen der Liturgie thematisiert.

Es muss also nicht nur eine Predigt gestaltet werden, sondern ein ganzer Gottesdienst. Und diese Gesamtgestaltung bedarf ebenso der Reflexion und der Sorgfalt wie das Predigen. Im Zusammenhang des *performatic turn* wurde für diesen Gesamtgestaltungsprozess der Begriff der *Inszenierung* eingeführt. Michael Meyer-Blanck hat die Vorbereitung und Durchführung eines Gottesdienstes pointiert als »Inszenierung des Evangeliums« (Meyer-Blanck 1997) bezeichnet. Der Begriff ist auch auf Widerspruch gestoßen, weil er allzu sehr nach Machbarkeit klingt und den Gottesdienst in große Nähe zu anderen inszenatorischen Geschehen rückt. Auf der anderen Seite macht der Begriff deutlich, dass die Vorbereitung und Durchführung eines Gottesdienstes ein gestalterischer Prozess ist, der als solcher auch theoretisch reflektiert und analysiert werden kann – eben als Inszenierung eines bestimmten liturgischen Geschehens.

Gegenüber der bewusst kurz gehalten Programmschrift von Meyer-Blanck hat David Plüss ein elaboriertes Konzept des liturgischen Gesamtgeschehens entwickelt (Plüss 2007). Homiletisch bedeutsam sind seine Überlegungen deshalb, weil er ein spezifisches performatives Verständnis der Predigt im Ganzen des Gottesdienstes entwickelt. Plüss geht davon aus, dass auch die Predigt wie das andere liturgische Geschehen durch *Rollen* und *Gesten* bestimmt ist. Damit lässt sich die Predigt den anderen Teilen des liturgischen Gesamtablaufs sowohl zuordnen wie auch davon unterscheiden.

Im Gottesdienst haben der Sigrist/Mesner, die Organistin, der und die Gottesdienstbesuchende sowie der/die LiturgIn seine/ihre spezifischen *Rollen*, wobei sich die Rollen sowohl überschneiden wie spezifizieren können. Zum Beispiel sind am Fürbittengebet die Gottesdienstbesuchenden in einer anderen Rolle präsent als der/die LiturgIn. Alle beten, aber nur einer betet (in der Regel) laut. Das Vaterunser wird gemeinsam gebetet, und doch hat die Liturgin auch hier eine von den anderen Teilnehmenden unterschiedene Rolle. Er/sie intonieren in der Regel das Gebet und beenden es auch erkennbar. Pfarrerin und Pfarrer haben im Gesamten des Gottesdienstes mehrere Rollen zu übernehmen: Sie sind (Vor-)Betende, Segnende, Predigende, etc.

In diesem Ensemble der Rollen lässt sich die Rolle des Predigers / der Predigerin genau beschreiben: »Für den Predigtgottesdienst ist die Rolle der Predigerin zentral. Als solche tritt sie – anders als beim Gebet – der Gemeinde gegenüber. Sie spricht sie im Namen Gottes an und spricht ihr Leben, Zukunft und Freiheit zu. Sie tut dies, indem sie die biblisch-christliche Tradition mit exemplarischen Lebenserfahrungen verbindet und dadurch produktive Konstellationen eröffnet. So entstehen Räume, die das Einspielen der individuellen Fragen und Erfahrungen der Predigthörer erlauben. Das Spezifikum der Predigerinnenrolle besteht darüber hinaus in der expliziten Verschränkung von symbolisch-szenischer *Darstellung* (im Medium von Sprache und Gestik), *Reflexion* der dargestellten Szenen und der *Transferleistung* zu den Alltagsbezügen. Die Gottesrolle wird dabei nicht explizit aufgenommen, ist aber vorausgesetzt und der Predigt unterlegt. Die Ansage des Evangeliums geschieht im Namen Gottes. Die Predigerin verhält sich in dieser Ansage als Beauftragte Gottes. Sie ist aber mehr als dessen Sprachrohr. Indem sie in der homiletischen Textinszenierung selbst in einen exemplarischen Dialog mit der biblisch-christlichen Tradition tritt, bleibt ihre Rolle deutlich von der Gottesrolle unterschieden« (Plüss 2007, 263 f.).

Die verschiedenen *Rollen* werden im Gesamtgeschehen des Gottesdienstes durch *Gesten* erkennbar. Die Segnende erhebt die Hände. Betende falten die Hände und/oder stehen dazu auf. Lässt sich auch eine Geste des Predigens identifizieren? Plüss ist der Auffassung, dass dem so ist. Auch das Predigen ist mit einer körperlichen Expression verbunden ist. Predigt ist ein spezifisches Körpergeschehen, das sich von anderen Körpergeschehen im liturgischen Gesamtverlauf prägnant unterscheidet.

Wenn wir sehen mit welchen Worten Plüss den Gestus des Verkündigens beschreibt, dann *beschreibt* er genau das, was auf der Predella des Wittenberger Cranachaltars (→ 4.5.3) zu *sehen* ist: »Den Gesten des Lesens [sc. des biblischen Textes vor der Predigt] und des Verkündigens ist gemeinsam, dass die Lesende wie der Verkündigende nicht persönlich für das Vorgetragene einzustehen haben, sondern im Auftragsverhältnis, von einem Anderen her autorisiert, handeln. Dieser bzw. dieses Andere ist letztinstanzlich weder die Kirche, noch die Gemeinde, noch der Kirchenvorstand, sondern Gott. Dies drückt sich in der Verkündigung dadurch aus, dass die Verkündigende nicht anders kann, als ihren Mund zu voll zu nehmen, mehr zu sagen und es anders zu sagen, als sie es als Privatperson ehrlicherweise sagen könnte [...] Die Verkündigung unterscheidet sich von der Lesung des Bibeltextes dadurch, dass dabei die *eigenen Worte* zum Vortrag kommen. Dieser Umstand macht die Gestik des Verkündigens spannungs- und anspruchsvoller. Es ist der *Gestus des Eigenen*, das doch wesentlich *mehr* und *anderes* ist, als es das *nur Eigene* sein könnte [...] Die Gestik des Verkündigens ist komplex. Dennoch ist es möglich, zumindest ihre Grundbewegung zu benennen. Auf der Seite des Predigers ist es die Bewegung des *Ansprechens*, auf der Seite der Hörer des *Angesprochenwerdens*. Der Verkündigende liest nicht ab, sondern spricht die Gemeinde an. Auch wenn sie in der Tat abliest, was hierzulande die Regel darstellt, liest sie doch nicht einen Text vor, sondern hält eine Predigt. Wenn ihre Gestik als stimmig erfahren wird, zeugt sie davon, dass sie ganz bei der Sache, ganz bei der Gemeinde und zugleich ganz bei sich selbst ist. Auf der Seite der Zuhörenden entspricht dem Verkündigen die Haltung der Offenheit und Aufmerksamkeit. Der Körper ist in bequemer, aber in konzentrierter Position. Das Gesicht ist der Predigerin zugewandt, die Augen auf sie und ihre Gestik gerichtet; oder aber der Blick ist abgewandt und drückt die Konzentration auf die angesprochenen Szenen, Bilder und Reflexionen aus« (189f.). Es dürfte ein spannendes Unternehmen sein, diese szenische Skizze nicht nur mit der Predella des Wittenberger Cranachaltars zu vergleichen, sondern mit Darstellungen von Szenen des Predigens in verschiedenen Jahrhunderten. Man würde – bei allen Unterschieden – wohl in den allermeisten Bildern auf eine solche Grundszene des Predigens treffen, wie sie Plüss hier zeichnet.

Weiterführende Literatur

R. Kunz, Gottesdienst evangelisch reformiert. Liturgik und Liturgie in der Kirche Zwinglis, Zürich 2001

G. M. Martin, Predigt und Liturgie ästhetisch. Wahrnehmung – Kunst – Lebenskunst, Stuttgart 2003

M. Meyer-Blanck, Liturgie und Liturgik. Der Evangelische Gottesdienst aus Quellentexten erklärt, Gütersloh 2001

O. Richter, Anamnesis – Mimesis – Epiklesis. Der Gottesdienst als Ort religiöser Bildung, Leipzig 2005

5.1.2 Predigt als Handeln

Wer predigt, *tut* etwas: nämlich predigen. Dieser Satz klingt banal. Bei näherem Hinsehen hat er jedoch weitreichende Konsequenzen für das Verständnis sprachlicher Kommunikation. Dass wir beim Sprechen etwas tun, gilt zunächst einmal in einer recht vordergründigen Weise. Wir öffnen unseren Mund, nehmen unsere Stimmbänder in Anspruch, modulieren die Tonlage und die Lautstärke unseres Sprechens. Dass bereits dies alles nicht banal ist, wissen alle, denen beim Predigen wegen einer Halsentzündung das Wort im Munde buchstäblich »stecken« blieb, oder die durch einen zu scharf angeschlagenen Ton am Anfang einer Unterrichtsstunde den ganzen folgenden Unterrichtsverlauf belasteten. Dass wir beim Reden etwas tun, gilt jedoch noch in weiterer Hinsicht. Eine Richterin, die die Ergebnisse eines Prozesses verkündigt, spricht nicht nur, sondern sie *fällt ein Urteil.* Ein Pfarrer, der am Ende des Gottesdienstes den Segensworten Ausdruck verleiht, spricht nicht nur, sondern er *segnet.* Eine Kanzlerin, die bei Übernahme ihres Amtes der Verfassung Treue schwört, spricht nicht nur, sondern sie *legt einen Amtseid ab.* Ein Kindergärtner, der zu den Kindern am Straßenrand sagt, sie sollen vorsichtig sein, spricht nicht nur, sondern er *warnt.* Die Beispiele zeigen: Reden ist nicht nur ein Sprechen, sondern immer auch ein bestimmtes Handeln. Und die Art und Weise, wie das menschliche Sprechen funktioniert, wie es gelingt oder eben auch misslingt, lässt sich nicht zuletzt durch die Analyse dieser Handlungsdimension von Sprache erkennen. Sprachliche Kommunikation ist immer auch ein szenisches Geschehen. Diesem Zusammenhang hat sich die sogenannte *Sprechakttheorie* gewidmet.

(1) Die Sprechakttheorie, die auf den angelsächsischen Sprachphilosophen John Langshaw Austin zurückgeht, wurde durch John Rogers Searle erweitert (Searle 1971). Bereits der Titel, den Austin seinem Buch gegeben hat, verweist auf die Pointe seines sprachphilosophischen Denkens »How to do things with words« (Austin 1979). Austin zeigt, dass die Art und Weise, wie Sprache »funktioniert«, nicht allein auf der Bedeutungsebene begriffen und dargestellt werden kann. Der Satz »Meersburg liegt am Bodensee« ist eine Feststellung, eine *konstative Äußerung,* wie Searle sagt. Etwas soll ausgesagt, festgestellt

Performanz der Predigt

werden. Ganz anders geartet ist ein Satz wie »Ich verspreche Dir, Dir bald einmal zu schreiben«. Dieser Satz gewinnt seinen Sinngehalt weniger dadurch, dass etwas festgestellt wird, sondern dass etwas getan wird – in diesem Fall: Es wird etwas versprochen. Wir haben es also mit einem Sprechakt zu tun. Searle nennt dies eine *performative Äußerung*.

Ein als konstative Äußerung identischer Satz kann als performative Äußerung sehr Verschiedenes meinen. Man kann dies an dem Beispiel des Satzes »Der Hund ist bissig« gut zeigen: Dieser Satz in einem Hörsaal gesprochen, wäre eine *Information*. Wenn der Satz vom Großvater beim Durchblättern eines Bilderbuches bei einem entsprechenden Bild zur Enkelin gesagt wird, so ist dieser Satz eine *Erklärung*. Derselbe Satz über den Gartenzaun zu vorbeigehenden Spaziergängern gesprochen, ist eine *Warnung*. Und wiederum derselbe Satz zu jemandem gesagt, der einen Wachhund kaufen will, ist eine *Aufforderung*, nämlich den Hund zu kaufen. Die Sprechakttheorie zeigt, dass die Wirkung sprachlicher Kommunikation, nicht allein auf der konstativen Ebene erhoben werden kann, sondern die performative Ebene mit einschließen muss. Wenn ein Student im Hörsaal, nachdem die Professorin den Satz sagte »Der Hund ist bissig«, laut sagt »Ich habe Angst«, so mag dieser Satz auf der konstativen Ebene zwar richtig sein, als Sprechakt ist er jedoch misslungen, weil er zur falschen Zeit, aus falschem Anlass und am falschen Ort gesagt wurde. Derselbe Satz zum Großvater beim Bilderbuch-Ansehen gesagt, macht dagegen Sinn. Jeder aufmerksame Großvater wird dann auf diesen Satz eingehen. Ob eine sprachliche Kommunikation gelungen oder misslungen ist, lässt sich also nur in der Einheit von konstativer und performativer Dimension entscheiden. Austin hat deshalb drei Aspekte oder Ebenen von Sprechakten unterschieden:

Die drei Aspekte von Sprachäußerungen
(nach Austin)

▷ der lokutionäre Aspekt
▷ der illokutionäre Aspekt
▷ der perlokutionäre Aspekt

Der *lokutionäre* Aspekt bezeichnet den »reinen« Inhalt der Äußerung unabhängig von Kontext und Intention des Sprechens. Der *illokutionäre* Aspekt hat die Intention des Gesagten im Blick, während der *perlokutionäre* Aspekt die tatsächliche Wirkung des Gesagten benennen möchte. *Ein Sprechakt kann dann als gelungen bezeichnet werden, wenn alle drei Aspekte miteinander übereinstimmen.* Wenn der Satz »Der Hund ist bissig« als Warnung gesprochen auch als Warnung gehört wird, ist der Sprachakt gelungen. Dabei ist die Struktur sprachlicher Kommunikation in der Regel sehr viel komplexer, als dies im Beispiel des Satzes »Der Hund ist bissig« der Fall ist.

(2) Im homiletischen Kontext kann die Sprechakttheorie dazu verhelfen, das Gelingen oder Misslingen sprachlicher Kommunikation in der Predigt aufzuschlüsseln. Gerade am Beispiel der Predigt zeigt sich die analytische Stärke der Sprechakttheorie. Pfarrerinnen und Pfarrer haben ja immer wieder den Eindruck, dass dieses Mal die Predigt auf besondere Weise gelungen oder misslungen ist. Nicht immer geht dieser Eindruck auf direkte Rückmeldungen der Hörerinnen und Hörer zurück, sondern Predigende können auch manches an den Gesichtern der Hörenden ablesen oder sie nehmen eine bestimmte Atmosphäre der Aufmerksamkeit oder auch der Widerständigkeit wahr. Auch von der Predigt kann gelten, dass sie dann gelungen ist, wenn der lokutionäre, der illokutionäre und der perlokutionäre Aspekt übereinstimmen. Und wie so oft ist das Misslingen dieser Übereinstimmung deutlicher zu spüren als das Gelingen. Man kann sich diese Zusammenhänge wiederum an sehr einfachen Beispielen deutlich machen. Der Satz »Gott sieht dich den ganzen Tag« ist vom Prediger als *Trost* gemeint und wird von der Hörerin als *Mahnung* oder gar als *Warnung* gehört. Der Satz »Gott ist Geist« weckt bei einem Kind die Assoziation an eine Geisterbahn und ist damit schon auf der lokutionären Ebene misslungen. Das homiletische Kommunikationsgeschehen (→ 3) ist in der Regel sehr viel komplizierter, als es diese Beispiele nahe legen. Aber bereits diese einfachen Beispiele zeigen, welche Impulse von der Sprechakttheorie für die Homiletik sowohl in analytischer wie in konzeptioneller Hinsicht ausgehen können.

(3) Frank M. Lütze hat das Potential der Sprechakttheorie für eine umfangreiche *analytische* Studie zur »homiletischen Pragmatik« (Lütze 2006) genutzt. Er geht dabei gleichsam von einer homiletischen Urszene sprachpragmatischen Misslingens aus: »Am Ende von Predigten, die Gottes Gnade verkündigen, überkommt mich paradoxerweise oft ein schlechtes Gewissen. Es wird von unverdienter Gnade gesprochen, von einem Geschenk und vom Angenommensein, von Rechtfertigung und Überwindung der Werkgerechtigkeit, formuliert in Sätzen von überzeugender theologischer Korrektheit, wie sie in jedem dogmatischen Lehrbuch stehen könnten. Doch aller semantischen Gnadenfülle zum Trotz bleibt in mir der diffuse Eindruck zurück, dass ohne meinen eigenen Beitrag die Gnade auf der Strecke bleibt« (16). Diese Erfahrung, die wohl viele Predigthörende teilen, zeigt, dass auf der Ebene des Inhalts allein das Predigtgeschehen nicht begriffen werden kann. Denn alle in der Predigt gehörten Sätze könnten ja »in jedem dogmatischen Lehrbuch« stehen. Und offensichtlich kommt das dogmatisch Richtige und vor allem das homiletisch Gemeinte bei den Hörenden *so* nicht an. Es sind kleine sprachliche Operationen, die – sprechakttheoretisch betrachtet – die Differenz zwischen Intention und Wirkung ausmachen. Es sind Sätze, die ein

sprachliches double bind konstruieren und dem dogmatisch Richtigen etwas so nicht explizit Gesagtes und gleichwohl so Gehörtes anfügen: »Bald will Christus unter uns Mensch werden, scheint dabei aber von unserer Kooperation abhängig zu sein; bald bietet Gott neues Leben an, wenn wir ihm fest vertrauen; bald möchte der Heilige Geist uns verändern – wenn wir ihn doch nur ließen« (16). Sprechakttheoretische Analyse enthüllt ein solches sprachliches *double bind*. Predigende möchten *zusprechen* und *verlangen* zugleich. Predigende möchten *trösten* und *klagen* zugleich *an*. Einer solchen Predigt muss der Weg von der Intention zu der dieser Intention entsprechenden Wirkung geradezu versperrt bleiben.

So sehr Lütze bei seinen Untersuchungen die Sprechakttheorie zu Hilfe nimmt, so sehr betont er zugleich, dass eine reine sprechakttheoretische Analyse das kommunikative Predigtgeschehen nicht hinreichend zu erfassen vermag, es vielmehr analytisch unterbestimmt sein lässt. Man merkt der Studie Lützes an, dass der *performatic turn* seinen Überlegungen zugrunde liegt. Auf der textlichen Ebene allein lässt sich das Predigtgeschehen nicht erschließen, es geht vielmehr »um die Erfassung der *Predigtperformance* einschließlich der sprachbegleitenden Phänomene« (292). Deshalb plädiert Lütze für eine *absichtsvolle Predigt*, die analytisch und konstruktiv den Zusammenhängen von Predigtintention und Predigtwirkung sensibel nachspürt, wobei die Sprechakttheorie ein wichtiges analytisches Instrumentarium neben anderen ist.

(4) Nimmt Lütze die Sprechakttheorie als Analyseinstrument zu Hilfe, so entwickelt Henning Luther in der Perspektive der Sprechakttheorie ein eher *konstruktiv-normatives Konzept von Predigt*. Sowohl die Intention des Predigens wie die erzielte Wirkung sind für Luther von einer normativen Sicht der Predigt her zu bestimmen, wobei er diese normative Sicht seinerseits in der Perspektive der Sprechakttheorie formuliert. Diese Theorie mache »deutlich, dass Sprechen mit einer bestimmten Absicht im Blick auf eine intendierte Wirkung erfolgt. Reden geschieht nicht um des Äußerns von Sätzen willen, sondern um eine Verständigung mit dem Hörer zu erreichen« (Luther 1983b, 224). An dieser Stelle kommt Luther dem Predigtverständnis von Ernst Lange, der von der Kommunikationstheorie her denkt, und dem rhetorisch begründeten Verständnis der Predigt von Gert Otto sehr nahe. Dies zeigt zugleich, wie bestimmte methodische Zugänge zur Predigt zugleich eine innere Normativität im jeweiligen Verständnis der Predigt begründen.

Damit eine Verständigung mit den Predigthörenden überhaupt möglich ist, muss sie von diesen verstanden werden können. Für Luther scheint die vielbeklagte Wirkungslosigkeit der Predigt »ein Resultat der Unklarheit des Predigers darüber zu sein, mit welcher illokutionären Ansicht er eigentlich redet, so dass die Hörer oftmals nicht erkennen können, wie das gemeint ist, was gesagt wurde« (227). Deshalb müssen sich die Predigenden über ihre Predigtintention ebenso im Klaren sein wie über das, was mittels einer bestimmten Sprechhandlung erreicht werden soll und was nicht: »Es geht dann nicht mehr um die Frage, ob eine Predigt ›ankommt‹, sondern um die spezifische Art der Wirkung. Die Wirkung bemisst sich aber an der Intention oder Absicht des Sprechers. Von einem Befehl, einer Aufforderung oder Mahnung wird man nicht erwarten können, dass sie trösten. Von einem Trostzuspruch wird man nicht erwarten können, dass er strittige theologische Fragen klärt oder eine Behauptung darstellt, über die gestritten werden kann« (227).

Geht es in der Predigt um ein Einverständnis mit den Hörenden, so kann dies nicht allein als eine *Intention* der Predigt beschrieben werden. Eine Predigt wird nicht dadurch einverständnisorientiert, dass ein Prediger, eine Predigerin sagt »Ich möchte ein Einverständnis mit meinen HörerInnen erzielen«. Die Sprechakttheorie zeigt demgegenüber, dass diese Qualität einer Predigt nur als eine *Konvergenz von Intention und Wirkung,* von illokutionärer und perlokutionärer Ebene des Sprechens also, erreicht werden kann. Deshalb muss jede Predigt auch einer bestimmten Art und Weise der Wirkung verpflichtet sein. Predigt gewinnt für Luther ihr Profil nicht einfach dadurch, *dass* sie wirkt, sondern *wie* sie ihre Wirkung zu erzielen sucht: »Die Wirkung einer Predigt darf daher m. E. nie *nur* direkt als perlokutionäre angestrebt werden, sondern immer nur über den illokutionären Effekt, d. h. über das Offenlegen des jeweiligen Geltungsanspruches und über das Einholen der Zustimmung der Hörer. Nur so scheint mir gewährleistet, dass Wirkung und Wahrheit nicht auseinanderfallen. Wirkung darf sich nicht hinterrücks einstellen sondern muss zustimmungsfähig sein [...] Es geht also nicht um eine *Einwirkung auf den Hörer*, sondern um eine *Verständigung mit dem Hörer*. Mit diesem verständigungsorientierten Wirkungskonzept wird die Freiheit des Gegenübers als Subjekt ernst und in Anspruch genommen« (231 f.).

Weiterührende Literatur

R. Wonneberger / H.-P. Hecht, Verheißung und Versprechen. Eine theologische und sprachanalytische Klärung, Göttingen 1986

5.1.3   Konzeptionalisierungen: »Dramaturgische Homiletik«

Der *performatic turn* in den Kulturwissenschaften ist vor allem als ein analytisches Instrumentarium zur Rekonstruktion der szenischen Dimension kultureller Sachverhalte zur Geltung gekommen. In dieser Weise wurde er auch in der Homiletik wirksam (Roth 2006; Plüss 2006). *Methodische Zugän-*

ge werden nicht selten in *konzeptionelle Ansätze* verwandelt, wie dies etwa bei den neueren Ansätzen zu Rhetorik und Homiletik erkennbar ist (→ 4.1.3). Es geht dabei dann nicht mehr allein um die Aussage »So verhält es sich« oder »So wirkt es«, sondern um die Aussage »So soll es sein«. In diesem Sinne ist der *performatic turn* in der Homiletik von Martin Nicol aufgegriffen und in ein konzeptionelles Verständnis der Predigt überführt worden. In einer kleinen Programmschrift hat er die Konturen einer »dramaturgischen Homiletik« zu zeichnen versucht (Nicol 2002).

Die zentrale These Nicols in diesem Zusammenhang lautet, »dass es Aufgabe sei, Predigt und Liturgie im Rahmen einer einheitlichen gottesdienstlichen Dramaturgie zu verstehen« (Nicol 2001, 151). Homiletik und Liturgik sind damit zwar als differenzierte, aber nicht zu trennende wissenschaftliche Perspektiven auf einen einheitlichen Vorgang verstanden. Der Ansatz einer »dramaturgischen Homiletik« möchte damit die bisher weit verbreitete Trennung von Homiletik und Liturgik in der Forschung wie in der Ausbildungspraxis überwinden. Der Gottesdienst ist als ein dramatisches Gesamtgeschehen gesehen, in dem die Predigt ein Moment darstellt, das nicht unabhängig von diesem Gesamtgeschehen begriffen, analysiert und konzipiert werden kann.

Lange vor dem *performatic turn* in Homiletik und Liturgik hat bereits die angelsächsische Schriftstellerin Dorothy L. Sayers daran erinnert, dass jeder christliche Gottesdienst auf ein Geschehen verweise, das selbst dramatischen Charakter hat. Die Gottesgeschichte (→ 3.3.1.3) ist bei Dorothy Sayers als eine Geschichte verstanden, der eine spezifische Dramatik innewohnt: »Der christliche Glaube ist das aufregendste Drama, das der menschlichen Einbildungskraft je geboten wurde. Und gerade im Dogma ist er als dieses Drama verstanden und dargestellt. Wenn wir das in den Glaubensbekenntnissen der Kirche klar bezeugte Drama langweilig finden, dann haben wir diese erstaunlichen Schriftstücke entweder nie wirklich gelesen oder aber so oft gedankenlos rezitiert, dass wir alle Empfindung für ihren Sinn verloren haben« (Sayers 1982, 27). Karl Barth war von den Überlegungen Sayers derart angetan, dass er in einen längeren Briefwechsel mit der Autorin eingetreten ist. Barth hat eine große Nähe seiner trinitarisch erzählenden »Kirchlichen Dogmatik« zum Verständnis der Gottesgeschichte als Drama gesehen, wie dies Dorothy Sayers entfaltet hat.

Man kann – obwohl Nicol selbst dies begrifflich nicht explizit so entwickelt – den Ansatz einer dramaturgischen Homiletik als die interne homiletische Logik eines konsequent trinitarischen Gottesverständnisses begreifen. Deshalb lautet die zentrale These Nicols: Predigt *kann* nicht nur dramatisch sein, sie *muss* dramatisch sein, insofern sie ihrerseits auf einer dramatischen Grundlegungsgeschichte beruht.

Um den notwendigen dramatischen Gehalt der Predigt zu bestimmen, muss der Ort der Predigt im dramatischen Gesamtgeschehen in den Blick geraten. Die innere Dramatik der Predigt muss sich in die Gesamtdramatik des Gottesdienstes einpassen. Das Drama Gottesdienst konstituiert sich – wie jedes Ritual – durch räumliche und zeitliche Abläufe. Die bisherige Homiletik – so Nicol im Anschluss an den angelsächsischen Homiletiker Richard L. Eslinger – habe eher räumlich als zeitlich gedacht: »Ideen, Gedanken, Themen – all das hat räumliche Qualität; wir waren darauf aus, die ›Predigt zu bauen‹ mit Dispositionen, Punkten und thematischen Sätzen. Wenn jedoch menschliche Erfahrung wesentlich zeitlich ist, dann muss eine Predigt so entworfen werden, dass sie eher Erfahrung gestaltet als Gedanken sammelt. Die Zeitlichkeit der menschlichen Erfahrung fordert Beweglichkeit im Predigen, ein Ordnen von Zeit und Erfahrung« (Nicol 2001, 160). Man würde das Programm einer dramaturgischen Homiletik sicher missverstehen, wenn man das Räumliche und Zeitliche, Gedanke und Erfahrung, Struktur und Ablauf gegeneinander ausspielen würde. Unbestritten setzt die dramaturgische Homiletik aber einen klaren Akzent auf die zeitlichen Bewegungsabläufe der Predigt. Predigt ist verstanden – in der Formulierung des angelsächsischen Homiletikers Eugen L. Lowry – als »ordered form of moving time« (160).

Nicol hat sich für den Entwurf seiner dramaturgischen Homiletik vor allem durch den nordamerikanischen Homiletiker *David Buttrick* inspirieren lassen (Buttrick 1987). Buttrick unterscheidet bereits im Untertitel seines im angelsächsischen Bereich sehr breit rezipierten, umfangreichen Lehrbuchs der Homiletik »Moves« and »Structures«. Jede Predigt ist oder sollte zumindest durch diese beiden Elemente bestimmt sein. Die *Structure* ist der Gesamtplan eines textualen Zusammenhanges, wobei das Verständnis des Textualen sehr weit gefasst ist. Der textuale Zusammenhang kann im engeren Sinn ein geschriebener Text sein. Es kann aber auch ein Drama sein; ein Comic; ein Film; etc. Die *Moves* sind die einzelnen Elemente, aus denen sich die *Structure* zusammensetzt. *Moves* und *Structure* sind also in einem komplexen Zusammenhang aufeinander bezogen. Die *Structure* setzt sich aus den einzelnen *Moves* zusammen und liegt den einzelnen *Moves* gleichwohl voraus, oder besser gesagt – zugrunde. Dieses Verhältnis von *Structures* und *Moves* lässt sich noch in den unterschiedlichsten Zusammenhängen beobachten und bekommt damit seine homiletische Bedeutung. *Structures* und *Moves* sind gleichsam die beweglichen Konstanten im homiletischen Kommunikationsgeschehen (→ 3): *Moves* und *Structures* bestimmen die biblischen Texte ebenso wie die Lebensgeschichten der PredigerInnen und der HörerInnen; sie bestimmen jedoch auch den Gottesdienst insgesamt ebenso wie eine einzelne Predigt.

Konzeptionell muss sich eine Predigt gemäss der Dramaturgischen Homiletik Nicols einer dreifachen Dramaturgie unterziehen: (1) Sie muss sich – und da ist der Ansatz Nicols durch und durch reformatorisch – der Dramaturgie des biblischen Textes aussetzen, der der Predigt zugrunde liegt. Textarbeit wird also durch die Dramaturgische Homiletik nicht ermäßigt, sondern intensiviert. (2) Sodann ist die Predigt als Handlung zu entwerfen. Es wird gleichsam ein homiletisches Szenario erarbeitet. (3) Schließlich ist dieses Szenario im Gottesdienst zu realisieren. Es kommt gleichsam zur Aufführung. Damit gerät die Predigt in Nähe zum Theater und vor allem zum Kino. Die Predigt wird zur *performing art*. In einem ausführlichen Praxisbuch haben Martin Nicol und Alexander Deeg (Nicol / Deeg 2005) das Handwerk der Predigt in der Weise beschrieben, dass sie mannigfache Analogien in anderen Bereichen der *performing arts* erkundet und sich von dort so konkrete wie anregende Praxisvorschläge entliehen haben. Insofern reiht sich der Entwurf einer Dramaturgischen Homiletik ein in die abendländische Tradition des Verständnisses der Homiletik als *ars praedicandi* (→ 1.5) und verbindet diese mit dem *performatic turn* in den Kulturwissenschaften.

5.1.4 Predigtanalyse

Das im homiletischen Zusammenhang unerlässliche Kapitel über Ansätze, Methoden und Wege der Predigtanalyse gehört mit guten Gründen in das Oberkapitel der Performanz der Predigt. Predigt lässt sich nie nur in *einer* Dimension beschreiben und analysieren. Das homiletische Kommunikationsgeschehen ist eine *vieldimensionale Bewegung* im Geflecht zwischen Text, Predigenden und Hörenden. Insofern ist Predigen ein Beziehungsgeschehen, und die Predigt ist auch nur als ein solches Beziehungsgeschehen zu analysieren. Beziehung geschieht in Relationen. Das Eine setzt sich zu Anderem in Relation. Ein solches Verhältnis kann als ein performatives Verhältnis gekennzeichnet werden, wenn denn der Begriff der Performanz meint, dass etwas in seiner Beziehung zu anderem ins Blickfeld gerät. Predigtanalyse hat es deshalb immer mit einer »Ästhetik des Performativen« (Fischer-Lichte 2004) zu tun.

(1) Wahrnehmungen der Predigt gibt es, seit gepredigt wird. Predigten werden und wurden über Jahrhunderte hinweg gehört. Und bei dieser Wahrnehmung, bei diesem Hören der Predigt entstehen Eindrücke, die auch Urteile enthalten. Predigthörer und Predigthörerinnen verlassen in der Regel die Kirche mit dem Eindruck, eine gute, eine schlechte, eine mittelmäßige Predigt gehört zu haben. Dieses sozusagen »normale« Hören der Predigt, das sich zumindest mit einem impliziten wertenden Urteil verbindet, ist zu unterscheiden von der methodischen Predigtanalyse. Die Menschen gehen in den Gottesdienst, um eine Predigt zu *hören*, nicht um eine Predigt zu *analysieren*, auch wenn sie dann für sich einen wertenden Eindruck mit nach Hause nehmen. Ich selbst

spüre den Unterschied zwischen *Predigthören* und *Predigtanalysieren* bei meinen Gottesdienstbesuchen immer wieder sehr deutlich. Deshalb sind Lehrerinnen und Lehrer der Homiletik wohl auch nicht die idealen GottesdienstbesucherInnen. Wenn ich, vom Sonderfall einer gottesdienstlichen Seminarpredigt einmal abgesehen, einen Gottesdienst besuche, so tue ich dies gleichsam als »normaler« Christenmensch. Wenn ich einen Seminargottesdienst besuche, dann tue ich dies als professioneller Hörer. Beides ist nicht immer scharf voneinander zu trennen, und doch sind es zwei völlig verschiedene Zugangsweisen zur Predigt. Dies wird besonders dann deutlich, wenn dieser Rollenwechsel in den Zugangsweisen sich unwillkürlich einstellt. Wenn ich einen Sonntagsgottesdienst besuche, dann geschieht es oft, dass ich den Anfängen einer Predigt als »normaler« Gottesdienstbesucher folgen kann – das heißt: ich lasse mich in eine Welt einführen, die mich encouragiert, tröstet, ermahnt, meinen Horizont erweitert, etc. Und dann passiert es immer wieder, dass ich mich an einer Stelle der Predigt – meist ist dies eine besonders gelungene oder besonders missratene Stelle – plötzlich bei dem Nachsinnen über die Frage ertappe: Was macht der Prediger da eigentlich? Wie erzeugt die Predigerin eine bestimmte Wirkung? Dies ist der Moment, wo ich vom Modus des Predig*hörens* in den Modus des Predig*analysierens* wechsle. Dies beeinflusst dann auch meine weitere Teilnahme am Gottesdienst. Verbleibe ich im Modus des Analysierens, distanziere ich mich in gewisser Weise von den anderen GottesdienstbesucherInnen. Dies spüre ich manchmal direkt körperlich. Aus einer unmittelbaren Teilnahme ist eine analytisch-distanzierte Teilnahme geworden. Dies kann dann so weit gehen, dass eine weitere unmittelbare Teilnahme am Gottesdienst auch nach der Predigt unmöglich wird. Offensichtlich ist es sehr schwer, die Position des methodischen Analysierens, ist sie einmal eingenommen, wieder zu verlassen. Deshalb sind – wie gesagt – Lehrerinnen und Lehrer der Homiletik nicht immer die idealen GottesdienstbesucherInnen.

An diesem Sachverhalt wird auch ein gewisses Paradox der Predigtanalyse deutlich. Die Predigtanalyse möchte dem Predigen auf die Spur kommen, indem sie methodisch nach den Voraussetzungen und Bedingungen des Gelingens oder Misslingens einer bestimmten Predigt fragt. Sie tut dies in dem Interesse, zu einem besseren Predigen zu verhelfen. Das bessere Predigen dient jedoch dem unmittelbaren, dem »normalen« Hören – und diesem unmittelbaren, »normalen« Hören soll ein professionelles, distanziertes Hören zugute kommen. Wahrscheinlich teilt die Predigtanalyse dieses Paradox mit anderen Formen professioneller Analyse und Kritik wie der Literaturkritik oder der Filmkritik.

(2) Theorie und Methoden der Predigtanalyse im strengen Sinn sind erst in jüngster Zeit in der Homiletik heimisch geworden. Erst im Zusammenhang

mit der empirischen Wende in der Praktischen Theologie (→ 3.1) wurde in der deutschsprachigen Homiletik eine methodisch reflektierte Predigtanalyse gebräuchlich. Dies hatte vor allem drei Gründe: Zum einen hat (a) das Predigtverständnis der Wort-Gottes-Theologie sowohl Barth'scher wie Bultmann'scher Prägung die Predigt als Verkündigung des Wortes Gottes von allen anderen Formen sprachlicher Kommunikation radikal abgehoben. Die Predigt erschien als ein Sprachmodus sui generis, der einer methodischen Analyse schwer zugänglich ist. So haben sich noch in den frühen 60er-Jahre des vergangenen Jahrhunderts Ausbildungs(!)pfarrer geweigert, mit den ihnen anvertrauten VirkarInnen über ihre eigene Predigt überhaupt nur zu sprechen. Zum anderen kündigten sich (b) in diesen Jahren größere Veränderungen im Verhältnis von Kirche und Gesellschaft an. Eine erste Kirchenaustrittswelle verwies auf das Ende einer langjährigen Prosperitätsphase des kirchlich verfassten Christentums. Vieles, woran man sich gewöhnt hatte, war nicht mehr selbstverständlich. Vor allem die Zahl der GottesdienstbesucherInnen ging erkennbar zurück. Damit war auch die Selbstverständlichkeit der Predigt in Frage gestellt. Vor diesem Hintergrund wollte man der Wirkungsweise von Predigt auf die Spur kommen. Eng verknüpft mit diesem Motiv war schließlich (c) die Tatsache, dass durch die Rezeption der humanwissenschaftlichen Erkenntnisse der Homiletik plötzlich ein in anderen Wissenschaftsbereichen bereits erprobtes und bewährtes Arsenal an methodischen Zugängen zur Predigtanalyse zur Verfügung stand.

So war denn auch die Predigtanalyse in der deutschsprachigen Homiletik von Anfang an durch eine ausgeprägte Methodenvielfalt gekennzeichnet. Gleichwohl lassen sich in der Geschichte der Predigtanalyse (Hermelink 1989; Wöhrle 2006) drei grundlegende Ansätze der Predigtanalyse unterscheiden, die wir als *inhaltsbezogene*, als *personenbezogene* und als *sprachbezogene* Predigtanalyse bezeichnen können. Damit sind Schwerpunkte einer jeweiligen Perspektivierung benannt. Jede Perspektive ist genötigt, die zwei anderen Perspektiven mit zu berücksichtigen. Zur besseren Profilierung und Darstellung der verschiedenen Ansätze der Predigtanalyse ist diese Unterscheidung jedoch hilfreich.

Die empirische Wendung in der Praktischen Theologie hat von der neueren Seelsorgebewegung ihren Ausgang genommen, die ihrerseits ihre Impulse aus dem in den USA entwickelten *Clinical Pastoral Training* erhalten hat. Deshalb standen am Anfang der Predigtanalyse die *personenbezogenen* Methoden und Ansätze. Die von Fritz Riemann entwickelte Persönlichkeitstypologie wurde auf die Person des Predigers / der Predigerin eingeblendet (→ 3.3.2.4). In den CPT- bzw. KSA-Kursen wurden nach der dort entwickelten Methode der Verbatims-Analyse auch die Predigten untersucht (Piper 1976). Schließlich kann auch die Transaktionsanalyse (→ 3.3.2.2) zu den personenbezogenen Methoden der Predigtanalyse gerechnet werden. Im Zusammenhang mit dem (Wieder-)Erstarken der Rhetorik in der Homiletik haben dann die *sprachbezogenen* Ansätze an Bedeutung gewonnen. Neben den Ansätzen einer im strengeren Sinne rhetorischen Predigtanalyse (Otto 1976, 171-182) sind auch sprechakttheoretische (→ 5.1.2) sowie poetisch-ästhetische Analyseverfahren (Engemann 1993) entwickelt worden. Gegenwärtig fällt auf, dass sich die Predigtanalyse besonders der Frage nach der Erkennbarkeit und Identifizierbarkeit der Predigt im Kontext eines religiösen und weltanschaulichen Pluralismus zuwendet. Deshalb gewinnen *inhaltsbezogene* Analyseverfahren an Gewicht (Hermelink / Müske 1995; Meinhard 2003). Bei allen drei methodischen Ansätzen der Predigtanalyse fällt auf, dass sie eher an dem Aspekt des Erstellens der Predigt interessiert sind und insofern eine PfarrerInnen- und Inhaltszentrierung aufweisen. Die Ansätze zu einer empirischen Analyse der Predigtrezeption durch die HörerInnen und Hörer stecken noch in den Anfängen. Wir wissen z. B. sehr wenig darüber, was Metaphern oder Bilder in den Predigten bedeuten und wie sie das Hören der Predigt beeinflussen. Eine Erweiterung des Methodenarsenals der Predigtanalyse in Hinsicht auf die Rezeption durch die HörerInnen der Predigt ist ein dringendes Forschungsdesiderat.

Dass es sich bei der Unterscheidung in personen-, sprach- und inhaltsbezogene Ansätze nur um eine graduelle Unterscheidung handelt, erweist sich an der konkreten Durchführung dieser Ansätze selbst. Personenbezogene Ansätze kommen nicht ohne Beobachtungen zu Sprache und Inhalt aus. Sprachbezogene Ansätze haben es auch stets mit den Inhalten der Sprache zu tun. Am deutlichsten wird dieser Zusammenhang in der Heidelberger Methode der Predigtanalyse. Dieses Modell steht noch einmal quer zum Main-Stream der methodischen Ansätze der Predigtanalyse. Zum einen stellt sich die Heidelberger Methode explizit in die Tradition der Dialektischen Theologie, die sich ihrerseits gegenüber der Predigtanalyse eher reserviert verhalten hat. Zum Anderen versteht sich die Heidelberger Methode als ein dezidiert *theologisches Modell* der Predigtanalyse, das sich kritisch von der Praxis der Übernahme von Analysemethoden aus den Humanwissenschaften absetzt. Als theologisches Modell lässt sich dieses Analyseverfahren nur als das Ineinander von personen-, sprach- und inhaltsbezogenen Aspekten realisieren (vgl. dazu besonders Bohren / Jörns 1989, 55-61).

Weiterführende Literatur

G. *Lämmermann,* Zeitgenössisch predigen. Homiletische Analysen mit Predigtbeispielen, Stuttgart / Berlin / Köln 1999

S. *Wöhrle,* Predigtanalyse. Methodische Ansätze – homiletische Prämissen – didaktische Konsequenzen, Berlin 2006

Performanz der Predigt

5.2 Predigt als szenisches Geschehen

Performative Homiletik (→ 5.1) versteht die Predigt als ein szenisches Geschehen. Ein szenisches Geschehen ist dadurch charakterisiert, dass bestimmte Personen an einem bestimmten Ort zu einer bestimmten Zeit handeln. Aristoteles hat in seiner Poetik die Einheit von *Ort, Zeit und Handlung* als Qualitätsmerkmal einer gelungenen szenischen Darstellung bezeichnet. Auch wenn die neuere Theaterästhetik vom Postulat einer inneren Einheit dieser Größen abgegangen ist, hat Aristoteles damit doch die drei konstituierenden Elemente benannt: Menschen, die zu einer bestimmten Zeit an einem bestimmten Ort handeln.

Das szenische Geschehen ist durch eine innere Dynamik dieser drei Größen bestimmt, wie immer sie auch aufeinander bezogen sein mögen. Damit ist zugleich gesagt, dass diese drei Größen sich wie in einem Gravitationsfeld gegenseitig beeinflussen. Verändert sich der Ort, tangiert dies auch die Zeitabläufe. Die Zeitabläufe wiederum beeinflussen die Wahrnehmung des Ortes und die Struktur der Handlungsabläufe. Und die Intention des Handelns bestimmen Ort und Zeit des Handelns.

Zeichnet man die aristotelische Trias von Ort, Zeit und Handlung in das Predigtgeschehen ein, so wird deutlich, dass dieses Predigtgeschehen in der Tat als ein szenisches Geschehen begriffen werden kann. Um das Predigtgeschehen in seinen Voraussetzungen, Bedingungen und Konsequenzen in den Blick zu bekommen, muss es geradezu als ein szenisches Geschehen begriffen werden, ob dabei nun der Begriff des Szenischen verwendet wird oder nicht. Die Situation des Sonntagsgottesdienstes ist durch den Ort der Kirche, die gewohnte Gottesdienstzeit und das liturgisch-homiletische Geflecht von GottesdienstbesucherInnen und PredigerInnen, KirchenmusikerInnen, etc. bestimmt. Wenn dieselben Personen an einem Bestattungsgottesdienst teilnehmen, hat der Ort gewechselt, auch die Zeitstruktur und die Intention der Liturgie. Dieselbe Liturgie, dieselben Personen und Handlungen verändern sich dadurch, ob der Bestattungsgottesdienst in der Kirche oder am Grab, mit oder ohne präsenten Sarg, etc. stattfindet.

Bei den *Kasualien* wird der Charakter des Predigtgeschehens als szenisches Ereignis vielleicht bewusster, als dies im sonntäglichen Gottesdienst der Fall sein mag. Die Menschen mögen empfänglicher sein für Wahrnehmung von Ortsatmosphären und Zeitabläufen. Und Prediger und PredigerInnen mögen sensibler auf die Gestaltungsabläufe achten. Zugleich kann vom Verständnis des Predigtgeschehens als szenisches Ereignis ein erhellendes Licht fallen auf das Verhältnis von sonntäglichem Gottesdienst – nennen wir ihn ruhig den »ganz normalen Gottesdienst« (Hermelink / Plüss 2004) – und den verschiedenen Kasualgottesdiensten. Der Sonntagsgottesdienst bildet gleichsam die Ur-Szene des gottesdienstlichen Geschehens, das dann in den Kasualien seine szenischen Veränderungen erlebt. Insofern erhellen aber auch die besonderen Situationen der Kasualien die Ur-Szene des Sonntagsgottesdienstes und die Bedeutung, die die Predigt in dieser Ur-Szene hat. Das homiletische Nachdenken sollte deshalb die Predigt im Sonntagsgottesdienst und die Kasualpredigt zwar voneinander unterschieden, sie jedoch nicht als zwei Größen sui generis verstehen. Die Predigt am Sonntag und die Kasualpredigt als homiletisch-szenisches Geschehen unterliegen denselben Bedingungen.

Weiterführende Literatur

Chr. Albrecht, Kasualtheorie. Geschichte, Bedeutung und Gestaltung kirchlicher Amtshandlungen, Tübingen 2006
K. Fechtner, Kirche von Fall zu Fall. Kasualpraxis in der Gegenwart – eine Orientierung, Gütersloh 2003
U. Wagner-Rau, Segensraum. Kasualpraxis in der modernen Gesellschaft, Stuttgart 2003
E. Winkler, Tote zum Leben. Taufe – Konfirmation – Trauung – Bestattung, Neukirchen-Vluyn 1995

5.2.1   Kasualpredigt

Für viele Menschen sind die Kasualien der Ort geworden, an dem sie der Institution Kirche noch begegnen. Deshalb schätzen sie – das zeigen Umfragen in den verschiedensten Kontexten – das Kasualhandeln der Kirche hoch ein. In ihrer Kasualpraxis wird den Kirchen eine sehr hohe Kompetenz zugeschrieben. Aus diesen Gründen haben die Kasualien in den vergangenen zwei Jahrzehnten praktisch-theologischer Diskussion eine neue Beachtung gefunden. Dies zeigt sich nicht zuletzt daran, dass insbesondre nach der Bedeutung der Predigt im Zusammenhang der Kasualien gefragt wird, wobei der Begriff der Kasualien eine Erweiterung erfährt (Gutmann 2002; Fechtner 2001; Roth 2002). Neben den »klassischen« Kasualien von Taufe, Trauung und Bestattung finden jahreszeitliche Ereignisse wie das Erntedankfest oder der Jahreswechsel Berücksichtigung. Aber auch lebensgeschichtliche Ereignisse, die sich den Prozessen der (post-)modernen Beweglichkeit – im Guten wie im Schlechten – verdanken, werden als Anlässe zu kasuellem Handeln verstanden, wie etwa Arbeitsplatzwechsel oder -verlust, Scheitern von Beziehungen, Aufnehmen von Beziehungen in anderen Formen als der Ehe, etc. In gewisser Weise durchzieht die kasuelle Perspektive die gesamte Praktische Theologie der Gegenwart.

(1) *Die Kasualien sind Formen der Religion der ausdifferenzierten Moderne.* In gewisser Weise sind sie dies sogar in privilegierter Weise. Die Kasualien sind durch einen expliziten Bezug auf lebensgeschichtliche Situationen gekennzeichnet. Deshalb wird in der Kasualpredigt Lebensgeschichte auf besondere Weise thematisch. Natürlich gilt auch für die Sonntagspredigt, dass sie auf Lebensgeschichte bezogen ist oder zumindest sein sollte. Aber oft geschieht dieses eher untergründig und unreflektiert, während bereits der lebensgeschichtliche Anlass der Kasualpredigt zu einer entsprechenden Akzentuierung führt. Insofern kann gesagt werden, dass in der Kasualpredigt das *explizit* thematisch wird, was in der Sonntagspredigt oft eher *implizit* angesprochen ist – die individuelle menschliche Lebensgeschichte.

Daraus gewinnt die Kasualpredigt ihre besondere Bedeutung. Der Zwang zur Erfindung des eigenen Lebens (→ 1.2.4), zu der sich die Menschen durch die Prozesse der Pluralisierung, Individualisierung und Globalisierung Tag für Tag herausgefordert sehen, nötigt den Menschen einen nicht unerheblichen *lebensgeschichtlichen Stress* ab. Die Nötigung zur Lebensdeutung kann plötzlich und unerwartet in ein individuelles Leben einbrechen, zu nicht gewohnter Stunde, an nicht gewohntem Ort, aus nicht vorsehbarem Anlass. Auf der anderen Seite gilt, dass kein Mensch sein Leben vom Nullpunkt aus erfinden kann. Wir sind immer auf Symbole, Geschichten und Rituale angewiesen, an die wir anknüpfen können, in die wir Spuren unseres Lebens einzeichnen können. Die Kasualpredigt versucht genau dies. Sie versucht, in bestimmten Situationen, an bestimmten Orten, zu bestimmten Zeiten Lebensgeschichte(n) mit den Symbolen, Geschichten und Traditionen der biblisch-christlichen Überlieferung zu verknüpfen. Insofern ist die *Struktur der Kasualpredigt* zugleich das *Grundmuster eines reflektierten Synkretismus* (→ 1.3.4).

(2) Die kirchliche Praxis sieht sich heute insgesamt zu einem solchen reflektierten Synkretismus herausgefordert. Insofern sind die *Kasualien* und mit ihr die *Kasualpredigt* zu einem *Grundparadigma praktisch-theologischer Reflexion und kirchlicher Praxis insgesamt* geworden. In Zeiten der Transformation kultureller Überlieferungen muss auch die christliche Überlieferung den Menschen in bestimmten lebensgeschichtlichen Situationen erst »lesbar« gemacht werden. Genau dies wurde mittels der Kasualien und besonders mittels der Kasualpredigt schon immer versucht.

Es ist kein Zufall, dass die Liberale Theologie in der ersten Krisenerfahrung der industriellen Moderne die Kasualien zum herausgehobenen Reflexionsgegenstand der Praktischen Theologie erhob. Friedrich Niebergall hat den Zusammenhang von nachlassender religiöser und kirchlicher Bindungen und der Chance der lebensgeschichtlich orientierten Verkündigung benannt und die Kasualpredigt in einer etwas kriegerischen Sprache einmal als den *vorgeschobenen Posten der Kirche* bezeichnet. Rudolf Bohren hat gegen eine solche theologische Positionsbestimmung seinen leidenschaftlichen Protest erhoben. Er sieht in der Rede von der Kasualpraxis als missionarischer Gelegenheit, wie sie auch bei Niebergall anklingt, den Verlust der Substanz des Evangeliums. In der Tradition der Dialektischen Theologie konstatiert Bohren einen Gegensatz von Auftrag und Situation, von Verkündigung und Ritual. Verlangt werde von den Menschen »nicht das Wort des Evangeliums, sondern die Handlung« (Bohren 1979, 18). Die gewollte lebensgeschichtliche Orientierung verforme das Evangelium auf unreparable Weise: »Man versucht den kirchenfremden Menschen unaufdringlich oder aufdringlich zu sagen, welchen Wert des Evangelium für das Leben hat. Man versucht, das Evangelium zu verkündigen, und dabei verwandelt sich der Christus unmerklich zum Baal, zu dem Gott, der das kreatürliche Leben segnet, zum Gott der Fruchtbarkeit, zum Garanten von Eheglück und gelungener Erziehung. Man preist Christus als den Gott und Bringer des Lebens und vergisst, dass Jesu Leben in der Welt Ohnmacht ist und Leiden und Kreuz. Man spricht dann vielleicht auch noch vom Kreuz, aber man verschweigt das Mitsterben mit ihm, das allein zum Leben führt« (19).

Man wird Bohren sicher nicht bestreiten können, dass er mit seiner Kritik einen bestimmten Typus von Kasualpredigt sehr genau im Blick hat. Und man wird auch nicht bestreiten können, dass die Kasualien Prediger und Predigerinnen immer wieder in versuchliche Situationen hinein führen. Die Kritik Bohrens lässt sich darauf zuspitzen, dass er sagt: Die Kasualpredigt verführt dazu, nur die gelingenden Seiten des Lebens zu beleuchten und damit die reformatorische *theologia crucis* zu verraten.

An dieser Stelle weichen meine eigenen Erfahrungen und Beobachtungen von der Sicht Bohrens ab. Ich denke, dass die Menschen heute ein sensibles Gespür nicht nur für das gelingende, sondern auch für das misslingende, ja sich verfehlende Leben haben. Darüber wollen sie ebenso Hilfreiches hören wie über das gelingende Leben. Bohren hat seinen Vortrag über die Kasualpraxis im Jahre 1960 gehalten, also auf dem ersten Höhepunkt des so genannten deutschen Wirtschaftswunders nach dem Zweiten Weltkrieg. Bohren ist dieser Situation in seiner Polemik verhaftet. Die Menschen heute, in der »flüchtigen Moderne« (Bauman), wissen und spüren wohl sehr viel mehr von der Ungesichertheit des Lebens, als dies Bohren den Menschen damals unterstellt hat. Insofern ist seine Polemik heute etwas ortlos geworden, auch wenn sie dadurch nicht irrelevant geworden ist. Im Übrigen ist Bohren bereits damals auf seine Weise *avant lettre* dem lebensgeschichtlichen Paradigma verpflichtet gewesen, indem er fordert, die Kasualien aus den Kirchen in die Häuser zu verlagern, sie den Pfarrern als Institutionsvertretern zu entreißen und sie dem *pater familiae* aufzutragen. Man mag über den sich hier zeigenden Patriarchalismus und Paternalismus den Kopf schütteln, gleichwohl weisen die Überlegungen Bohrens in eine Richtung, die heute aktueller und attraktiver ist denn je. Bohren plädiert im Grunde dafür, die Kasualien an den Ort zu bringen, wo sie ihren Sitz im Leben haben. Dies ist heute sicher nicht mehr exklusiv die Kleinfamilie, die Bohren im Blick hat. Die Orte des Lebens haben sich ebenso pluralisiert wie die Interpretationen des Lebens. Dass sich kirchliche Praxis aber in den lebensgeschichtlichen *networks* zu verorten hat, dies hat Bohren – wiederum *avant lettre* – bereits klar gesehen.

> Am konsequentesten ist dieser Spur Michael Nüchtern gefolgt. Er plädiert für eine »Kirche bei Gelegenheit«, in der die Kasualien eine Schlüsselfunktion für das Verständnis der gesamten kirchlich-religiösen Praxis übernehmen (Nüchtern 1991, 13): »›Kirche bei Gelegenheit‹ hat ihre Orte: ›Zelte des Nachdenkens‹, Agenturen, Ambulanzen, die eingerichtet sind, damit sich in ihnen aktuelle Probleme und Lebensfragen mit christlicher Tradition begegnen können [...] Kirche bei Gelegenheit entsteht, wenn sich Kirche durch die Lebenswelt herausfordern lässt und den christlichen Glauben als Orientierung und Vergewisserung in konkrete Lebenssituationen einbringt« (109). Deshalb plädiert Nüchtern für eine *kasuelle Theologie:* »Sie verantwortet die Identität des unterschiedlichen kirchlichen Redens und Handelns im Wechsel der Gegebenheiten und Zeiten. In diesem Sinn geht es in einer kasuellen Theologie darum, dass das kasuelle kirchliche Reden und Handeln auf die ganze christliche Wahrheit verweisen kann« (109).

(3) Von Friedrich Uhlhorn, einem sowohl kirchengeschichtlich wie praktisch-theologisch bewanderten lutherischen Theologen an der Wende vom 19. zum 20. Jahrhundert, stammt der Satz: »Die Kasualrede ist eine Frucht des Protestantismus« (Uhlhorn 1896, 15). Sicher waren die Kasualien auch in der vorreformatorischen Kirche beheimatet und sicher werden Taufen und Hochzeiten auch außerhalb der protestantischen Kirchen gefeiert, ebenso wie Menschen außerhalb des Protestantismus auf dem Weg zum Grab eine kirchliche Begleitung finden. Gleichwohl hat die Aussage von Uhlhorn ihre Berechtigung, weil in das Profil der Kasualpredigt, wie wir sie heute kennen und wie sie auch in postmodernen Zeiten praktiziert wird, *spezifische protestantisch-reformatorische Motive* eingegangen sind.

Dies ist zum einen die theologische Würdigung des individuellen Menschen. Dietrich Rössler beginnt den materialen Teil seines »Grundrisses der Praktischen Theologie« mit einem Kapitel, das die Überschrift »Der Einzelne« trägt. Er stellt an den Anfang dieses Kapitels die folgenden Sätze: »Die letzte Absicht aller Handlungen im Namen des Christentums gilt dem einzelnen Menschen. Alle Tätigkeiten, die im Auftrage oder im Sinne der christlichen Kirche ausgeübt werden, haben am Ende nur ein gemeinsames Ziel: Die Seligkeit des einzelnen und zwar jedes einzelnen Menschen, ganz unabhängig davon, was näherhin unter Seligkeit verstanden werden soll« (Rössler 1994, 73).

Von seinen Kritikern wurde und wird dem Protestantismus immer wieder sein individualisierender Grundzug vorgeworfen. Und es ist sicher richtig, dass in Ländern wie Kanada und den USA, die in ihrer Geschichte stark von protestantischen Kirchen und Denominationen bestimmt sind, der Individualisierungsgrad besonders hoch ist. Meist verbindet sich mit diesem Vorwurf der Verdacht, dass dadurch ein gesellschaftlicher Egoismus und gemeinschaftsfeindlicher, emanzipatorischer Individualismus verbunden ist. Die Reden und theologischen Reflexionen des gegenwärtigen Papstes – um nur ein prominentes Beispiel zu nennen – durchzieht diese Sicht der Dinge wie ein *cantus firmus*.

Richtig daran ist, dass der Protestantismus in der Neuzeit ein spezifisches Verständnis von Individualität ausgebildet hat, das die lebensgeschichtliche Praxis der Menschen geformt hat. Der Gleichsetzung von protestantischer Individualisierung und egoistischem Individualismus ist jedoch zu widersprechen. Schon auf der soziologischen Ebene stimmt die These von einer Korrelation von Individualisierung und Individualismus nicht, eher ist das Gegenteil der Fall (→ 1.2.2). Der Vorwurf findet erst recht am protestantischen Verständnis von Individualität keinen Anhalt. In gewisser Weise nimmt Luther die Sicht des Augustinus auf, dass der Mensch erst über den Weg zu Gott zu sich selbst findet (→ 2.2). Luther spricht vom Sünder als dem in sich selbst verkrümmten Menschen *(homo incuvatus in se ipse)*. Dieser in sich selbst verkrümmte Mensch ist seinerseits nur zu verkümmerten Wahrnehmungen fähig. Er sieht weder den Reichtum der Schöpfung noch wird er seiner selbst als Geschöpf Gottes ansichtig und verliert dadurch seine Gemeinschaftsfähigkeit. Der Mensch dagegen, der sich als von Gott angesprochen versteht – und das ist im reformatorischen Sinne der gerechtfertigte Mensch –, wird auch seiner selbst in seiner wahren Beschaffenheit ansichtig und dadurch erst gemeinschaftsfähig. Das reformatorische Verständnis von Individualität wehrt also gerade einem auf Individualismus reduzierten Selbstverständnis des Menschen. Insofern die Rechtfertigungsbotschaft jede protestantische Predigt durchziehen sollte, ist durch sie der einzelne Mensch in seiner Gemeinschaftsfähigkeit angesprochen. Diese Gemeinschaftsfähigkeit des Individuums ist über die Gotteserfahrung vermittelt. Dies bewahrt das Individuum vor allen totalitären Ansprüchen und macht es stark. Stark nicht im Sinne einer sich abschottenden Autonomie, sondern stark im Sinne der Erfahrung der eigenen unverwechselbaren Geschöpflichkeit, die sich als beziehungsoffen verstehen kann. Von daher besteht in der Tat eine starke Affinität zwischen dem protestantischen Verständnis des Menschen und der auf individuelle Lebensgeschichte gerichteten Kasualpredigt. Insofern ist auch der Satz von Uhlhorn richtig: Die Kasualpredigt ist eine Frucht des Protestantismus.

In jüngster Zeit hat *Wilhelm Gräb* diesen Zusammenhang von Lebensgeschichte unter den Bedingungen der entwickelten Moderne und der protestantischen Rechtfertigungslehre mit ihrem individualisierenden Grundzug für die Kasualtheorie fruchtbar zu machen versucht. Gräb versteht die Kasualpraxis und die Kasualpredigt insbesondre als »Rechtfertigung von Lebensgeschichten«, wobei er den semantischen Doppelsinn von Rechtfertigung für seine Argumentation nutzt. Gräb sieht die menschliche Lebensgeschichte in der Gegenwart unter einem permanenten Rechtfertigungsdruck stehen. Individuelle Lebensgeschichte muss ständig errungen und bewährt werden. Das macht die Kasualien gegenwärtig so populär, weil sie in gewisser Weise diesem Zwang zur Rechtfertigung entgegenkommen. Offensichtlich genügt der Raum des Privaten nicht, um sich der eigenen Lebensgeschichte in hinreichender Weise gewiss zu werden. Und deshalb genügt auch der familiäre Rahmen – so wichtig er ist – zur Bearbeitung lebensgeschichtlicher Schwellen und Übergänge nicht und aus diesem Grund »drängt die familiäre Veranlassung [...] in die Kirche« (Gräb 1998, 195): »Darin wird man ohne Frage das Interesse an einer öffentlichkeitswirksamen Verstärkung der sozialen Anerkennung des familiären Ereignisses sehen müssen. Es bleibt nicht bloß im Raum des Gestaltlosen, privat Beliebigen, wird vielmehr in einer öffentlichen Feier und in der Gestalt großer, bedeutungsträchtiger Formen begangen« (195).

Gräb plädiert dafür, dieses Ansinnen nicht – wie dies Bohren in der Traditionsspur der Dialektischen Theologie getan hat – einfach abzuweisen oder zu unterlaufen, sondern es bewusst aufzunehmen. Die Pointe der Kasualtheorie Gräbs besteht darin, dass er im Akt des Aufnehmens dieses Rechtfertigunganansinnen gleichsam verwandelt – also gerade nicht desavouiert oder abweist –, indem es in das Licht des reformatorischen Verständnisses von Rechtfertigung gestellt wird. Dies zu tun, dazu ist in erster Linie die Kasualpredigt aufgerufen. Diese Aufgabenstellung ist bereits in Gräbs Analyse des Rechtfertigungsansinnens, auf dem die volkskirchliche Kasualpraxis beruht, impliziert: »Denn dasjenige wofür der familiäre Anlass steht, die Rechtfertigung einer Lebensgeschichte, kann im Rahmen der familiären Beziehungen letztlich gar nicht geleistet werden. Schon auf der Erfahrungsebene spricht ständig genauso viel dagegen: Die Enttäuschung über misslungene Beziehungen, der sich auch in die Familie hineintransportierende Konkurrenz- und Leistungsdruck des öffentlich-gesellschaftlichen Lebens, die alle Individualität nivellierende Tendenz der modernen Industriegesellschaft, die Herabsetzung des einzelnen zur austauschbaren Ware in der Arbeitwelt. Der Kasus drängt zur Kirche, weil er seine familiäre Veranlassung selbst schon übersteigt« (196). Die Kasualpredigt hat die Aufgabe, dieses implizit mitgebrachte »Wissen« der Kasualgemeinde gleichsam explizit ansichtig zu machen und in eine positive Perspektive zu überführen. Es geht um die »Teilhabe an den Gründen, welche die Kirche für die Rechtfertigung von Lebensgeschichten hat. Die Kirche kann und muss dieses Motiv aus den ihr eigenen Gründen aufnehmen. Es geht auch ihr um die Rechtfertigung von Lebensgeschichten, nicht auf der Grundlage dessen, was diese selbst dafür bereitstellen, sondern auf der Grundlage und in der Zusage des rechtfertigenden Glaubens an Jesus Christus. Sie wird deshalb insbesondere in der Kasual*predigt* einen Vorgang zu inszenieren versuchen, der das

Motiv der vom Kasus Betroffen zum Zuge bringt, es zugleich jedoch vertieft, indem Gottes vorbehaltlose Anerkennung, von der Jesus gezeigt hat, dass sie gerade den Verlorenen und mit ihrem Lebensprojekt Gescheiterten gilt, als der Grund unserer Lebenszuversicht zur Sprache gebracht wird« (201).

(4) Jede Kasualpredigt als szenisches Ereignis ist Bestandteil eines Rituals. Wie aber ist *das Verhältnis der Kasualpredigt zum Ganzen des rituellen Zusammenhangs* genauer zu bestimmen? Man hat der Kasualpredigt in diesem Zusammenhang gerne die Aufgabe der Vereindeutigung zugeschrieben. So als müsse die Kasualpredigt dasjenige befestigen, was das Ritual als Ritual in der Schwebe lasse. Ein solches Verständnis wird jedoch dem szenischen Ereignis eines Kasualgottesdienstes nicht gerecht. Dies zeigen nicht zuletzt die neueren Ritualtheorien.

Die Diskussion um die Kasualien im Zusammenhang mit der empirischen Wende vollzog sich unter dem beherrschenden Eindruck der Theorie der *rites de passage*, der Passageriten, des französischen Ethnologen Arnold van Gennep (Gennep 1986). Ein *rite de passage* ist nach van Gennep in drei Stufen gegliedert in die Stufe der Trennung *(rite de spearation)*, die Stufe des Übergangs *(rite de marge)* und die Stufe der Wiedereingliederung *(rite d'agrégation)*. Die *rites de passage* ermöglichen die Bewältigung kontingenter und/oder herausragender Ereignisse der menschlichen Lebensgeschichte wie Geburt, Pubertät, Heirat oder Tod. In dieses ethnologische Schema konnte man dann sehr gut die traditionellen Kasualien Taufe, Konfirmation, Trauung und Bestattung einordnen. Die eigentliche Leistung der *rite de passage* besteht nach van Gennep in ihrem stabilisierenden Moment. Sie dienen dem sich Wieder-Ein-Fügen in das »normale« Leben angesichts lebensgeschichtlicher Herausforderungen. In diesem Zusammenhang hat man dann die Aufgabe der Predigt besonders in diesem stabilisierenden Moment der *rites de passage* gesehen.

Neuere Ritualtheorien relativieren diese These von der stabilisierenden Funktion von Ritualen. Dabei wird nicht geleugnet, dass Rituale der Stabilisierung lebensgeschichtlicher Erfahrungen dienen. Allerdings wird dieses Moment der Stabilisierung sehr viel differenzierter beschrieben, als dies bei van Gennep der Fall ist. So hat der angelsächsische Kulturanthropologe Victor Turner – die Theorie van Genneps aufnehmend und modifizierend zugleich – im Moment des Übergangs die eigentliche Leistung der *rites de passage* identifiziert. Im Ritual wird ein *Schwellenraum* gleichsam erschaffen wie erkundet. Dieser Schwellenraum bildet eine Art *Niemandsland*, das gleichwohl betreten werden kann, ein *betwixt and between*, wie eine berühmte Formulierung Turners lautet (Turner 1989). In der Erfahrung dieses *betwixt und between* werden kontingente Ereignisse der Lebensgeschichte integrierbar in die Normalität des weitergehenden Lebens. Gleichwohl weiß dieses »normale« Leben, weil es durch die Erfahrung des *betwixt and between* hindurchgegangen ist, dass es kein »normales« Leben gibt und nie geben kann. In diesem Sinne ist es Aufgabe der Kasualpredigt, dieser Erfahrung des *betwixt and between* sprachlichen Ausdruck zu verleihen. Insofern aber ist die Kasualpredigt nicht einfach mit einer vereindeutigenden oder stabilisierenden Funktion zu verrechnen. Gerade im Sprachraum der Predigt soll jenes Niemandsland eines Schwellenraumes zugänglich werden, den niemand unverwandelt verlässt.

5.2.2   Beispiel: Bestattungspredigt

»Unter den Kasualien ist die Bestattung die am häufigsten vorkommende Kasualie und zugleich die stabilste« (Albrecht 2006, 108). Dieser Satz ist so lapidar wie richtig. Alle empirischen Befragungen im deutschsprachigen Raum zeigen, dass die Bestattung (in der deutschsprachigen Schweiz spricht man von der *Abdankung*) zu den kirchlichen Tätigkeiten gehört, die die Menschen als herausgehobene Aufgabe der Institution Kirche ansehen, denen sie aber auch eine große Bedeutung für ihr persönliches Leben zuschreiben. Für viele Menschen mag der Gedanke an ihr Lebensende mit ein Grund sein, ihre Kirchenmitgliedschaft aufrecht zu erhalten. Auch wenn man nur selten einen Gottesdienst oder eine andere kirchliche Veranstaltung besucht, für das Ende des eigenen Lebens wünschen sich viele eine kirchliche Bestattung. Selbst in den durch zwei kirchenfeindliche Diktaturen geprägten östlichen deutschen Bundesländern lassen sich rund ein Drittel der Menschen kirchlich bestatten.

Angesichts der »Selbstverständlichkeit« der kirchlichen Bestattung mag die Erinnerung daran wichtig sein, dass dies noch im beginnenden 19. Jahrhundert so nicht der Fall war. Friedrich Schleiermacher erörtert in seinen Vorlesungen zur Praktischen Theologie, ob es sinnvoll oder notwendig sei, dass der Geistliche an der Bestattung der Toten präsent sei (Schleiermacher 1850, 463 f.). Schleiermacher konstatiert hierzu eine uneinheitliche Praxis. In einigen Gemeinden ist eine Beteiligung selbstverständlich, in anderen Gemeinden findet die Beisetzung der Toten ohne die Beteiligung eines Pfarrers statt. Interessant ist, wie Schleiermacher sein – vorsichtiges! – Plädoyer für eine Beteiligung des Pfarrers an der Bestattung begründet. Angesichts von Sterben und Tod sei stets die Dimension des Religiösen berührt. Die Erfahrung des Todes werfe die grundsätzliche Frage nach der *conditio humana* auf. Dem könne und solle sich der Pfarrer nicht entziehen. Deshalb lehnt es Schleiermacher auch ab, dass Pfarrer nur als Privatpersonen an einer Bestattung teilnehmen. Sie tun dies in einer bestimmten Funktion. Sie sind in diesem Falle nicht als der gute Nachbar oder der Freund gefragt, sondern als Repräsentant der religiösen Dimension des Lebens. In diesem Zusammenhang plädiert Schleiermacher für eine sorgfältige liturgische Gestaltung des Trauerritus. Die Bestattungspredigt sieht er eher als eine prekäre Angelegenheit an. Eine Bestattungspredigt muss für Schleiermacher unbedingt auf die Lebensgeschichte des Verstorbenen eingehen – mit all den Ambivalenzen, die damit verbunden sind. Dazu bedarf es des Taktes ebenso wie der Aufrichtigkeit.

Die Kasualie der Bestattung ist aber nicht allein wegen ihrer Hochschätzung bei den »distanzierten« Mitgliedern der Kirche von Bedeutung. An der Bestattungspredigt können in profilierter Weise all die Herausforderungen exemplarisch dargestellt und erörtert werden, die sich homiletisch bei anderen traditionellen Kasualien wie Taufe, Trauung und Konfirmation ebenso stellen. Zum einen stellt die Kasualie Bestattung Pfarrerinnen und Pfarrer in ein Spannungsfeld von sich zum Teil entsprechender, aber auch oft diametral widersprechender Erwartungen und Deutungen dessen, was eine Bestattung ist und wie sie zu gestalten sei. Diese Spannung resultiert aus der *kulturellen* Dimension der Bestattung (1). Wenn Schleiermacher die Pfarrerinnen und Pfarrer auffordert, nicht als Privatpersonen an der Bestattung teilzunehmen, sondern als Platzhalter/innen der religiösen Dimension, dann sagt er damit zugleich, dass eine Bestattung stets mehr ist als eine Familienangelegenheit. Damit ist an die *öffentliche* Dimension der Bestattung erinnert (2). Der Tod stellt uns Menschen vor die Frage nach dem Leben, dem gelingenden Leben ebenso wie dem verfehlten Leben. Damit ist die *lebensgeschichtliche* Dimension der Bestattung benannt (3).

(1) *Die Bestattung, wie sie sich als Ritual in der Christentumsgeschichte ausgebildet hat, ist kein kultureller Sonderfall.* Jede Kultur und jede Religion kennen Riten und Gebräuche, *wie* sie sich von den Verstorbenen verabschieden und *wie* sie mit den Körpern der Toten umgehen. Am Anfang der christlichen Bestattung steht nicht die Bestattungspredigt, sondern das Ritual. Wichtig war der sorgsame Umgang mit dem Körper der Verstorbenen. Augen und Mund der Toten wurden geschlossen, dann wurden sie in Tücher gehüllt und in der Erde bestattet. Wenige, eher symbolische Grabbeigaben wie grüne Blätter und Blumen waren üblich. Ganz offensichtlich war die Grablegung Jesu das Paradigma, nach dem auch die ersten Christinnen und Christen ihre Toten bestatteten. Psalmen, Hymnen und Gebete begleiteten den unmittelbaren Vorgang der Grablegung. Reden am Grabe waren eher selten.

Diese Zurückhaltung hinsichtlich einer Rede am Grab hat klar erkennbare historische Gründe. Damit grenzte sich die frühe Christenheit von ihrem paganen Umfeld ab. Die Antike pflegte einen ausgesprochen Sprachkult im Umgang mit dem Tod. Für die in den Kriegen Gefallenen wurden jährliche öffentliche Leichenfeiern abgehalten, zu denen prunkvolle Reden gehörten. Aber auch aus Anlass des Todes bedeutender Personen wie Politiker, Feldherren, olympische Sieger oder Dichter wurden Totenreden gehalten. Die Bedeutung dieser öffentlichen Totenreden wird daran erkennbar, dass sie als eigene Gattung der *laudatio funebris* fest im System der antiken Rhetorik (→ 4.1.1) verankert waren. Integraler Bestandteil – und damit stoßen wir auf eine wichtige Station in der Vorgeschichte der heutigen Bestattungspredigt – der *laudationes funebris* war eine Würdigung des Lebens der verstorbenen Menschen. Das eine solche Würdigung ein diffiziler und ambivalenter Vorgang ist, hat bereits die antike Rhetorik gewusst. Deshalb hat man versucht, zu einer Kriteriologie dessen zu kommen, was in der *laudatio funebris* zur Sprache kommen soll. So hat Cicero dazu geraten, die vier Tugenden der *prudentia*, der *iustitia*, der *fortitudo* und der *modestia* besonders zu berücksichtigen. Dieses rhetorische Muster hat auch die christlichen Bestattungspredigten bis ins hohe Mittelalter hinein bestimmt. An den Äußerungen Ciceros ist die Intention erkennbar, über die Toten nur mit Takt und Würde zu sprechen. So wurde der auch noch heute viel zitierte Satz *De mortuis nihil nisi bene* zu einer rhetorischen Grundregel der *laudatio funebris*. Allerdings ist damit auch eine spezifische Gefahr verbunden. Diese Gefahr besteht darin, am Grabe eines Toten dessen Leben besser zu machen als es war, im schlimmsten Falle es umzudeuten. Diese Versuchung besteht ja bis auf den heutigen Tag. So wenn etwa versucht wird, die nationalsozialistische Vergangenheit von unbestritten verdienstvollen Politikern »schönzureden«. Dass dies in der Regel auf Widerspruch stößt, hängt damit zusammen, dass die Menschen ganz offensichtlich ein starkes Gespür für *Wahrheit und Lüge am Grabe* haben. Der Satz *De mortuis nihil nisi bene* meinte auch nicht, am Grabe die Unwahrheit zu sagen. Deshalb wurde dieser Satz bereits in der antiken Rhetorik durch den anderen Satz ergänzt *De mortuis nihil nisi vere*. In dieser Spannung bewegt sich jede Rede am Grab.

Die Ausstrahlung der antik-heidnischen *laudatio funebris* war offensichtlich so groß, dass das erstarkende Christentum sich diese rhetorische Tradition adaptierte. Aus der *laudatio funebris* wurde die *Bestattungspredigt*, der deshalb die Ambivalenz der *laudatio funebris* bis auf den heutigen Tag anhaftet. Dieser Ambivalenz wird man sicher nicht dadurch gerecht, dass man sie einfach ignoriert oder zu unterlaufen versucht. Auf diese Weise bekommen die negativen Seiten dieser Ambivalenz umso größeres Gewicht. Man wird dieser Ambivalenz nur durch eine sorgfältige reflektierte Gestaltung der liturgischen Abläufe und der Bestattungspredigt gerecht.

(2) *Ein Bestattungsgottesdienst ist ein szenisches Geschehen im öffentlichen Raum.* So sehr beim Tod eines geliebten (oder – was sehr oft in der homiletischen Literatur zur Bestattungspredigt übersehen wird – eines nicht so geliebten) Menschen die Familie mit ihrer Atmosphäre des Privaten präsent ist, so

wenig geht eine Bestattung in dieser Atmosphäre des Privaten auf. Dies zeigt bereits die Präsenz der Personen, die in der Regel bei einer Bestattung anwesen sind. Neben den engeren Angehörigen sind NachbarInnen und Freunde, BerufskollegInnen und SchulkameradInnen anwesend. Ausdrücklich sei an dieser Stelle darauf hingewiesen, dass sich die Bestattungen mehren, an denen nur wenige Personen präsent sind. Allerdings ist dies gegenwärtig (noch?) nicht der Regelfall. Die Bestattungspredigt gilt deshalb nie nur den engsten Angehörigen des/r Verstorbenen. Deshalb kann sich eine Bestattungspredigt, so sehr sie auch an der individuellen Biographie des verstorbenen Menschen orientiert sein mag und wohl auch orientiert sein muss, auf diese Orientierung nicht beschränken. Eine Bestattungspredigt wird immer auch grundsätzliche Reflexionen auf das Sterben und damit auf Leben und Tod von uns Menschen enthalten. Nicht zuletzt dadurch gewinnt sie ihren öffentlichen Charakter.

Wenn Predigerinnen und Prediger sich in der Bestattungspredigt grundsätzlich zum Leben und Sterben von uns Menschen äußern sollen, dann müssen sie den gesellschaftlichen Ort von Leben und Tod wahrnehmen. Es gibt nicht *den* Tod, so wenig wie es *das* Leben gibt. Der Tod und das Leben sind nicht nur biologische Tatsachen, sondern kulturelle Phänomene. Wenn wir zu Recht von einer »Geschichte des Todes« (Aries 1980) sprechen, dann können wir dies nur tun, weil sich die Gesichter des Todes wandeln. Die Gesichter des Todes wandeln sich dadurch, dass Menschen auf verschiedene Weise den Tod wahrnehmen, auf verschiedene Weise mit den Toten umgehen, auf verschiedene Weise den Tod »deuten«. Das Christentum ist an dieser Wandlung des Todes auf prominente Weise beteiligt gewesen. Heute ist der gesellschaftliche Diskurs über den Tod pluraler geworden. Das Christentum hat seine Deutungshoheit in dieser Frage verloren und muss sich mit anderen Deuteinstanzen auseinandersetzen. Die multireligiöse Situation unserer Gegenwart konfrontiert uns mit anderen religiösen Deutungen des Todes. Die Künste in all ihrer Vielfalt thematisieren unübersehbar das menschliche Sterben. Die Wissenschaft beansprucht, gültige Aussagen über den Tod zu machen. Die Ökonomie mit ihren Zwängen verwandelt die Bestattungspraxis in einem dramatischen Ausmaß. In diese Situation hinein spricht die Bestattungspredigt. Sie ist dabei vom gesellschaftlichen Diskurs um den Tod ebenso beeinflusst wie sie ihrerseits diesen gesellschaftlichen Diskurs beeinflussen möchte. Insofern ist die Bestattungspredigt nicht nur an individueller Lebensgeschichte, sondern auch an grundsätzlichen Aussagen zu Leben, Sterben und Tod orientiert.

Ursula Roth hat den öffentlichen Charakter der Bestattungspredigt nicht zuletzt davon abhängig gemacht, wie sehr es der Bestattungspredigt gelingt, sich als *erkennbaren Bestandteil des öffentlichen Diskurses* zu verstehen und in der Praxis dies auch zu konkretisieren. Anhand der Analyse von Beerdigungsansprachen hat sie gezeigt, dass die meisten Bestattungspredigten auf diesen öffentlichen Diskurs bezogen sind und zwar unabhängig davon, ob dies in der jeweiligen Predigt kenntlich gemacht wird, und unabhängig davon, ob dies den Predigerinnen und Predigern selbst bewusst ist und von ihnen reflektiert wird. Trauerpredigten sind *ein* bestimmtes szenisches Geschehen im pluralen öffentlichen Diskurs um den Tod. Das Ergebnis dieser sehr detaillierten Analyse mündet bei Roth in eine normative Bestimmung der Aufgabe der Bestattungspredigt aus: »Die Traueransprachen konnten somit als persuasive Texte bestimmt werden, die ein spezifisches Verständnis von Sterben, Tod und Trauer plausibel zu machen suchen. Sie zielen somit gerade durch die argumentative Teilnahme am gesellschaftlichen Diskurs über den Tod auf die Restabilisierung lebensweltlicher Sinndeutungen ab. Gegen den Tod Argumente in Geltung zu setzten und damit ›Trost im Denken‹ zu spenden, ist der spezifische Beitrag der Beerdigungsansprache zu der umfassenden, durch das Beerdigungsritual insgesamt intendierten Sinnvergewisserung« (Roth 2002, 388).

(3) Die Orientierung der *laudatio funebris* und in ihrem Gefolge der Bestattungspredigt an der Biographie eines Menschen kommt dem Bedürfnis nach *lebensgeschichtlicher Orientierung* angesichts des Zwangs zur Erfindung des eigenen Lebens (→ 1.2.4) entgegen. Grundsätzliche Argumente der Lebensdeutung werden den Menschen nur noch plausibel, wenn sie in konkrete individuelle Lebensgeschichte eingezeichnet werden kann. Gerade dies versucht die Bestattungspredigt zu tun, und sie partizipiert damit an den der *laudatio funebris* inhärenten Ambivalenzen angesichts ihrer Orientierung an individuellen Biographien.

Wie kommt die Biographie in die Predigt – mit Takt und Würde? Wie kommt die Biographie in die Predigt – ohne die theologischen Motive und Perspektiven zu verformen? Wie kann an einem individuellen Leben überhaupt etwas Exemplarisches aufgezeigt werden? Bereits diese Fragen zeigen, wie prekär die Orientierung der Bestattungspredigt an individueller Biographie ist. Dass etwas prekär ist, bedeutet noch nicht, dass es falsch sein muss. Wie also kommt die Biographie auf richtige Weise in die Predigt?

Hilfreich bei der Beantwortung dieser Frage ist – wie so oft im homiletischen Kontext – die Analyse vorliegender Predigten. Christoph Stebler hat unter dem Gesichtspunkt der Frage nach der Biographie in der Bestattungspredigt Predigten untersucht, die in den Zentralbibliotheken Winterthur und Zürich aufbewahrt sind. Jede Bestattungspredigt weist – so das Ergebnis der Untersuchungen Steblers – drei Dimensionen auf: Die Dimension der Hörerinnen und Hörer (der Trauergemeinde), die Dimension der Biographie und die Dimension der Theologie, die regulativ zugrunde liegt. Im Hintergrund agiert der Prediger, die Predigerin als Arrangeur des szenischen Geschehens im Spiel dieser drei Dimensionen:

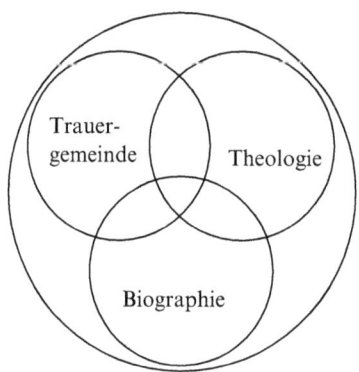

Die Bestattungspredigt als szenisches Geschehen
(nach Christoph Stebler)

Trauer-
gemeinde
Theologie

Biographie

Die drei Hauptdimensionen der Bestattungspredigt: Der äußere Kreis stellt den Text der Bestattungspredigt in seiner Gesamtheit dar. Der größte Teil davon lässt sich den Dimensionen Theologie, Biographie und Tauergemeinde zuordnen, wobei es wichtige Schnittmengen gibt. Im Hintergrund des ganzen Textes der Bestattungspredigt steht das Wirken der predigenden Person.

Dieses Schema kann sowohl als analytisches Instrumentatrium wie als normatives Konzept zur Produktion von Bestattungspredigten genutzt werden. Eine gelungene Bestattungspredigt wäre durch ein sorgfältig austariertes und reflektiertes Verhältnis dieser drei Dimensionen charakterisiert. Aufgrund seines Drei-Dimensionen-Modells kann Stebler ein klares Bild einer »gelungenen« lebensgeschichtlich orientierten Bestattungspredigt zeichnen:

»In der Bestattungspredigt verknüpft die Pfarrperson die biblische Botschaft mit dem Leben der verstorbenen Person und der Situation der Gemeinde – insbesondere der nächsten Angehörigen. Heute kann es kaum mehr darum gehen, ein Leben als einheitlichen großen Zusammenhang zu begreifen. Wenn wir das ›Ende der großen Erzählungen‹ in unserer spät- oder postmodernen Gesellschaft konstatieren müssen, wird es auch im einzelnen Menschenleben kaum noch gelingen, einen ›großen Bogen‹ von Geburt bis Tod herzustellen. Eher gleicht ein Menschenleben – um ein Bild zu gebrauchen – einem unfertigen Mosaik, in das Steinchen und Scherben unterschiedlichster Art und Farbe eingebracht worden sind. In der Bestattungspredigt wird es daher weniger darum gehen, ein allumfassendes Motiv zu finden. Auch das ganze Mosaik zu beschreiben, wäre eine Überforderung. Eher wird die Aufgabe darin bestehen, einzelne – möglichst bedeutsame – Motive wahrzunehmen, darzustellen und mit dem Licht des Evangeliums in Verbindung zu bringen, zu ›verknüpfen‹. So kann ein wichtiges Ziel der Bestattungspredigt erreicht werden, nämlich dass sich christliche Botschaft, Lebenssituation der Gemeinde und das Leben der verstorbenen Person so gegenseitig erhellen, dass die Trauergemeinde ein Stück Trost erfahren kann und ihr Glaube gestärkt wird« (Stebler 2006, 272 f.).

(4) Die grundsätzlichen Überlegungen zur Bestattungspredigt können in der Analyse gehaltener Predigten eine Konkretisierung erfahren. Dies soll nun exemplarisch an einigen Motiven und Passagen einer Predigt Eberhard Jüngels geschehen.

Jüngel hat die Predigt im Bestattungsgottesdienst für seinen Tübinger Kollegen, den Kirchengeschichtler Klaus Scholder, gehalten (Jüngel 1989, 152-156). Diese Predigt ist für mich ein gelungenes Beispiel dafür, wie die drei von Stebler benannten Dimensionen in ein überzeugendes szenisches Geschehen überführt werden können.

> »Wozu baut man ein Haus, in dem man doch leben möchte, gern leben und mit den Seinen zusammen leben will, in dem man mit der geliebten Frau alt werden, sogar – wie Scholder gerne sagte – uralt werden wollte: wozu baut man ein Haus, das man dann nicht einmal mehr beziehen, das man nicht bewohnen darf?« (152).

Jüngel nimmt mit dieser Passage die Tatsache auf, dass Scholder zu einem Zeitpunkt gestorben ist, als ein Haus gebaut wurde, das er nicht mehr beziehen konnte. Aus einem einfachen biographischen Tatbestand macht Jüngel ein Sinnbild für das Leben: das gelungene Leben, das noch einmal mit der Stimme Scholders intoniert wird (*uralt* werden) in Geborgenheit und Beziehungsreichtum. Und zugleich wird dieses Vorhaben durch den Tod jäh unterbrochen. Die *conditio humana* in Frageform: *Wozu baut man ein Haus …?*

> »Er war gern da auf dieser Erde. Sein unverwechselbares Lachen verriet vielleicht am deutlichsten, wie gern er es war. Es klingt wohl den meisten von uns noch im Ohr. Drang es doch selbst in den Gesprächen der letzten Monate aus abgründig werdender Tiefe immer wieder empor – gewiss, nun von anderen Tönen merkbar begleitet« (153).

Das Lachen Scholders, das wirklich allen die ihn kannten immer noch in den Ohren klingt, wird als Zeichen der Lebensfreude gedeutet. Zugleich wird an der Veränderung des Lachens erkennbar, dass und wie Scholder sein eigenes Sterben wahrgenommen hat. Solche Passagen können leicht misslingen. Das ist hier nicht der Fall. Jüngel spricht eine idiosynkratische Besonderheit des Menschen Klaus Scholder – sein Lachen! – an und wagt daran eine Deutung. Die Formulierungen Jüngels sind hier besonders vorsichtig, zart und andeutend. Solche Passagen brauchen den Takt und Respekt, der aus diesen Sätzen spricht.

> »An die Stelle der Worte, von denen die Liebe zweier Menschen lebt, tritt tödliches Schweigen. An die Stelle des Gesprächs, das dem fragenden Sohn eine Welt entdecken hilft, tritt die schreckliche Sprachlosigkeit des Todes. Das opus magnum, auf dessen Fortsetzung die gelehrte und nicht nur die gelehrte Welt mit Spannung wartete, bleibt ein Torso« (153 f.).

Jüngel bezieht an dieser Stelle die Ehefrau Scholders und den Sohn explizit in das szenische Geschehen ein. An ihnen wird konkret, was die Sprachlosigkeit des Todes bedeutet. Solche Sätze sind zweifellos riskant. Und Predigende haben nicht immer in der Hand, was sie mit solchen Sätzen auslösen. Wie reagieren die Ehefrau, der Sohn auf diese intime Passage? Jüngel mag das Riskante seines Vorgehens gespürt haben. Sofort verlässt er den Bereich des Intimen und weitet den Blick auf die etwas distanziertere Kommunikationsgemeinschaft der gelehrten Welt. Diese Sätze sind mutig. Wer so mutig redet, tut dies immer unter einer gewissen Gefahr. Geübte Predigerinnen und Prediger sollten dieses Risiko nicht scheuen.

> »Auf die Erde gekommen, ja unter die Erde gebracht – genau so wie wir unsere Toten und nun also auch unseren Freund Klaus Scholder unter die Erde bringen – auf die Erde gekommen und unter die Erde gebracht, ist Jesus Christus auferstanden von den Toten« (155).

Die ganze Christologie, in sprachlicher Anlehnung an das zuvor kurz zitierte Nicaenische Glaubensbekenntnis, ist in diesen Worten angesprochen. An dieser Stelle macht Jüngel im szenischen Geschehen der Bestattungspredigt die Theologie – ja die Dogmatik – besonders stark. Aber er tut dies in der Weise, dass er Klaus Scholder und alle Anwesenden *(wie wir … unseren Freund Klaus Scholder)* in diese Dogmatik gleichsam mit hineinnimmt.

> »Nein, dort wird der Allmächtige, den kein Auge je gesehen hat, dort wird der uns so himmelhoch überlegene Gott selber mit uns reden: menschlich wie ein Freund, wie ein treuer Freund von Angesicht zu Angesicht. Klaus Scholder hört die Stimme dieses Freundes nun. Er ist am Ziel« (156).

Das ist wiederum ein Stück Dogmatik, und was für ein Stück Dogmatik! Gotteslehre und Eschatologie in Einem! Doch diese Dogmatik kommt nahe. Sie trägt ein menschliches humanes Gesicht. *Der himmelhoch überlegene Gott* ist der *Freund*. *Klaus Scholder* ist jetzt im Hörbereich dieses guten Freundes. Nimmt Jüngel hier den Mund zu voll? Ich denke nicht. Die Hörenden wissen, dass Jüngel sich hier im Bereich des Metaphorischen bewegt. Das gibt der Sprache etwas Tastendes und Zielsicheres zugleich. Genauigkeit und Vorsicht sind hier keine Gegensätze. Ich könnte mir vorstellen, dass diese Sätze von den nächsten Angehörigen von Klaus Scholder als besonders trostreich gehört werden konnten.

5.2.3 Beispiel: Predigt zur Jahreswende

Die traditionellen Kasualien Taufe, Konfirmation oder Bestattung sind an *lebenszyklischen* Daten wie Geburt, Pubertät oder Sterben und Tod orientiert. Neben diesen lebenszyklischen Ereignissen sind wir Menschen durch die *jahreszyklischen* Erfahrungen geprägt. Dabei können wir durch die *Natur* vorgegebene Daten wie Sonnenwende oder Ernte von Daten unterscheiden, die durch *geschichtliche Kontingenzen* vorgegeben sind, wobei beide Arten jahresgeschichtlicher Daten sich oft auch überschneiden. Dass wir in unserer Kultur Weihnachten in der Nähe der Wintersonnenwende feiern, ist eine bestimmte historische Entscheidung und insofern geschichtlich kontingent. Dass wir Weihnachten mit einer ausgesprochenen Lichtmetaphorik und Lichtästhetik feiern, hat wiederum damit zu tun, dass dieses Datum in die Nähe der Wintersonnenwende gerückt wurde.

Können wir schon sehen, dass sich die lebenszyklisch bestimmten Daten durch die Art und Weise, wie sie in die individuelle Lebensgeschichte integriert und dort ausgestaltet werden, pluralisieren und individualisieren, so gilt dies in noch größerem Ausmaß für die geschichtlich kontingenten Daten. In der ständisch-agrarisch geprägten Gesellschaft des Mittelalters und der frühen Neuzeit war die Jahresstruktur der Menschen klar vorgegeben durch den Zyklus der Natur im Wechsel von Frühling, Sommer, Herbst und Winter sowie durch das Kirchenjahr (Bieritz 1987). Der Naturzyklus und das Kirchenjahr haben die lebensweltlichen Zeiterfahrungen der Menschen entscheidend bestimmt. Sie waren das Maß und die Richtschnur, wie die Zeit empfunden und gestaltet wurde. Sie prägten die jahresgeschichtliche Struktur der menschlichen Lebensgeschichte. In einer pluralisierten und globalisierten Welt hat sich nun auch die jahresgeschichtliche Struktur der menschlichen Lebensgeschichte pluralisiert und individualisiert. Der Naturzyklus und das Kirchenjahr haben ihre monopolartige Stellung verloren, auch wenn sie weiterhin die jahreszyklischen Erfahrungen der Menschen *mit* prägen.

Man kann diese Pluralisierung und Individualisierung des Jahreszyklus sehr schön in der Region Basel beobachten. Für andere Regionen wird ähnliches gelten. Basel hat erkennbar einen lebensweltlich pluralen Jahreszyklus. Der Übergang zum Neuen Jahr beginnt im Basler Münster – kulturprotestantisch – mit Kirchenmusik und – kryptokatholisch – mit ästhetischer Lichtinszenierung des Kirchenraums und dessen Begehung bis hin zum Münsterplatz. Im Januar meldet sich das rechtsrheinische Klein-Basel mit dem Vogel-Gryff-Tag zu Wort, eine volksfestliche Inszenierung politisch-mythologischer Motive. Und dann der Höhepunkt des Basler Jahreszyklus – es ist strittig ob dies Weihnachten, oder der fastnächtliche Morgenstreich ist. Auf jeden Fall gehört zu diesen Höhepunkten des Basler Jahreszyklus – einwöchig abgetrennt vom restweltlichen Faschings- und Karnevalstreiben (und gerade auch darin postmodern dekonstruktiv *avant lettre*) – der nächtlich beginnende Morgenstreich in der Frühe des Montags bis hin zum Mittwoch. Dreitägig wird in Basel die Fastnacht gefeiert wie Weihnachten vom Heiligen Abend bis hin zum Stephanstag. Auf die Fastnacht folgt Karfreitag (weniger) und Ostern als einer der bleibenden Rest-Kern-Bestände des Kirchenjahrs. Schließlich der 1. August, die Bundesfeier mit dem zweimaligen Feuerwerk am Rhein und – in individualisierter Kleinform – am Wasserturm auf dem Bruderholz. Am letzten Freitag im November der Dies academicus mit dem Zug der talartragenden Professorinnen und Professoren vom Museum der Kulturen zur Martinskirche. Die Basler Zivilgesellschaft feiert an diesem Tag ihre

Universität. Und dann Weihnachten – traditionell, kommerziell, und ganz eigentümlich stimmig im Konzert mit den übrigen Ereignissen des Jahreszyklus. An diesem pluralen Jahreszyklus kann man sich beteiligen, aus Nähe oder Ferne, in eigener, individueller und freigestellter Zuordnung. Man kann lebensgeschichtliche Orientierung in weltanschaulicher und religiöser bzw. areligiöser Orientierung sehr genau an der jeweiligen individuellen Partizipation am Basler Jahreszyklus ablesen.

In einer durch Pluralisierung und Individualisierung bestimmten Gesellschaft bekommen die jahreszyklisch bestimmten Ereignisse eine neue Bedeutung. Man kann sich ihnen gegenüber – und dies kommt der postmodernen Befindlichkeit entgegen – gleichsam »lockerer« verhalten, als dies bei den natur- oder lebenszyklischen Daten der Fall ist. Vor diesem Hintergrund ist es kein Zufall, dass der Gottesdienstbesuch an den Weihnachtsgottesdiensten in den letzten Jahren merklich angestiegen ist. Man kann dies aber auch an der gewachsenen Bedeutung des Erntedankfestes sehen. In den 70er-Jahren des vergangenen Jahrhunderts spielte das Erntedankfest eine randständige Rolle im Jahreszyklus. Es schien einer vergangenen ständisch-agrarischen Gesellschaftsformation anzugehören und sein baldiges Ende schien absehbar. Dies hat sich in den letzten beiden Jahrzehnten des vergangenen Jahrhunderts gewandelt. Die ökologischen Gefahren und Risiken, die immer intensiver in das Bewusstsein der Menschen traten, haben ein neues Gespür für die Natur hervorgerufen. Die Risiken und Verwerfungen einer durch eine globalisierte Konkurrenzökonomie bestimmten Weltgesellschaft haben ein neues Gefühl für den Wert einer – wie auch immer gearteten – »Heimat« erstarken lassen. Aus einem scheinbar vormodernen, konservativen Wert ist eine postmodern-weltoffene Gefühlslage erwachsen. Der Zwang zur Erfindung des eigenen Lebens hat den jahreszyklischen Festen und Traditionen eine neue Bedeutung verliehen, weil die Menschen sich von dort die Ressourcen an individualisierungsfähigen Symbolisierungen und Ritualisierungen erwarten.

In diesen größeren Zusammenhang gehören nun auch die Gottesdienste zum Jahreswechsel. Der Jahreswechsel ist im pluralisierten Jahreszyklus unserer Gegenwart ein unhintergehbares Datum. Der Jahreswechsel ist für religiöse *und* nichtreligiöse Deutung offen. Er provoziert auf besondere Weise die Frage nach dem lebensgeschichtlichen Ort der Menschen. Die Gottesdienste an der Jahreswende sind *ein* Angebot im pluralen Konzert der Deutungsoptionen. Und es ist ein Angebot, das offensichtlich von den Menschen wahrgenommen wird. Wenn auch nicht in dem Ausmaß wie der Gottesdienst am Heiligen Abend, so sind die Gottesdienste am Jahreswechsel hinsichtlich der Zahl der Menschen, die diese Gottesdienste aufsuchen, keineswegs randständig.

Wie wird nun an den Gottesdiensten zum Jahreswechsel in den evangelischen Kirchen im deutschsprachigen Raum gepredigt? Dazu hat Kristian

Fechtner eine instruktive Studie vorgelegt (Fechtner 1987). Er hat Predigten und liturgische Gestaltungen in Gottesdiensten zum Jahreswechsel analysiert und hat das Ergebnis seiner Analysen in fünf Punkten zusammengefasst. (1) Liturgie und Predigt beziehen sich explizit auf den Kasus der Jahreswende. Sie sind Ausdruck kasueller Praxis. (2) Die Predigt ist in der Regel auf individuelle Lebensgeschichte fokussiert. (3) Als theologisches Regulativ ist eine weisheitlich orientierte Theologie zu erkennen. Es geht um die »Kunst des Lebens in endlicher Zeit«. (4) Die Gottesdienste sind stark liturgisch bestimmt. Dies wirkt sich dann auf die Predigten aus, die das Moment des göttlichen Segens betonen. (5) Die Gottesdienste und Predigten sind erkennbar von einem bestimmten biblischen Text geprägt – nämlich Psalm 31,16 (Meine Zeit steht in Deinen Händen). Biblische Tradition ist nicht randständig, sondern wird als Gestaltungs- und Anregungspotential genutzt.

Für Fechtner zeichnet sich in den analysierten Predigten zur Jahreswende ein Paradigma ab, das zu einem homiletischen Grundparadigma für die Predigt in einer pluralisierten und individualisierten Gesellschaft werden könnte, nämlich die Übergänge des Lebens zu thematisieren und in den Horizont der Erfahrungsgehalte der christlich-biblischen Überlieferung zu rücken. Das Leben in der globalisierten Moderne nötigt den Menschen ein stetiges Leben im Übergang ab, das am Jahreswechsel exemplarisch sinnenfällig wird, aber zeitlich nicht nur auf den Jahreswechsel beschränkt bleibt: »Auch im Übergang vom mythischen zum modernen Denken bleiben räumliche und zeitliche ›Schwellen‹ von besonderer, herausgehobener Bedeutung für die Erfahrung von Wirklichkeit – unbeschadet dessen, dass im aufgeklärten Denken diese nicht mehr als dinglich-sakrale Realität erscheint. Umgekehrt gewinnt die Vorstellung der Schwelle gerade im Zuge neuzeitlicher Subjektivität, die aus traditional vorgefassten Lebensformen entbindet, neue und andere Plausibilität: Wo man ehemals an starre ›Grenzen‹ stieß, die eingehalten werden wollten, trifft man heute auf ›Schwellen‹, die überschritten werden wollen« (Fechtner 1987, 21). Predigerinnen und Prediger müssten bewandert sein in einer lebensgeschichtlichen Schwellenkunde, die den Menschen nicht vorschreibt, wo und wie sie Schwellen zu überschreiten haben, die ihnen aber Hilfestellungen dazu gibt, eine Lebenskunst des Überschreitens von Schwellen zu entwerfen und zu kultivieren.

Weiterführende Literatur

H. *Luther*, Schwellen und Passage. Alltägliche Transzendenzen. In: Luther 1992, 212-223

5.2.4 Beispiel: Politische Predigt

Am Beispiel der Politischen Predigt wird noch einmal sinnenfällig, dass die Predigt ein szenisches Geschehen ist. Denn eine Predigt wird erst im Geflecht eines bestimmten Szenariums zur *politischen* Predigt. Verfolgt eine Predigerin mit ihrer Predigt eine politische Intention, die aber von den Hörenden nicht wahrgenommen wird, so haben wir es zwar mit einer politischen Predigt zu tun, aber mit einer *misslungenen* politischen Predigt. Verfolgt eine Predigt keine politische Intention und wird auch von den Hörenden so nicht gehört, ein Bericht in der Lokalzeitung über dieselbe Predigt löst dann aber eine heftige *öffentliche Kontroverse* aus, so haben wir es in gewisser Hinsicht auch mit einer politischen Predigt zu tun. Schließlich gibt es Situationen, die jede Predigt zu einer politischen Predigt machen, unabhängig davon, was die Predigt selbst intendiert oder wie sie gehört wird. So war zum Beispiel *jede* Predigt nach der Reichspogromnacht des Novembers 1938 eine politische Predigt. Diese wenigen Beispiele, die sich noch differenzierend vermehren ließen, zeigen deutlich, es gibt nicht *die* Politische Predigt, sondern eine *Vielfalt von Predigtszenarien*, die eine Predigt zur Politischen Predigt machen (können). Was eine Politische Predigt ist, lässt sich also nur aus dem konkreten szenischen Predigtgeschehen heraus bestimmen.

(1) Um überhaupt sinnvoll über eine Politische Predigt sprechen zu können, muss zunächst geklärt werden, was wir unter dem *Politischen* verstehen. Auch wenn wir im Alltag relativ unproblematisiert mit diesem Begriff umgehen und uns mit ihm verständigen können, ist es keineswegs klar, wie das Politische zu identifizieren bzw. zu bestimmen ist. So sind sich die Theorien des Politischen nicht darin einig, was darunter zu verstehen ist.

(a) Zunächst einmal ist davor zu warnen, den Begriff des Politischen allzu weit zu fassen. Eine solche weite Fassung des Begriffs findet sich bereits bei Aristoteles, der unter Politik all das verstanden wissen wollte, was dem »guten Leben« dient. Dies ist sicher nicht ganz falsch. Die Politik will (hoffentlich!) dem guten Leben dienen. Aber nicht alles, was dem guten Leben dient, ist auch schon politisch.

(b) Ein engeres, und damit präziseres Verständnis von Politik versteht darunter den Umgang mit der Macht. Dieses Verständnis des Politischen kann sich auf den bedeutenden Staatstheoretiker *Charles-Louis Montesquieu* berufen. Politik hat für ihn mit der Verteilung von Macht zu tun. Und je klarer die Machtsphären voneinander getrennt sind, desto humaner gestalten sich die jeweiligen Machtverhältnisse. Dieses Verständnis des Politischen hat *Max We-*

ber auf die industrielle Moderne übertragen. Politisch kann der handeln, der über Macht verfügt. *Carl Schmitt*, der Staatstheoretiker der Weimarer Republik und später des Nationalsozialismus, hat diesen Gedanken darin zugespitzt, dass er sagte, politisch souverän sei der, der den Ausnahmezustand definiere und beherrsche, das heißt, über die absolute Macht verfüge. An der Ideengeschichte des Begriffs des Poltischen zeigt sich, dass ihm eine gewisse Ambivalenz innewohnt. Man kann mit ihm sowohl demokratische wie diktatorische Verhältnisse erklären und legitimieren. Die weite Verbreitung dieses Verständnisses des Politischen zeigt aber auch, dass ihm ganz zweifelsohne eine große Plausibilität innewohnt.

(c) Vor dem Hintergrund der Ambivalenz eines aus der Machtverfügung abgeleiteten Begriffs des Politischen hat *Hannah Arendt*, in gewissem Anschluss an Aristoteles, einen alternativen Begriff des Politischen zu begründen versucht. Für Arendt hat die Politik in der Pluralität der Menschen ihren Ursprung. Ein zentraler Satz ihrer Theorie des Poltischen lautet: »Politik beruht auf der Tatsache der Pluralität der Menschen« (Arendt 1993, 12). Politik entsteht in dem Raum, wo verschiedene Menschen aufeinander treffen. Gegenüber Aristoteles betont sie deshalb, dass Politik nicht *im* Menschen, sondern *zwischen* den Menschen entsteht. Weil Menschen nie identisch sind, entsteht zwischen ihnen ein Raum, der als Frei-Raum zu gestalten ist. Deshalb sind für Arendt in den Begriff des Politischen unveräußerlich zwei Momente eingeschrieben: das Moment der Differenz und das Moment der Freiheit. Gegenwärtig sind die TheoretikerInnen einer pluralen Moderne dabei, Hannah Arendt als politische Denkerin wieder zu entdecken. Und dies hat sicher mit ihrem auf Differenz und Freiheit beruhenden Begriff des Politischen zu tun.

(d) Gegenüber den klassischen Begriffen des Politischen, denen sowohl die Ansätze von Max Weber wie Hannah Arendt zuzurechnen sind, hat *Ulrich Beck* eingewandt, dass sie zu sehr mit »der Gleichsetzung von Politik und Staat, von Politik mit politischen Systemen« (Beck 1993, 155) operieren. Demgegenüber identifiziert Beck das Politische in der pluralistischen Zivilgesellschaft an ganz anderer Stelle: »Das Politische bricht *jenseits* der formalen Zuständigkeiten und Hierarchien auf und aus […] Wir suchen das Politische am falschen Ort, mit den falschen Begriffen, in den falschen Etagen, auf den falschen Seiten der Tageszeitungen. Genau die Entscheidungsbereiche, die im Modell des Industriekapitalismus im Windschatten des Politischen liegen – Privatheit, Wirtschaft, Wissenschaft, Kommunen, Alltag usw. – geraten in der reflexiven Modernisierung in die Stürme der politischen Auseinandersetzungen. Dabei ist wichtig: Wie weit das geht, was das heißt, wohin das führt, ist selbst wiederum abhängig von politischen Entscheidungen, die nicht nur

ergriffen, sondern auch geformt, programmatisch gefüllt und in Aktions-
möglichkeiten umgesetzt werden müssen. Politik bestimmt – eröffnet, er-
mächtigt – Politik. Diese Möglichkeiten einer *Politik der Politik*, einer *Erfindung* des Politischen nach seinem ›bewiesenen‹ Ende gilt es aufzudecken und
auszuleuchten« (156 f.). Beck redet damit nicht einer falschen Ausweitung des
Politischen das Wort. Nicht alles, was dem ›guten Leben‹ dient, ist Politik.
Aber alles kann in bestimmten Situationen, von bestimmten Menschen so
identifiziert, zur Politik werden. Politik hat es auch bei Ulrich Beck weiterhin
mit der Verteilung und Gestaltung von Macht zu tun. Politik ist aber in der
Zivilgesellschaft nicht mehr das Monopol der traditionellen politischen Institutionen wie Parteien und Parlament, sondern Politik wird von einzelnen
Menschen und von den zivilgesellschaftlichen Assoziationen her identifiziert
und gestaltet. Manche Verkrustungen staatlicher Politik, nicht zuletzt auch im
sozialen Bereich, können dann aufgebrochen werden, wenn die zivilgesellschaftlichen Assoziationen das alte Monopol des Politischen überwinden
und neue Formen der Politik entwickeln.

(e) Politische Predigt wird sich an diesen Begriffen des Politischen orientieren.
Und je nachdem, woran sie sich orientiert, wird sie dann ihr spezifisches Profil
gewinnen können. Politische Predigten, die sich am Max Weber'schen Verständnis des Politischen orientieren, werden sensibel den jeweiligen Macht-
verhältnissen und Machtverteilungen nachspüren und illegitime Macht-
anmaßungen benennen und anprangern. Die politischen Predigten zum
Hebräerbrief von Manfred Josuttis folgen weitgehend dieser Spur (Josuttis
1990). Predigerinnen und Prediger, die sich mehr an Hannah Arendt orientieren, werden versuchen, die Wege kommunikativer Verständigung unter den
Menschen zu entdecken und zu kultivieren. Die Predigten Gert Ottos können
dafür beispielhaft zu stehen kommen (vgl. dazu Otto 1982, 76-79). Predigten,
die die Impulse von Ulrich Beck aufnehmen, tauchen ein in die Vielfalt gegenwärtiger lebensweltlicher Vernetzungen, wie dies in den Predigten von Henning Luther der Fall ist (Luther 1991).

(2) Allerdings haben es Pfarrerinnen und Pfarrer nicht einfach mit der Politischen Predigt. Dies nicht zuletzt deshalb, weil sie es sich manchmal zu einfach
machen mit der Politischen Predigt. Dabei denke ich weniger an die Leid-Ge-
schichte der Poltischen Predigt im Kontext der Kreuzzüge (→ 2.3) oder des
Bündnisses von Thron und Altar (Pressel 1967), die wir allerdings nicht allzu
schnell vergessen sollten. Die ambivalente Praxis der Politischen Predigt ist
nicht nur eine Angelegenheit der Vergangenheit, sondern auch homiletische
Gegenwart. Auf der einen Seite wird von Pfarrerinnen und Pfarrern – sicher
nicht zu Unrecht – das Recht auf eine Politische Predigt eingeklagt, die kon-

krete Realisierung dieses Postulats gibt jedoch zu kritischen Rückfragen Anlass.

Christiane Burbach hat in einer umfassenden Studie eine große Anzahl politischer Predigten unserer Gegenwart analysiert (Burbach 1990). Sie formuliert vor allem drei kritische Einsichten aus ihrer Analyse.

(a) Die Predigerinnen und Prediger stehen im Schatten der Wirkungsgeschichte politischer Predigt. Es soll nicht mehr zu einer unheilvollen Vermischung von Politik und Religion kommen. Dies führt in der Predigtpraxis dazu, dass »das Verhältnis von Politik und Religion weitgehend als dualistisches dargestellt wird. Der Weltbezug ›politischer Predigt‹ ist der der Kritik. Die Konkretionen bleiben häufig hinter der Konkretheit der Problembeschreibungen zurück und werden den gesellschaftlichen und politischen Notwendigkeiten nicht gerecht, fehlen völlig oder realisieren das andere Extrem, indem sie – in Gestalt der Elite-Helden – die Möglichkeiten durchschnittlicher Gemeindeglieder überfordern. Das Spektrum realistischer Handlungsmöglichkeiten bleibt weitgehend ausgespart« (167). Eine so geartete politische Predigt verfehlt ihre eigene Intention. Sie wirkt notwendigerweise entpolitisierend. Politik wird dem Raum des konkreten Handelns, des alltäglichen Kompromisses entzogen und in eine Sphäre des Heldenhaften versetzt. Im Grunde hat eine solche politische Predigt eine antidemokratische Tendenz. Sie redet einer Aristokratisierung der Politik das Wort, indem sie uns nur wenige Heroen vor Augen stellt, die offensichtlich allein zu *wirklichem* politischen Handeln befähigt sind. Damit aber verliert die politische Predigt die reale Politik, wie sie sich in einer Zivilgesellschaft abspielt, aus den Augen.

(b) Damit werden zugleich die konkreten Hörerinnen und Hörer der volkskirchlichen Gottesdienstgemeinde in bedenklicher Weise qualifiziert: »Die Gemeinde wird dem Kosmos der sich zu Gott und den religiösen Idealen in Opposition befindlichen Welt zugerechnet. Damit ist nicht die christliche Handlungsfreiheit, sondern das mangelnde Vertrauen in die Handlungsfähigkeit der Gemeinde im Bewusstsein der Prediger das Problem. Woher auch immer sich dieser Zweifel speist, ob aus den pastoralen Erfahrungen in der Zeit des Nationalsozialismus, aus der starken Identifikation der Prediger mit der Widerstandsgeschichte, aus der starken Identifikation mit den religiösen Idealen, aus einem autoritären Predigtverständnis oder aus allen diesen Motiven gemeinsam, er scheint der Ursprung der nur sehr mangelhaft versuchten Weltgestaltung innerhalb der Predigt zu sein« (167). Politische Predigt verführt offensichtlich zur Wiederholung eines alten homiletischen Schemas, das im Selbstverständnis von Predigenden heute ganz unbestritten keinen Platz mehr hat, aber offensichtlich in der Praxis weiterhin am Werk ist: Der Prediger auf der Kanzel steht *über* der Gemeinde. Er weiß es *besser* als die Gemeinde, und deshalb sagt er der Gemeinde, wo es lang geht.

(c) Schließlich stellt Christiane Burbach eine kräftige »Pastorenzentriertheit« der politischen Predigten fest: »Diese beginnt mit der Reklamierung der Helden- und Autoritätenrolle für sich selbst und setzt sich darin fort, dass die Heldensubjekte so gewählt sind, dass sie vor allem als Identifikationsfiguren für männliche Akademiker – in höherer Position – in Frage kommen. Die Reflexion der Gemeinde bleibt demgegenüber undifferenziert und ist vor allem negativ besetzt. Die Gemeinde scheint die Größe zu sein, in der den Predigern ›Welt‹ und ›Gesellschaft‹

begegnet. Dies definiert sie zu Gegnern der Prediger im Kommunikationsgeschehen Predigt. Indem andererseits die Identifikation mit Person und Handeln von Elite-Helden nahegelegt wird, muss der Eindruck entstehen, dass den Predigern selbst, nicht der Gemeinde verkündigt wird« (167 f.).

(3) Wenn die konkrete Praxis Politischer Predigt kritisch betrachtet wird, dann soll dies nicht heißen, dass damit die Legitimität politischer Predigt bestritten werden soll. Im Gegenteil kann eine kritische Analyse dieser Predigtpraxis dem Anliegen der Politischen Predigt nur dienen. Wie könnte das Profil einer Politischen Predigt in einer demokratischen Zivilgesellschaft aussehen?

(a) Politische Predigt findet als szenisches Geschehen in der *Öffentlichkeit* statt und sie entfaltet dort ihre Wirkung. Der Gottesdienst ist keine Privatangelegenheit der dort Versammelten, und die gottesdienstliche Rede ist keine Rede im Freundes- oder Familienkreis. Die Predigerinnen und Prediger reden auch nicht im eigenen Auftrag, und die Hörenden erwarten von der Predigt keine arbiträren Meinungen derer, die die Predigt halten. Dieser Umstand konstituiert den Öffentlichkeitscharakter der Predigt unabhängig davon, wie viele Menschen die Predigt hören. In einer pluralen Gesellschaft muss sich die Predigt den Raum der Öffentlichkeit mit anderen teilen. Dies ist kein Schaden, sondern kann der Predigt nur zugute kommen, wenn es ihr gelingt, in der pluralen Arena der Öffentlichkeiten ihr unverwechselbares Gesicht zu gewinnen. Dies gilt erst recht für die Politische Predigt. Poltische Öffentlichkeit findet heute statt in den Medien, im Parlament, in gewisser Weise auch an dem so oft beschworenen »Stammtisch«. Jede dieser Öffentlichkeiten folgt ihren eigenen Gesetzen. Für die Medien, voran das Fernsehen, sind die Quoten von Belang. Im Parlament, wo PolitikerInnen sprechen, die wieder gewählt werden wollen, kommen Stimmungen zum Tragen. Am Stammtisch regiert das Ressentiment. Dies sollte nicht einfach nur beklagt werden, sondern nüchtern zur Kenntnis genommen werden. Man mag das Schielen nach Quoten beklagen, die Rücksicht auf Stimmungen bedauern, dem Ressentiment Irrationalität vorwerfen, dennoch konstituiert sich aus all dem die plurale Öffentlichkeit unserer Gegenwart, mit der wir politisch gar nicht so schlecht fahren.

In der so strukturierten pluralen Öffentlichkeit kann die Politische Predigt ihr Profil gewinnen. Sie kann der Ort einer unaufgeregten *Besonnenheit und Nachdenklichkeit* sein. Die Predigt steht unter keinem Zeitdruck. Sie kann sich in aller Ruhe ihre Zeit von 10 bis 20 Minuten nehmen, während der man viel Kluges (und leider auch weniger Kluges) sagen kann. Predigerinnen und Prediger müssen nicht auf die Quote schielen, weil – was die letzten Jahre uns gelehrt haben – Gottesdienste auch vital sein können, ohne dass eine große Menge an ihnen teilnimmt. Die Predigt muss nicht auf Stimmungen

Rücksicht nehmen und sie muss auch nicht dem Ressentiment folgen, weil sie eine Verantwortlichkeit in erster Linie gegenüber der Gottesgeschichte hat. Diese Ressourcen der gottesdienstlichen Öffentlichkeit sollte die Politische Predigt nutzen.

(b) Politische Auseinandersetzungen werden in der Mediengesellschaft gerne personalisiert. Auch dies sollte nicht einfach nur beklagt werden. In der Personalisierung werden bestimmte politische Alternativen immer auch auf konkrete Weise ansichtig. Allerdings sollte der Personalisierung politischer Alternativen auch eine Grenze gesetzt sein. Wo diese Grenze fehlt, kann politische Gegnerschaft leicht zur persönlichen Feindschaft werden. Die Geschichte demokratischer Gesellschaften zeigt uns dafür viele Beispiele. Hier kann eine protestantische Politische Predigt ihr besonderes Profil gewinnen. Die *reformatorische Unterscheidung der Person von ihrem Werk* hat auch eine politische Dimension.

> Eberhard Jüngel hat diese politische Dimension der reformatorischen Rechtfertigungslehre eindrücklich beschrieben: »Wer aus der Gerechtigkeit Gottes lebt, der wird aber auch im anderen Menschen eine von Gott unwiderruflich anerkannte Person respektieren: allen ihren möglichen Leistungen und Erfolgen zuvorkommend, allen ihren faktischen Fehlleistungen und Misserfolgen zum Trotz. Nicht was ein Mensch aus sich selbst macht, entscheidet über ihn, sondern dass Gott aus Sündern Gerechte gemacht hat, entscheidet über unser ewiges und deshalb auch über unser zeitliches Leben. Wer aus der Gerechtigkeit Gottes lebt, der wird in jeder menschlichen *Person* mehr sehen als nur einen *Täter* oder *Untäter*. Die Rechtfertigung des Sünders verbietet es, die beste Tat, aber auch die schlimmste Untat, mit dem Ich zu identifizieren, das sie tat. Sie entmythologisiert den Mythos vom sich durch seine Erfolge selber übertreffenden *Übermenschen* und lässt uns hinter der Fassade des sich mit seinem Lebenswerk verwechselnden Selbstgerechten einen erbarmungswürdigen Menschen entdecken. Sie entmythologisiert aber genauso den Mythos vom sich durch seine Untaten zur Unperson machenden *Unmenschen* und lässt uns auch im schlimmsten Fall hinter einer trostlosen Lebensgeschichte die menschliche Person entdecken, deren Gott selbst sich erbarmt hat. Wer aus der Gerechtigkeit Gottes lebt, kennt keine hoffnungslosen Fälle. Er erkennt in jedem Fall eine Person, der göttliche Erbarmen widerfahren ist und die eben deshalb auch unter Menschen erbarmungswürdig ist – wie jeder von uns« (Jüngel 1998, 226 f.).

Eine Politische Predigt, die in politischen Kontroversen konsequent die Unterscheidung der Person von ihrem Handeln und von ihren Überzeugungen namhaft macht, kann zu einer Versachlichung dieser Kontroversen beitragen. Sie leistet damit zugleich einen Beitrag zur Befriedung einer Gesellschaft, und zwar zu einer Befriedung, die Kontroversen und Konflikte nicht einfach unter den Tisch kehrt, sondern ermöglicht, diese auf humane Weise zu benennen und auszutragen.

(c) Die Geschichte des 20. Jahrhunderts hat uns gelehrt, in welche Katastrophen totalitäre politische Systeme führen. Warum haben sich – zumindest in den Anfangsjahren ihrer politischen Wirksamkeit – so viele Menschen diesen totalitären politischen Bewegungen freiwillig verschrieben? Dies hat seinen Grund nicht zuletzt darin, dass diese Bewegungen den Menschen gegenüber mit handfesten politischen Utopien operierten, sei es die rassenreine Volksgemeinschaft oder die klassenlose Gesellschaft. Diese Utopien versprachen Errettung aus der Misere der Gegenwart und zeigten gerade darin ihre Wirkung. Sehr schnell zeigte sich aber auch, dass die konsequente Verwirklichung der Utopie ins konkrete Grauen führte. Daraus resultiert der Verdacht gegen die »großen Erzählungen«, den die TheoretikerInnen der Postmoderne namhaft machten (→ 1.3.1). Gleichwohl brauchen Menschen Utopien, wollen sie nicht an der vorgefundenen Wirklichkeit verkümmern. Solche Utopien suchen die Menschen heute deshalb eher in den Künsten, als dass sie ihre utopische Sehnsucht den PolitikerInnen anvertrauten. Dies ist vor dem Hintergrund der Erfahrungsgeschichte des 20. Jahrhunderts verständlich und nicht zu tadeln. Gleichwohl braucht auch die Politik den Horizont des Utopischen, soll sie nicht zur Technik des Machterhalts (im schlimmsten Falle) oder zur Sozialtechnologie (im besseren Falle) verkümmern. Genau an dieser Stelle kann die Politische Predigt ihr Profil gewinnen. Die Bibel ist ein Buch voller humaner Utopien (an manchen Stellen leider auch weniger *humaner Utopien*, dies sei ausdrücklich festgestellt). Zugleich beharrt die Bibel darauf, dass die Realisierung dieser Utopien Gott vorbehalten ist. Dieser eschatologische Vorbehalt schafft einen Raum für den Umgang mit utopischem Denken und utopischen Erfahrungsgehalten, ohne dass diese bruchlos in politische Praxis mit ihrer Tendenz zur totalitären Verwirklichung überführt werden müssen. Politische Predigt kann mit der Aufnahme dieses biblischen Utopie-Wissens einen *nüchternen Möglichkeitssinn* (Robert Musil) stärken, der dann auch der alltäglichen Pragmatik der Politik zugute kommen kann.

Weiterführende Literatur

K.-F. Daiber, Verschränkung der Orte: Politische Predigt. In: Ders., Predigt als religiöse Rede, München 1991, 172-185

5.3 Ars praedicandi? Ars praedicandi!

Am Ende der Lektüre dieses Buches mag sich mancher Leser, manche Leserin sagen »Ich habe viel erfahren über die Problemstellungen und Perspektiven der gegenwärtigen deutschsprachigen Homiletik, aber habe ich auch gelernt, wie ich selbst eine gute Predigt verfertige?«. Wer sich von einer Homiletik – so legitim dieser Wunsch auch ist – viele Tipps und handwerkliche Ratschläge erwartet, kann immer nur enttäuscht werden. Die Homiletik ist eine Kunstlehre und keine handwerkliche Anleitung, wiewohl praktische Ratschläge und Hinweise in einer solchen Kunstlehre nicht ausgeschlossen sind. Ich hoffe, dass auch dies in diesem Buch nicht allzu kurz gekommen ist.

Eine Homiletik als *ars praedicandi* wird sich schon deshalb allzu konkreter handwerklicher Festschreibungen enthalten, weil sie ansonsten die Freiheit der Predigerinnen und Prediger beschneiden würde. Eine *ars praedicandi* sagt den PredigerInnen nicht »Mach dieses so und jenes so«, sondern sie möchte den Weg dazu bereiten, dass sich die Prediger und Predigerinnen selbst sagen können »Dies mach ich so und jenes so«.

Die Dialektische Theologie hatte mit ihrer Warnung vor einer Homiletik, die sich in Machbarkeiten erschöpft, ein sicheres Gespür dafür, dass eine *ars praedicandi* weitaus mehr ist als eine Handwerkslehre. Eine gute *ars praedicandi* mündet in gewisser Weise immer aus in eine Lebenskunst für Predigerinnen und Prediger. Wer wagt es, von Gott zu reden? Diese radikale Frage hat uns die Dialektische Theologie eingeschärft. Und doch sollen Predigerinnen und Prediger genau das in ihrer Predigt tun. Predigt als Rede von Gott – das ist in den Worten Karl Barths »Not und Verheissung« (Barth 1929,99-124) zugleich. *Ars praedicandi* ist die Lebenskunst, in dieser Spannung immer wieder den Versuch zu wagen, von Gott zu reden.

Predigerinnen und Prediger, die versuchen, sich in dieser Lebenskunst zu üben, werden dann immer wieder spüren, dass die *ars praedicandi* in der Tat eine Kunst des Lebens ist, indem sie wahrnehmen, wie Menschen durch das Hören einer Predigt ihrerseits *empowerment* für die Erfindung ihres eigenen Lebens erfahren. Eine *ars praedicandi* als Kunst des Lebens und als Kunst für das Leben, muss dann nicht nur Anstrengung bedeuten, sondern Menschen, die diese Kunst üben, erfahren darin selbst Inspiration und *empowerment*.

Im Lichte einer solchen *ars praedicandi* als Kunst des Lebens und Kunst für das Leben erscheint die Forderung nach einer *guten Predigt*, von der auch dieses Buch im ersten Kapitel seinen Ausgang genommen hat, nicht nur als Postulat, sondern als Verlockung zu jener Anstrengung, die in sich die Freude am Entdecken und Gestalten eines kleinen Stückchen Sprache, genannt Predigt, birgt. Johann Wolfgang von Goethe notiert in seiner »Italienischen Reise« unter dem Datum vom 3. März 1797: »Wenn es eine Freude ist, das Gute zu genießen, so ist es eine größere, das Bessere zu empfinden, und in der Kunst ist das Beste gut genug« (Goethe 1981, 196). Was Goethe hier von der Kunst sagt, gilt nicht minder für die Predigt und für die sie begleitende *ars praedicandi* als Kunst des Lebens und Kunst für das Leben.

Literatur

Albrecht, Christian, Kasualtheorie. Geschichte, Bedeutung und Gestaltung kirchlicher Amtshandlungen, Tübingen 2006

Albrecht, Horst, Kirche im Fernsehen. Massenkommunikationsforschung am Beispiel der Sendereihe »Das Wort zum Sonntag«, Hamburg 1974

Albrecht, Horst, Arbeiter und Symbol. Soziale Homiletik im Zeitalter des Fernsehens, München / Mainz 1982

Albrecht, Horst, Die Religion der Massenmedien. Stuttgart / Berlin / Köln 1993

Alston, Wallace J. / Möller, Christian / Schwier, Helmut (Hg.), Die Predigt des Alten Testaments, Hamburg / London 2003

Anderegg, Johannes, Sprache und Verwandlung. Zur literarischen Ästhetik, Göttingen 1985

Anderegg, Johannes, Über Sprache des Alltags und Sprache im religiösen Vollzug. In: Zeitschrift für Theologie und Kirche 95 (1998), 366-378

Arendt, Hannah, Was ist Politik? Aus dem Nachlass hrsg. Von Ursula Ludz, München 1990

Aries, Philippe, Geschichte des Todes, München 1980

Assmann, Jan, Das kulturelle Gedächtnis. Schrift, Erinnerung und politische Identität in frühen Hochkulturen, München 1999

Auerbach, Erich, Mimesis. Dargestellte Wirklichkeit in der abendländischen Literatur, Bern [7]1982

Augustinus, Ausgewählte praktische Schriften homiletischen und katechetischen Inhalts [Bibliothek der Kirchenväter VIII. Band], München 1925

Augustinus, Bekenntnisse. Herausgegeben von Joseph Bernhardt, Berlin/Darmstadt/Wien 1968

Austin, John L., Zur Theorie der Sprechakte, Stuttgart [2]1979

Ayass, Ruth, »Das Wort zum Sonntag«. Fallstudie einer kirchlichen Sendereihe, Stuttgart 1997

Doris Bachmann-Medick, Cultural Turns. Neuorientierungen in den Kulturwissenschaften, Reinbek 2006

Barié, Helmut, Predigt braucht Konfirmanden. Wege zu einer einheitlichen Verkündigung an Jugendliche und Erwachsene, Stuttgart 1988

Barié, Helmut, Predigt und Arbeitswelt. Analyse und Anregungen, Stuttgart 1989

Barth, Karl, Das Wort Gottes und die Theologie. Gesammelte Vorträge, München 1929

Barth, Karl, Die Menschlichkeit Gottes, Zollikon-Zürich 1956

Barthes, Roland, Am Nullpunkt der Literatur, Frankfurt 1982

Bastian, Hans-Dieter, Kommunikation. Wie christlicher Glaube funktioniert, Stuttgart/Berlin 1972

Bastian, Hans-Dieter, Theologie der Frage. Ideen zur Grundlegung einer theologischen Didaktik und zur Kommunikation der Kirche in der Gegenwart, München [2]1970

Bastian, Hans-Dieter, Verfremdung und Verkündigung. Gibt es eine theologische Informationstheorie?, München 1965

Bauman, Zygmunt, Unbehagen in der Postmoderne, Hamburg 1999

Bauman, Zygmunt, Flüchtige Moderne, Frankfurt 2003

Beck, Ulrich, Die Erfindung des Politischen. Zu einer Theorie der reflexiven Modernisierung, Frankfurt 1993

Beck, Ulrich, Die feindlose Demokratie. Ausgewählte Aufsätze, Stuttgart 1995 (a)

Beck, Ulrich / Vossenkuhl, Wilhelm / Ziegler, Ulf Erdmann, eigenes Leben. Ausflüge in die unbekannte Gesellschaft, in der wir leben, München 1995 (b)

Beck, Ulrich (Hg.), Kinder der Freiheit, Frankfurt 1997 (a)

Beck, Ulrich, Was ist Globalisierung? Irrtümer des Globalismus – Antworten auf die Globalisierung, Frankfurt 1997 (b)

Berger, Klaus, Predigt über Hiob 14, 1-6. In: Predigen zum Weitersagen, Mitteilungen des ökumenischen Vereins zur Förderung der Predigt e. V. Nr. 4, Heidelberg 1989

Berger, Peter, Sehnsucht nach Sinn. Glauben in einer Zeit der Leichtgläubigkeit, Frankfurt/ New York 1994

Berger, Teresa, Sei gesegnet, meine Schwester. Frauen feiern Liturgie. Geschichtliche Rückfragen – Praktische Impulse – Theologische Vergewisserungen, Würzburg 1999

Bernstein, Basil, Sprache und Sozialisation. In: Minnis, Noel (Hg.), Perspektiven der Linguistik, München 1974, 265-286

Beutel, Albrecht, Offene Predigt. Homiletische Bemerkungen zur Sprache und Sache. In: Pastoraltheologie 77 (1988), 518-537

Beutel, Albrecht / Drehsen, Volker / Müller, Hans-Martin (Hg.), Homiletisches Lesebuch. Texte zur heutigen Predigtlehre, Tübingen 1986

Beutel, Albrecht, In dem Anfang war das Wort. Studien zu Luthers Sprachverständnis, Tübingen 1991

Bieler, Andrea, Die Sehnsucht nach dem verlorenen Himmel. Jüdische und christliche Reflexionen zu Gottesdienstreform und Predigtkultur im 19. Jahrhundert, Stuttgart 2003

Bieler, Andrea, Das bewegte Wort. Auf dem Weg zu einer performativen Homiletik. In: Pastoraltheologie 95 (2006), 268-283

Bieritz, Karl-Heinrich, Das Kirchenjahr. Feste, Gedenk- und Feiertage in Geschichte und Gegenwart, München1987

Bloch, Ernst, Das Prinzip Hoffnung. Frankfurt 1973

Block, Johannes / Ratzmann, Wolfgang (Hg.), Seht, was ihr hört!: Predigen mit Bildern. Perspektiven aus Kunstwissenschaft, Pädagogik und Theologie, Leipzig 2005

Blumenberg, Hans, Arbeit am Mythos, Frankfurt 1979

Böhm, Thomas H., Religion durch Medien – Kirche in den Medien und die »Medienreligion«. Eine problemorientierte Analyse und Leitlinien einer theologischen Hermeneutik, Stuttgart 2005

Böhme, Gernot, Atmosphäre, Frankfurt 1995

Bohren, Rudolf, Unsere Kasualpraxis – eine missionarische Gelegenheit? München ⁵1979

Bohren, Rudolf, Die Differenz zwischen Meinen und Sagen. Anmerkungen zu Ernst Lange, Predigen als Beruf. In: Pastoraltheologie 70 (1981), 416-429

Bohren, Rudolf, Predigtlehre, München ⁵1986

Bohren, Rudolf / Jörns, Klaus-Peter (Hg.), Die Predigtanalyse als Weg zur Predigt, Tübingen 1989

Bonnefoy, Yves, Rue Traversière, Frankfurt 1980

Bröking-Bortfeldt, Martin, Kreuz der Wirklichkeit und Horizonte der Hoffnung. Ernst Langes Predigten und seine homiletische Entwicklung, Stuttgart 2004

Bubmann, Peter / Tischer Rolf (Hg.), Pop & Religion. Auf dem Weg zu einer neuen Volksfrömmigkeit?, Stuttgart 1992

Bukowski, Peter, Predigt wahrnehmen. Homiletische Perspektiven, Neukirchen-Vluyn ³1995

Bultmann, Rudolf, Der Stil der paulinischen Predigt und die kynisch-stoische Diatribe. Göttingen 1910

Bultmann, Rudolf, Glauben und Verstehen. Gesammelte Aufsätze. Erster Band, Tübingen ⁶1966

Burbach, Christiane, Argumentation in der »politischen Predigt«, Frankfurt 1990.

Burkart, Roland, Kommunikationswissenschaft. Grundlagen und Problemfelder. Umrisse einer interdisziplinären Sozialwissenschaft, Stuttgart 2002

Buttrick, David, Homiletics. Moves und Structures, Philadelphia 1987

Cornehl, Peter, Der evangelische Gottesdienst – Biblische Kontur und neuzeitliche Wirklichkeit. Band 1: Theologischer Rahmen und biblische Grundlagen, Stuttgart 2006

Dahm, Karl-Wilhelm, Hören und Verstehen. Kommunikationssoziologische Überlegungen zur gegenwärtigen Predigtnot. In: Beutel u. a. 1986, 242-252

Daiber, Karl-Fritz, Grundriss der Praktischen Theologie als Handlungswissenschaft. Kritik und Erneuerung der Kirche als Aufgabe, München 1977.

Daiber, Karl-Fritz u. a., Predigen und Hören. Ergebnisse einer Gottesdienstbefragung. Band I: Predigten – Analysen und Grundauswertung, München 1980; Band II: Kommunikation zwischen Predigern und Hörern – Sozialwissenschaftliche Untersuchungen, München1983

Daiber, Karl-Fritz, Verschränkung der Orte: Politische Predigt. In: Ders., Predigt als religiöse Rede, München 1991, 172-185

Dalferth, Ingolf Ulrich, Religiöse Rede von Gott, München 1981

Dalferth, Ingolf Ulrich, Der Ewige und die Ewige. Die ›Bibel in gerechter Sprache‹ – weder richtig noch gerecht, sondern konfus. In: Neue Zürcher Zeitung Nr. 269 vom 18. 11. 2006, S. 65

Dannowski, Hans-Werner / Sand, Gabriele, Im Anfang war das Bild. Predigten und Denkanstösse zu moderner Kunst, Gütersloh 2006

Deeg, Alexander, Homiletische Zwillingsbrüder. Predigen lernen im Dialog mit dem Judentum. In: Theologische Quartalsschrift 186 (2006), 262-282

Denecke, Axel, Persönlich predigen, Hamburg ²2001

Derrida Jacques, Die Schrift und die Differenz, Frankfurt 1976

Derrida Jacques / Vattimo, Gianni, Die Religion, Frankfurt 2001

Dober, Hans-Martin, Evangelische Homiletik. Dargestellt an ihren drei Monumenten Luther, Schleiermacher und Barth mit einer Orientierung in praktischer Absicht, Berlin 2007

Drechsel, Wolfgang, Lebensgeschichte und Lebens-Geschichten, Gütersloh 2002

Drehsen, Volker / Sparn, Walter (Hg.), Im Schmelztiegel der Religionen. Konturen des modernen Synkretismus, Gütersloh 1996

Drews, Paul, »Religiöse Volkskunde«, eine Aufgabe der praktischen Theologie (1901). In: Wintzer 1978, 54-61

Eco, Umberto, Das offene Kunstwerk, Frankfurt 1977

Engemann, Wilfried, Semiotische Homiletik. Prämissen – Analysen – Konsequenzen, Tübingen / Basel 1993

Engemann, Wilfried, Der Spielraum der Predigt und der Ernst der Verkündigung. In: Garhammer 1998, 180-200

Engemann, Wilfried, Einführung in die Homiletik, Tübingen / Basel 2002

Engemann, Wilfried, Personen, Zeichen und das Evangelium. Argumentationsmuster in der Praktischen Theologie, Leipzig 2003

Engemann, Wilfried / Lütze, Frank M. (Hg.), Grundfragen der Predigt. Ein Studienbuch, Leipzig 2006

Erne, Thomas, Rhetorik und Religion. Studien zur praktischen Theologie des Alltags, Gütersloh 2002

Failing, Wolf-Eckart / Heimbrock, Hans-Günter / Lotz, Thomas A. (Hg.), Religion als Phänomen. Sozialwissenschaftliche, theologische und philosophische Erkundungen in der Lebenswelt, Berlin / New York 2001

Fechtner, Kristian / Haspel, Michael (Hg.), Religion in der Lebenswelt der Moderne, Stuttgart 1998

Fechtner, Kristian, Schwellenzeit. Erkundungen zur kulturellen und gottesdienstlichen Praxis des Jahreswechsels, Gütersloh 2001

Fechtner, Kristian, Kirche von Fall zu Fall. Kasualpraxis in der Gegenwart – eine Orientierung, Gütersloh 2003

Fechtner, Kristian u. a. (Hg.), Handbuch Religion und Populäre Kultur, Stuttgart 2005

Fischer-Lichte, Erika, Ästhetik des Performativen, Frankfurt 2004

Fish, Stanley, Is there a text in this classs? – The authority of interpretive communities, Cambridge (Mass.) 1980.

Frisch, Max, Öffentlichkeit als Partner, Frankfurt ²1967

Fuchs, Ottmar, Kirche – Kabel – Kapital. Standpunkte einer christlichen Medienpolitik, Münster 1989

Gadamer, Hans-Georg, Wahrheit und Methode. Grundzüge einer philosophischen Hermeneutik, Tübingen ⁴1975

Gärtner, Stefan, Gottesrede in (post-)moderner Gesellschaft. Grundlagen einer praktisch-theologischen Sprachlehre, Paderborn 2000

Garhammer, Erich / Schöttler, Heinz-Günther (Hg.), Predigt als offenes Kunstwerk. Homiletik und Rezeptionsästhetik, München 1998

Gehring, Hans-Ulrich, Schriftprinzip und Rezeptionsästhetik. Rezeption in Martin Luthers Predigt und bei Hans Robert Jauß, Neukirchen-Vluyn 1999

Gehring, Hans-Ulrich, Seelsorge in der Mediengesellschaft. Theologische Aspekte medialer Praxis, Neukirchen-Vluyn 2002

Genette, Gérard, Palimpseste. Die Literatur auf zweiter Stufe, Frankfurt 1993

Gennep, Arnold van, Übergangsriten, Frankfurt 1986

Goethe, Johann Wolfgang von, Werke, Zehnter Band, Berlin / Weimar ⁴1981

Goffman, Erving, Wir alle spielen Theater. Die Selbstdarstellung im Alltag, München / Zürich ⁴1983

Gräb, Wilhelm, Der inszenierte Text. Erwägungen zum Aufbau ästhetischer und religiöser Erfahrung in Gottesdienst und Predigt. In: Intenrnational Journal of Practical Theology 1 (1997), 209-225

Gräb, Wilhelm, Lebensgeschichten – Lebensentwürfe – Sinndeutungen. Eine Praktische Theologie gelebter Religion, Gütersloh 1998

Gräb, Wilhelm u. a. (Hg.), Christentum in der Spätmoderne. Ein internationaler Diskurs über Praktische Theologie und Ethik, Stuttgart 2000

Gräb, Wilhelm, Sinn fürs Unendliche. Religion in der Mediengesellschaft, Gütersloh 2002

Graf, Friedrich Wilhelm, Die Wiederkehr der Götter. Religion in der modernen Kultur, München 2004

Grevel, Jan Peter, Die Predigt und ihr Text. Grundzüge einer hermeneutischen Homiletik, Neukirchen-Vluyn 2002

Grözinger, Albrecht, Praktische Theologie und Ästhetik. Ein Beitrag zur Grundlegung der Praktischen Theologie, München 1987

Grözinger, Albrecht, Toleranz und Leidenschaft. Über das Predigen in einer pluralistischen Gesellschaft, Gütersloh 2004

Grözinger, Albrecht / Pfleiderer, Georg (Hg.), »Gelebte Religion« als Programmbegriff Systematischer und Praktischer Theologie, Zürich 2002

Grözinger, Elisabeth, Dichtung in der Predigtvorbereitung. Zur homiletischen Rezeption literarischer Texte – dargestellt am Beispiel der »Predigtstudien« (1968-1984) unter besonderer Berücksichtigung von Bertolt Brecht, Max Frisch und Kurt Marti, Frankfurt u. a. 1992

Grözinger, Elisabeth, Kreativität in der Predigtarbeit, Waltrop 2001

Gutmann, Hans-Martin, Der Herr der Heerscharen, die Prinzessin der Herzen und der König der Löwen. Religion lehren zwischen Kirche, Schule und populärer Kultur, Gütersloh 1998

Gutmann, Hans-Martin, Mit den Toten leben – eine evangelische Perspektive, Gütersloh 2002

Gutmann, Hans-Martin / Gutwald, Cathrin (Hg.), Religiöse Wellness. Seelenheil heute, München 2005

Haberer, Johanna, Gottes Korrespondenten. Geistliche Rede in der Mediengesellschaft, Stuttgart 2004

Habermas, Jürgen, Zwischen Naturalismus und Religion. Philosophische Aufsätze, Frankfurt/M 2005

Härtner, Achim / Eschmann, Holger, Predigen lernen. Ein Lehrbuch für die Praxis, Stuttgart 2001

Haese, Bernd-Michael, Hinter den Spiegeln – Kirche im virtuellen Zeitalter des Internet, Stuttgart 2006

Harnack, Adolf von, Marcion. Das Evangelium vom fremden Gott, Leipzig [2]1927

Harnisch, Wolfgang, Die Gleichniserzählungen Jesu. Eine hermeneutische Einführung, Göttingen 1985

Haverkamp, Anselm (Hg.), Theorie der Metapher, Darmstadt 1983

Heimbrock, Hans-Günter, Spuren Gottes wahrnehmen. Phänomenologisch inspirierte Predigten und Texte zum Gottesdienst, Stuttgart 2003

Hellinger, Marlis, Kontrastive Feministische Linguistik. Mechanismen sprachlicher Diskriminierung im Deutschen und Englischen, Ismaning 1990

Hermelink, Jan, Bibliographie zur Predigtanalyse seit 1945. In: Bohren / Jörns 1989, 179-186

Hermelink, Jan, Die homiletische Situation. Zur jüngeren Geschichte eines Predigtproblems, Göttingen 1992

Hermelink, Jan / Müske, Eberhard, Predigt als Arbeit an mentalen Bildern. Zur Rezeption der Textsemiotik in der Predigtanalyse. In: Praktische Theologie 30 (1995), 219-239

Hermelink, Jan / Plüss, David (Hg.), Der ganz normale Gottesdienst. Themenheft der Praktischen Theologie 38 (2003), Heft 4

Herms, Eilert, Offenbarung und Glaube. Zur Bildung des christlichen Lebens, Tübingen 1992

Hofmann, Werner (Hg.), Luther und die Folgen für die Kunst, München 1983

Hörisch, Jochen, Medien und Religion. In: Guthmann / Gutwald 2005, 135-147

Hörisch, Jochen, Brot und Wein. Die Poesie des Abendmahls, Frankfurt 1992

Hoover, Stewart M., Religion in the Media Age, New York 2006

Huizing, Klaas, Ästhetische Theologie. Band I. Der erlesene Mensch. Eine literarische Anthropologie, Stuttgart 2000

Hummel Gert (Hg.), Aufgabe der Predigt, Darmstadt 1971.

Hurth, Elisabeth, Zwischen Religion und Unterhaltung. Zur Bedeutung der religiösen Dimension in den Medien, Mainz 2001

Iser Wolfgang, Der Akt des Lesens. Theorie ästhetischer Wirkung, München 1976

Iser, Wolfgang, Das Fiktive und das Imaginäre. Perspektiven literarischer Anthropologie, Frankfurt 1991

Jauß, Hans-Robert, Literaturgeschichte als Provokation, Frankfurt 1970

Jens, Walter, Die Predigt – Erweckung oder Manipulation? In: Deutsches Pfarrerblatt 76 (1976), 720-725

Jörns, Klaus-Peter, Die neuen Gesichter Gottes. Was die Menschen heute wirklich glauben, München 1997

Jost, Renate / Schweiger, Ulrike (Hg.), Feministische Impulse für den Gottesdienst, Stuttgart / Berlin / Köln 1996

Jost, Renate, Frauenmacht und Männerliebe. Egalitäre Utopien aus der Frühzeit Israels, Stuttgart 2006

Josuttis Manfred, Praxis des Evangeliums zwischen Politik und Religion. Grundprobleme der Praktischen Theologie, München 1974

Josuttis Manfred, Rhetorik und Theologie in der Predigtarbeit. Homiletische Studien, München 1985

Josuttis Manfred, Über alle Engel. Politische Predigten zum Hebräerbrief, München 1990

Josuttis Manfred, Gesetz und Evangelium in der Predigtarbeit. Homiletische Studien 2, Gütersloh 1995

Jüngel, Eberhard, Gott als Geheimnis der Welt. Zur Begründung der Theologie des Gekreuzigten im Streit zwischen Theismus und Atheismus, Tübingen ³1978

Jüngel, Eberhard, Entsprechungen: Gott – Wahrheit – Mensch. Theologische Erörterungen, München 1980

Jüngel, Eberhard, Unterbrechungen. Predigten IV, München 1989

Jüngel, Eberhard, Das Evangelium von der Rechtfertigung des Gottlosen als Zentrum des christlichen Glaubens, Tübingen 1998

Karle, Isolde, Seelsorge in der Moderne. Eine Kritik der psychoanalytisch orientierten Seelsorgelehre, Neukirchen-Vluyn 1996

Karle, Isolde, Männersprache und Frauensprache in Gottesdienst und Predigt. In: Garhammer / Schöttler 1998, 126-134

Karle, Isolde, »Da ist nicht mehr Mann noch Frau …« Theologie jenseits der Geschlechterdifferenz, Gütersloh 2006

Kirsner, Inge / Gehring, Hans-Ulrich, Filmgottesdienste. Theorie und Modelle, Jena 2005

Klotz, Volker, Erzählen. Von Homer zu Boccacio, von Cervantes zu Faulkner, München 2006

Knigge, Heinz-Dieter, Erzählend predigen an Sonn- und Festtagen. Anregungen und Beispiele, Gütersloh 1998

Knoblauch, Hubert, Qualitative Religionsforschung. Religionstopographie in der eigenen Gesellschaft, Paderborn 2003

Körtner, Ulrich H. J., Der inspirierte Leser. Zentrale Aspekte biblischer Hermeneutik, Göttingen 1994.

Konrad, Joachim, Die evangelische Predigt. Grundsätze und Beispiele homiletischer Analysen, Vergleiche und Kritiken, Bremen 1963

Kreitzscheck, Dagmar, Zeitgewinn. Theorie und Praxis der erzählenden Predigt, Leipzig 2004

Kristeva, Julia, Probleme der Textstrukturation, Köln 1972

Kretzschmar, Gerald / Grevel, Jan Peter (Hg.), Die Religion des Fußballs, Praktische Theologie (41) 2006, Heft 2

Kuhlmann, Helga (Hg.), Die Bibel – übersetzt in gerechte Sprache? Grundlagen einer neuen Übersetzung, Gütersloh ²2005

Kunz, Ralph, Gottesdienst evangelisch reformiert. Liturgik und Liturgie in der Kirche Zwinglis, Zürich 2001

Lämmermann, Godwin, Zeitgenössisch predigen. Homiletische Analysen mit Predigtbeispielen, Stuttgart / Berlin / Köln 1999

Lämmlin, Georg, Die Lust am Wort und der Widerstand der Schrift. Homiletische Re-Lektüre des Psalters, Münster 2002

Lang, Bernhard, Heiliges Spiel. Eine Geschichte des christlichen Gottesdienstes, München 1998

Lange, Ernst, Kirche für die Welt. Aufsätze zur Theorie kirchlichen Handelns, München 1981

Lange, Ernst, Predigen als Beruf. Aufsätze zu Homiletik, Liturgie und Pfarramt, München 1982

Laube, Martin (Hg.), Himmel – Hölle – Hollywood. Religiöse Valenzen im Film der Gegenwart, Münster 2002

Leggewie, Claus, Multi Kulti. Spielregeln für die Vielvölkerrepublik, 3. Auflage Berlin 1993

Lischer, Richard, Die Funktion des Narrativen in Luthers Predigt. Der Zusammenhang von Rhetorik und Anthropologie. In: Beutel 1986, 309-329

Luther, Henning, Predigt als inszenierter Text (1983a). In: Engemann / Lütze 2006, 395-408

Luther, Henning, Predigt als Handlung. Überlegungen zur Pragmatik des Predigens (1983b). In: Beutel / Drehsen / Müller 1986, 222-239

Luther, Henning, Frech achtet die Liebe das Kleine. Biblische Texte in Szene setzen. Spätmoderne Predigten, Stuttgart 1991

Luther, Henning, Religion und Alltag. Bausteine zu einer Praktischen Theologie des Subjekts, Stuttgart 1992

Luther, Martin, Werke. Kritische Gesamtausgabe, Weimar 1883 ff. (im Text zitiert als WA)

Luther, Martin, Ausgewählte Schriften. Hg. Von Karin Bornkamm und Gerhard Ebeling, 6 Bände, Frankfurt am Main 1982

Lyotard, Jean-François, Das postmoderne Wissen. Ein Bericht, Wien 1986

Mainberger, Gonsalv, Rhetorica Band 1. Reden mit Vernunft: Aristoteles, Cicero, Augustinus, Stuttgart 1987

Martin, Gerhard Marcel, Predigt als »offenes Kunstwerk«? Zum Dialog zwischen Homiletik und Rezeptionsästhetik. In: Evangelische Theologie 44 (1984), 46-58

Martin, Gerhard Marcel, Sachbuch Bibliodrama. Praxis und Theorie, Stuttgart ²2001

Martin, Gerhard Marcel, Predigt und Liturgie ästhetisch. Wahrnehmung – Kunst – Lebenskunst, Stuttgart 2003

Marx, Karl, Die Frühschriften, Stuttgart 1971

Mathews, Alice P., Preaching That Speaks to Women, Grand Rapids 2003

Mayer, Hans Eberhard, Geschichte der Kreuzzüge, Stuttgart/Berlin/Köln ⁸1995

Meinhard, Isolde, Ideologie und Imagination im Predigtprozess. Zur homiletischen Rezeption der kritischen Narratologie, Leipzig 2003

Meyer-Blanck, Michael, Inszenierung des Evangeliums. Ein kurzer Gang durch den Sonntagsgottesdienst nach der Erneuerten Agende, Göttingen 1997

Meyer-Blanck, Michael, Liturgie und Liturgik. Der Evangelische Gottesdienst aus Quellentexten erklärt, Gütersloh 2001

Müller, Hans Martin, Homiletik. Eine evangelische Predigtlehre, Berlin / New York 1996

Nembach, Ulrich, Predigt des Evangeliums. Luther als Prediger, Pädagoge und Rhetor, Neukirchen-Vluyn 1972

Mieth, Dietmar, Erzählen und Moral. Narrativität im Spannungsfeld von Ethik und Ästhetik, Tübingen 2000

Müller, Klaus, Homiletik. Ein Handbuch für kritische Zeiten, Regensburg 1994

Neidhart, Walter / Eggenberger, Hans (Hg.), Erzählbuch zur Bibel. Theorie und Beispiele, Lahr / Düsseldorf / Zürich ⁶1990

Neijenhuis, Jörg (Hg.), Liturgie lernen und lehren. Aufsätze zur Liturgiedidaktik, Leipzig 2001

Nethöfel, Wolfgang, Theologische Hermeneutik. Vom Mythos zu den Medien, Neukirchen-Vluyn 1992

Niebergall Friedrich, Wie predigen wir dem modernen Menschen? Erster Teil: Eine Untersuchung über Motive und Quietive, Tübingen 1902; Zweiter Teil: Eine Untersuchung über den Weg zum Willen, Tübingen 1906

Niebergall, Friedrich, Die moderne Predigt (1905). In: Hummel 1971, 9-74

Nietzsche, Friedrich, Über Wahrheit und Lüge im außermoralischen Sinn (1873). In: Oelmüller, Willi u. a. (Hg.): Philosophische Arbeitsbücher 5. Diskurs: Kunst und Schönes. Paderborn u. a. 1982, 275-287.

Nicol, Martin, Gestaltete Bewegung. Zur Dramaturgie von Gottesdienst und Predigt. In: Neijenhuis 2001, 151-163

Nicol, Martin, Einander ins Bild setzen. Dramaturgische Homiletik, Göttingen 2002

Nicol, Martin / Deeg, Alexander, Im Wechselschritt zur Kanzel. Praxisbuch Dramaturgische Homiletik, Göttingen 2005

Noller, Annette, Feministische Hermeneutik. Wege einer neuen Schriftauslegung, Neukirchen-Vluyn 1995

Nüchtern, Michael, Kirche bei Gelegenheit. Kasualien – Akademiearbeit – Erwachsenenbildung, Stuttgart / Berlin / Köln 1991

Oppel, Dagmar, Heilsam erzählen – erzählend heilen. Die Heilung der Blutflüssigen und die Erweckung der Jairustochter in Mk 5,21-43 als Beispiel markinischer Erzählfertigkeit, Weinheim 1995

Otto, Gert, Predigt als Rede. Über die Wechselwirkungen von Homiletik und Rhetorik, Stuttgart 1976

Otto, Gert, Wie entsteht eine Predigt. Ein Kapitel praktischer Rhetorik, München 1982

Otto, Gert, Predigt als rhetorische Aufgabe. Homiletische Perspektiven, Neukirchen-Vluyn 1987

Otto, Gert, Rhetorische Predigtlehre. Ein Grundriss. Mainz / Leipzig 1999

Palmer, Christian, Evangelische Homiletik, Stuttgart [2]1845

Panitz, Sunny James C., Bibliodrama. Teilhabe an Wirkung und Inhalt der Heiligen Schrift Waltrop 1995.

Pfleiderer Georg, Karl Barths praktische Theologie, Zur Genese und Kontext eines paradigmatischen Entwurfs systematischer Theologie im 20. Jahrhundert, Tübingen 2000

Piper, Hans-Christoph, Predigtanalysen. Kommunikation und Kommunikationsstörungen in der Predigt, Göttingen / Wien 1976

Pitzele, Peter, A., Scripture Windows. Towards a Practice of Biblidrama, Los Angeles 1998

Plüss, David, Das Messianische. Judentum und Philosophie im Werk Emmanuel Lévinas', Stuttgart 2001

Plüss, David, Gottesdienst als Textinszenierung. Perspektiven einer performativen Ästhetik des Gottesdienstes, Zürich 2007

Pohl-Patalong, Uta, Bibliolog. Gemeinsam die Bibel entdecken im Gottesdienst – in der Gemeinde – in der Schule, Stuttgart 2005

Pressel, Wilhelm, Die Kriegspredigt 1914 – 1918 in der evangelischen Kirche Deutschlands, Göttingen, 1967

Preul, Reiner / Schmidt-Rost, Reinhard (Hg.), Kirche und Medien, Gütersloh 2000

Preuß, Horst Dietrich, Das Alte Testament in christlicher Predigt, Stuttgart u. a. 1984

Raguse, Hartmut, Der Raum des Textes. Elemente einer transdisziplinären theologischen Hermeneutik, Stuttgart / Berlin / Köln 1994

Reuter, Ingo, Predigt verstehen. Grundlagen einer homiletischen Hermeneutik, Leipzig 2000

Richter, Olaf, Anamnesis – Mimesis – Epiklesis. Der Gottesdienst als Ort religiöser Bildung, Leipzig 2005

Ricoeur, Paul, Die lebendige Metapher, München 1986

Ricoeur, Paul, Zeit und Erzählung. Band I: Zeit und historische Erzählung, München 1988; Band II: Zeit und literarische Erzählung, München 1989.

Ritschl, Dietrich / Jones, Hugh O., »Story« als Rohmaterial der Theologie, München 1976

Roelofsen, Abraham, Das Predigtnachgespräch in der Gemeinde als Element der Gemeindebildung. Eine empirische Untersuchung zur kommunikativen und theologischen Kompetenz in der Gemeinde, Würzburg 2000

Rössler, Dietrich, Das Problem der Homiletik (1966). In: Beutel u. a. 1986, 23-38

Rössler, Dietrich, Grundriss der Praktischen Theologie, Berlin / New York ²1994

Roth, Ursula, Die Theatralität des Gottesdienstes, Gütersloh 2006

Rothermundt, Jörg, Der Heilige Geist und die Rhetorik. Theologische Grundlinien einer empirischen Homiletik, Gütersloh 1984

Sammet, Kornelia, Frauen im Pfarramt: Berufliche Praxis und Geschlechtskonstruktion, Würzburg 2005

Sayers, Dorothy L., Das größte Drama aller Zeiten. Drei Essays und ein Briefwechsel zwischen Karl Barth und der Verfasserin. Hg. von Hinrich Stoevesandt, Zürich 1982

Schildmann, Wolfgang, Wandlungen im Predigtverständnis bei Karl Barth. In: Pastoraltheologie 72 (1983), 208-223

Schieder Rolf, Religion im Radio. Protestantische Rundfunkarbeit in der Weimarer Republik und im Dritten Reich, Stuttgart 1995

Schieder Rolf, Religiöse Rede im Radio. In: Preul / Schmidt-Rost 2000, 122-135

Schilson, Arno, Medienreligion. Zur religiösen Signatur der Gegenwart, Tübingen / Basel 1997

Schilson, Arno / Hake, Joachim (Hg.), Drama »Gottesdienst«. Zwischen Inszenierung und Kult, Stuttgart / Berlin / Köln 1998

Schleiermacher, Friedrich, Die praktische Theologie nach den Grundsätzen der evangelischen Kirche im Zusammenhange dargestellt, hg. von Jacob Frerichs, Berlin 1850 (Nachdruck Berlin / New York 1983)

Schleiermacher, Friedrich, Kurze Darstellung des theologischen Studiums zum Behuf einleitender Vorlesungen. Kritische Ausgabe hg. von Heinrich Scholz, Hildesheim ⁴1997

Schmidt, Heinz-Ulrich / Schwebel, Horst (Hg.), Mit Bildern predigen. Beispiele und Erläuterungen, Gütersloh 1989

Schneider-Flume, Gunda / Hiller, Doris (Hg.), Dogmatik erzählen? Die Bedeutung des Erzählens für eine biblisch orientierte Dogmatik, Neukirchen-Vluyn 2005

Schöttler, Heinz-Günther, Christliche Predigt und Altes Testament, Ostfildern 2001

Schroer, Henning, Umberto Eco als Predigthelfer? Fragen an Gerhard Marcel Martin. In: Evangelische Theologie 44 (1984), 58-63

Schroeter-Wittke, Harald, Unterhaltung – Praktisch-theologische Exkursionen zum homiletischen und kulturellen Bibelgebrauch im 19. und 20. Jahrhundert anhand der Figur Elia, Frankfurt 2000

Schulze, Gerhard, Die Erlebnisgesellschaft. Kultursoziologie der Gegenwart, Frankfurt/New York 1993

Schüssler-Fiorenza, Elisabeth, Grenzen überschreiten. Der theoretische Anspruch feministischer Theologie. Ausgewählte Aufsätze, Münster 2004

Schütz, Werner, Geschichte der christlichen Predigt, Berlin / New York 1972

Schweizer, Alexander, Homiletik der evangelisch-protestantischen Kirche systematisch dargestellt, Leipzig 1848

Searle, John R., Sprechakte. Ein sprachphilosophischer Essay, Frankfurt 1971

Semler, Johann Salomo, Abhandlung von freier Untersuchung des Canon, hg. von Heinz Scheible, Gütersloh 1967

Sennett, Richard, Verfall und Ende des öffentlichen Lebens. Die Tyrannei der Intimität, Frankfurt 1983

Sennett, Richard, Civitas. Die Großstadt und die Kultur des Unterschieds, Frankfurt 1991

Sennett, Richard, Der flexible Mensch. Die Kultur des neuen Kapitalismus, Berlin 1998

Sparn, Walter, (Hg.), Wer schreibt meine Lebensgeschichten? Biographie, Autobiographie, Hagiographie und ihre Entstehenszusammenhänge, Gütersloh 1990

Sparn, Walter, Art. Synkretismus VI. Dogmatisch. In: TRE Bd. 32 (2001), 552-556

Stäblein, Christian, Predigen nach dem Holocaust. Das jüdische Gegenüber in der evangelischen Predigtlehre nach 1945, Göttingen 2004

Stebler, Christoph, Die drei Dimensionen der Bestattungspredigt. Theologie, Biographie, Trauergemeinde, Zürich 2006

Steiner, Georg, Von realer Gegenwart. Hat unser Sprechen Inhalt?, München 1990

Taylor, Charles, Multikulturalismus und die Politik der Anerkennung, Frankfurt 1993

Thiede, Michael, Geistliche Beredsamkeit. Reflexionen zur Predigtkunst, Stuttgart 2004

Theißen, Gerd, Der Schatten des Galiläer. Historische Jesusforschung in erzählender Form, München 1986

Theißen, Gerd, Zeichensprache des Glaubens. Chancen der Predigt heute, Gütersloh 1994

Thomä, Dieter, Erzähle dich selbst. Lebensgeschichte als philosophisches Problem, München 1998

Thomas, Günter, Medien – Ritual – Religion. Zur religiösen Funktion des Fernsehens, Frankfurt 1998

Thomé, Hans Erich, Gottesdienst frei Haus? Fernsehübertragungen von Gottesdiensten, Göttingen 1991

Thurneysen, Eduard, Die Aufgabe der Predigt (1921). In: Hummel 1971, 105-118

Thurneysen, Eduard, Die neue Zeit. Predigten 1913-1930, hg. von Wolfgang Gern, Neukirchen-Vluyn 1982

Turner, Victor, Vom Ritual zum Theater. Der Ernst des menschlichen Spiels, Frankfurt 1989

Tschirch, Reinmar, Biblische Geschichten erzählen, Stuttgart / Berlin / Köln 1997

Ueding, Gert / Steinbrink, Bernd, Grundriss der Rhetorik. Geschichte, Technik, Methode, Stuttgart [2]1986 ([4]2005)

Uhlhorn, Friedrich, Die Kasualrede. Ihr Wesen, ihre Geschichte und ihre Behandlung nach den Grundsätzen der lutherischen Kirche, Hannover 1896

Vattimo, Gianni, Glauben – Philosophieren, Stuttgart 1997 (a)

Vattimo, Gianni, Jenseits der Interpretationen. Die Bedeutung der Hermeneutik für die Philosophie, Frankfurt / New York 1997 (b)

Vogel, Heinrich, Die Verantwortung unserer Predigt (1930). In: Hummel 1971, 151-164

Wagner-Rau, Ulrike, Segensraum. Kasualpraxis in der modernen Gesellschaft, Stuttgart 2003

Warning, Rainer (Hg.), Rezeptionsästhetik. Theorie und Praxis, München [2]1979

Weinrich, Harald, Narrative Theologie (1973). In: Engemann / Lütze 2006, 243-251

Weder, Hans (Hg.), Die Sprache der Bilder. Gleichnis und Metapher in Literatur und Theologie, Gütersloh 1989

Welsch, Wolfgang, Unsere postmoderne Moderne, Berlin [4]1993

Wenzel, Knut, Zur Narrativität des Theologischen. Prolegomena zu einer narrativen Texttheorie in soteriologischer Hinsicht, Frankfurt 1997

Wick, Peter, Die urchristlichen Gottesdienste. Entstehung und Entwicklung im Rahmen der frühjüdischen Tempel-, Synagogen- und Hausfrömmigkeit, Stuttgart u. a. 2002

Winkler, Eberhard, Tote zum Leben. Taufe – Konfirmation – Trauung – Bestattung, Neukirchen-Vluyn 1995

Wintzer, Friedrich, Die Homiletik seit Schleiermacher bis in die Anfänge der ›dialektischen Theologie‹ in Grundzügen, Göttingen 1969

Wintzer, Friedrich (Hg.), Seelsorge. Texte zum gewandelten Verständnis und zur Praxis der Seelsorge in der Neuzeit, München 1978

Wintzer, Friedrich (Hg.), Predigt. Texte zum Verständnis und zur Praxis der Predigt in der Neuzeit, München 1989

Wittekind, Folkart, Karl Barth und die moderne Predigt. Homiletik und Glaubensverständnis bei Niebergall, Tillich und Karl Barth. In: Zeitschrift für Theologie und Kirche 98 (2001), 344-371.

Wittgenstein, Ludwig, Werkausgabe Band 1: Tractatus logico-philosophicus. Tagebücher 1914-196. Philosophische Untersuchungen, Frankfurt 1984

Wöhrle, Stefanie, Predigtanalyse. Methodische Ansätze – homiletische Prämissen – didaktische Konsequenzen, Berlin 2006

Wolf, Susan, Kommentar. In: Taylor 1993, 79-93

Wolf-Withöft, Susanne, Predigen lernen. Homiletische Konturen einer praktisch-theologischen Spieltheorie, Stuttgart 2002

Wonneberger Reinhard / Hecht, Hans-Peter, Verheißung und Versprechen. Eine theologische und sprachanalytische Klärung, Göttingen1986

Wolter, Michael (Hg.), Kanon, Verkündigung und Forschung 51 (2006), Heft 1

Wuthnow, Robert, Handeln aus Mitleid. In: Beck 1997a, 34-84

Ziebertz, Hans-Georg, Religion, Christentum und Moderne. Veränderte Religionspräsenz als Herausforderung, Stuttgart 1999

Zipfel, Frank, Fiktion, Fiktivität, Fiktionalität, Berlin 2001

Namenregister

Albrecht, C. 45, 302, 309
Albrecht, H. 247, 263, 278
Alain de Lilles 42
Alston, W. J. 153
Anderegg, J. 227, 229 ff.
Arendt, H. 321 f.
Aries, P. 312
Aristoteles 14, 41, 180, 222, 301, 320
Arius 118
Assmann, J. 145
Auerbach, E. 202 f.
Augustinus, A. 42, 50 ff., 76, 78, 168, 182 f., 306
Austin, J. L. 290 f.
Ayass, R. 278

Bach, J. S. 60
Bachmann-Medick, D. 283
Balthasar, H. U. 286
Balzac, H. 138 f.
Barié, H. 107 f.
Barth, K. 65 ff., 70 f., 81 f., 121 f., 140, 162, 175, 187, 225, 295, 299, 327
Barthes, R. 175
Bastian, H.-D. 81 ff., 87
Bauman, Z. 24 f., 304
Beck, U. 21, 23, 26, 321 f.
Beethoven, W. 60
Benjamin, W. 255
Berger, K. 135 f.
Berger, P. L. 18, 28
Berger, T. 252
Bernhard von Clairvaux 53 ff., 77, 276
Bernstein, B. 246
Beutel, A. 59, 96 ff., 221
Bieler, A. 154, 287
Bieritz, K.-H., 317
Bloch, E. 26
Block, J. 279
Bobrowski, J. 236
Boehm, G. 269
Böhm, T. H. 263
Böhme, G. 47
Bohren, R. 67, 73 f., 113, 185 f., 192, 300, 304 f.

Bonhoeffer, D. 34
Bonnefoy, Y. 175
Braque, G. 138
Bröking-Bortfeld, M. 74
Bubmann, P. 239
Buffon, G. L. L. 202, 260
Bugenhagen, J. 274
Bukowski, P. 44
Bulst, W. 90
Bultmann, R. 71, 140, 162 f., 165, 167 f., 182, 299
Burbach, C. 323
Burkart, R. 80
Buttrick, D. 296

Calvin, J. 96
Celan, P. 238
Cézanne, P. 138, 174
Chaplin, C. 96
Chardin, J.-B. 138
Cicero 180, 311
Claudius, M. 200
Cornehl, P. 49
Cornelius-Bundschuh, J. 271 f.
Cranach, L. 274

Dahm, K.-W. 83 f., 87, 93
Daiber, K.-F. 81, 102 f., 326
Dalferth, I. U. 309, 257
Dannowski, H.-W. 279
Deeg, A. 150, 297
Denecke, A. 133 f., 219
Derrida, J. 165 ff., 245
Dickens, C. 138 f.
Dinkel, C. 278
Dober, H.-M. 45
Drechsel, W. 205
Drehsen, V. 39
Drews, P. 61 f.

Ebach, J. 255, 257 f.
Eco, U. 87, 91 ff.
Eggenberger, H. 217 f.
Eichholz, G. 155
Engels, F. 24